Eduardo Felipe P. Matias

A HUMANIDADE CONTRA AS CORDAS

A luta da sociedade global pela sustentabilidade

2ª edição

PAZ E TERRA   PLANETA sustentável
Rio de Janeiro/São Paulo
2015

Copyright© Eduardo Felipe P. Matias

Direitos de edição da obra em língua portuguesa no Brasil adquiridos pela EDITORA PAZ E TERRA. Todos os direitos reservados. Nenhuma parte desta obra pode ser apropriada e estocada em sistema de bancos de dados ou processo similar, em qualquer forma ou meio, seja eletrônico, de fotocópia, gravação etc., sem a permissão do detentor do copyright.

Diagramação: Filigrana

Editora Paz e Terra Ltda.
Rua do Paraíso, 139, 10º andar, conjunto 101 – Paraíso
São Paulo, SP – 04103000
http://www.record.com.br

Seja um leitor preferencial Record.
Cadastre-se e receba informações sobre nossos lançamentos e nossas promoções.
Atendimento e venda direta ao leitor:
mdireto@record.com.br ou (21)2585-2002

Texto revisto pelo novo Acordo Ortográfico da Língua Portuguesa.

CIP-BRASIL. CATALOGAÇÃO NA PUBLICAÇÃO
SINDICATO NACIONAL DOS EDITORES DE LIVROS, RJ

M38h

    Matias, Eduardo Felipe P.
    A humanidade contra as cordas: a luta da sociedade global pela sustentabilidade / Eduardo Felipe P. Matias. – 2ª ed. – São Paulo: Paz e Terra, 2015.
    364 p. : il. ; 23 cm.

    Inclui bibliografia e índice
    ISBN 978-85-7753-289-6

    1. Globalização. 2. Globalização – Aspectos econômicos. 3. Relações econômicas internacionais. I. Título.

14-09026   CDD: 330.9
                                              CDU: 330

Impresso no Brasil
2015

Para minha mulher, Mari, por ser meu maior presente.
Para meus filhos, Felipe e Henrique, por serem meu melhor futuro.

Sumário

PRÓLOGO 9

Introdução 13

INSUSTENTÁVEL 15

A crise ambiental 17
TRAGÉDIA DO BEM COMUM 17
PEGADA ECOLÓGICA – PERTURBANDO O EQUILÍBRIO DE GAIA 19
EXTRAPOLANDO OS LIMITES DO PLANETA 22
ÁGUA, FLORESTAS E BIODIVERSIDADE 25

Mudanças climáticas 30
ENTENDENDO O AQUECIMENTO GLOBAL 30
EFEITOS DAS MUDANÇAS CLIMÁTICAS 34
COLAPSO 38

A crise financeira 41
UMA BREVE HISTÓRIA DA CRISE 41
INCENTIVOS PERVERSOS E CONSEQUÊNCIAS FUNESTAS 45
UMA HISTÓRIA DE DUAS CRISES 49

SUSTENTABILIDADE, GLOBALIZAÇÃO E GOVERNANÇA GLOBAL 53

Sustentabilidade e globalização 55
ENTENDENDO A SUSTENTABILIDADE 55
GLOBALIZAÇÃO E REVOLUÇÃO TECNOLÓGICA – AS "WIKI-REVOLUÇÕES" ... 59

Efeitos da globalização sobre o Estado e a sustentabilidade 65
ENFRAQUECIMENTO DO ESTADO OU MITO DA GLOBALIZAÇÃO? 65

GLOBALIZAÇÃO X SUSTENTABILIDADE –
   "CARBON LEAKAGE" E "RACE TO THE BOTTOM"..................................72
TRANSPORTE DE MERCADORIAS E SUSTENTABILIDADE..................................76

Governança global da sustentabilidade..................................79
GOVERNANDO ALÉM DO ESTADO..................................79
OS ATORES DA GOVERNANÇA GLOBAL DA SUSTENTABILIDADE..................................84

AÇÃO TRANSNACIONAL E SUSTENTABILIDADE..................................89

O papel das ONGs na promoção da sustentabilidade..................................91
A ASCENSÃO DAS ONGS TRANSNACIONAIS..................................91
A ATUAÇÃO DAS ONGS..................................92

Entendendo o papel das empresas..................................96
O PESO DAS TRANSNACIONAIS..................................96
O DNA NEGATIVO DAS EMPRESAS..................................98
REAGINDO NEGATIVAMENTE..................................101

Persuadindo as empresas a serem sustentáveis..................................104
O *BUSINESS CASE* DA SUSTENTABILIDADE – SUPERANDO O *"BUSINESS OF BUSINESS IS BUSINESS"*.....104
GANHANDO COM A SUSTENTABILIDADE – redução de riscos e ecoeficiência..................................107
REPUTAÇÃO, CONSUMO VERDE E O RISCO DE *"GREENWASHING"*..................................109
RECURSOS HUMANOS SUSTENTÁVEIS..................................112

Pressionando as empresas a serem sustentáveis..................................115
PRESSÃO E PRECIFICAÇÃO..................................115
O FUNIL DA SUSTENTABILIDADE E O PAPEL DOS *"FIRST MOVERS"*..................................117
PRESSÃO FINANCEIRA E SOBRE A CADEIA DE FORNECEDORES..................................120

Instrumentos privados de promoção da sustentabilidade..................................125
CÓDIGOS DE CONDUTA E RELATÓRIOS DE SUSTENTABILIDADE..................................125
NORMAS E CERTIFICAÇÕES..................................127
INSTRUMENTOS FINANCEIROS..................................130

Transformando as empresas para transformar o mundo..................................132
MUITO ALÉM DA RESPONSABILIDADE SOCIAL CORPORATIVA..................................132
REAVALIANDO DESEMPENHOS..................................135

FOCO NO *STAKEHOLDER*	138
UMA NOVA MISSÃO PARA AS EMPRESAS	141

AÇÃO INTERNACIONAL E SUSTENTABILIDADE ... 145

Globalização jurídica e sustentabilidade ... 147
O DIREITO INTERNACIONAL DO MEIO AMBIENTE	147
O EXEMPLO DO BURACO NA CAMADA DE OZÔNIO	150
PRINCÍPIOS RELACIONADOS AO DESENVOLVIMENTO SUSTENTÁVEL	153
SOBERANIA E SUSTENTABILIDADE	158
RESPONSABILIDADES COMUNS, MAS DIFERENCIADAS	162

ONU e sustentabilidade – O exemplo das negociações climáticas ... 167
AQUECIMENTO GLOBAL, PROBLEMA GLOBAL – O PAPEL DAS ORGANIZAÇÕES INTERNACIONAIS	167
A ONU E O MEIO AMBIENTE	170
CONFERÊNCIAS DA ONU SOBRE DESENVOLVIMENTO SUSTENTÁVEL	172
AS NEGOCIAÇÕES CLIMÁTICAS	175
CRÍTICAS AO PROCESSO DE NEGOCIAÇÃO NA ONU	179
ALTERNATIVAS ÀS NEGOCIAÇÕES MULTILATERAIS – A ABORDAGEM DOS "CLUBES"	182

Comércio internacional e sustentabilidade ... 185
OS AJUSTES TARIFÁRIOS NA FRONTEIRA	185
OMC E SUSTENTABILIDADE	187
LIVRE COMÉRCIO X PROTEÇÃO AMBIENTAL	191

Economia verde e sustentabilidade ... 195
A CRISE DE 2008 E O CUSTO DE DETER AS MUDANÇAS CLIMÁTICAS	195
ECONOMIA VERDE E *"GREEN NEW DEAL"*	198
O PAPEL DO G-20	201
ENERGIAS MARRONS X ENERGIAS VERDES	203
ENERGIAS RENOVÁVEIS E A QUESTÃO DA ESCALA	206
FOMENTANDO A INOVAÇÃO E INVESTINDO EM PESQUISA E DESENVOLVIMENTO	208

Instrumentos públicos para o combate às mudanças climáticas ... 214
COMANDO E CONTROLE X MECANISMOS DE MERCADO	214
CAP AND TRADE	216
VANTAGENS E DESVANTAGENS DO *CAP AND TRADE*	219

IMPOSTO SOBRE O CARBONO – VANTAGENS E DESVANTAGENS ... 223
RACIONAMENTO DE CARBONO ... 227

O Estado líder ... 230
CONDUZINDO RUMO À SUSTENTABILIDADE – MISSÃO DO ESTADO ... 230
LIDERANÇA VERDE – VISÃO DO ESTADO ... 233

O CÍRCULO VIRTUOSO DA SUSTENTABILIDADE ... 237

Efetividade e legitimidade da governança global da sustentabilidade ... 239
DESCENTRALIZAÇÃO E EFETIVIDADE DA GOVERNANÇA GLOBAL DA SUSTENTABILIDADE ... 239
GOVERNANÇA GLOBAL DA SUSTENTABILIDADE E LEGITIMIDADE ... 244

O dilema do crescimento sem fim ... 249
MITOS TECNOLÓGICOS – DESCOLAMENTO X CONSUMISMO ... 249
CAPITALISMO X SUSTENTABILIDADE ... 254
O PIB EM QUESTÃO ... 261

Conclusão ... 265
A GUERRA CONTRA A INÉRCIA ... 266
GEOENGENHARIA E ADAPTAÇÃO ... 271
POR UMA GLOBALIZAÇÃO DIFERENTE ... 274
PROMOVENDO O CÍRCULO VIRTUOSO DA SUSTENTABILIDADE ... 277

EPÍLOGO ... 285

Agradecimentos ... 291

Glossário ... 293

Notas ... 295

Bibliografia ... 337

Índice ... 351

Prólogo

*Naquele tempo, a vida tardava em passar e as horas passavam depressa.
Mas não para ele.*

* * *

Acordou cedo, não queria se atrasar para seu primeiro dia de aulas na nova universidade. Espreguiçou-se, rolou sobre o próprio corpo e desceu agilmente da cama. Sentia-se descansado e bem disposto. Caminhou na penumbra, pés descalços sobre o chão frio. Abriu a porta do banheiro com uma das mãos, enquanto com a outra tocava o interruptor, preenchendo com uma luz quente o pequeno cubículo de aspecto austero, completamente preenchido por uma pia estreita, uma privada e um boxe apertado. Tirou a camisa, abriu a torneira e escovou os dentes, deixando a água correr até que esquentasse. Juntando as duas mãos, molhou generosamente o rosto, tentando amolecer os pelos da barba descuidada que deixara crescer durante as férias. O jorro cada vez mais quente embaçava o espelho enquanto ele cobria a cara com espuma. Pegou o aparelho de barbear e passou rapidamente na água quente, sentia que assim a lâmina cortava melhor. Lembrou-se de fechar a torneira antes de começar a deslizar o aparelho sobre o rosto em movimentos lentos, primeiro de cima para baixo, depois escanhoando a pele com cuidado, até que ficasse bem lisa.

Correu a porta do boxe e girou a torneira de água quente até o final, tirou a parte de baixo do pijama que deixou no chão. Regulou a temperatura assim que viu os primeiros sinais de vapor, entrou sob o chuveiro e observou o líquido amarelo se misturando e escapando pelo ralo, fisiologicamente aliviado e, ao mesmo tempo, com uma infantil sensação de dever cívico cumprido.

Enquanto a água escorria em quantidade pelo seu corpo, aproveitou para, mentalmente, organizar seu dia.

Tomaria o café da manhã na padaria da esquina, onde havia combinado de se encontrar com a pessoa que lhe daria carona. Poucos meses atrás havia começado a utilizar aquele aplicativo, que lhe parecia bastante conveniente. Uma troca de mensagens de texto no dia anterior, gerenciada pelo sistema, garantia um carro a menos na rua no dia seguinte. No final do mês, o bolso também sentia a diferença, embora de vez em quando tivesse que aturar a companhia de um ou outro chato que lhe fazia pensar em desistir do serviço.

Terminou de se vestir, colocando o blazer com proteções de couro nos cotovelos que, mesmo sendo um clichê, ele acreditava conferir-lhe o ar professoral que ainda precisava garantir. Não queria que sua competência fosse colocada à prova por sua aparência. Caminhou até o seu destino, parando em uma banca no caminho para comprar o jornal. Chegando à padaria, sentou-se a uma mesa no canto do salão e pediu um café com leite.

Começou a ler o jornal, parando de vez em quando para observar o movimento ao seu redor. Poucas mesas estavam ocupadas. Em uma delas, mais afastada, um senhor de terno ao celular, em outra uma moça com roupa de ginástica e fones de ouvido e, na mesa ao lado, perto da janela, um casal de idade, ele falando sem parar enquanto ela, aparentando pouco interesse na conversa, olhava o trânsito intenso na rua. Em uma das pausas, ao abaixar o jornal, percebeu que a mulher do casal virara o rosto, tentando disfarçar que o estava observando.

Parou de ler ao notar um carro com a descrição que lhe havia sido passada encostar em frente à padaria. Pertencia a um professor um pouco mais velho, da mesma universidade, até que bem agradável. O trajeto levava pouco mais de meia hora. Ao chegarem, despediram-se e cada um foi para um lado – trabalhavam em prédios diferentes. Caminhou em direção ao seu, procurando a sala de aula que lhe havia sido indicada na véspera. Era uma turma pequena, o que se justificava por ser optativa a disciplina que havia sido contratado para lecionar. Os poucos alunos que ainda permaneciam de pé se sentaram quando o viram entrar na sala e dirigir-se até a velha mesa de madeira disposta ao lado do quadro negro. Largou sua pasta de couro sobre a cadeira, colocou as mãos nos bolsos do blazer e deu dois passos em direção ao centro da sala.

– Estamos contra as cordas.

Ele havia pensado bastante antes de definir o que diria. Queria começar sua primeira aula com uma frase de impacto e aquela lhe pareceu uma boa abertura.

Introdução

— Iremos analisar, a partir de hoje, duas grandes crises que afligem a humanidade: a ambiental, que será nosso foco principal, e a financeira, que merece ser abordada não apenas porque o contexto econômico dela resultante prejudica o combate aos problemas socioambientais, mas também porque, na raiz tanto de uma quanto da outra, estão o mesmo tipo de mentalidade e os mesmos incentivos equivocados.

Terminada essa análise inicial, passaremos a examinar a relação entre sustentabilidade e globalização. Compreender bem essa última, com suas características inéditas relacionadas à revolução tecnológica e aos seus efeitos sobre a distribuição de poder na sociedade global, é essencial para o debate sobre a governança global da sustentabilidade, tema central do nosso curso.

Essa governança se baseia, como veremos, nas ações de diversos atores. Aqui, essas ações serão divididas em duas grandes frentes. A primeira é a das "ações transnacionais", promovidas por atores privados, como as ONGs e as empresas, cujas atividades muitas vezes extrapolam as fronteiras nacionais. A segunda é a das "ações internacionais", levadas adiante pelos Estados, muitas vezes em conjunto.

No primeiro caso, nossa ênfase será nas empresas transnacionais. Procuraremos entender como essas se organizam e qual sua natureza, para pensar depois em como pressioná-las a serem mais sustentáveis, ou persuadi-las mostrando o que elas têm a ganhar ao adotar um comportamento socioambientalmente responsável. Depois, estudaremos alguns dos instrumentos privados que podem contribuir para a sustentabilidade e examinaremos qual a transformação que as empresas precisam sofrer se quisermos que elas ajudem a transformar o mundo.

Com relação à segunda frente de ação, investigaremos o papel dos Estados na promoção do desenvolvimento sustentável, de preferência agindo de forma coletiva. Como veremos, a globalização foi acompanhada de uma globalização jurídica, o que se constata também na área ambiental, que conta com uma série de acordos e organizações internacionais que abordaremos aqui. Nos deteremos, principalmente, na função da ONU, da OMC e do G-20 na governança global do meio ambiente e analisaremos os instrumentos públicos que podem ser utilizados para combater os problemas ambientais e, especialmente, as mudanças climáticas – como o imposto sobre o carbono e o comércio de emissões. Discutiremos a ideia de economia verde e a necessidade de os Estados assumirem um papel de liderança e fomentarem a inovação.

No final do nosso curso, verificaremos o quanto a governança global da sustentabilidade é efetiva e legítima. Debateremos, também, se o nosso modelo atual, baseado em um crescimento incessante, é compatível com o desenvolvimento sustentável. E buscaremos identificar como extrair o melhor da globalização, estimulando um círculo virtuoso que nos ajude a alcançar a sustentabilidade mundial.

Nosso objetivo, portanto, é entender contra o que exatamente estamos lutando, por que não conseguimos sair das cordas e como fazer para vencer esse combate.

Vamos em frente.

Virou-se então para a lousa e escreveu, em letras garrafais, o título daquela primeira aula.

Insustentável

A crise ambiental

Tragédia do bem comum

Para entender como chegamos à nossa situação atual, precisamos analisar um problema relacionado ao tratamento que damos aos recursos comuns do planeta – aqueles que estão disponíveis, de graça, para quem quiser utilizá-los.

Esses recursos são "bens comuns" globais e possuem duas características principais.

Primeiro, é muito difícil, ou quase impossível, impedir que alguém usufrua deles.[1] Uma das características dos bens comuns é que excluir alguém de utilizá-los tem um alto custo, pois isso tem que ser feito por meios físicos – cercas, por exemplo – ou institucionais – leis, policiamento etc.[2]

Segundo, os bens comuns se degradam com o uso. Em outras palavras, a utilização desses recursos por alguém reduz a sua disponibilidade para os demais usuários.[3]

As dificuldades relacionadas a esse tipo de recurso foram ilustradas por Garrett Hardin em 1968, em seu artigo sobre a "tragédia dos bens comuns".[4]

O exemplo apresentado por Hardin é o de uma aldeia de pastores, cujas ovelhas utilizavam um pasto comum. Cada pastor tendia a pôr cada vez mais ovelhas no pasto, visando a aumentar a sua renda. Com o tempo, o pasto ficou saturado e não havia mais grama para alimentar todas as ovelhas, o que fez com que boa parte delas morresse de fome.

Em suma, uma tragédia. Os pastores abusaram do bem comum a fim de aumentar seus retornos individuais, ignorando os limites da natureza. Embora todos eles tenham ganhado mais no curto prazo, todos saíram perdendo no longo prazo. É uma tragédia de difícil solução, porque de nada adiantaria que um ou alguns poucos pastores fizessem a sua parte e limitassem seu número de ovelhas, porque isso só levaria os demais a ocuparem o espaço de pasto vago por essa iniciativa.[5]

A tragédia do bem comum é uma falha de mercado. Resulta de um aspecto relacionado ao direito de propriedade, pois esses recursos, por serem de propriedade coletiva, acabam, na verdade, não pertencendo a ninguém. Daí a falta de incentivos para a sua preservação.[6] E, na ausência de uma regulamentação efetiva, que estabeleça quanto cada um pode tirar para si daquele recurso, a sua superexploração é praticamente inevitável. Como observa Jared Diamond, nessas condições, usar o recurso antes que o outro o faça é o comportamento racionalmente correto, mesmo que o resultado final seja a destruição do bem comum, em prejuízo de todos.[7] Isso é o que acaba acontecendo: sem instituições efetivas capazes de limitar quem os utiliza, recursos comuns muito valiosos tendem a ser sobre-explorados e destruídos[8], ainda que isso possa acarretar a diminuição do benefício recebido pela coletividade.[9]

Não é difícil fazer um paralelo entre o exemplo apresentado por Hardin e os problemas ambientais atuais, que infelizmente são muito maiores do que a simples degradação de um pasto de ovelhas.

A atmosfera – ou uma atmosfera pura, ou ao menos livre de uma concentração excessiva de gases de efeito estufa – é um caso de bem comum global, com as características típicas dessa categoria. Assim como a ação de um único pastor não impediria o pasto de ser superpovoado pelas ovelhas dos demais, se um único país reduzir as suas emissões de gases de efeito estufa e os demais não o fizerem, o problema do aquecimento global não será resolvido – e o país que reduziu as suas emissões não se beneficiará de sua iniciativa.[10] Além disso, se quase todos os países controlarem as suas emissões, e uns poucos não o fizerem, os benefícios trazidos pela redução das emissões globais serão estendidos a todos, mesmo àqueles que optaram por não controlar as suas próprias emissões.[11] É a clássica situação descrita na teoria econômica como *free riding* – o problema da carona, que é um tremendo incentivo negativo, ao qual voltaremos em outras oportunidades.

Os bens comuns não se administram sozinhos. Eles demandam regras sociais e instituições.[12] Então, que tipo de regras poderia levar os bens comuns a serem preservados?

Hardin limitava a solução da tragédia dos bens comuns a duas alternativas. A primeira seria a "privatização" do pasto, com sua subdivisão em terrenos individuais para cada pastor – ou seja, cada pastor seria responsável por seu pasto e ao colocar ovelhas demais nesse espaço, correria o risco de matar de fome somente as suas próprias ovelhas. A segunda, a implantação de um regime de rígido controle estatal sobre as ovelhas e o pasto[13] – e um dos desdobramentos dessa segunda alternativa é a ideia de que a propriedade pública da terra seria a única forma de alcançar a conservação das florestas e da biodiversidade ao longo dos anos, o que levou à criação pelos governos de áreas protegidas ao redor do mundo, que são hoje mais de cem mil, incluindo aproximadamente 10% das florestas mundiais.[14]

Muitos criticaram as soluções apresentadas por Hardin, por considerar que eram limitadas. Elinor Ostrom, por exemplo, analisou diversos sistemas de gestão de recursos comuns ao redor do mundo e viu que alguns deles funcionavam bem havia séculos sem ser privatizados ou contar com um controle estatal rigoroso – as comunidades acabaram criando regras de gestão para esses recursos, assegurando com isso que fossem explorados racionalmente.[15]

Outras críticas foram feitas ao longo dos anos. O fato de que os pastores do exemplo de Hardin não se comunicavam entre si e não interagiam foi um dos pontos contestados – quem sabe, com essa interação, a pastagem seria preservada? É possível argumentar que, ao conversar uns com os outros, esses indivíduos optariam por adotar estratégias que lhes permitissem alcançar um retorno maior. E, se pudessem adotar um sistema de sanções contra aqueles que não cooperassem, explorando o bem comum em excesso, resultados ótimos poderiam ser alcançados.[16]

Portanto, a tragédia dos bens comuns não é um drama sem chance de final feliz. Ela pode ser superada e soluções práticas podem surgir – e normalmente isso ocorre por meio de estratégias que alterem os incentivos equivocados recebidos pelos atores que exploram esses recursos.[17]

Os incentivos que nos levam a ignorar os limites do planeta, no entanto, até hoje não foram corrigidos. Com isso, chegou-se ao atual nível insustentável de exploração de recursos.

Pegada ecológica – perturbando o equilíbrio de Gaia

A consciência de que os recursos da Terra não seriam infinitos é relativamente recente. No início do século XIX – não tanto tempo assim atrás, se pensarmos na história da humanidade – Davi Ricardo levava em conta em suas teorias que apesar do uso incessante do ar e da água pelos produtores, uma vez que a oferta era ilimitada, esses não arcariam com nenhum custo.

Porém, já na década de 1980 não era mais plausível tratar as matérias-primas e os serviços oferecidos pela natureza como indestrutíveis.[18] Ao contrário, evoluímos para uma situação em que cerca de dois terços dos serviços oferecidos pela natureza estão em declínio, como pôde comprovar a pesquisa realizada entre 2001 e 2005 por iniciativa do então secretário-geral da Organização das Nações Unidas (ONU), Kofi Annan, intitulada "Millennium Ecosystem Assessment".[19]

Uma das formas de se medir o grau de esgotamento dos recursos naturais é a chamada "pegada ecológica", ferramenta que permite mostrar o quanto ultrapassamos os limites de regeneração da natureza.[20] E foi no fim dos anos 1980 que a nossa pegada ecológica superou a capacidade de recuperação dos ecossistemas.[21]

Como se calcula essa pegada? Para mensurar a demanda humana sobre os ecossistemas, adota-se como unidade de medida a superfície de terra de que se necessita para atender ao uso de recursos e serviços biológicos, assim como a superfície necessária para absorver o dióxido de carbono (CO_2) liberado pela queima de combustíveis fósseis. Em outras palavras, é a quantidade de território que se utiliza para extrair nossos recursos e absorver nossos resíduos.[22]

Pois bem, em 2008, nós precisamos de mais de 18 bilhões de hectares de terras, havendo apenas 12 bilhões disponíveis. Ou seja, cada um dos sete bilhões de habitantes do planeta precisou, em média, de 2,7 hectares produtivos para produzir os recursos que consumiu naquele ano – quando a capacidade da Terra seria de 1,8 hectare por pessoa.[23]

Um ano antes, essa pegada já havia excedido a capacidade do planeta em 50%. Ou seja, passou a ser necessário um planeta Terra e meio para suportar o nosso nível de consumo.[24]

Esse dado é problemático, até porque os materiais que compõem o planeta formam um conjunto limitado, que não pode ser aumentado. Os minérios não crescem no fundo da terra. O petróleo, o urânio, o gás, são materiais finitos. Foram necessários trezentos milhões de anos para a formação dos combustíveis fósseis a partir de carbono orgânico. No entanto, o sistema industrial e de transporte os está esgotando em trezentos anos, devolvendo-os na atmosfera na forma de CO_2, sem que a biosfera esteja preparada para isso.[25] Despejamos anualmente na atmosfera o equivalente à quantidade de carbono sequestrada em um milhão de anos.[26]

Esses materiais são retirados, usados e desperdiçados como se existisse um sistema permanente de reposição. O que a sociedade industrial fez nos últimos anos, afirmam Herrero, Cembranos e Pascual, foi "descobrir, extrair e dilapidar a energia que a biosfera havia armazenado lentamente em suas entranhas". Estamos vivendo há várias décadas do "capital" da Terra, e não dos "juros" com que essa vinha nos brindando gratuitamente, ano após ano. Pode se dizer que estamos gastando a "poupança" da Natureza – ou seja, consumimos mais do que a Natureza produz em um ano,[27] ou, mais especificamente, como nos mostra o instrumento da pegada ecológica, a Terra leva um ano e meio para regenerar os recursos naturais usados anualmente pelos seus habitantes.

Com essas atitudes agressivas para com o meio ambiente, contribuímos para a aceleração de um problema associado às leis da física que, naturalmente, já existiria. A primeira lei da termodinâmica prevê que a energia total do Universo é constante, não podendo ser criada nem destruída. Mas a sua forma pode mudar. A segunda lei da termodinâmica – lei da entropia – afirma que a energia só pode ser transformada em uma direção: de utilizável a não utilizável, de ordenada a desordenada. Segundo essa lei, no princípio do Universo a energia era concentrada e disponível e, com o tempo, tem passado a ser dispersa e indisponível.[28]

Em processos que absorvem energia para realizar um trabalho, a energia é transformada, passando a um estado de maior desordem. Um pedaço de carvão é uma fonte de energia ordenada, capaz de realizar um trabalho. Depois de queimá-lo, essa energia se dissipa em forma de calor. O calor dissipado é uma forma de energia degradada, que nunca mais poderá ser utilizada para realizar um novo trabalho. Diz-se, assim, que o pedaço de carvão tem baixa entropia, enquanto o calor tem alta entropia. A degradação da energia – a passagem de um estado de baixa entropia para um de alta entropia – é, assim, uma lei da natureza.[29]

Uma vez que, explicam Daly e Farley, pela primeira lei da termodinâmica não podemos fazer algo do nada, toda a nossa produção está baseada em recursos fornecidos pela natureza, que podem ser transformados em algo útil para os seres humanos por meio de processos que requerem trabalho. Esse trabalho depende do uso de energia que, pela segunda lei, se dissipará nesses processos. Nossa economia consiste em um sistema ordenado para transformar matérias-primas e energia disponível em resíduos e energia indisponível. Assim, do ponto de vista físico, nossa economia é inerentemente entrópica.[30] Ela está fundada na transição de uma situação de baixa entropia para outra de alta entropia, como descrevia Nicholas Georgescu-Roegen, um dos precursores da corrente dos chamados "economistas ecológicos", cujas ideias voltaremos a abordar mais adiante.[31] A ação humana tem aumentado, portanto, a entropia na biosfera. Esse aumento, causado por um sistema econômico que funciona ignorando as leis da termodinâmica, seria responsável por boa parte da crise ecológica de nosso tempo. Esse sistema consome grandes quantidades de energia fóssil de baixa entropia que nunca mais estará disponível e debilita ou destrói os mecanismos vivos de redução da entropia, ao erodir o solo e destruir a biodiversidade e as florestas.[32]

Estaríamos, com isso, sendo capazes de interferir na bioquímica do "maior ser vivo do sistema solar", se concordarmos com as ideias de James Lovelock, que formulou a hipótese e depois a "teoria de Gaia".

Gaia – deusa que personificava a Terra na mitologia grega – é o nome que ele dá à "casca" de matéria que envolve o núcleo do planeta, composto de rocha e metais incandescentes. Vai de uns 160 quilômetros abaixo da superfície a outros 160 acima. Inclui a biosfera e um "sistema fisiológico dinâmico que manteve nosso planeta apto para a vida durante mais de três bilhões de anos".[33]

A teoria de Lovelock – que é controversa – é que Gaia seria capaz de regular seu clima e sua química, mantendo as condições de sua superfície de modo a serem sempre as mais favoráveis possíveis à vida.[34] Segundo ele, embora isso não queira dizer que Gaia deva ser considerada "viva" de um modo consciente, nem mesmo no sentido que se aplica a um animal ou a uma bactéria, não deveria ser vista como algo inanimado, sendo por isso vergonhosa a ideia da "espaçonave Terra", tão difundida entre nós.[35]

Um forte indício para ele de que a Terra se autorregularia é o nível de oxigênio na atmosfera – pouco menos de 21% –, que é exatamente aquele adequado para a vida. Um aumento de 1% nesse nível faria com que houvesse um risco de incêndios 70% maior. Se esse nível fosse maior do que 25%, isso multiplicaria por dez as chances de que o ar se incendiasse com uma simples faísca.[36]

Porém, lembra ele, os seres humanos "tomaram os depósitos que Gaia havia enterrado para que a atmosfera mantivesse um nível adequado de oxigênio e os queimaram" – ele está se referindo aos combustíveis fósseis –, impedindo, assim, que ela cumpra com sua função de manter o planeta em estado adequado para a vida.[37] E agora Gaia "está velha e não tão forte como há dois bilhões de anos". Ela estaria se esforçando para manter o planeta frio o bastante para seus milhares de formas de vida contra o implacável aumento do calor do Sol, mas estaria seriamente doente, prestes a pegar uma febre que poderá durar cem mil anos.[38]

No entanto, como organismo vivo, Gaia não aceitaria passivamente a nossa agressão. Lovelock acredita que reagirá às mudanças que efetuemos sobre ela, seja aniquilando essas mudanças, seja nos aniquilando. E, segundo ele, fomos destrutivos a tal ponto e estragamos tão gravemente a Terra que agora Gaia ameaça se vingar de todos nós, aplicando-nos a pena capital: a extinção.[39]

Lovelock viria, alguns anos depois, a reconhecer em uma entrevista que seus livros podem ter sido excessivamente alarmistas.[40] Isso não quer dizer que não haja motivos de sobra para preocupação. Os danos que estamos causando à Terra já podem ser notados em várias frentes, como constataremos a seguir.

Extrapolando os limites do planeta

A consciência coletiva de que estamos afetando o planeta de forma praticamente irreversível, e que isso terá consequências sérias para a humanidade, é algo que vem se formando pouco a pouco, nas últimas décadas.

Em 1962, a bióloga marinha e zoóloga estadunidense Rachel Carson publicou o livro *Primavera silenciosa (Silent Spring)*, que falava da contaminação do ar, do solo, dos rios e dos oceanos com produtos químicos, denunciando especificamente o uso de pesticidas – em particular o DDT (Dicloro-Difenil-Tricloroetano). Essa obra é considerada um dos principais precursores do movimento ecologista.

Já naquela época, era possível afirmar que a história da vida na Terra tem sido a da interação entre seres vivos e aquilo que os cerca e que, considerando todo esse tempo, o período em que os seres vivos foram de fato capazes de modificar o que existe a seu redor foi relativamente ínfimo. Porém, no século XX, uma espécie – a humana – "adquiriu um poder significativo para alterar a natureza de seu mundo".[41]

Por conta disso, para alguns autores, estaríamos assistindo a uma mudança de período geológico. Vivemos atualmente no Holoceno, período interglacial que começou por volta de dez mil anos atrás. Foi o ambiente relativamente estável do Holoceno que permitiu que a agricultura e sociedades complexas como as atuais florescessem. Nesse período, apesar de algumas variações ambientais – como a dos regimes de chuvas, ou da distribuição da vegetação –, outros parâmetros mais relevantes, como os atmosféricos, flutuaram dentro de uma margem relativamente estreita. Embora a marca das atividades humanas pudesse ser vista em escala regional, não havia evidências de que os humanos tivessem afetado o funcionamento do sistema terrestre em escala global durante esse período.[42]

A queima de combustíveis fósseis é o primeiro exemplo de atividade humana, em escala global, capaz de provocar uma mudança radical no clima e pôr em risco a biosfera.[43] Por isso, a partir da Revolução Industrial nosso planeta teria entrado no "Antropoceno", uma nova época na qual os humanos passaram a ser a principal força motriz das mudanças no sistema terrestre e começaram a pressionar o planeta para além das margens de variação do Holoceno, em vários processos-chave do sistema terrestre.[44]

Em 2009, um grupo de cientistas chegou à conclusão de que as pressões antropogênicas – ou seja, aquelas induzidas pela atividade humana – sobre o sistema terrestre alcançaram uma escala na qual uma mudança ambiental global abrupta ou irreversível não pode mais ser descartada. Esses autores definiram "limites" ou "fronteiras" planetários que, se ultrapassados, poderiam trazer efeitos catastróficos para a humanidade.[45]

O primeiro desses limites é a acidificação dos oceanos, que absorvem um quarto das emissões humanas de CO_2. A dissolução desse gás na água aumenta a acidez dessa última – ou seja, diminui seu pH –, o que prejudica a biodiversidade marinha. Afeta, também, a capacidade dos oceanos de continuar funcionando como um escoadouro de CO_2.

O segundo limite é a camada de ozônio estratosférica, que filtra a radiação ultravioleta do Sol. O buraco na camada de ozônio sobre a Antártica, constatado décadas atrás, foi causado pelo aumento na concentração de substâncias como os clorofluorcarbonos, capazes de diminuir as concentrações de ozônio. O buraco na camada de ozônio, como analisaremos mais adiante, é um dos exemplos de problema ambiental que foi tratado de forma eficiente pela comunidade internacional.

O terceiro e o quarto limites estão relacionados à poluição.

O terceiro é a contaminação por produtos químicos – que inclui compostos radioativos, metais pesados e uma ampla variedade de compostos orgânicos de origem humana. Essa contaminação afeta a saúde dos seres humanos e dos ecossistemas e, se antes era vista como algo limitado ao nível local ou regional, agora é observada em escala global, e de forma inter-relacionada, podendo afetar outros limites, como a biodiversidade.

O quarto é o acúmulo de aerossóis, que são partículas orgânicas e inorgânicas suspensas na atmosfera – poeiras ou fuligem de motores a diesel, por exemplo. As atividades humanas dobraram a concentração global da maioria dos aerossóis, que tem efeitos sobre as mudanças climáticas e sobre a saúde. Os aerossóis influenciam o sistema climático, podendo ter tanto o efeito de resfriá-lo, ao refletirem a radiação solar – é o caso de alguns nitratos e sulfatos –, quanto o efeito de aquecer a atmosfera – caso da fuligem da combustão de biomassa. Nessa segunda situação, o aquecimento pelos aerossóis pode ocorrer seja diretamente – ao absorverem radiações de calor –, seja indiretamente – ao mudarem o albedo, que é a relação entre a radiação solar refletida ou dispersada pela superfície da Terra e o total que nela incide.[46] Além disso, os aerossóis têm efeitos adversos na saúde dos seres humanos. A poluição do ar contribui para enfermidades como asma, bronquite crônica e doenças cardiovasculares, levando a oitocentas mil mortes prematuras por ano.[47]

O quinto limite é a interferência humana nos ciclos globais do fósforo e do nitrogênio. As atividades humanas hoje convertem mais nitrogênio da atmosfera em formas reativas do que todos os processos naturais terrestres combinados.[48] O objetivo disso é aumentar a produção de alimentos, por meio de fertilizantes – processo que, como nota José Eli da Veiga, representou a inovação que mais revolucionou a produção alimentar, viabilizando a expansão demográfica no século XX. Parte do excesso de fertilizantes nitrogenados, entretanto, acaba sendo despejada em cursos de água, retirando deles oxigênio e gerando o florescimento de algas que afeta rios e lagos ao causar mudanças bruscas nesses ecossistemas, criando verdadeiras "zonas mortas" nas áreas litorâneas. Esse é um limite pouco falado, porém, como lembra Veiga, a redução do uso de fertilizantes nitrogenados poderá ser um desafio tão grande quanto a superação da matriz energética baseada nos combustíveis fósseis necessária para combater o aquecimento global.[49]

Água, florestas e biodiversidade

O sexto limite vem despertando a atenção dos especialistas há algum tempo e costuma entrar em quase todas as listas dos problemas ambientais mais relevantes. É o uso global da água doce.

As dificuldades relacionadas a esse limite são de duas ordens. Referem-se, primeiro, ao consumo excessivo de água e à ineficiência no uso desse recurso – principalmente na agricultura –, que ameaçam seu abastecimento para os seres humanos. E abrangem, também, os danos causados ao ciclo hidrológico global, com a diminuição dos níveis de umidade do solo, que provoca secas e degradação da terra, e a redução dos níveis de umidade do ar, que afeta os padrões de precipitação.[50]

A situação já é bem crítica. Quase novecentos milhões de pessoas não têm acesso a água potável.[51] Ao depender de mananciais contaminados, estão sujeitas a doenças como a diarreia, que resultam na morte por desidratação de mais ou menos dois milhões de crianças por ano.[52] Além disso, 40% da população mundial vivem em zonas que sofrem com o estresse hídrico[53] – um terço dos africanos, por exemplo, vive em áreas com tendência a secas, e estima-se que, por volta de 2050, algo entre 350 milhões e seiscentos milhões de africanos viverão sob condições de severa falta de água.[54] A projeção é que, em 2025, mais da metade da população mundial viverá em lugares que sofrem com a escassez de água, e por volta de 2040, a demanda de água deverá exceder a capacidade de fornecimento.[55]

A princípio, a água parece um recurso abundante – um bem comum por excelência –, mas a sua maior parte está nos oceanos. A água doce representa apenas 2,5% da água do planeta e 70% dessa água doce estão na forma – ao menos por enquanto, como lembra William Blackburn – de geleiras e neve permanente. Do que sobra, 20% são usados para irrigação, 8% para consumo industrial e comercial e 1% para consumo humano direto.[56] Ou seja, 70% da água doce disponível são utilizados para irrigação,[57] 20% são usados pela indústria, e 10% para fins residenciais.[58] Infelizmente, metade da água destinada à irrigação se perde por vazamentos ou evaporação, nunca chegando às plantações.[59]

O uso excessivo ou ineficiente da água se deve, em grande parte, aos subsídios que a tornam barata. Aumentar o preço da água levaria a um uso mais eficiente.[60] É importante lembrar que, diferentemente do petróleo, que pode ser substituído por outras fontes de energia, a água não tem substituto.[61] Apesar disso, a utilização da água tem crescido sem levar isso em conta, de forma quase insensata. No século XX, a humanidade tirou água do solo a um ritmo quase duas vezes mais rápido do que o crescimento da população. A demanda global por água triplicou entre 1950 e 1990 e projeta-se que dobre novamente até 2025.[62]

Com isso, no mundo inteiro, os aquíferos subterrâneos estão sendo sugados a uma proporção muito mais rápida do que são capazes de se recompor naturalmente, de modo que terminarão se esgotando.[63] Procura-se, com isso, atender à demanda crescente por alimentos – produzir um quilo de carne pode demandar vinte mil litros de água.[64]

Essa drenagem da água subterrânea é, na verdade, insustentável. Por meio dela, como observa Lester Brown, alguns países estariam na verdade criando uma "bolha alimentar", na qual a produção estaria sendo inflada artificialmente. Ele lembra que como a superexploração dos aquíferos tem ocorrido de maneira mais ou menos simultânea em diversos países, seu esgotamento e a consequente quebra das safras devem ocorrer ao mesmo tempo, criando uma escassez de alimentos impossível de administrar.[65] Para ele os alimentos são o "elo fraco" que poderia levar a nossa civilização ao colapso.[66] Por isso, deve haver um esforço para aumentar a produtividade no uso da água e estabilizar o nível dos aquíferos.[67]

O uso excessivo da água prejudica também os rios. Alguns deles, como o Colorado, nos Estados Unidos, e o Amarelo, na China, têm sido drenados até secar ou se reduzir a fios d'água antes de desaguar nos oceanos. Outros rios afetados são o Nilo, no Egito, o Indo, no Paquistão, e o Ganges, na Índia. Muitos rios menores desapareceram completamente. Lagos também estão encolhendo ou mesmo desaparecendo – é o caso do lago Chade, na África Central, do mar de Aral, na Ásia Central, e do mar da Galileia – e milhares deles hoje só existem nos mapas antigos.[68]

O sétimo limite, também muito discutido, é a mudança no uso da terra. Resulta principalmente da expansão agrícola, que é, de longe, a maior causa da perda de florestas – responde por aproximadamente 30% dessa redução.[69]

A conversão de florestas e outros ecossistemas em terra agricultável ocorreu a uma taxa anual média de 0,8% nos últimos 50 anos e pode ameaçar a biodiversidade e alterar o sistema climático e o ciclo hidrológico.[70]

O pior que poderíamos fazer é tratar as florestas como se fossem algo meramente ornamental. A perda de florestas é um problema grave para a humanidade, não apenas porque elas são fonte de madeira e outras matérias-primas, mas também porque elas preservam as bacias hidrográficas, protegem o solo contra a erosão, são etapas essenciais do ciclo das águas, gerando boa parte de nossas chuvas, e servem de hábitat para a maioria das espécies terrestres de plantas e animais, entre outros serviços fornecidos gratuitamente.[71] Vale lembrar que essa capacidade de prover serviços ambientais não é exclusiva das florestas. São muitos os serviços prestados pelos diversos ecossistemas – estudos como o "The Economics of Ecosystems and Biodiversity" (TEEB)[72] apresentam inúmeros exemplos – e esses são extremamente valiosos: já no fim do século XX, o conjunto desses serviços teve seu valor estimado em US$ 33 trilhões ao ano, o que representava quase duas vezes o Produto Interno Bruto (PIB) global naquela mesma época.[73]

Metade das florestas tropicais e temperadas do mundo já se foi. A taxa de desflorestamento nos trópicos é de mais de 4 mil m² por segundo.[74] A cada ano, uma área florestal do tamanho do Panamá ou de Portugal desaparece no mundo.[75] No ritmo atual, um quarto das florestas que ainda restam será convertido em outros usos nos próximos cinquenta anos.[76]

Outros valiosos hábitats, além das florestas, também estão sendo destruídos. Os pantanais foram ainda mais afetados. Eles têm importância na manutenção da qualidade de nossos suprimentos de água, na pesca de água doce e mesmo na oceânica, uma vez que os mangues servem de hábitat para diversas espécies de peixes em sua fase juvenil.[77]

A agricultura malfeita reduz a fertilidade dos solos – porque a atividade agrícola remove nutrientes muito mais rapidamente do que são restaurados – e aumenta a erosão.[78] Como lamenta Lester Brown: "É triste, mas solo formado em escala de tempo geológica tem sido removido em escala de tempo humana[79]". Além de depauperar os recursos hídricos, a irrigação contínua leva à salinização dos solos em certos locais, fazendo cair a produtividade agrícola.[80] Por fim, o desmatamento provoca desertificação. Em agosto de 2010, a ONU anunciou que a desertificação afetava 25% das terras mundiais, ameaçando o sustento de mais de um bilhão de pessoas em quase cem países.[81]

O oitavo limite é a biodiversidade. Espécies estão desaparecendo a uma velocidade quase mil vezes mais rápida do que o normal,[82] o que nos está levando a alcançar níveis de extinção antes vivenciados apenas em grandes catástrofes globais.[83] Só que, desta vez, a extinção é motivada especificamente pelo impacto das nossas atividades sobre o planeta.[84] A avaliação do "Millennium Ecosystem Assessment", levantamento já mencionado, foi que nos últimos cinquenta anos os ecossistemas foram alterados de forma mais rápida e extensa do que em qualquer período de tempo comparável na história humana – o que levou a uma perda substancial e irreversível de diversidade de vida na Terra.[85]

Para que se tenha uma ideia do que isso significa, houve cinco períodos de extinção em massa nos últimos seiscentos milhões de anos[86] e as taxas de perda de biodiversidade atuais representam o sexto evento desse tipo em proporção da história da Terra.[87] O planeta não tinha visto extinção com esse ímpeto em 65 milhões de anos, desde o desaparecimento dos dinossauros.[88]

A situação é grave. Só entre 1970 e 2008, 28% da biodiversidade da Terra foi perdida.[89] Mais de 15 mil plantas e animais estão ameaçados de extinção, incluindo cerca de um terço de todos os anfíbios, um quarto de todos os mamíferos e um oitavo de todos os pássaros.[90] E 27% dos corais do mundo já estão mortos,[91] seja pelo aquecimento global, seja pela poluição ou pela pesca predatória – o uso crescente de dinamite como método de pesca leva à destruição dos recifes de corais. Mantida a tendência atual, cerca de metade dos recifes que restam terá sido perdida por volta de 2030.[92] E se houver um aumento de 2°C na temperatura global, isso poderá levar 97% dos recifes a se descolorirem – o que significa que os corais terão expelido as algas que os mantêm vivos e deverão morrer em consequência disso.[93]

Os peixes também estão ameaçados. A pesca, por sinal, é um exemplo claro de tragédia do bem comum e, não por acaso, como veremos mais adiante, está na raiz da ideia de sustentabilidade. A pesca predatória ocorre porque os recursos comuns – no caso, os estoques de peixes – estão sob regime de acesso aberto. Assim, cada pescador tende a pescar o máximo possível para aumentar a sua renda em curto prazo porque, se não o fizer, outro irá pescar os peixes que sobraram.[94]

O crescimento da população e da afluência levou ao aumento da demanda e o consumo global de peixe duplicou entre 1973 e 2009.[95] O resultado é que 75% dos estoques mundiais dos peixes mais vendidos estão no limite da sua capacidade de recuperação ou além desse limite, ou seja, estão superexplorados.[96] As populações de algumas espécies comercialmente valiosas, como o bacalhau, o hadoque, o badejo e o linguado, despencaram até 95% no Atlântico Norte entre 1995 e 2005, o que obrigou à imposição de medidas de total proibição da pesca, como única forma de possibilitar a regeneração dos estoques.[97]

A importância da pesca justifica a preocupação com essa atividade. Os peixes representam 15% das proteínas animais consumidas mundialmente.[98] Representam, também, 40% de toda a proteína consumida pelos países pobres e em desenvolvimento e são a principal fonte de proteína animal para mais de um bilhão de asiáticos.[99] A pesca é também uma importante atividade econômica. A Organização das Nações Unidas para a Alimentação e a Agricultura (FAO, em inglês) estimou em 2004 que cerca de 41 milhões de pessoas trabalhavam diretamente nesse setor, o que corresponde, se contarmos as suas famílias, a duzentos milhões de pessoas dependentes dessa atividade em todo o mundo.[100]

Portanto, a biodiversidade também é importante para o ser humano. E há espécies que fornecem serviços ambientais gratuitos que podem ser muito dispendiosos e, em muitos casos, impossíveis de ser feitos por nós – e isso vale tanto para as pequenas espécies quanto para as grandes.[101]

Claro que as espécies não são igualmente importantes para o funcionamento dos ecossistemas. A eliminação de baleias, tubarões, ursos, lobos e outros grandes predadores afeta toda a cadeia alimentar abaixo deles.[102] Além dos grandes predadores, algumas espécies estruturalmente importantes – como os corais e as algas marinhas – causam impactos desproporcionalmente grandes na dinâmica dos ecossistemas.[103] Mas, de forma geral, como argumenta Jared Diamond, "a eliminação de algumas pequenas espécies é tão prejudicial para os seres humanos quanto a retirada ao acaso de muitos pequenos rebites de um avião". Há inúmeros exemplos que mostram o quanto essa afirmação é verdadeira, como o papel das minhocas na regeneração dos solos, o das abelhas e outros insetos na polinização e o das aves e dos mamíferos na dispersão de frutos selvagens.[104]

Resumindo, os oito limites que mencionamos até agora são os seguintes: acidificação dos oceanos; camada de ozônio; poluição por produtos químicos; acúmulo de aerossóis; interferência nos ciclos globais do fósforo e do nitrogênio; consumo de água doce e ciclo hidrológico global; mudança do uso da terra e taxa de perda da biodiversidade. O nono, no qual nos deteremos mais, é a mudança climática. Rockström e os demais autores daquele estudo estimam que três desses limites já foram ultrapassados: a taxa de perda da biodiversidade, as alterações no ciclo global do nitrogênio e a mudança climática. O mundo não pode sustentar a taxa de extinção de espécies atual sem provocar colapsos funcionais. O aumento no uso de fertilizantes na agricultura moderna resultou na transgressão do limite para o grau de interferência humana no ciclo global do nitrogênio. E a tendência de aumento na concentração de CO_2 não mostra sinais de reduzir sua velocidade, como veremos a seguir.[105]

Mudanças climáticas

Entendendo o aquecimento global

Antes de discutir as mudanças climáticas, é preciso superar a questão do uso da própria expressão. Seria ela mais ou menos apropriada do que "aquecimento global"? Há dois lados nessa discussão. Os que defendem o uso de "mudança climática" argumentam que os níveis excessivos de gases de efeito estufa na atmosfera podem, em alguns lugares, ter o efeito de tornar o clima mais frio, mais intenso ou simplesmente "esquisito".[1] Outros argumentam que, na média, a temperatura deverá subir, logo a expressão aquecimento global seria mais adequada.[2] Como os dois lados têm sua parcela de razão, usaremos aqui as duas expressões de forma indiferente, analisando as diversas consequências desse fenômeno.

O importante mesmo é entender quais são os efeitos mais prováveis do acúmulo de gases de efeito estufa na atmosfera. E, para isso, não podemos deixar de considerar que a incerteza é um fator constante nas previsões relacionadas ao clima, já que, normalmente, os sistemas são insuficientemente entendidos e as previsões têm grandes margens de erro.[3] Em meio a tantas incertezas, existe, no entanto, uma convicção. Não há dúvida de que as emissões de gases de efeito estufa estão aumentando como resultado da atividade humana e que mais gases desse tipo levarão a mais aquecimento.[4]

O efeito estufa é um fenômeno científico claro e simples de entender. Certos gases não deixam escapar parte da radiação solar que gera calor e que, normalmente, deveria ser refletida de volta para o espaço. Os seres humanos estão emitindo cada vez mais esses gases. Logo, ainda que possa haver oscilações nessas emissões, a lógica do efeito estufa é inquestionável e quando se analisam as estatísticas de períodos mais extensos, verifica-se uma clara tendência de aumento da temperatura global.[5]

Para rejeitar essa lógica de que mais gases de efeito estufa significam um aumento de temperatura, e de que, se as atividades humanas estão aumentando a concentração desses gases na atmosfera, os seres humanos são responsáveis pelo aumento na temperatura do planeta, só negando que esses gases teriam o efeito de impedir a dispersão do calor – e isso, parece, nem os mais céticos costumam negar, sob o risco de "virar a ciência de cabeça para baixo", como observa George Monbiot.[6]

O CO_2 e o metano (CH_4) são os dois principais gases de efeito estufa.[7] A queima do metano libera dióxido de carbono. E se o metano for liberado na atmosfera sem ser queimado – como quando é gerado por aterros sanitários, gado, manguezais –, ele é um gás de efeito estufa de 20 a 25 vezes mais forte do que o CO_2.[8]

Há, no entanto, outros gases que têm o mesmo efeito. O Protocolo de Kyoto – que abordaremos mais adiante –, por exemplo, menciona quatro deles: o óxido nitroso (N_2O), gerado na manufatura de fertilizantes e na combustão; os HFCs, usados em aparelhos de ar-condicionado e para a refrigeração em geral; os PFCs, que são gases alternativos aos HFCs; e o hexafluoreto de enxofre (SF_6), usado em equipamentos de energia elétrica.[9]

O maior responsável pelo aquecimento global, no entanto, é o CO_2, gerado na combustão – indústria, queimadas etc. – e na respiração. E o maior problema desse gás é que ele fica na atmosfera por cem anos ou mais, diferentemente de outros poluentes convencionais, que permanecem no ar por apenas algumas horas ou dias.[10] Dessa maneira, o estoque de CO_2 na atmosfera vai se acumulando ao longo dos anos – e grandes mudanças nesse estoque requerem cortes radicais nas emissões.[11]

Desde a Revolução Industrial, a humanidade tem emitido, a cada ano, gases de efeito estufa em uma proporção maior do que o planeta consegue absorver.[12] As concentrações de CO_2 e metano na atmosfera se elevaram, em relação aos níveis pré-industriais, 40% e 150%, respectivamente, alcançando níveis mais altos do que em qualquer momento da história nos últimos 800 mil anos.[13] O consumo de energia *per capita* cresceu sete vezes e as emissões de dióxido de carbono aumentaram cinquenta vezes nos últimos 150 anos.[14] Dentro desse período, por volta de 70% das emissões ocorreram na segunda metade do século XX, que apresentou um ritmo de crescimento dos níveis de CO_2 mais acelerado do que o de qualquer outro momento dos últimos vinte mil anos.[15]

É um fato científico, portanto, que uma maior concentração de gases de efeito estufa na atmosfera eleva a temperatura global. E cada uma das últimas três décadas foi sucessivamente mais quente do que qualquer década precedente desde 1850.[16] Está comprovado, também, que a ação humana é a maior responsável por esse aumento,[17] que coincide com o período histórico em que o crescimento econômico e o desenvolvimento de nossas indústrias foram mais acentuados.

Os indícios da origem e da relevância do aquecimento global se tornam mais fortes a cada novo relatório do Painel Intergovernamental sobre Mudanças Climáticas (IPCC, em inglês), que foi criado em 1988 pela Organização Meteorológica Mundial e pelo Programa das Nações Unidas para o Meio Ambiente (Pnuma) para fornecer informações científicas sobre as mudanças climáticas.[18] Em 2007, em seu quarto relatório, esse Painel mostrou com clareza que o aquecimento global é uma realidade e que está associado à ação humana.[19] Isso ainda é posto em dúvida pelos céticos das mudanças climáticas, que aproveitaram a descoberta de alguns erros nesse relatório para questionar o trabalho do IPCC.[20] As conclusões do Painel a respeito da nossa responsabilidade por essas mudanças, entretanto, são incontestáveis, até porque vão ao encontro de, simplesmente, 97% de quatro mil estudos acadêmicos tratando desse tema publicados nos últimos 20 anos.[21] Em 2013, em seu quinto relatório, o IPCC reiterou a sua posição de que é possível afirmar, com 95% de certeza, que mais da metade do aquecimento global registrado desde os anos 1950 foi causada pelas atividades humanas.[22]

Quais seriam as origens das nossas emissões?

Elas podem ser divididas em duas grandes categorias: processos industriais em geral – o que inclui a geração de energia pelo uso dos combustíveis fósseis e os transportes – e a mudança no uso do solo – desmatamento, queimadas para agricultura, criação de gado etc.[23] A primeira categoria representa aproximadamente 59% das emissões. Quanto à segunda categoria, 17% são causados pela queima das florestas e 14% vêm da agricultura,[24] que gera altos níveis de metano, agravados, sobretudo, pela pecuária – estudo da FAO concluiu que a pecuária gera 37% das emissões de metano relacionadas aos seres humanos.[25] Os pouco mais de 9% restantes são causados por outros processos que emitem óxido nitroso ou gases fluorados – HFCs, PFCs e o SF_6 –, resultantes da agricultura ou de processos industriais.[26]

É importante entender o que o aumento nas emissões significa em termos numéricos. Uma medida importante é a concentração do chamado "CO_2 equivalente" – ou CO_2 e – na atmosfera. O CO_2 e é obtido somando-se os outros gases de efeito estufa ao CO_2, o que aumenta o nível de concentração. Essa concentração é medida em "partes por milhão" – ou ppm.

Pois bem, entre a metade do século XIX e o fim da década de 2010, a concentração de CO_2e na atmosfera aumentou de 285 ppm para 430 ppm.[27] Em 2012, essa concentração chegou a 445 ppm.[28] Em 2013, uma marca simbólica, desta vez a da concentração apenas de CO_2, de 400 ppm, foi atingida.[29]

Para alguns cientistas, 400 ppm de CO_2e – ou 350 ppm de CO_2 – seriam a concentração ideal, por ser um patamar mais próximo daquele no qual a humanidade evoluiu.[30] Os índices atuais de 445 ppm de CO_2e – ou 400 ppm de CO_2 – já são maiores do que aqueles ideais. Considerando que estamos acrescentando por volta de 2,5 ppm de CO_2e por ano à atmosfera,[31] esse patamar ideal está ficando cada vez mais longe da realidade.

Uma meta de 450 ppm de CO_2e pareceria mais realista – e essa é a concentração que a ciência acredita que permitiria evitar que a temperatura global aumentasse mais do que 2°C em relação aos níveis pré-industriais. Porém, dado o longo período de permanência do CO_2 na atmosfera, a única forma de manter a concentração de CO_2e abaixo de 450 ppm é não apenas deter o aumento dessa concentração, mas também começar a reduzi-la – o que não é fácil, considerando as dificuldades de se extrair o CO_2 da atmosfera, que pode levar essa redução a tardar centenas de anos, durante os quais as temperaturas continuarão a subir.[32]

Mas subir quanto? A temperatura média terrestre, relativamente estável por mais de mil anos, já aumentou por volta de 0,8°C desde a era pré-industrial.[33] Que ela aumente mais 0,5°C a 1°C é inevitável, devido às emissões passadas, e as projeções são de um aumento adicional de 1,2°C a 6,4°C até 2100.[34]

Se chegarmos a 500 ppm de CO_2e, é alta (96%) a probabilidade de que a temperatura global aumente 2°C acima dos níveis pré-industriais.[35] Se não diminuirmos radicalmente as nossas emissões, esse grau de concentração deve ser alcançado por volta de 2030.[36] E estimativas levam a acreditar que podemos atingir o patamar de 850 ppm até o fim do século XXI, o que leva a uma chance de 70% de que a temperatura global aumente mais de 5°C em relação a 1850. Como observa Nicholas Stern, "essas não são pequenas probabilidades de grandes mudanças; são grandes probabilidades de enormes mudanças".[37]

A seriedade de um aumento de 5°C fica evidente quando se percebe que na última era do gelo – por volta de 10 mil anos atrás – o planeta era 5°C mais frio do que agora. A maior parte do norte da Europa e da América estava embaixo de centenas de metros de neve. A última vez em que o mundo esteve 4°C a 5°C acima da temperatura atual foi de trinta a cinquenta milhões de anos atrás, época em que grande parte do planeta era ocupada por florestas pantanosas e havia jacarés perto do polo norte. Esse fato, por si só, não quer dizer grande coisa, mas mostra como as espécies – inclusive os humanos – deverão se realocar se quiserem sobreviver. Muitas áreas virarão desertos. Outras serão submersas. Tudo isso em um ritmo jamais visto, de apenas cem anos. Ou seja, como afirma Stern, estamos falando em transformações que não são compreendidas pensando-se na diferença de temperatura entre Estocolmo e Madri ou na ideia de que um pouco mais de ar condicionado e defesa contra enchentes será suficiente.[38]

Logo, deve-se tentar manter a concentração abaixo de 500 ppm. Como explica Stern, isso requer um corte, até 2050, de 50% nas emissões mundiais de gases de efeito estufa[39] – que são atualmente de cinquenta bilhões de toneladas de CO_2e por ano.[40]

O crescimento da produção e da população mundiais, entretanto, torna essa meta mais difícil de alcançar. Se o aumento da produção mundial for de pouco mais de 2% ao ano até 2050, essa será duas vezes e meia maior até lá. Cortar as emissões pela metade até 2050 implica, portanto, reduzir as emissões por unidade de produto em 80%. Quanto à população, as emissões mundiais anuais eram de aproximadamente oito toneladas *per capita* no fim da década de 2010, para uma população total de aproximadamente sete bilhões de pessoas. Até 2050 a população mundial deverá alcançar nove bilhões de pessoas. A meta de emissões para aquele ano, dada essa projeção populacional, é que essas tenham que passar a ser de duas toneladas *per capita* por ano. Não é difícil perceber, como observa Stern, que a redução de oito para duas toneladas é, claramente, um grande desafio.[41]

Efeitos das mudanças climáticas

O desafio de promover cortes significativos nas emissões de gases de efeito estufa precisa ser vencido porque as consequências do aquecimento global podem ser gravíssimas.

A maior parte dessas consequências está relacionada à água – ou à falta dela –, que provocará enchentes, secas, tempestades e aumento no nível dos oceanos.[42] A escassez desse recurso deve ser o maior problema. Entre as conclusões do IPCC está a de que secas mais intensas e mais longas já têm sido observadas em áreas mais extensas da Terra.[43] Em 2030, diversas partes do planeta devem sofrer com a falta de água – e condições semelhantes às do Saara devem se estender ao sul da Europa, como já ocorre em partes da Austrália e da África.[44] Com isso, a produção global de comida tende a ser seriamente afetada. Regiões inteiras podem tornar-se quentes demais para cultivar plantações – e a porcentagem de terras sujeitas a estiagens deve aumentar dos 3% atuais para 30%.[45]

Um aumento de 4°C na temperatura poderia levar à fome em massa.[46] O aquecimento agravaria o desaparecimento de geleiras que são essenciais para a agricultura de algumas regiões. A neve e o gelo nas cadeias montanhosas do Himalaia e do platô tibetano, por exemplo, ajudam a sustentar, durante as temporadas secas, o fluxo de importantes rios da Índia, como o Ganges, e da China, como o Yang-Tsé (rio Azul) e o Huang Ho (rio Amarelo). Os sistemas de irrigação dependem desses rios. Uma vez que Índia e China são grandes produtoras de trigo e arroz, o desaparecimento dessas geleiras teria efeitos catastróficos sobre a produção de alimentos nesses países. E, como consequência, levaria a uma alta acentuada no preço mundial dos alimentos, tendo em vista que esses países teriam que assegurar a sua subsistência no mercado internacional.[47]

O derretimento das geleiras – praticamente todas elas estão encolhendo –, assim como das calotas polares[48], e o fato de que a água se expande quando se aquece têm contribuído para que o nível global dos oceanos venha subindo cerca de dois milímetros por ano.[49] Essa é uma velocidade jamais registrada na história.[50]

Esse aumento pode ter efeitos terríveis. Se o nível dos oceanos aumentar quarenta centímetros – o que, pelo último relatório do IPCC, ainda que haja um corte radical de emissões, é provável que aconteça, devido ao carbono já acumulado na atmosfera[51] –, o número de pessoas nas áreas litorâneas ameaçadas por enchentes produzidas pela água do mar pode aumentar dos 75 milhões atuais para algo em torno dos duzentos milhões. O aumento do nível do mar poderia fazer, por exemplo, com que a água salgada poluísse a água potável de grandes cidades costeiras.[52] Se o nível de água subir um metro – que é a elevação projetada pelo IPCC até o final deste século, caso continuemos emitindo gases de efeito estufa no ritmo atual –, algo em torno de US$ 1 trilhão em patrimônio deverá ser afetado.[53]

Ainda que não se espere que o nível do mar suba mais do que um metro até 2100, partindo para cenários mais radicais, se a calota de gelo da região ocidental da Antártica derreter completamente, o nível do mar deve subir quase cinco metros e se a calota de gelo da Groenlândia – que está derretendo em passo acelerado – fundir-se inteiramente, o aumento no nível do mar seria de sete metros. Ou seja, somando-se essas duas calotas de gelo, que os cientistas entendem serem as mais vulneráveis, o mar poderia subir até 12 metros. São situações muito improváveis, mas que preocupam, principalmente porque não podemos esquecer que o derretimento das calotas polares tem um efeito adicional. Quando os raios solares incidem sobre o gelo no oceano, até 70% deles são refletidos de volta para o espaço. Com o derretimento do gelo, a luz solar incide sobre mar aberto, muito mais escuro, e apenas 6% dela passam a ser refletidos. Ou seja, 94% se convertem em calor, contribuindo para o aquecimento do planeta.[54] Mais aquecimento levaria a um derretimento ainda mais acelerado e, consequentemente, a um aumento ainda mais rápido do nível dos oceanos.

Bangladesh, formado por terras baixas, será por sua situação geográfica um dos países que mais sofrerão com a elevação do nível do mar. Se essa for de 45 centímetros, 10% de Bangladesh ficarão embaixo da água.[55] Um aumento de um metro deve inundar permanentemente 21% do território desse país, incluindo aquela parte onde está o melhor solo para a agricultura, desalojando 15 milhões de pessoas de suas casas.[56]

Bangladesh é apenas um exemplo de como o aquecimento global poderá afetar certas nações. Porém, de forma geral, são países pobres como ele que irão sofrer mais.

Em primeiro lugar, isso ocorre porque os impactos do aquecimento global devem ser mais notados pelas nações mais dependentes de atividades relacionadas ao setor primário da economia, como a agricultura, cuja produtividade passará a ser cada vez mais incerta[57] – por exemplo, um aumento do nível do mar acima de um metro submergiria parte do delta do rio Mekong, região que produz metade do arroz do Vietnã, segundo exportador mundial desse grão.[58] Em segundo lugar, porque alguns males associados aos países mais pobres, como a malária, a diarreia e o cólera, estão entre as doenças associadas ao calor que devem se espalhar com o aquecimento do planeta.[59]

Por fim, diferentemente do que ocorre com as nações desenvolvidas, a capacidade dos países mais pobres de responder aos desafios climáticos é mais limitada. Como observa Stern, as mudanças climáticas podem interromper o desenvolvimento desses países exatamente quando o progresso está se acelerando e estamos nos tornando mais otimistas com o combate à pobreza.[60] Assim, as nações menos responsáveis pelo aquecimento global são aquelas que mais provavelmente sofrerão os seus efeitos.[61] Os países em desenvolvimento tendem a pagar hoje pelas emissões passadas dos países desenvolvidos.[62]

Os países pobres são mais vulneráveis, por exemplo, aos desastres naturais, cuja incidência cresceu cinco vezes de 1970 a 2010.[63] Nas duas ou três últimas décadas, lembra Stern, já tivemos um aperitivo do que pode acontecer, e note-se que a temperatura subiu "apenas" 0,8ºC em relação a 1850.[64] Os furacões, por exemplo, ganharam intensidade nos últimos trinta anos e cada vez mais são classificados como de categoria 4 e 5 – as mais altas. O número de tormentas enquadradas nessas categorias duplicou desde a década de 1970.[65]

Incidentes hidrológicos e meteorológicos relacionados às mudanças climáticas são, de longe, os maiores responsáveis por esses desastres naturais – em 2007, quase 94% desses desastres tiveram essa origem.[66] Mas a atividade humana, ao ser a principal causa do aquecimento global, não está apenas na origem dos desastres. Ações humanas como o desflorestamento e a degradação das proteções costeiras naturais aumentaram as probabilidades de que os desastres naturais impactem de forma mais significativa sobre nós mesmos.[67]

Esses desastres têm sérias consequências econômicas. Catástrofes naturais custaram à economia global US$ 225 bilhões em 2008, o segundo ano mais caro da história até então[68] – só os furacões Katrina, em 2005, e Sandy, em 2012, que atingiram os Estados Unidos, provocaram perdas de US$ 108 bilhões e US$ 68 bilhões, respectivamente. Mas seu pior efeito é acabar com milhares de vidas – caso do Katrina, que causou mais de 1.800 mortes, e do Hayian, um dos piores tufões de todos os tempos no sudeste asiático, com ventos de até 235 km/h, que em 2013 matou mais de 5.500 pessoas apenas nas Filipinas.[69] Perdas humanas ocorrem diariamente em todas as partes do mundo e embora o problema afete mais fortemente os países pobres, isso não significa, como se pôde perceber, que os países desenvolvidos sejam a ele imunes – outro exemplo disso foi a onda de calor enfrentada pela Europa central em 2003, que causou a morte de 35 mil pessoas a mais do que a mortalidade usual no mesmo período.[70]

Tudo isso já pareceria sério o bastante, não fosse a possibilidade de que os efeitos do aquecimento global não viessem de forma gradual, mas subitamente.

Há alguns fatores que podem realimentar esse aquecimento, desencadeando uma transformação que nos levaria rapidamente a um ponto de não retorno.[71] As chances de que isso ocorra estão aumentando. É possível que correntes oceânicas, como a do Golfo, mudem radicalmente. Cenários como esses, mesmo que ainda remotos, poderiam acelerar dramaticamente o aquecimento global e agravar suas consequências.[72]

O derretimento do *permafrost* – solo permanentemente congelado – de regiões do Ártico, como a Sibéria, seria outro desses fatores. Antes da era glacial, essas regiões estavam ocupadas por pastos cheios de vida. A chegada dos glaciares enterrou a matéria orgânica embaixo do *permafrost*, onde está desde então.[73] Estima-se que o Ártico guarde de 1,4 trilhão a 1,8 trilhão de toneladas de matéria orgânica em seu *permafrost*, o que representa cinco ou seis vezes mais do que todo o carbono lançado na atmosfera pelas atividades humanas desde 1850. O degelo libera essa matéria orgânica que, na superfície, produz CO_2 e metano. Pois bem, há sinais de que o *permafrost* do Ártico está se derretendo, o que pode significar a liberação de toneladas desses gases na atmosfera.[74]

Por isso, outro desafio é o de se estimar quanto tempo temos até que as mudanças climáticas tragam prejuízos irreversíveis. Essa questão se relaciona a todos esses eventos relativamente imprevisíveis, mas também à dinâmica do crescimento exponencial, de difícil apreensão. O exemplo que costuma ser dado para ilustrar essa dificuldade é o de um lago de nenúfares, que são uma espécie de plantas aquáticas, como as vitórias-régias. Imagine-se que esse lago tem uma vitória-régia no primeiro dia, duas no segundo e quatro no terceiro e que o número de plantas continua a dobrar a cada dia. Se o lago se enche de vitórias-régias no trigésimo dia, em que dia ele estará cheio até a metade? A resposta é: no vigésimo nono dia. Ou seja, um dia antes de o lago se encher, os mais otimistas teriam dito que ele ainda estava meio vazio.

O problema é que não sabemos, ao certo, em que dia estamos em nossa progressão rumo à destruição do meio ambiente. "A natureza controla o tempo, mas não podemos ver o relógio", como diz Lester Brown.[75] E não podemos afirmar exatamente quais serão os efeitos dessa destruição, porque nunca havíamos chegado a esse ponto. Brown teme que, com a superexploração dos recursos naturais do planeta, nossa proximidade de um colapso possa ser mais bem medida em anos do que em décadas. Para ele, pode ser que até já tenhamos passado do trigésimo dia do nosso lago de nenúfares – o que é compatível com a ideia de que já teríamos ultrapassado três dos nove limites do planeta.[76]

O fato é que, seja de forma gradual, seja de maneira repentina, o aquecimento global ameaça causar o colapso de nossa civilização.

Colapso

Trata-se aqui, é importante repetir para que não haja dúvidas, do colapso da nossa civilização. Se alguém está ameaçado pelas mudanças climáticas, nota Lovelock, não é a Terra. Somos nós. É certo que a nossa espécie é especialmente dura na queda e que, por isso, dificilmente viria a ser extinta em uma possível catástrofe climática. Porém a civilização industrial contemporânea, essa sim, é totalmente incapacitada para sobreviver em um planeta superpovoado e com poucos recursos. "Salvar o planeta" é uma expressão sem sentido. O planeta não precisa ser salvo. O que as pessoas querem dizer com esse apelo é "salvem o planeta como o conhecemos". E isso, completa Lovelock, já é impossível.[77]

Jared Diamond, em seu livro *Colapso*, mostrou de que maneira fatores ambientais – como a erosão do solo e a escassez de água – foram capazes de destruir algumas civilizações do passado, como a Maia e a da ilha de Páscoa.[78]

Diamond lista uma série de problemas relacionados à falta de sustentabilidade que ameaçam a civilização atual – entre eles, a destruição de hábitats naturais, o declínio dos estoques de peixes, a perda da biodiversidade, a erosão dos solos, o esgotamento dos combustíveis fósseis, a escassez de água, a poluição por produtos químicos tóxicos etc. Qualquer um deles seria suficiente para limitar o nosso estilo de vida nas próximas décadas. Todos eles seriam "bombas-relógio com detonador de menos de 50 anos". Por isso, eles serão resolvidos, por bem ou por mal, no tempo de vida da maior parte das crianças e dos jovens de agora. Ou encontramos uma solução ou se resolverão por "guerras, genocídio, fome, doenças epidêmicas e o colapso de sociedades".

Esses problemas existiram ao longo da história. Alguns deles já eram graves e afetaram as sociedades do passado. Outros se tornaram sérios apenas recentemente. Porém sua frequência aumenta com a degradação ambiental, com a pressão populacional e com a pobreza e a instabilidade política delas resultantes.[79]

As mudanças climáticas devem acentuar ainda mais essa instabilidade e o risco de conflitos. Isso porque elas minariam as condições básicas de vida, principalmente nas regiões mais pobres, como mencionamos, pelo agravamento da falta de comida, da falta de água, de doenças que já afetam as populações menos favorecidas e da intensidade e da frequência de alguns eventos climáticos.[80]

Questões como essas já têm levado alguns países a se tornar "Estados falidos". A seca, a erosão dos solos, a escassez de água levam algumas nações a uma situação em que o governo não consegue mais garantir a segurança de sua população, o abastecimento de comida e serviços sociais básicos, como saúde e educação. Como exemplifica Lester Brown, a Somália há algum tempo é mais um lugar no mapa do que uma nação, no sentido apropriado do termo.[81] Desse modo, o risco seria a disseminação, entre mais e mais países em desenvolvimento, das condições que prevalecem em países como Somália, Ruanda ou Haiti.

Enquanto isso, alerta Diamond, aqueles nos países desenvolvidos poderiam até tentar preservar muitos de seus confortos, mas viveriam "infelizes, assolados pelo terrorismo crônico, pelas guerras e pela fome".[82] Um dos efeitos das mudanças climáticas seria o deslocamento de milhões de pessoas de seus lugares de origem, como deltas de rios em baixas altitudes ou pequenos Estados-ilhas.[83] É duvidoso, por isso, "que o Primeiro Mundo possa manter o seu estilo de vida diante das desesperadas levas de imigrantes fugitivos de países do Terceiro Mundo em colapso, em números muito maiores do que o incontrolável fluxo atual".[84] A migração em massa e os conflitos em larga escala afetarão a todos, ricos e pobres, porque, por mais que os países ricos tenham mais condições financeiras e tecnológicas de se proteger das mudanças climáticas, a longo prazo "os problemas dos pobres chegarão à soleira da porta dos ricos, na medida em que a crise climática leve ao desespero, à raiva e às ameaças à segurança coletiva".[85]

É a globalização que torna o problema desses países "ambientalmente devastados, superpovoados e distantes" problemas de todos, lembra Diamond. Hoje em dia, "o mundo não enfrenta mais apenas o risco circunscrito de uma sociedade pascoaense ou maia entrando em colapso de modo isolado, sem afetar o resto do mundo. Em vez disso, as sociedades de hoje estão tão interligadas que corremos o risco de enfrentar um colapso mundial."[86]

Esse colapso pode acontecer por diversos motivos. Pode vir, por exemplo, por um declínio na agricultura, que foi a causa do fim de muitas civilizações. No nosso caso, o aquecimento global pode levar a uma redução nas colheitas de grãos.[87] Essa redução atingiria em cheio uma civilização que ainda não conseguiu lidar satisfatoriamente com o problema da fome. A FAO estima que novecentos milhões de pessoas sofrem com a desnutrição e seus efeitos.[88] E, considerando que o mundo deverá ter nove bilhões de pessoas em 2050, a produção de comida teria que aumentar até lá de 70% a 100% em relação aos níveis atuais, caso se queira alimentar a população crescente.[89]

Ligado à fome, outro problema que a humanidade não soube ainda resolver é o da miséria. O Banco Mundial estima que 1,1 bilhão de pessoas vivem em condições de extrema pobreza, ganhando menos de US$ 1 por dia. Se o corte for feito em US$ 2, veremos que 2,6 bilhões de pessoas sobrevivem diariamente com menos do que esse valor. Além disso, a renda do 1% mais rico da população equivale àquela dos 57% mais pobres e a desigualdade continua aumentando.[90]

O grande enriquecimento de parte do planeta faz, entretanto, com que o esforço de resgatar a imensa população que vive na miséria seja uma tarefa possível. Jeffrey Sachs mostra isso, argumentando que a proporção da população mundial vivendo atualmente em situação de extrema pobreza é menor do que era uma geração atrás, enquanto hoje em dia o mundo rico é imensamente rico. Isso tornaria o esforço para acabar com a miséria algo realizável, uma vez que seu custo representaria uma fração muito pequena das rendas elevadas dos principais países desenvolvidos.[91]

Mas esse esforço não vem sendo feito. E se tornou mais distante depois que o mundo – e, especialmente, o mundo rico -- enfrentou um período de grave crise financeira. Assim como combater a fome e a miséria se torna uma missão mais difícil em tempos de crise, atacar os problemas ambientais também passa a ser uma tarefa complicada em um mundo não tão próspero e com falta de recursos. A crise financeira iniciada em 2008 dificulta ainda mais a busca de soluções para a crise socioambiental.

O agravamento da fome e da pobreza, causado por uma crise alimentar motivada pela mudança climática, poderia ser, assim, a causa da queda da nossa civilização. Ou essa poderia ocorrer pela explosão de qualquer uma das bombas-relógio mencionadas por Diamond. Ou por termos extrapolado de forma excessiva qualquer dos nove limites planetários que já estudamos aqui. Por isso, a busca da sustentabilidade não é apenas uma utopia. É uma necessidade, se quisermos assegurar a nossa própria sobrevivência.

A crise financeira

Uma breve história da crise

Tudo começou entre o fim de 2007 e o início de 2008, com o estouro da bolha no mercado imobiliário dos Estados Unidos, seguido da dificuldade de alguns governos, principalmente europeus, de lidarem com graves déficits fiscais. Poderia, no entanto, ter se iniciado em 2000, quando outra bolha – a da internet – explodiu e notou-se que nem todas as empresas de tecnologia estavam à altura das expectativas geradas, fazendo com que o valor de suas ações caísse 78% entre março daquele ano e outubro de 2002.[1] Ou poderia ter começado em outro país qualquer, como na crise asiática, em 1997, e tantas mais que vêm atingindo principalmente os países em desenvolvimento com preocupante frequência – estima-se um total de 124, entre 1970 e 2007, em um dos levantamentos já realizados.[2]

Pouco importa. O fato é que essa última crise foi a mais severa desde a Grande Depressão dos anos 1930, afetando os principais centros financeiros ao redor do mundo, e fez com que o comércio internacional desmoronasse. Algumas das mais conhecidas instituições financeiras mundiais quebraram, enquanto muitas outras sobreviveram apenas por ter recebido considerável apoio estatal.[3] A perda total global de capital chegou a quase US$ 50 trilhões, o equivalente a quatro quintos do PIB mundial de 2008.[4] E o desemprego, em 2009, atingiu a marca de 212 milhões de pessoas, segundo estimativa da Organização Internacional do Trabalho (OIT) – um aumento de quase 34 milhões em relação ao número de desempregados em 2007.[5]

Os empréstimos hipotecários de alto risco ("*subprime*") tiveram papel central na crise de 2008, ninguém pode negar. Diversos fatores, entretanto, também contribuíram, sendo essencial não esquecê-los se quisermos manter afastado o tipo de especulação que tomou conta do mercado de imóveis, mas que, em circunstâncias diferentes, poderia ter atacado qualquer outro mercado.

Diante disso, o mais importante é entender a causa da constante instabilidade dos "mercados". Como veremos, essa resulta diretamente de alguns fatores econômicos e institucionais.

O primeiro desses fatores é o desequilíbrio macroeconômico que vem há algum tempo assombrando a economia mundial. A partir dos anos 2000, os países em desenvolvimento passaram a acumular reservas, em um movimento que muitos interpretam como uma tentativa de pôr em prática a lição que teria ficado da crise asiática de 1997, procurando se defender da volatilidade dos fluxos de capital e da dependência e intervenção do Fundo Monetário Internacional (FMI), cuja atuação naquela crise foi vista como pouco útil e intrusiva.[6] Esse movimento era engordado pelos superávits apresentados pelos países ricos em petróleo, após o aumento dos preços desse produto em 2002, e pelos sucessivos saldos comerciais favoráveis de países exportadores, como a China.

Vinham sendo colocados de lado nessas reservas US$ 500 bilhões ou mais a cada ano, no período que antecedeu a crise.[7] Em 2007, as reservas globais em moeda estrangeira haviam alcançado a soma de US$ 5,2 trilhões.[8]

Se alguns países apresentavam superávits, outros deveriam estar em déficit – e os Estados Unidos eram a principal nação situada nessa outra ponta. A maior parte das reservas dos países em desenvolvimento estava investida em títulos do Tesouro norte-americano – 70% a 80% dos US$ 1,5 trilhão de reservas chinesas, por exemplo, consistiam em ativos em dólares norte-americanos.[9] O grande fluxo de capital para os Estados Unidos barateou o crédito e manteve baixas as taxas de juros, contribuindo para os gastos excessivos naquele país.

Os Estados Unidos haviam se tornado, como afirma Joseph Stiglitz, o "consumidor em último recurso" – *consumer of last resort* – do mundo. Nenhum outro país poderia exercer esse papel – todo o consumo asiático, por exemplo, equivale a apenas 40% do consumo norte-americano. Mas, esse consumo não era lastreado em um aumento no crescimento econômico daquele país. Ele só se mantinha porque os norte-americanos pediam dinheiro emprestado para seguir consumindo, o que os levou a se endividar cada vez mais. Toda a economia global dependia de que os Estados Unidos continuassem vivendo acima dos seus meios. Isso, no entanto, não era sustentável.[10]

Em outras palavras, para que os superávits de alguns países pudessem existir, outros países – ou, mais especificamente, alguns setores da economia desses países – precisariam gastar mais do que ganhavam. E, no caso dos Estados Unidos, esses gastos se concentraram de forma marcante no setor imobiliário, levando a uma bolha que fez o preço real dos imóveis subir 50% entre 1998 e 2006. Portanto, uma das causas da bolha imobiliária norte-americana – e, consequentemente, da crise de 2008 – foram os desequilíbrios macroeconômicos globais.[11]

Porém o excesso de liquidez não seria suficiente para gerar a crise, não fosse por um segundo fator, que foi a desregulamentação do sistema financeiro norte-americano. Em 1999, foi derrogada a lei Glass-Steagall, que estabelecia a separação entre bancos comerciais e bancos de investimento. Ao juntar esses dois tipos de instituição, prevaleceu o apetite pelos negócios de maior risco – e maiores rendimentos –, típicos da cultura dos bancos de investimento, normalmente mais agressivos e mais alavancados.[12]

Outra consequência dessa mudança foi o aumento na concentração do setor bancário. A participação dos cinco maiores bancos norte-americanos, que era de 8% em 1995, 15 anos depois era de 30%.[13] Isso estimulou ainda mais o comportamento temerário por parte dessas instituições que, ao se tornar "grandes demais para quebrar" – *"too big to fail"* –, criavam um problema para os governos, que não poderiam deixar de vir em seu socorro em uma emergência.[14] Foi o que acabou realmente ocorrendo e essa combinação de resgates em massa, pacotes de estímulo e severas contrações econômicas reduziu a arrecadação de impostos e mudou a situação fiscal de muitos países. O aumento no endividamento público é uma consequência esperada de crises financeiras e foi exatamente o que ocorreu após a crise de 2008.[15] O agravamento desses déficits, principalmente em alguns países europeus onde os gastos públicos, como aqueles com saúde e previdência social, já se mostravam difíceis de manter, foi a principal causa dos problemas econômicos que se seguiram à crise inicial.

Como bem observa Paul Krugman, todas as instituições que se comportem como um banco e que, durante uma crise, precisem ser resgatadas como se resgataria um banco deveriam estar sujeitas à mesma regulação que um banco. Um banco convencional – aquele que aceita depósitos e, no caso dos Estados Unidos, faz parte do sistema do Banco Central daquele país, o Federal Reserve – opera com certa transparência, suas contas são públicas e está sujeito à fiscalização. Além disso, dele se exigia que dispusesse de capital adequado, limitasse o tipo de investimento que podia realizar e tivesse uma reserva de ativos líquidos que pudesse converter rapidamente em dinheiro – tudo isso a fim de limitar seu risco. Porém, com o fim da separação entre bancos comerciais e bancos de investimento, cresceu o número de instituições que funcionavam como "bancos que não são bancos", em um sistema bancário paralelo, ou "na sombra" – formado pelo conjunto de instituições financeiras que não aceitam depósitos segurados e que, por isso, até então praticamente não estavam sujeitas a regulamentação.[16]

A parte do sistema bancário que vivia na sombra cresceu em um ritmo espantoso nos anos que antecederam a crise – os ativos de suas instituições passaram de US$ 26 trilhões em 2002 para US$ 62 trilhões em 2007.[17] Isso ocorreu, em grande parte, por conta do terceiro fator que contribuiu de forma relevante para a crise: o crescimento desordenado da securitização. Essa prática, que corresponde à transformação de ativos financeiros em títulos negociáveis, foi especialmente acentuada no mercado imobiliário, com a emissão de títulos com base em hipotecas de qualidade variada agrupadas em distintos "pacotes" e convertidas em obrigações de dívida colateralizadas (*collateralized debt obligations* – CDOs) – o que dificultava separar o joio do trigo na hora de analisar esses papéis. Na hora em que a bolha estourou e os proprietários se viram com dívidas maiores do que o valor de suas casas, ficou claro que muitos daqueles empréstimos não seriam honrados.

Quando esses calotes começaram a acontecer, as primeiras instituições a enfrentar dificuldades foram aquelas que estavam altamente alavancadas e promoviam a negociação de CDOs de alto risco – evidenciando a vulnerabilidade dos bancos de investimento, das companhias de seguro e dos fundos de *"hedge"* pouco regulados, que se envolveram profundamente na compra e venda de papéis complexos.[18] Desregulamentação e securitização se juntaram, portanto, para tornar todo o sistema mais instável.

A demanda também teve a sua parcela de culpa no surgimento da crise. Havia grande procura por esses produtos financeiros, que apresentavam rendimentos superiores aos de papéis mais seguros, como os do governo norte-americano. Isso levou a uma proliferação impressionante desses produtos. Em 2008, só o número daqueles que recebiam a melhor classificação de risco possível, AAA, era de 64 mil, enquanto apenas 12 companhias no mundo tinham a mesma nota.[19] É o que Jagdish Bhagwati definiu como a "criação destrutiva" de papéis, em oposição ao conceito schumpeteriano de destruição criativa[20] – conceito ao qual voltaremos ao tratar da relação entre capitalismo e sustentabilidade.

Alguns produtos financeiros eram tão complicados que, mesmo que todos os seus detalhes fossem conhecidos, ninguém era capaz de entender o risco envolvido. Sua avaliação só podia ser feita por computadores rodando sofisticados modelos que, por melhores que fossem, não tinham como digerir toda a informação relevante.[21] Até a proteção a esse risco era mal compreendida, uma vez que dependia de um mercado em franca expansão de *credit default swaps* – instrumento financeiro que equivale a uma espécie de contrato de seguro contra calotes – que levava a acreditar que os riscos estavam adequadamente protegidos, quando na verdade não estavam.[22]

Só a American International Group (AIG), maior seguradora norte-americana, havia subscrito US$ 400 bilhões de *credit default swaps*,[23] razão pela qual a quebra dessa empresa, que desmoronou em setembro de 2008 e foi resgatada pelo governo, ameaçava fazer ruir todo o sistema financeiro. A contratação desse tipo de seguros levava os bancos a se sentirem confiantes para assumir mais riscos.[24] Com isso, no fim de 2007, o mercado de *credit default swaps* havia alcançado um valor de mais de US$ 60 trilhões – uma cifra maior do que todo o PIB mundial daquele ano.[25]

Derivativos como os *credit default swaps* mostraram ser, como indicou o investidor norte-americano Warren Buffet, "verdadeiras armas financeiras de destruição em massa".[26] Alguns bancos, altamente alavancados, já não sabiam ao certo se suas dívidas excediam ou não o valor de seus ativos – e, portanto, eram incapazes de saber qual a posição de qualquer outro banco. Isso levou a confiança no sistema bancário a evaporar e os bancos a deixarem de emprestar uns aos outros, derrubando o mercado global de crédito.[27]

A complexidade de todos esses papéis e derivativos, combinada com sua ampla difusão entre as instituições financeiras, trouxe grande incerteza sobre o nível de exposição e contágio, agravando a instabilidade econômica. E, para completar, calcula-se que entre um quarto e metade desses títulos haviam sido vendidos a estrangeiros.[28]

Se outras crises, como a asiática do fim dos anos 1990, produziram efeitos sobre a economia global, o que dizer de uma surgida no "coração" do sistema, os Estados Unidos da América? Como se poderia esperar, a crise atravessou as fronteiras norte-americanas e atingiu, de forma especialmente dura, os países que também possuíam suas próprias bolhas imobiliárias, como Reino Unido e Espanha, ou sistemas financeiros excessivamente expostos, como a Islândia.[29]

Houve, no entanto, um quarto fator que explica a crise e está diretamente relacionado aos problemas ambientais aqui analisados. Vejamos qual é.

Incentivos perversos e consequências funestas

O último fator que explica a crise são os incentivos perversos.

Práticas arriscadas de financiamento, nas quais não se exigia o pagamento de um valor de entrada ou não se procurava assegurar que o tomador do empréstimo podia arcar com o valor de suas mensalidades, foram alimentadas pela convicção de que o preço da moradia não iria baixar. Se as quotas da hipoteca passassem a ser altas demais para ele, o tomador sempre poderia se refinanciar com base no valor do próprio imóvel ou vendê-lo para quitar a hipoteca. Quando os preços dos imóveis começaram a cair, essa prática tornou-se mais difícil, até que as hipotecas passaram a ser executadas e percebeu-se que os imóveis só seriam vendidos por valores muito menores do que os dos empréstimos originais.[30] Isso levou ao estouro da bolha, que fez mais de dois milhões de norte-americanos perderem as suas casas somente em 2008.[31]

A convicção de que os valores no mercado imobiliário só poderiam subir é parte da explicação sobre a origem da crise. A lista daqueles que acreditavam nisso

– ou pelo menos fingiam acreditar – era grande. Como descreve Martin Wolf, ela abrangia compradores, corretores, construtores, banqueiros, entre tantos participantes do mercado que, mesmo que não estivessem sendo enganados, não tinham incentivos para dar o aviso de que algo errado poderia ocorrer. Para eles, a aposta estava valendo a pena – até porque só tinham a ganhar, uma vez que sabiam que o risco seria passado para terceiros.[32]

Por que isso ocorria? A securitização rompeu a relação entre credor e devedor, criando uma cadeia que levou o risco de crédito a ser transferido para investidores que não tinham mais nada a ver com a operação original[33] – a qual, diga-se de passagem, especialmente no caso dos empréstimos *subprime*, muitas vezes envolvia um comprador que era "financeiramente analfabeto" e sequer tinha capacidade de entender o que estava contratando.[34]

Nesse contexto, eliminou-se de vez a avaliação criteriosa da capacidade de pagamento dos devedores, sendo gerados mais e mais empréstimos. Mais e maiores. Isso porque o comprador aparentemente não tinha nada a perder em fazer a maior hipoteca que o banco permitisse. E quanto maior a hipoteca, maiores as comissões recebidas pelos corretores e por aqueles que originavam os empréstimos, os quais, por sua vez, não sofriam nenhuma consequência caso o devedor não pagasse – exceto, talvez, a perda de reputação em longo prazo. Logo, como nota Stiglitz, os incentivos dos originadores da hipoteca e do proprietário da casa estavam alinhados de uma forma muito peculiar: ambos queriam a maior casa e a maior hipoteca que pudessem obter, ainda que isso implicasse mentir por todos os lados – mentir sobre aquilo com que a família conseguia arcar e mentir sobre o valor da casa.[35]

O mesmo raciocínio se aplica a todo o sistema financeiro. Esse, como se viu, passou por um processo de concentração que tornou muitas de suas instituições grandes demais para falir – ou, na definição de Alan Greenspan, "muito interconectadas para ser rapidamente liquidadas".[36] No caso da crise de 2008, isso representou um incentivo para a tomada de riscos excessivos. Essas instituições viram na bolha imobiliária a oportunidade de criar uma diversidade de produtos arriscados que geravam mais taxas – que, além disso, incidiam novamente, acrescidas de penalidades, cada vez que a hipoteca tinha que ser refinanciada – e, portanto, mais lucros. Esses lucros, por sua vez, levavam ao aumento do valor de mercado das instituições e, com isso, a mais pagamentos para os executivos.

Eram também distorcidos os incentivos das agências de classificação de risco que, em vez de pôr em dúvida esses instrumentos, conferiram a eles seu selo de aprovação ao dar altas notas para papéis duvidosos. Isso permitiu, por exemplo, que fundos de pensão, que só podem investir em papéis AAA, comprassem esses títulos arriscados.[37] A capacidade de julgamento dessas agências certamente foi prejudicada pela pouca transparência dos papéis avaliados, mas também pode ter sido influenciada pelo fato de que boa parte de sua remuneração viesse de serviços prestados às instituições financeiras – serviços de consultoria, por exemplo, sobre como obter notas de risco melhores. Com esse tipo de conflito de interesse, é de se imaginar que as agências não se sentiriam muito estimuladas a desagradar essas instituições, rebaixando seus títulos. Esse problema se agravava pela concorrência entre as diversas agências – se uma delas não dava a nota que a instituição financeira queria, essa última poderia procurar outra agência. As agências, afirma Stiglitz, "podem até não ter entendido os riscos, mas entenderam, sim, os incentivos. Elas tinham um incentivo para agradar aqueles que estavam lhes pagando."[38]

De forma geral, havia pouca relação entre a remuneração dos executivos e a performance das companhias. Isso fica claro quando se analisa o histórico das empresas que quebraram na crise, mas vinham pagando fortunas a seus diretores nos anos anteriores, enquanto caminhavam para o precipício. Como comenta Krugman, o sistema de remuneração de Wall Street acabava recompensando a aparência de lucro, mesmo que aquela aparência depois se mostrasse uma ilusão. Um administrador de fundos que apostasse o dinheiro de seus clientes em papéis de alto risco – por exemplo, aqueles baseados em hipotecas *subprime* – enquanto a bolha imobiliária seguisse crescendo teria altos lucros e receberia bônus elevados. Quando a bolha estourasse, os investidores teriam grandes perdas, mas o administrador manteria os bônus que havia recebido.[39]

Pior do que isso. Mesmo no auge da crise, parte dos recursos disponibilizados pelos governos para resgatar os bancos, a fim de assegurar-lhes dinheiro para se recapitalizarem e manterem o fluxo do crédito, foi usada pelos executivos para se pagarem bônus astronômicos. Em 2008, nove instituições financeiras que combinadas tiveram perto de US$ 100 bilhões de prejuízos receberam US$ 175 bilhões em ajuda e pagaram cerca de US$ 33 bilhões em bônus. Outra parte do dinheiro foi usada para pagar dividendos – que, presumidamente, são a divisão do lucro entre os acionistas. O absurdo dessa situação, nota Stiglitz, é que não havia lucro nenhum, apenas auxílio público dado pelos governos.[40]

Não é difícil perceber que há algo de errado com esse comportamento predatório. A separação entre propriedade e controle das companhias gera o chamado "problema da agência" – em que a direção da empresa pode administrá-la em seu próprio benefício. Pacotes de remuneração que incluem opções acionárias criam um incentivo distorcido para que os executivos priorizem o aumento do preço das ações no curto prazo, acima de qualquer interesse de longo prazo que os acionistas possam ter. E esse preço será mais alto quanto maior for o lucro anunciado para agradar os analistas e investidores em bolsas de valores que se baseiam nos resultados trimestrais – ainda que esse lucro dependa da adoção de uma contabilidade "criativa".[41]

Isso levou a manipulações dos balanços e a varrer para baixo do tapete riscos e operações com potencial de causar prejuízos. Os bancos não tinham estímulos para reestruturar as hipotecas que detinham, pois isso os obrigaria a reconhecer perdas. E não eram os mais indicados para avaliar o valor de seus ativos, porque seus incentivos eram no sentido de distorcer as informações quando estas pudessem sugerir que estariam quebrados. O Lehman Brothers, por exemplo, imediatamente antes de sua falência em setembro de 2008 relatava um patrimônio líquido de US$ 26 bilhões e, no entanto, tinha um buraco em seu balanço de cerca de US$ 200 bilhões.[42]

Paradoxalmente, o fato de que o governo não tenha resgatado o Lehman Brothers pode ter contribuído para ampliar ainda mais a ideia de que algumas instituições são "grandes demais para quebrar" – noção que, como vimos, foi um dos incentivos perversos que levaram à crise. Isso porque, durante a crise, empresas como o Bear Sterns, em março de 2008, ou a AIG, em setembro, foram auxiliadas pelo governo, mostrando o grande leque de instituições que se encaixavam nessa categoria. Porém, quando o governo não veio em resgate de uma dessas instituições – o Lehman –, a situação econômica se deteriorou de vez. Como observa Frederic Mishkin, uma vez que a quebra do Lehman Brothers foi seguida do agravamento da crise, passou a ser improvável que o governo viesse a deixar algo semelhante ocorrer novamente – tanto que, após esse evento, governos no mundo todo resgataram ou garantiram todas as maiores instituições financeiras em perigo.[43] Greenspan acredita que esse tenha sido um dos efeitos mais perversos da crise. Para ele, o crédito soberano deve ser usado como recurso apenas durante períodos de extremo colapso. Seu uso indiscriminado pode levar a um "capitalismo de compadrio", em que algumas empresas sobrevivem apenas graças à proteção do governo, que as favorece em relação a outras.[44]

A falta de transparência, seja na remuneração dos executivos, seja na contabilidade das empresas, contribui para a instabilidade econômica e deve ser combatida por meio de uma melhor governança corporativa. Essa pode assegurar que o comportamento de alto risco e de curto prazo dos executivos não se repetirá. Como defende Stiglitz, corrigir o problema das estruturas distorcidas e abusivas de incentivo depende de uma reforma dessa governança, que permita superar o problema da agência e fazer com que as empresas prestem contas de forma mais efetiva.[45]

Todos os fatores anteriormente mencionados continuam, no entanto, existindo. Pior, a crise parece não ter servido de lição, uma vez que Wall Street voltou a resistir ao aumento da regulamentação e em nenhum momento deixou de remunerar regiamente seus executivos.

Aliás, o aumento da desigualdade, que é outra característica significativa do período que antecedeu a crise, parece não cessar. Em 1970, os presidentes das empresas norte-americanas ganhavam, em média, 25 vezes mais do que os trabalhadores. Em 2000 esse valor subiu para seiscentas vezes mais.[46] Havia grande desequilíbrio, também, entre o tamanho da economia real e o da economia "virtual". Sistemas financeiros, lembra Stiglitz, deveriam ser um meio para alcançar um fim, e não um fim em si mesmos – confusão que contribuiu para a crise.[47] Em 2007, o setor financeiro representava 41% dos lucros no setor corporativo norte-americano.[48] Isso se refletia na remuneração daqueles que atuavam nessa área. Em 2007, o salário médio daqueles que trabalhavam no setor financeiro naquele país era mais de quatro vezes maior do que o salário médio daqueles que atuavam em outros setores.[49]

Há diversos fatores institucionais que precisam ser superados se quisermos evitar uma nova crise. Se não houver uma reforma que, no âmbito público, imponha limites à criatividade da engenharia financeira e, no privado, promova uma governança corporativa que acabe com as distorções nos incentivos, corre-se o risco de o desastre repetir-se em outras áreas. Entre elas, a área ambiental, na qual mais uma vez fica claro como incentivos equivocados e uma governança mal estruturada podem trazer graves consequências.

Uma história de duas crises

Tanto as frequentes crises econômicas quanto a persistente crise ambiental podem ser vistas como crises do capitalismo, ou da globalização.

Birdsall e Fukuyama ensinam que da última vez em que uma depressão global se iniciou nos Estados Unidos, o impacto foi devastador não apenas para a economia internacional, mas também para a política mundial, deslegitimando o capitalismo e abrindo espaço para uma série de movimentos antiliberais ao redor do mundo.[50] Pois bem, a crise de 2008 voltou a revelar falhas fundamentais no sistema capitalista – ou pelo menos na versão peculiar do capitalismo que emergiu na parte final do século XX nos Estados Unidos.[51]

Voltaremos a essa questão mais adiante, ao discutirmos a globalização. Porém vale a pena adiantar que, assim como a queda do Muro de Berlim marcou o fim do comunismo, o reconhecimento pelo governo norte-americano, em setembro de 2008, de que o mercado por si só não resolveria o problema e que, para que a economia daquele país continuasse a funcionar, seria necessária a intervenção governamental em uma escala sem precedentes simbolizou "o fim do fundamentalismo de mercado", como afirma Stiglitz.[52]

Por um quarto de século, lembra ele, prevaleceu a máxima de que mercados irrestritamente livres são eficientes e capazes de corrigir rapidamente os erros que eventualmente cometam, que governo bom é governo pequeno e que a regulação impede a inovação. A crença econômica no livre mercado e na globalização deveria melhorar a vida de todos. As inovações financeiras que marcaram a segunda metade do século XX – incluindo a desregulamentação, a engenharia financeira e a securitização – traziam consigo a promessa de diversificar e dividir os riscos.[53] Em vez disso, a sofisticação dos mercados financeiros com seus derivativos mostrou-se apenas mais uma forma de multiplicar o endividamento e a alavancagem.[54]

Esse era um comportamento, até certo ponto, esperado. Baixas taxas de juros sempre foram um catalisador para bolhas financeiras, ao encorajar investimentos mais arriscados. E, de forma geral, muitos países viveram, durante os anos que antecederam a crise de 2008, em um ambiente econômico de crédito barato.[55] Como argumenta Martin Wolf, é absurdo que grande parte da poupança global excedente tenha sido direcionada para financiar casas desnecessárias em alguns dos países mais ricos do mundo.[56] Nesse contexto, o mercado financeiro norte-americano falhou em cumprir a sua função básica de alocar bem o capital. Capital que era abundante e poderia ter sido utilizado de outra forma. Esse dinheiro barato, em um sistema financeiro bem regulado e em bom funcionamento, poderia ter levado a um *boom* econômico consistente.[57]

Lembre-se, no entanto, que outro efeito do crédito abundante é o aumento do consumo. Embora a renda doméstica norte-americana tenha ficado estagnada durante décadas, ou até mesmo enfrentado declínios, o consumo continuou a subir. Em 2007, o consumo representava 70% do PIB daquele país.[58] O consumo, vale recordar, é essencial para o capitalismo. Esse, explica André Lara Resende, depende de uma série de ciclos de expansão do consumo material, alimentados pela turbina do crédito, até que venha uma nova crise, que só se resolve com mais crescimento.[59]

O consumo, por outro lado, é um dos principais vetores da degradação ambiental. Em outras palavras, como afirma Kyla Tienhaara, "o crédito fácil encoraja e permite aos indivíduos não apenas viver além de seus próprios recursos, mas também além dos recursos do meio ambiente global".[60]

A proximidade dos limites físicos do planeta é, no entanto, um dos motivos pelos quais não será possível continuar indefinidamente com o crescimento que permite superar sucessivas crises econômicas.[61] É importante lembrar que herdamos um "capital natural" – que compreende todos os recursos usados pela humanidade, como a água, os minérios, as árvores, o solo etc. – acumulado ao longo de 3,8 bilhões de anos. À medida que esses recursos se tornam mais escassos, os limites da prosperidade passam a ser determinados por esse capital natural, como defendem Hawken e os Lovins, e não pela capacidade industrial ou financeira. Exemplificando: não é o número ou a eficiência dos pesqueiros que restringe o aumento da pesca, mas a diminuição no número de peixes; não é a força das bombas hidráulicas que nos impede de ter mais água, mas a escassez de mananciais; não é o número de motosserras que determina a quantidade de madeira que podemos extrair, mas o desaparecimento das florestas.[62]

Essa última crise pode representar, cogita Thomas Friedman, algo mais fundamental do que uma recessão profunda. Ela pode significar que esse modelo de crescimento indefinido é simplesmente insustentável econômica e ecologicamente e que 2008 foi o ano em que tanto a natureza quanto o mercado disseram "chega".[63]

Quando pensamos nos déficits ecológicos que estão levando o mundo até o limite, fica claro que os valores que os estão gerando são os mesmos que nos levam a crescentes déficits fiscais. Como bem nota Lester Brown, alguns achavam que seriam nossos filhos que teriam que lidar com as consequências desses déficits, mas agora está claro que a geração atualmente no poder já irá sofrer as consequências dos exageros cometidos até hoje. "Os déficits ecológico e econômico estão agora moldando não apenas o nosso futuro, mas o nosso presente".[64]

Retomaremos esse assunto. O importante agora é ter em mente que os mesmos incentivos que levam a priorizar o curto prazo na economia são os que nos levam a esquecer de pensar em longo prazo na área ambiental. Wall Street e a crise de 2008 são apenas um exemplo do estrago que pode ser causado por regulações ausentes ou ineficazes e incentivos distorcidos. Estrago que, no caso americano, foi também alimentado pelo consumismo desenfreado que, em escala global, ameaça o meio ambiente e nos empurra para a próxima grande crise que teremos que enfrentar. Todos eles envolvem instituições inadequadas, compondo um modelo de governança global caracterizado pela falta de efetividade e de legitimidade e pelo predomínio do interesse privado sobre o público. Instituições que, na melhor hipótese, funcionam mal e, na pior, geram comportamentos predatórios que exterminam qualquer chance de um futuro melhor.

* * *

Toca o despertador e ele resmunga consigo mesmo que não deveria ter se esquecido de desativá-lo no dia anterior, afinal, era o primeiro dia das férias. Diz ao despertador que se cale e permanece deitado, com os olhos fechados, mas sabe que não conseguirá mais pegar no sono. Arrasta-se até a beira da cama e, apoiando-se sobre as mãos, senta-se por um momento, antes de se levantar. Suas costas doem, mas aquilo lhe parece natural – não se lembrava mais de ter existido um tempo em que havia dias sem dor. Tateando o chão com os pés, encontra os chinelos, que calça para ir ao banheiro. Acende a luz que deixa o espaço amplo revestido de azulejos brancos com um aspecto hospitalar ao qual ele não conseguia se acostumar. Verte um pouco de antisséptico em um copo, bochecha e cospe o líquido esverdeado na pia. Espalha a loção pelo rosto, deixando-a agir durante os trinta segundos recomendados para dissolver os poucos pelos que haviam crescido de um dia para o outro – ainda que estivesse de férias, não conseguia se acostumar com o aspecto esbranquiçado da barba. Gira a torneira da ducha e entra no boxe. Molha o corpo e começa a ensaboar-se, entrando embaixo do jato assim que percebe que a água começa a esquentar, na sequência que havia desenvolvido nos últimos anos para completar seu ritual antes que o timer cortasse o banho.

Seca-se enquanto pensa no que faria nos próximos dias. Descansar, enfim. Não que aquele tivesse sido um ano especialmente agitado. A mesma universidade, as mesmas aulas. Apenas mais do mesmo. Continuava iniciando o seu curso com a mesma frase. Ela seguia despertando a atenção dos alunos naqueles primeiros minutos que, na opinião dele, eram cruciais para determinar quantos manteriam suas matrículas naquela disciplina. De alguma maneira ele estava certo, porque, com pequenas variações de conteúdo, a matéria optativa por ele oferecida havia se tornado relativamente popular e as vagas eram todas preenchidas, ano após ano. Com o passar do tempo, porém, ele mesmo começava a duvidar se continuava usando o bordão por ironia ou canastrice.

Partiu no dia seguinte. Havia alugado um chalé no vale, ao pé da serra. Lá conseguiria isolar-se por alguns dias, colocar a leitura em dia e tentar escrever um pouco, embora se sentisse cada dia mais improdutivo.

Chegou no começo da noite. Cansado da viagem de ônibus – vendera o carro após o Grande Congestionamento, quando mantê-lo passou a ser economicamente inviável para alguém com a sua profissão –, pensou que seria uma boa ideia aproveitar para ir dormir, acordar cedo no dia seguinte, quem sabe fazer uma caminhada. Todo fim de ano prometia que iria começar a se cuidar. Em vão.

Vestiu o pijama, mas fazia calor, então tirou a camisa e se preparou para deitar. Foi quando ouviu o primeiro estrondo.

Sustentabilidade, globalização e governança global

Sustentabilidade e globalização

Entendendo a sustentabilidade

Sustentabilidade e globalização são noções que, embora tenham se desenvolvido de forma separada, com pouco reconhecimento da sobreposição significativa que existe entre elas,[1] na verdade estão absolutamente interligadas.

O uso do termo "sustentabilidade" – ou da expressão "desenvolvimento sustentável", que adotaremos aqui indistintamente – é relativamente recente. Como lembra José Eli da Veiga, até o fim dos anos 1970 o adjetivo "sustentável" não passava de um jargão técnico usado por algumas comunidades científicas. Era um termo relacionado ao ramo da biologia populacional, utilizado, principalmente, nas áreas da pesca e das florestas.[2]

No caso da pesca, essa é sustentável quando não compromete a reprodução dos cardumes. No das florestas, a ideia de sustentabilidade parece ter surgido nos séculos XVIII e XIX, com silvicultores europeus preocupados pelo rápido desflorestamento resultante do consumo intenso de madeira. O método adotado – especialmente na Alemanha – era o de plantar um número de árvores suficiente a cada ano para substituir aquelas que haviam sido cortadas, garantindo que a extração de madeira se daria em equilíbrio com o reflorestamento – e que aquele recurso não seria esgotado.[3]

O primeiro uso dessa palavra equivale, assim, à ideia de um ecossistema manter-se resiliente, mesmo estando sujeito à agressão humana recorrente.[4]

O que seria "resiliência"? Se procurarmos no dicionário, encontraremos diversas definições. Pode ser sinônimo de elasticidade. No campo da física, equivale à capacidade de um material de recobrar a sua forma original depois de ter sido submetido a altas pressões. Nas ciências sociais, é a faculdade que permite às pessoas, em situações adversas, superar as dificuldades.

Do ponto de vista dos ecossistemas, a resiliência poderia ser definida como a capacidade de um sistema de se recuperar e retornar a seu estado anterior após sofrer uma perturbação. O grau de resiliência de um sistema está ligado, desse modo, à sua possibilidade de tolerar mudanças sem entrar em colapso.[5]

A resiliência é um termo importante para entender a noção de sustentabilidade. É sustentável algo que perdura, que pode seguir sendo feito indefinidamente, levando em consideração as restrições impostas pelo sistema e garantindo a sua sobrevivência.[6] A sustentabilidade equivale, assim, à "capacidade de continuar em um futuro de longo prazo".[7]

Em suas dimensões ecológicas e ambientais, a sustentabilidade corresponde a três objetivos principais, que seriam: a preservação do potencial da natureza para a produção de recursos renováveis, a limitação do uso de recursos não renováveis e o respeito à capacidade de autodepuração dos ecossistemas naturais.[8] Corresponde, também, à ideia de que se deve respeitar o estoque de um determinado bem. Para isso, deve-se consumir no máximo a quantidade reproduzida em determinado período de tempo, mantendo intacto o seu estoque. O consumo desequilibrado reduz o estoque, produzindo menos em um próximo período. Persistindo essa situação, haverá uma diminuição progressiva na quantidade disponível, o que pode acabar por destruir o próprio sistema.[9]

A preocupação com o uso mais racional dos recursos naturais acarreta transformar os modos atuais de extração, produção e consumo, para que as gerações futuras não sofram com a deterioração do meio ambiente e a restrição física desses recursos.[10] Logo, em seu sentido mais simples, sustentabilidade implica que, ao lidar com problemas ambientais, busquemos soluções duradouras, pensando de que modo as políticas atuais afetarão a vida dos que ainda não nasceram.[11]

A necessidade de se pensar o futuro é um aspecto central, que perpassa todas as definições existentes de sustentabilidade.[12] Essa sugere uma troca entre o bem-estar presente e o bem-estar das pessoas que virão, o que faz com que esteja diretamente associada ao princípio da justiça intergeracional.[13]

Claro que essa não é uma preocupação inédita. Vale a pena citar dois exemplos interessantes de como esse sentimento de justiça entre gerações vem de longa data. Ambos provêm dos indígenas norte-americanos.

Antes que os europeus aportassem na América do Norte, cinco tribos nativas formaram a Confederação Iroquesa, em um território que se estendia de onde hoje é o nordeste dos Estados Unidos ao sul do Canadá. A "grande lei" dessa Confederação era que "em todas as nossas deliberações, devemos levar em conta o impacto que nossas decisões terão sobre as próximas sete gerações".[14]

Outro exemplo foi dado pelo cacique Seattle, que, em carta de 1885 dirigida ao presidente dos Estados Unidos em defesa do valor da terra para o seu povo, cunhou a frase "Não herdamos o mundo de nossos pais, mas o tomamos emprestado de nossos filhos".[15]

Porém a preocupação com as gerações futuras se acentuou nas últimas décadas. Primeiro, porque a partir da metade do século passado a humanidade passou a contar com novas tecnologias que trazem riscos capazes de ameaçar, pela primeira vez na história, a sua própria sobrevivência – como é o caso das armas nucleares. Disso decorreria uma espécie de responsabilidade por antecipação, ou uma obrigação de assegurar a existência de uma humanidade futura.[16] Segundo, porque a ação do homem passou a alterar o clima, contribuindo para a percepção de que a biosfera está sendo submetida a pressões prejudiciais para as condições de vida.[17] Esses fatores fazem com que a sustentabilidade surja como um duplo imperativo ético de solidariedade, para com a geração atual e para com as gerações futuras.[18]

E é esse compromisso com as próximas gerações que está na raiz da mais conhecida definição de desenvolvimento sustentável. Embora possa se dizer que essa expressão tenha sido empregada publicamente pela primeira vez em 1979, em um simpósio da ONU realizado em Estocolmo, foi em 1987 que ela começou a se firmar.[19] Naquele ano, a presidente da Comissão Mundial sobre Meio Ambiente e Desenvolvimento da ONU, Gro Harlem Brundtland, lançou o relatório "Nosso futuro comum" – também conhecido como Relatório Brundtland –, no qual se afirma que "desenvolvimento sustentável é aquele que satisfaz às necessidades do presente sem comprometer a habilidade das gerações futuras de satisfazerem a suas próprias necessidades".[20]

Essa definição nos fornece uma característica essencial do desenvolvimento sustentável, mas outras poderiam ser apontadas. Em uma definição mais elaborada, esse seria um progresso em direção a um desenvolvimento que leve em conta simultaneamente elementos econômicos, ambientais e sociais e que requer também profundidade temporal e espacial. Progresso, porque significa uma mudança do atual modelo de desenvolvimento – "desenvolvimento" porque se deve evitar a palavra crescimento, como discutiremos mais adiante – em direção a outro tipo de desenvolvimento ainda não inventado. Esse desenvolvimento deve considerar elementos econômicos, ambientais e sociais, porque um deles não deve sacrificar os demais. E deve ter profundidade temporal e espacial, porque o desenvolvimento deve ser considerado uma necessidade e um direito de todos os seres humanos – primeiro, porque não pode se limitar a atender apenas aqueles do Primeiro Mundo e, segundo, porque o desenvolvimento não deveria ter em conta apenas seus efeitos sobre as gerações e os ecossistemas atuais, mas também deve procurar a manutenção desses sistemas de forma indefinida e contribuir positivamente para o bem-estar de gerações futuras.[21]

Da publicação do Relatório Brundtland para cá, a sustentabilidade se tornou parte da sabedoria comum e, aos poucos, foi perdendo o sentido. É até compreensível que essa continue, por mais algum tempo, "imprecisa, discutível e controvertida". Sua diversidade de definições é praticamente inevitável, como costuma ocorrer durante a fase emergente de qualquer noção potencialmente importante e de utilidade geral.[22] Enfim, a sustentabilidade pode ser considerada "uma ideia útil, ainda que de definição meio escorregadia".[23]

Hoje, o substantivo "sustentabilidade" serve para exprimir vagas ambições de continuidade, perenidade ou durabilidade, aplicando-se em diversos contextos. Seu uso se tornou tão difuso que não desagrada ninguém. Como ser contra o desenvolvimento sustentável, pergunta Veiga, se esse desfruta de uma unanimidade comparável à felicidade ou ao amor materno?[24]

Porém, muitos acreditam que o fato de que todos estejam a favor da sustentabilidade – não importa qual seja o seu significado – pode tornar essa palavra inócua.[25] Pior, como observa David Victor, por ser uma expressão tão vaga e interconectada com todas as coisas, ela se tornou vulnerável à distorção e à apropriação por grupos de interesse – que vão de pequenos Estados-ilhas a operadores de usinas nucleares, passando por arquitetos "verdes" e grandes empresas da área química – que se amarraram a essa noção da moda somente para subvertê-la a seus próprios fins. Assim, o desenvolvimento sustentável teria se tornado uma proteção para a inação e um "buraco negro de recursos".[26]

Outros veem nessa indefinição, no entanto, a força da noção de sustentabilidade. Essa só teria se tornado universalmente aceita por ter reunido posições teóricas e políticas contraditórias e até mesmo opostas, que foram decidindo o seu sentido no debate teórico e na luta política. Sua força estaria, assim, em abranger um campo bastante amplo.[27]

É difícil chegar a uma conclusão. O fato de que a sustentabilidade ainda não tenha uma definição precisa, entretanto, é o que menos importa. Como lembra Veiga, ela é como a "justiça", que é incomparavelmente mais antiga e nem por isso menos controversa. Ainda que seja difícil definir justiça, não é difícil concordar sobre o que é injusto. O mesmo ocorre com a sustentabilidade. Podemos não saber defini-la, mas temos como reconhecer quando algo é "insustentável". A sustentabilidade é um novo valor, "um dos mais generosos ideais surgidos no século passado", que tem similitudes com outro valor mais antigo, o da "justiça social". Ambos são valores fundamentais da nossa época, por exprimir desejos coletivos enunciados pela humanidade, tanto quanto a paz ou a democracia. Por outro lado, nada assegura que sejam realizáveis. São parte de uma utopia, ou seja, compõem a visão de futuro sobre a qual a civilização contemporânea cria seus projetos e alicerça as suas esperanças.[28] A sustentabilidade seria, dessa forma, o quarto grande ideal da modernidade – ao lado da liberdade, igualdade e fraternidade –, surgido no fim do século XX.[29]

Globalização e revolução tecnológica – as "wiki-revoluções"

Mais ainda do que ocorre com a sustentabilidade, todos temos uma ideia do que significa a palavra globalização. Não seria errado dizer que esse é o termo que define o nosso tempo, uma vez que representa o contexto dominante das relações internacionais contemporâneas.[30]

O avanço desse fenômeno foi acompanhado por um interesse igualmente crescente dos estudiosos de diversas áreas pelo tema. Uma prova do verdadeiro frenesi causado em volta da globalização é que no início dos anos 1990 a Biblioteca do Congresso norte-americano não tinha mais de cinquenta livros catalogados sobre o assunto; porém, a partir do ano 2000, mais de mil livros tratando desse tema foram publicados em média por ano.[31]

Como definir a globalização? Seu conceito não pode ser separado da ideia de interdependência. Se dependência é a possibilidade de ser afetado de forma significativa por influências externas, interdependência é dependência mútua.[32] A interdependência entre duas unidades consiste, na definição de Karl Deutsch, na probabilidade de que uma mudança em uma delas produza uma mudança na outra, e vice-versa.[33]

Graças à globalização, acontecimentos locais tendem a produzir efeitos em outras partes do planeta. No entanto, é possível afirmar que algum grau de interdependência sempre existiu. Outros fatores precisam ser considerados para caracterizar esse fenômeno. Para David Held, a globalização se caracteriza também por fluxos regulares – e não simplesmente ocasionais – através das fronteiras e por uma intensificação dos níveis de interação entre diferentes Estados e sociedades. Ela é marcada, ainda, por uma aceleração na velocidade em que essas interações ocorrem, graças ao aperfeiçoamento dos transportes e das comunicações, e um aumento do impacto dos eventos distantes, até o ponto em que mesmo o mais local dos acontecimentos passa a ter repercussões globais.[34] Resumindo, ela significa, para Robert Keohane, o "encolhimento da distância em escala mundial por meio da emergência e intensificação de redes de conexões".[35]

É essa ideia de aumento da dependência mútua, a um passo acelerado, que caracteriza a globalização. Essa pode ser definida, portanto, como a intensificação da interdependência dos povos.

Um assunto tão badalado leva, certamente, a todo tipo de discussão. Por isso, o primeiro a fazer é separar o que realmente importa do que não tem tanta relevância nesse debate.

A primeira polêmica que pouco importa está relacionada a se a globalização seria algo atual ou se, ao contrário, não haveria nada de novo nesse processo.

Esse primeiro debate contrapõe aqueles que veem na globalização algo inédito e aqueles que acreditam que essa seria apenas uma repetição – ou, quem sabe, uma continuação – do que aconteceu entre os anos 1870 e a Primeira Guerra Mundial.

Para esses últimos, mudanças na tecnologia de transportes e comunicações ocorridas naquele período – como a estrada de ferro, o barco a vapor e o telégrafo – teriam sido tão ou mais importantes do que aquelas verificadas a partir da década de 1990. A estrada de ferro tornou possível o transporte por terra de *commodities* em grande quantidade pela primeira vez na história. O barco a vapor permitiu que dezenas de milhares de pessoas cruzassem os oceanos mais facilmente. E o primeiro cabo transatlântico, instalado em 1866, pode ser considerado "a mais importante inovação dos últimos 200 anos para os mercados de capitais".[36]

Os autores que defendem essa segunda posição se baseiam em observações como as de Niall Ferguson de que, naquele período, a mobilidade de *commodities*, capital e trabalho atingiu níveis recorde e que "as rotas marítimas e os telégrafos nunca haviam estado tão ocupados, uma vez que capital e imigrantes viajavam para o oeste e as matérias-primas viajavam para o leste. Exportações de capital e mercadorias alcançaram níveis que não voltariam a ser presenciados antes da década de 1980. A emigração da Europa entre 1880 e 1910 foi de mais de 25 milhões de pessoas. E as pessoas falavam euforicamente em 'aniquilação da distância'[37]".

Ainda que ficasse demonstrado não ser a globalização um fenômeno exclusivamente recente, isso não seria suficiente para diminuir a importância das transformações provocadas por esse processo. Fincar o pé em uma posição do tipo "nada de novo sobre a Terra", nesse caso, pode nos levar a ignorar as profundas mudanças trazidas pela globalização, que é significativamente diferente daquele processo ocorrido entre o fim do século XIX e início do século XX.

A globalização é impulsionada por duas forças: a redução dos custos de transporte e comunicações e a liberalização econômica – e, nisso, ela não difere do movimento de internacionalização ocorrido no passado.[38] Porém a velocidade das transformações ocorridas nesses dois momentos históricos é incomparável e isso se deve à revolução tecnológica. Essa é marcada pelo conjunto de inovações, principalmente na área da informática, que vem conduzindo o mundo rumo à era da informação.

A revolução tecnológica se iniciou no fim do século XX e dura até hoje. Ela, é claro, avança em ritmo desigual – se algumas regiões do mundo não foram ainda atingidas sequer pela Revolução Industrial, que dizer da "Revolução Tecnológica"? Porém, aonde ela chega, tem um impacto relevante não apenas sobre a economia, mas também sobre a sociedade e a política.

Muitas das inovações trazidas por essa revolução – como a internet – fazem parte hoje de nossas vidas, o que talvez nos impeça de perceber o quanto elas mudaram o mundo. Trocas de correspondência que poderiam levar meses passaram a ser instantâneas e ligações telefônicas que custavam uma fortuna tornaram-se gratuitas. A enorme redução dos custos de transporte e comunicação e, como lembra Joseph Stiglitz, a derrubada das barreiras artificiais ao fluxo de bens, serviços, capital, conhecimento e – em menor extensão – pessoas através das fronteiras levaram a uma integração dos países e dos seres humanos nunca antes vista.[39]

Essa integração levou a um maior conhecimento de outras culturas, outros estilos de vida e sistemas políticos, o que, por sua vez, gerou em alguns casos insatisfações que vieram a público. E a maneira como essas insatisfações se tornaram conhecidas foi, graças à revolução tecnológica, totalmente diferente do que teria sido em épocas anteriores.

Como explica Manuel Castells, a esfera pública de nossos tempos se baseia, em grande parte, no sistema midiático de comunicações, que inclui não apenas televisão, rádio e imprensa escrita, mas toda uma variedade de outros canais, entre os quais a internet tem crescente importância.[40] O ciberespaço, afirma Castells, se transformou em uma ágora eletrônica global, onde as pessoas se encontram para expressar suas preocupações e compartilhar suas esperanças, onde "a diversidade do descontentamento humano explode em uma cacofonia de sotaques".[41]

A internet teria se convertido em um meio essencial para a organização e a expressão de um tipo de manifestação que coincide em um momento e um lugar determinados, consegue um impacto publicitário no mundo dos meios de comunicação e pressiona as instituições graças à repercussão desse impacto na opinião pública.[42]

Curiosamente, os primeiros exemplos desse novo tipo de movimento social que usa a internet como forma de organização e expressão foram manifestações que tinham o objetivo de contestar a própria globalização, como aquelas ocorridas em Seattle em 1999 contra a Organização Mundial do Comércio (OMC).[43]

Mas foi em 2011 que as manifestações desse tipo realmente mostraram a força que podiam ter. Esse ano ficou marcado por protestos que se espalharam por todo o planeta – como aqueles que ocorreram no Oriente Médio e no norte da África, no que ficou conhecido como Primavera Árabe. As características dessas revoltas levaram alguns autores, como Castells, a chamá-las de "wiki-revoluções".[44] Isso porque "wiki" – derivado da expressão *wiki wiki*, que significa "extremamente rápido" no idioma havaiano – é o termo utilizado para denominar uma espécie de *software* que permite a edição coletiva de documentos. Essa é a definição que se encontra na Wikipédia, enciclopédia *online* criada por voluntários, cujo modelo –

pode ser editada por qualquer pessoa – difere daquele das tradicionais, nas quais o conteúdo é o resultado do trabalho de um grupo de especialistas. Aspectos semelhantes aos dos movimentos que tomaram conta de boa parte do mundo naquele ano, que, em sua maioria, não se originaram na atuação de conhecidos líderes de oposição, mas de movimentos populares que se auto-organizavam.

A Primavera Árabe se iniciou na Tunísia, quando o desempregado Mohamed Bouazizi ateou fogo no próprio corpo após ter a banca de legumes que garantia a sua subsistência confiscada pela polícia. Os protestos contra o presidente tunisiano, Zine El-Abidine Ben Ali, se intensificaram com as revelações do Wikileaks – organização não governamental cujo site publica documentos, fotos e informações confidenciais vazadas de governos ou empresas. Entre as diversas informações divulgadas, algumas se referiam a negócios escusos da família de Ben Ali, o que ajudou a inflamar ainda mais a população tunisiana. Em 14 de janeiro – menos de um mês depois da autoimolação de Bouazizi – o ditador Ben Ali deixou o poder. Em outubro, os tunisianos foram às urnas para participar da primeira eleição livre da história do país e escolher uma Assembleia Constituinte.

Também não resistiu mais de um mês outra ditadura, a do egípcio Hosni Mubarak, que após trinta anos no poder foi deposto depois de apenas 18 dias de protestos, para satisfação da multidão reunida na Praça Tahrir, no centro do Cairo, lugar onde se concentraram as principais manifestações naquele país.

Inspirados pelo êxito das rebeliões na Tunísia e no Egito, os protestos se espalharam pelo mundo árabe. Na Líbia, o ditador Muamar Kadafi, havia 42 anos no poder, foi morto após uma sangrenta guerra civil. O quarto ditador a ser derrubado foi o do Iêmen. Ali Abdullah Saleh sobreviveu a um atentado a bomba no palácio presidencial e ficou três meses afastado do cargo, recuperando-se das queimaduras, para depois abrir mão de um mandato que durou 35 anos. Porém, em muitos desses países, o clima que sucedeu à Primavera não foi dos mais estáveis. Na Síria, por exemplo, as manifestações contra o governo de Bashar al-Assad evoluíram para uma guerra civil que se estende desde 2011. Outro caso foi o do próprio Egito, onde Mohamed Mursi foi deposto em 2013, um ano após sua eleição à presidência.

Mas as manifestações não se limitaram a países pobres ou em desenvolvimento. Na Espanha, o movimento dos "indignados", iniciado em 15 de maio daquele mesmo ano, ocupou a Puerta del Sol, no centro de Madri, e outras praças por todo o país, a fim de exigir o aperfeiçoamento do sistema democrático. Nos Estados Unidos, o movimento Occupy Wall Street começou em Nova York e se espalhou para outras cidades norte-americanas, sob o lema de que os 99% da população não estão representados pelo 1% que comanda o país em benefício próprio. Depois disso, vários países tiveram suas versões locais desses movimentos, com graus maiores ou menores de intensidade – em 2013, Brasil e Turquia, por exemplo, viveram uma onda de protestos com características parecidas, por motivos diferentes: inicialmente, o aumento das passagens de ônibus no Brasil e, na Turquia, um projeto urbanístico que acabaria com boa parte da área verde do Parque Gezi, em Istambul.

A Primavera Árabe e as demais revoltas que eclodiram a partir de 2011 tiveram diferentes destinos – muitas delas, na verdade, não podem ser classificadas como "revoluções" no sentido estrito –, não cabendo analisar aqui como cada uma delas se desenrolou. O que importa em nossa análise é que, em todos esses casos, as ferramentas que permitiram que os jovens espalhassem a sua mensagem e se organizassem são diferentes daquelas existentes apenas duas décadas antes. 1989 foi o ano do Massacre da Praça da Paz Celestial, em Pequim, onde o Partido Comunista chinês suprimiu pela força as manifestações contra seu governo. Naquela ocasião, a imagem de um homem desarmado parando uma fileira de tanques de guerra marcou o mundo. Esse também foi o ano da queda do Muro de Berlim. Nessa época, a televisão e o rádio eram os principais instrumentos para difundir esses acontecimentos. Fossem diferentes os instrumentos, será que o governo chinês teria sido bem-sucedido em sua repressão? Será que a derrocada dos regimes comunistas da Europa oriental teria acontecido de forma mais acelerada?

Difícil dizer. Mas o fato é que as ferramentas utilizadas nos protestos pós-revolução tecnológica são novas e seu uso vem crescendo de forma impressionante. O número de telefones celulares em funcionamento aumentou de 12 milhões em 1990 para quase cinco bilhões em 2010 e só na primeira década do século XXI os celulares com câmeras começaram a se popularizar. A internet passou de 16 milhões de usuários em 1995 para quase dois bilhões 15 anos depois. O YouTube, site de compartilhamento de vídeos, foi criado em 2005. E os sistemas de trocas de mensagens e redes sociais que são tão populares hoje apresentam crescimento tão alto que fica até difícil acompanhar os números – o Twitter, microblog fundado em 2006, registrou em 2012 o incrível número de 340 milhões de mensagens ("*tweets*") por dia, trocados entre seus mais de 200 milhões de usuários ativos; e o site de relacionamento Facebook, criado em 2004, em 2012 já tinha ultrapassado um bilhão de usuários.[45]

Esses sites e essas redes sociais foram utilizados pelos movimentos iniciados em 2011 para a convocação de protestos e o intercâmbio de informações. As páginas do Facebook, contas do Twitter e o YouTube serviram, também, para publicar e repercutir fotos e vídeos da repressão, feitos por meio de câmeras de telefones celulares pelos próprios manifestantes – fotos e vídeos que alimentaram os meios de comunicação tradicionais, amplificando ainda mais o seu efeito.

Claro que os fatores que geraram esses movimentos – entre eles, a insatisfação da juventude, sem emprego e sem perspectivas, e a vontade de se livrar de regimes opressores, corruptos ou simplesmente incompetentes – fazem parte do mundo real. Também ocorreram no mundo real as manifestações que tomaram as ruas. No entanto, as ferramentas que permitiram que essas pessoas espalhassem a sua mensagem e se organizassem são virtuais. E, graças a elas, essa organização se deu com agilidade e eficiência inéditas.

Não é a nova forma de comunicação que origina a revolta, lembra Castells, mas a ela se devem as características das "wiki-revoluções", como sua espontaneidade e ausência de líderes.[46] A internet e seus meios de comunicação oferecem um potencial extraordinário para a expressão dos direitos dos cidadãos e para a transmissão dos valores humanos, permitindo igualar relativamente as condições em que diferentes atores e instituições podem proceder à manipulação de símbolos e ampliar suas fontes de comunicação, contribuindo sem dúvida para a democratização.[47] O surgimento de uma rede digital "capaz de conectar os pensamentos e as emoções da maioria das pessoas de todos os países do mundo" é, sem dúvida, como afirma Al Gore, fonte de esperança para o futuro da democracia.[48]

E, de fato, embora nem todos tenham surtido o resultado esperado, esses movimentos tiveram o efeito positivo de derrubar alguns ditadores que havia décadas oprimiam seus povos. O desejo de mudança foi alimentado pelo maior acesso à informação, reflexo da globalização e da revolução tecnológica. Sem essa última e as ferramentas digitais por ela trazidas, a mudança daqueles regimes seria uma difícil missão. Se no campo econômico, como veremos, a globalização tem sido bastante questionada e passa por momentos difíceis, no campo político, graças às wiki-revoluções, ela parece ter começado, finalmente, a mostrar que pode trazer algo de bom.

Efeitos da globalização sobre o Estado e a sustentabilidade

Enfraquecimento do Estado ou mito da globalização?

Apesar de seus possíveis efeitos sociais e políticos, claro que a dimensão da globalização que mais avançou foi a econômica. Como não poderia deixar de ser, as transformações por ela trazidas tiveram consequências profundas sobre a forma de produção, comercialização e, inevitavelmente, acarretaram mudanças na maneira como se organizam as empresas.

Principalmente nessa dimensão, se comparada àquela época de ouro da internacionalização que antecedeu a Primeira Guerra Mundial, a globalização é outra história. A revolução tecnológica ocorrida a partir dos anos 1990 torna o período que vivemos hoje completamente distinto daquele. Uma das principais diferenças entre essas duas épocas está na nova divisão internacional do trabalho. Inovações nas comunicações e nos transportes, aliadas a reduções tarifárias, permitem que as empresas fragmentem sua produção como nunca se viu, passando a comprar ou produzir seus insumos nos locais onde isso é feito de forma mais eficiente. Isso leva, inevitavelmente, a certa especialização, baseada nas vantagens comparativas de cada nação. O resultado desse processo é a formação de cadeias produtivas globais, nas quais as atividades passam a ser alocadas onde puderem ser exercidas com menores custos. Muitas empresas passam a ser, pela primeira vez na história, realmente globais. Esse movimento, combinado com a liberalização e intensificação dos fluxos financeiros internacionais, compõe a face mais conhecida da globalização.

Tendo entendido isso e superada a discussão sobre a "novidade" da globalização, passemos a outra polêmica, mais recente, envolvendo esse fenômeno. Seria a globalização um mito?

Alguns autores mais céticos já levantavam essa questão bem no início do processo de globalização, argumentando que os fluxos de comércio e investimento atualmente registrados não seriam sem precedentes, o que justificaria tratar a globalização como um mito.[1] Não se trata mais aqui daquela mesma discussão sobre o ineditismo da globalização. O que esses autores defendem é a necessidade de se verificar o quanto esse processo realmente avançou para, caso seja constatado que ele não representa um aumento tão grande assim na interdependência, reavaliar a sua importância.

Nesse sentido, em um livro recente, Pankaj Ghemawat procura demonstrar que ainda não chegamos ao estágio em que podemos dizer que "o mundo é plano", como no título do livro de Thomas Friedman, que propunha que forças como a terceirização, o *offshoring* e a ampliação de cadeias de fornecimento, facilitadas pela globalização, estariam contribuindo para o "achatamento" do planeta.[2]

Para demonstrar a sua teoria, Ghemawat apresenta dados, pois, como ele comenta, todos têm direito a uma opinião própria, mas não aos próprios fatos. A fim de avaliar o grau de integração hoje existente, ele adota um método simples e intuitivo, que é o de considerar os fluxos e as atividades que podem ocorrer tanto dentro como através das fronteiras nacionais e calcular qual porcentagem desses pode ser considerada internacional.

Usando esse método, ele chega a alguns resultados surpreendentes. Por exemplo, o investimento externo direto correspondeu em média, nos últimos anos, a apenas 10% do investimento total mundial, o que sugere que aproximadamente 90% de todo o investimento fixo mundial ainda é doméstico. Quanto ao dinheiro investido por fundos de capital de risco, apenas 15% a 20% de seu total são aplicados fora dos países onde se encontram as suas sedes. E ao analisar as bolsas de valores mundiais, o resultado não é aquele que seria de se esperar em uma economia globalizada: somente por volta de 20% das ações estão nas mãos de investidores estrangeiros.

Outras estatísticas vão pelo mesmo caminho. Categorias como correspondência, ligações telefônicas, estudantes universitários, doações para a caridade e imigrantes apresentam, todas elas, nível de internacionalização inferior a 10%. Quanto à última delas, a porcentagem de imigrantes na população mundial é a mesma de 1910. O índice de outras categorias, como patentes, tráfego na internet e comércio exterior, fica por volta de 20%.

Isso leva Ghemawat a concluir que o estágio em que estamos vivendo atualmente é de "semiglobalização". E quando ele diz "semi", isso significa que o mundo está mais para 10% a 25% globalizado do que para 50%.[3]

Não bastassem esses dados, o mundo assistiu em 2008, como foi analisado, a uma das maiores crises de sua história. Essa crise veio aumentar os questionamentos sobre a globalização e, pior, trouxe a impressão de que essa poderia chegar ao fim.

Para Dani Rodrik, a crise feriu principalmente a "ideia" da globalização. Segundo ele, a força desse processo se baseava em uma narrativa simples, que defendia a sua capacidade de reduzir a pobreza nos países em desenvolvimento, bastando para isso que esses abrissem suas fronteiras ao comércio e aos investimentos internacionais. Porém alguns países que seguiram a cartilha da globalização à risca fracassaram, enquanto outros que não o fizeram sofreram menos com a crise. Países que abraçaram os crescentes fluxos de capital foram especialmente afetados, enquanto outros com sistemas financeiros mais isolados, como a China e a Índia, escaparam sem maiores danos.[4]

O importante seria, então, entender por que isso aconteceu. A resposta, para Rodrik, é que o capitalismo não comporta um modelo único, sendo necessária uma presença maior ou menor do Estado, caso a caso.[5]

Se alguns países emergentes, principalmente após a chamada crise asiática do fim dos anos 1990, já vinham se afastando do conjunto de princípios que ficou conhecido como Consenso de Washington – que se identifica com a ideia da globalização descrita por Rodrik –, a crise de 2008 veio para derrubar de vez de seu pedestal a versão anglo-saxã do capitalismo. Essa, se não ficou totalmente desacreditada, pelo menos deixou de ser tão dominante[6] – com o que concorda Roger Altman, para quem a crise minou a sabedoria, havia muito estabelecida, de que todos ganham com o modelo de capitalismo de livre mercado baseado na desregulação, na privatização e na abertura das fronteiras ao capital e ao comércio e muitos passaram a ver a globalização como algo nocivo.[7] Nas palavras de Edgar Morin, a crise mostrou que o neoliberalismo, que se apresentava como uma ciência, na verdade era uma ideologia.[8]

Uma das consequências dessa mudança de ponto de vista foi o ressurgimento das discussões sobre política industrial para desenvolver alguns setores da economia por meio de crédito barato ou subsídios, com atuação dos bancos nacionais de desenvolvimento. Assim, afirmam Birdsall e Fukuyama, a crise acarretou a alteração da agenda do desenvolvimento. Antes, essa era gerada no mundo desenvolvido e implementada – ou mais bem comumente imposta – nos países em desenvolvimento. Porém agora os países emergentes passaram a ser fonte não apenas de recursos financeiros, mas também de ideias. Desse modo, a ascensão desses países não se resume apenas ao poder político e econômico. Ela também está relacionada à competição global entre diferentes modelos.[9] E o modelo baseado naquela "narrativa" específica da globalização associada ao Consenso de Washington perdeu apelo e credibilidade com a crise.

Tanto Ghemawat quanto Rodrik vão, portanto, contra a visão dominante da globalização. Um a questiona como fato, o outro se insurge contra o consenso que a impulsionava. Seria a globalização um mito?

Mito é um termo que pode se aplicar a uma crença sem embasamento – como seria, para Ghemawat, a noção de que já estamos vivendo em um mundo plano. Em outra acepção, o mito é uma narrativa de caráter simbólico, que procura explicar uma dada realidade – o que combina com a opinião de Rodrik sobre o discurso de que a integração total levaria à salvação econômica universal. Logo, seja como algo que de fato não está acontecendo, seja como uma história contada para nos maravilhar, a globalização poderia ser entendida como um mito.

No entanto, o que nos importa aqui são os efeitos da globalização, e esses são reais. O principal resultado desse processo é a redistribuição do poder, antes concentrado nos Estados, entre várias instituições – o que altera a governança global e a forma de promover a sustentabilidade.

O paradigma de organização da humanidade que predominou até certo tempo atrás, antes da aceleração do processo de globalização, pode ser chamado de modelo do Estado soberano.[10] Esse se baseia na noção de soberania, que tem dois significados principais. Ela pode ser entendida como o próprio poder estatal – ou seja, como o conjunto de competências que um Estado possui –, ou como uma qualidade desse poder, que deve ser supremo no interior de seu território e independente em seu exterior.

Caso a soberania seja considerada um conjunto de competências estatais, a transferência de algumas dessas competências para outras entidades diminuiria a soberania dos Estados – que perderiam a capacidade de exercer determinados poderes. Caso a soberania tenha o sentido de supremacia ou de independência, a existência de um poder interno ou externo que pudesse restringir o poder dos Estados também teria consequências sobre sua soberania, já que eles, embora não abrissem mão de suas competências, teriam que obedecer aos limites impostos por outro poder.

Se a soberania for considerada "poder" – a capacidade de impor sua vontade aos demais –, esse poder tem que ser efetivo. Se a soberania for vista como "supremacia" ou "independência" do poder do Estado, isso significa que esse poder tem que ser autônomo – ou seja, capaz de agir livremente.

A globalização e a revolução tecnológica afetam a soberania. Analisada de forma isolada, a revolução tecnológica tem consequências principalmente sobre o poder de controle dos Estados. Esses têm dificuldades de governar as atividades que ocorrem na internet – pensem no caso da tentativa de impedir jogos de azar *online*, ou de conter o fluxo de informações que permitiu que as "wiki-revoluções" se propagassem. A diminuição do controle sobre seu território e sua população causa uma perda de efetividade do poder do Estado.

A revolução tecnológica tem um papel, ainda, no fortalecimento das empresas transnacionais – empresas de grande porte que operam em dois ou mais países, por meio de subsidiárias ou filiais, com suas estratégias concebidas em escala mundial[11] –, cuja forma de atuação não seria possível sem ela. Contribuiu também para possibilitar o crescimento do volume e da mobilidade dos fluxos internacionais de dinheiro, que provoca um dos efeitos mais notados da globalização: o aumento da instabilidade e da volatilidade dos mercados financeiros mundiais. Se um dos principais papéis do Estado é o de regular a atividade econômica dentro de seu território, sempre que tiver dificuldade de controlar aquelas empresas e fluxos, diminuindo sua capacidade de obter os resultados desejados na área econômica, isso atinge a efetividade de seu poder e, portanto, a sua soberania.

A globalização econômica também produz consequências sobre a autonomia do poder estatal. A necessidade dos Estados de atrair capital para o seu território permite que as empresas transnacionais e os operadores financeiros possuam enorme poder de pressão – impedindo a adoção pelos Estados de certas políticas econômicas condenadas por esses atores privados.

Há números que demonstram isso. A mobilidade das empresas e do capital restringe a capacidade das nações de escolher estruturas fiscais que reflitam as suas necessidades e preferências. Um dos resultados é uma pressão para que os impostos corporativos sejam reduzidos – o que de fato aconteceu em todo o mundo desde a década de 1980: a alíquota média para os países da Organização para a Cooperação e o Desenvolvimento Econômico (OCDE), excluindo os Estados Unidos, caiu de ao redor de 50% em 1981 para 30% em 2009. Como afirma Rodrik, a concorrência entre os governos para atrair empresas globais com mobilidade crescente teve um papel nessa mudança. A globalização pode ter influência também sobre a autonomia de os Estados adotarem livremente leis trabalhistas ou novos impostos. Empregadores que ameacem terceirizar postos de trabalho, levando-os para países onde os trabalhadores tenham menos direitos, podem obter concessões de seus governos.[12]

Claro que o fato de que, quando a crise de 2008 irrompeu, os Estados tenham surgido como a sétima cavalaria para salvar as empresas ameaçadas de quebra não conta muitos pontos em favor da noção de que, com a globalização, os Estados teriam um papel diminuído. E os números que apontam apenas para uma semiglobalização lembram que o "local" ainda importa muito. Porém, mesmo nas áreas em que a internacionalização se restringe a uma porcentagem não tão grande das atividades mundiais, as consequências de se desagradar "o mercado" podem ser maiores do que se imagina.

Como nota Greenspan, o pressuposto básico da economia clássica e neoclássica de que as pessoas se comportam conforme seu interesse racional de longo prazo não é inteiramente preciso. O "espírito animal", célebre expressão inventada por John Maynard Keynes para definir o que impele a atividade econômica, tem também um outro lado: a aversão ao risco, guiada pelo medo. Tanto quanto a euforia, esse medo é um processo contagioso exacerbado pelo comportamento de manada, que pode causar no mercado financeiro a mais temida das reações animais: um estouro da boiada.[13]

Desse modo, ainda que apenas 20% das ações estejam em mãos de estrangeiros, uma revoada desses investidores pode amedrontar os investidores domésticos, provocando a queda da bolsa de valores de um determinado país e causando, graças a um irracional efeito de manada, um contágio global. O poder de pressão das empresas estrangeiras com investimentos diretos em países em desenvolvimento também é real, porque esses países querem continuar a atrair mais investimentos e temem perder aqueles já existentes. Sendo assim, é verdadeira também a conclusão de que a globalização levou a uma limitação do poder dos Estados nacionais, que veem restringidas suas opções de políticas públicas.

Essa é uma conclusão que tanto autores que acreditam que a globalização já é absoluta quanto aqueles mais céticos têm dificuldades de refutar.

Em um livro publicado no fim da década de 1990, Thomas Friedman defendia que especuladores que podiam mover bilhões de dólares pelo mundo em um instante impunham às nações o uso de uma "camisa de força dourada" que seria a roupa típica da globalização. Essa seria caracterizada pelo livre comércio, pelo livre mercado de capitais, pela livre iniciativa e pelo governo enxuto e faria "a sua economia crescer e a sua política encolher", levando a uma situação em que as escolhas políticas domésticas se reduziam a uma opção entre "Coca-Cola e Pepsi".[14]

Comentamos como Dani Rodrik, em um livro bem mais recente, acredita que uma "integração econômica profunda" – que nada mais é do que a visão de Friedman sobre a globalização – não produz necessariamente um crescimento econômico rápido e que nem todos os países se sentem obrigados a vestir essa camisa de força dourada – embora alguns o façam com gosto.

No entanto, apesar de seu ceticismo com relação à mensagem de que a globalização só faz bem, Rodrik está de acordo com o argumento principal de Friedman de que há, sim, uma tensão fundamental entre integração econômica absoluta – ou "hiperglobalização" – e políticas democráticas, sendo essas últimas limitadas pela primeira. Para ele, a economia mundial viveria hoje um "trilema político": não podemos ter hiperglobalização, democracia e soberania nacional todas de uma só vez. Podemos, no máximo, ter duas delas de cada vez. Se quisermos manter o Estado soberano e também desejarmos a hiperglobalização, a democracia será prejudicada. Se quisermos manter a democracia e a soberania, devemos dizer adeus à hiperglobalização. E se quisermos ter hiperglobalização e democracia, precisamos abrir mão do Estado soberano.[15]

Pois bem, a situação que vivemos hoje é a de conviver com o Estado soberano e a globalização, e o resultado tem sido uma limitação, pela ação dos mercados e das empresas transnacionais, das políticas democráticas que os Estados podem adotar.

Some-se a isso outro fator relevante, que vai além dos aspectos econômicos e tecnológicos. Trata-se da globalização jurídica, que pode ser definida como a crescente institucionalização da interdependência dos povos e que consiste no fortalecimento do direito internacional propriamente dito, mas também no aumento do número de regras e instituições de caráter transnacional, cuja origem muitas vezes se encontra na atividade dos atores privados, independentemente da vontade dos governos nacionais. Normas e organizações internacionais, transnacionais e em alguns casos até mesmo supranacionais ganham espaço a cada dia e muitas vezes são protegidas por jurisdições que fogem ao controle individual dos Estados, o que restringe a liberdade desses últimos de se administrarem com independência de interferências externas. Ainda que o Estado tenha uma participação essencial na criação das regras internacionais e supranacionais e na aceitação das regras transnacionais, a globalização jurídica limita a autonomia dos Estados e, portanto, a sua soberania de fato, o que tem efeitos para o modelo do Estado soberano.

Assim, os Estados, que precisam ter um poder efetivo e autônomo para ser soberanos de fato, tiveram que se acostumar com a influência crescente de outras instituições. Globalização, revolução tecnológica e globalização jurídica se combinam e provocam uma transformação que leva ao surgimento de um novo paradigma, que pode ser chamado de modelo da sociedade global. E essa transformação não é um mito, é um fato.

Será que é possível que voltemos ao modelo anterior, no qual o Estado reinava soberano não apenas de direito, mas também de fato? A crise iniciada em 2008 causou uma intensa discussão sobre o futuro da globalização. Esse foi posto em dúvida e muitos passaram a acreditar que, assim como ocorreu com a época de grande internacionalização que antecedeu a Primeira Guerra Mundial, a globalização estaria fadada a ter um fim.

Há, no entanto, alguns fatores importantes que diferenciam a globalização daquele período anterior. Primeiro, como foi dito, as transnacionais de hoje são diferentes das multinacionais do século XIX, ou mesmo daquelas da década de 1970. Naquela época, essas empresas podiam até realizar suas vendas e sua distribuição no estrangeiro, mas suas operações eram centralizadas em seus países natais. Já as atuais são globalmente integradas, situando suas funções em qualquer lugar do mundo.[16] Acabar com a globalização vai contra o modelo hoje adotado por essas empresas. Além disso, não podemos deixar de ter em mente que a revolução tecnológica, que está na base da globalização, deverá continuar avançando, independentemente das constantes crises econômicas. As comunicações devem se tornar ainda mais fáceis e baratas, permitindo que as transnacionais continuem a espalhar as suas operações ao redor do planeta.[17] Quanto mais esse processo avança, mais difícil revertê-lo.

Segundo, e ainda mais importante, é que, diferentemente daquele período anterior de internacionalização, após a Segunda Guerra Mundial o mundo assistiu a outro tipo de globalização, que foi a globalização jurídica que acabamos de mencionar. Os acordos e as organizações internacionais surgidos desde então consolidam e protegem alguns dos princípios relacionados à liberalização econômica. Dessa forma, a própria arquitetura institucional montada em volta da globalização torna difícil que sua vida seja abreviada por uma onda nacionalista e protecionista – embora certa retração no comércio internacional seja de se esperar, como de fato ocorreu com a última crise. Logo, ainda que a ideia de globalização ou mesmo algumas de suas instituições possam ter se enfraquecido recentemente, ainda "restam regras e organizações suficientes para assegurar ser improvável que a economia global atual sofra o mesmo destino que a anterior".[18]

Todas essas instituições devem ser levadas em conta na hora de se examinar a governança global da sustentabilidade – e abordaremos as principais delas quando formos estudar a ação pública pela promoção do desenvolvimento sustentável. Agora, caberia tratar de algumas questões específicas que se apresentam quando analisamos a relação entre globalização e sustentabilidade.

Globalização X Sustentabilidade – "carbon leakage" e "race to the bottom"

A globalização é, quase sempre, julgada incompatível com a sustentabilidade. Vamos comentar agora algumas das alegações em que essa opinião se baseia, as quais, como se poderá perceber, podem ser mais ou menos infundadas.

Uma delas é a de que as indústrias dos países que estabelecessem regras ambientais mais estritas se transfeririam para países com regulações mais frouxas, a fim de evitar o aumento de seus custos de produção – processo conhecido como "vazamento de carbono" (*carbon leakage*).[19] Vimos que a globalização permitiu uma nova divisão internacional do trabalho, na qual a produção se dá nos locais com custos mais baixos, atendendo muitas vezes à conveniência tanto dos países produtores quanto dos consumidores – o que, aliás, leva a questionar se faz sentido atribuir a responsabilidade pelas emissões de gases de efeito estufa apenas aos países onde, conforme essa divisão, as atividades produtivas e as emissões delas decorrentes se originaram, em vez de imputá-las também, ao menos em parte, aos países que compram esses produtos.[20]

Pois bem. Esse movimento levaria à criação de "paraísos", ou, mais precisamente, "refúgios", de poluição (*"pollution havens"*) – nações que se valeriam de políticas ambientais menos rigorosas exatamente para atrair investidores estrangeiros.[21]

Essa é uma preocupação tão presente na comunidade internacional que foi até expressada na Declaração do Rio de 1992, cujo Princípio 14 estabelece que "os Estados devem cooperar de forma efetiva para desestimular ou prevenir a realocação e transferência, para outros Estados, de atividades e substâncias que causem degradação ambiental grave ou que sejam prejudiciais à saúde humana."[22]

No caso das mudanças climáticas, a criação de refúgios de poluição é negativa porque o impacto global das emissões é o mesmo, não importa onde estejam alocadas as suas fontes. Logo, o vazamento de carbono para esses lugares representaria ameaça significativa à eficácia das regulações domésticas que procuram combater o aquecimento global.[23] Por essa hipótese, a globalização, ao conferir às empresas maior mobilidade, seria uma inimiga da sustentabilidade por permitir que essas se deslocassem e mantivessem o mesmo estilo e nível de produção, fazendo com que as políticas mais rígidas implementadas por alguns países não surtissem efeito.

Não há evidências, entretanto, de que esse movimento esteja ocorrendo e que os países ricos estejam, de forma consistente, exportando indústrias poluidoras para os países em desenvolvimento.[24]

Há várias razões para que seja assim, como explicam Martin Wolf e Jagdish Bhagwati. Indústrias poluentes são complexas e de capital intensivo. Os benefícios de realocá-las para países em desenvolvimento seriam muito pequenos, mesmo se estes tivessem regulações menos exigentes.[25] Ainda que essa migração pudesse, em teoria, trazer ganhos não negligenciáveis, na prática é possível que as diferenças de padrões entre as indústrias dos diversos países não sejam gritantes o suficiente para compensar outros fatores, como o acesso mais barato a matérias-primas, proximidade dos mercados e isenções fiscais que, tipicamente, atraem os investimentos.[26]

Essa conclusão é reforçada por estudos empíricos, que sugerem que, na verdade, a competitividade das indústrias não é muito alterada pelos padrões ambientais, o que faz com que esses não sejam fator de dissuasão de investimentos em grau estatístico significativo.[27]

O fato de haver poucos indícios de que o vazamento de carbono estaria ocorrendo torna essa preocupação mais teórica do que real.[28] No entanto, com o agravamento dos problemas ambientais e, principalmente, climáticos, regulações mais severas tendem a surgir e, com isso, o risco de que esse vazamento aconteça deverá aumentar.

Como lembra Benjamin Eichenberg, ainda que se possa provar que as atuais diferenças nos padrões ambientais não são um fator relevante na competitividade internacional, as empresas que sentem que serão potenciais perdedoras caso sejam adotadas medidas que elevem esses padrões se esforçam em combater essas medidas, ameaçando realocar suas fábricas.[29]

Assim, a possível "revoada" de investimentos faz com que a globalização seja vista como fator de impedimento para os formuladores de políticas nacionais também no campo da proteção ambiental. Essa ameaça pode ser um fator de inibição tão eficaz quanto aquela que os investidores exercem sobre os governos para evitar regulações econômicas que lhes sejam desfavoráveis – o que, como vimos, é uma característica marcante da globalização. Ela impediria que os Estados, temerosos da fuga desses investimentos, implementassem as políticas desejadas. Desse modo, embora o vazamento de carbono ainda não seja um fato, há uma possibilidade real de que ele seja utilizado como instrumento de pressão – possibilidade essa que é reforçada pela forma de organização e produção que a globalização propicia às empresas.

Essa pressão poderia levar a outra eventual contribuição negativa da globalização para a sustentabilidade. É o risco de que ela leve a uma "corrida para o fundo" (*"race to the bottom"*) em termos de legislação ambiental. Por essa hipótese, para tornarem seu país mais atrativo para os investimentos estrangeiros, os reguladores competiriam pelos menores padrões.[30]

Também não há indícios, entretanto, de que essa corrida esteja ocorrendo, como constatam diversos estudos empíricos.[31] Ao contrário. É difícil encontrar exemplos nos quais padrões ambientais tenham sido reduzidos em decorrência de outros padrões mais baixos em outros lugares.[32] Nos países desenvolvidos, os padrões ambientais têm aumentado consistentemente nas últimas décadas.[33] Como lembra Wolf, o ar local e a qualidade da água, por exemplo, têm melhorado em resposta a regulações exigentes. Logo, não haveria dúvidas de que a regulação ambiental nesses países estaria se direcionando rumo ao topo, e não rumo ao fundo.[34]

Os países em desenvolvimento, por sua vez, têm seguido essa tendência, como mostram algumas pesquisas.[35] Há motivos para que isso aconteça. As empresas não se preocupam apenas com as normas de seu país de origem, mas também com as dos diversos outros países onde operam – situação que, com a globalização, se tornou cada vez mais comum. Países cujas empresas comerciam com outros países com regulações mais estritas tendem a adotar, eles mesmos, políticas mais rigorosas. Empresas de países em desenvolvimento são forçadas a padronizar seus produtos atendendo às exigências dos importadores. Mercados altamente regulados – como o europeu – influenciam fortemente as nações exportadoras, podendo levá-las a adotar padrões mais rígidos de produção.[36] As inovações – imprescindíveis, como explicaremos mais adiante, para alcançar a sustentabilidade – muitas vezes surgem como reação a regulações implementadas em países de ponta ou mesmo pela expectativa de que essas venham a ser por eles adotadas e se espalhem pelos demais países. As empresas procuram antecipar-se a essas mudanças de mercado.[37] Assim, uma regulação, ainda que doméstica, pode ter efeitos internacionais em cascata. Isso mostra que, no caso do comércio internacional, apesar dos temores relacionados à hipótese da corrida para o fundo, a globalização, em vez de vilã, pode ser vista como um fator favorável à difusão de padrões ambientais e tecnologias mais sustentáveis.

É o que acontece, também, com o investimento externo direto – outro traço distintivo da globalização. Também nesse caso, a globalização pode ter uma influência ambiental positiva ao levar à adoção de melhores técnicas de produção.[38] Primeiro, porque, como explica Bhagwati, quando empresas com várias unidades investem em localidades diferentes, como fazem as transnacionais, elas costumam trabalhar de maneira uniforme com o padrão mais estrito entre os desses diversos locais. Com isso, visam a reduzir os custos de transação que teriam se optassem por fazer diferentes escolhas para se aproveitar da diversidade regulatória. Em outras palavras, é mais efetivo, em termos de custos, operar todas as fábricas com a mesma tecnologia básica. Segundo, porque, ao se deparar com diversos padrões, as empresas interpretam ser provável uma escalada na direção de padrões mais elevados e, por isso, tendem a se adiantar e agir, mesmo nos países com regulações mais leves, como se esses já tivessem padrões mais estritos. Terceiro, porque tecnologias ambientalmente amigáveis são frequentemente muito mais produtivas, portanto mais lucrativas na maioria das situações. E, por fim, as empresas tendem a ignorar o fato de que o país anfitrião possui baixos padrões ambientais porque, se resolvessem tirar proveito disto, estariam sujeitas a um risco elevado de manchar a sua reputação.[39]

Logo, seja para manter uma consistência entre todas suas fábricas, seja para evitar publicidade negativa, empresas estrangeiras costumam aportar novas tecnologias e, muitas vezes, aplicam padrões ambientais mais elevados do que muitas empresas locais.[40] Esses fatores, somados à demanda por padrões mais rígidos que pode vir do comércio internacional, levam a que a globalização possa contribuir para uma "corrida para o topo" na legislação ambiental.

Claro que essa corrida para o topo pode vir a ser freada por pressão das empresas mais afetadas pelas medidas que venham a ser adotadas para enfrentar o agravamento dos problemas ambientais. Assim como vimos que pode ocorrer com relação à hipótese do vazamento de carbono, o fato de que atualmente não se constate uma tendência ao enfraquecimento das políticas ambientais não significa que, no futuro, o aumento dos custos a elas relacionados não vá deter o fortalecimento dessas políticas.[41] Porém, nesse caso, "corrida para o fundo" não seria a expressão mais adequada para descrever a dinâmica que poderia ocorrer. Como bem observam Doyle e Massey, é improvável que os Estados revoguem leis ambientais existentes. O que poderia, sim, acontecer é que a concorrência entre os países por investimentos estrangeiros viesse a produzir um "resfriamento regulatório" ("*regulatory chill*") – um efeito paralisante em que os Estados deixariam de executar suas leis de proteção ambiental ou evitariam adicionar novas regulações.[42]

Transporte de mercadorias e sustentabilidade

A última alegação que iremos analisar utilizada para justificar a posição de que a globalização seria prejudicial à sustentabilidade é a de que o comércio internacional implicaria um aumento do transporte de mercadorias por longas distâncias e, com isso, mais consumo de combustíveis e mais emissões de gases de efeito estufa.

Essa consequência, que já era notada no comércio internacional "à la século XX", teria se agravado graças à formação de cadeias produtivas globais. O intercâmbio de partes e peças realizado para alimentar essas cadeias leva a um aumento exponencial do comércio que, até agora, não foi muito bem mensurado. As estatísticas de comércio exterior tradicionalmente focavam nos produtos finais, o que fazia sentido quando se caracterizava quase que exclusivamente pela venda para um país de bens e serviços produzidos de forma integral em outro país. Atualmente, no entanto, a produção é, cada vez mais, verdadeiramente mundial. O processo produtivo implica hoje uma busca constante pela aquisição de insumos nos locais onde são produzidos de forma mais eficiente, o que leva a uma infinidade de operações de reimportação e reexportação, até que o produto ou serviço definitivo seja obtido. Um aumento nessas operações teria como efeito, logicamente, um crescimento nas emissões relacionadas ao transporte.

Por isso, muitos defendem que a "localização" – a reorientação da economia global em torno dos mercados locais – seria a solução.[43] Isso significa, como explica Jonathon Porrit, que o comércio de longa distância deveria ser reduzido somente aos produtos que determinadas nações ou regiões não tivessem capacidade de produzir.[44] Quando a produção pudesse ser local, ela deveria o ser, e os mercados internacionais, regionais ou mesmo sub-regionais, ainda que continuassem existindo, passariam a ser vistos como último recurso. O objetivo principal seria a autossuficiência de cada localidade.[45]

A autossuficiência, no entanto, não é simples de ser alcançada. Há uma infinidade de mercadorias que dependem, para sua produção, de materiais e outras condições que não são encontradas em todos os países. E há inúmeros casos em que, ainda que essa produção seja possível, seu grau de eficiência é tão inferior ao de outras nações que optar por ela acarretaria uma acentuada perda de bem-estar da população. Isso sem falar que, considerando o combate aos problemas ambientais, o comércio internacional é essencial para a produção e a difusão de possíveis soluções tecnológicas, por exemplo, para a redução de emissões – como células de combustível, que dependem de metais catalisadores que vêm praticamente apenas da Rússia, da África do Sul e do Canadá.[46]

Assim, rasgar a teoria das vantagens comparativas e criar obstáculos ao comércio internacional pode ser um grande erro. Até porque esse pode trazer outros benefícios relacionados à sustentabilidade e, principalmente, à adaptação às mudanças climáticas.

Maior eficiência na produção pode significar, em alguns casos, menos danos ambientais. Como nota Ghemawat, o meio ambiente iria sofrer muito mais se os países tivessem que manter seu padrão de vida atual sem qualquer comércio internacional. Como poderíamos alcançar os níveis de alimentação de hoje sem a importação e exportação de comida entre zonas climáticas diferentes? Além disso, uma vez que algum grau de mudança climática parece inevitável – e essa deverá alterar os padrões geográficos de produção –, a capacidade de se normalizar entre diversas nações o risco relacionado à produção de alimentos e produtos agrícolas é especialmente útil.[47] O comércio internacional pode ajudar a humanidade a se adaptar a um futuro mais quente, permitindo que países onde a mudança do clima vier a criar escassez satisfaçam a suas necessidades importando de países onde esses produtos continuem disponíveis.[48]

Por fim, o último argumento para contestar a alegação de que o comércio internacional seria prejudicial ao meio ambiente é que não é o maior responsável pela poluição ou pelas emissões de gases de efeito estufa.

Analisando o impacto causado pelo transporte, verifica-se que este corresponde a pouco mais de 20% das emissões de CO_2 relacionadas à energia, ou, de forma mais ampla, pouco além de 10% de todas as emissões humanas relativas ao efeito estufa. Porém a maior parte dessas emissões relaciona-se ao transporte doméstico: mais de 70% delas provêm do transporte terrestre, principalmente de viagens dentro das fronteiras de um determinado país.[49]

A aviação e o transporte marítimo internacionais, que são os mais associados à globalização, respondem por uma pequena parcela das emissões. A aviação comercial internacional representava, em 2007, uma fatia de 11% da contribuição total do setor de transportes para as emissões globais de CO_2, ou 1,4% do total das emissões de CO_2 relacionadas com a energia.[50]

É pelo mar, entretanto, que ocorre a maior parte do transporte relacionado ao comércio internacional. Estudos recentes indicam que, excluindo-se o comércio interno da União Europeia, os carregamentos levados pelo mar representam quase 90% do comércio mundial por volume e 70% por valor.[51] E o transporte marítimo sempre foi e ainda é mais eficiente do que o transporte terrestre. São necessários duzentos litros de combustível para transportar um container padrão pelo mar por uma distância de 5,3 mil quilômetros. Com essa mesma quantidade de combustível em um trem, esse container percorreria pouco mais de 1,3 mil quilômetros. Um caminhão que levasse esse container, abastecido com o mesmo combustível, não chegaria nem a 500 quilômetros de distância – dez vezes inferior àquela percorrida se a carga fosse levada por mar.[52]

Isso se aplica também às emissões. Essas variam muito com base no modo de transporte, e não apenas na distância pela qual as mercadorias são transportadas. Um navio de carga emite proporcionalmente bem menos CO_2 do que um caminhão. Algo que seja transportado por uma longa distância pelo oceano pode, na verdade, causar menos danos ambientais do que algo levado em terra por uma distância bem menor.[53] Com isso, a participação do transporte por mar nas emissões mundiais totais é pouco significativa. Enquanto o transporte rodoviário representou quase 73% da contribuição total do setor de transportes para as emissões globais de CO_2, os embarques marítimos internacionais representaram apenas 12%.[54] Isso significou, em 2007, apenas 2,1% do total das emissões de CO_2 relacionadas à energia.[55]

O fato de que, entre as modalidades, o transporte marítimo é o mais eficiente em termos de emissões de carbono deve ser levado em conta. Ele torna a alegação de que o comércio é prejudicial ao meio ambiente bastante exagerada.[56] O comércio internacional não pode ser considerado o principal vilão no que se refere às emissões do setor de transporte, muito menos em termos de sua contribuição para as emissões relacionadas à energia como um todo, cujos cortes, como iremos discutir, representam provavelmente um dos maiores desafios do combate às mudanças climáticas.

De forma geral, as alegações específicas até aqui mencionadas parecem demonstrar que não existe nenhum tipo de incompatibilidade entre globalização e sustentabilidade. Nesse caso, entretanto, o diabo não está nos detalhes, mas no problema mais amplo do crescimento econômico, ao qual à globalização está ligada. Voltaremos a essa questão. Vamos, agora, entender como a globalização levou a uma nova forma de se governar, o que afeta, sem dúvida, a luta pela sustentabilidade.

Governança global da sustentabilidade

Governando além do Estado

Como vimos, o modelo do Estado soberano vem sendo substituído por um novo paradigma, o da sociedade global. Nesse último, a soberania, entendida como poder estatal ou como qualidade desse poder, seria afetada em três casos.

No primeiro, o poder estatal perde efetividade – consequência que está relacionada principalmente aos fenômenos da globalização e da revolução tecnológica. Ainda que o Estado contribua para a promoção desses fenômenos, a redução do poder estatal nesse caso não é voluntária. Ela resulta de uma perda de controle e de uma diminuição na capacidade de produzir certos resultados desejados.

No segundo caso, parte do poder estatal é transferida, o que ocorre quando o Estado abre mão de exercer determinadas competências – caso, por exemplo, da criação de uma moeda comum administrada por um banco central regional. Neste caso, a origem da perda de soberania é voluntária, dependendo diretamente do consentimento do Estado, que se submete a uma autoridade superior e independente que ele mesmo ajuda a criar.

O terceiro caso é aquele em que a autonomia do poder estatal é limitada. Isso significa que, ainda que mantenha uma determinada competência, o Estado passa a encontrar restrições à liberdade de exercer seu poder da forma como desejar – o que quer dizer que o Estado até pode optar por agir de forma autônoma, mas, ao fazê-lo, incorre em um alto custo de oportunidade. A limitação depende de um ato do próprio Estado, mas é motivada pela ação de poderes que lhe são externos. Esses poderes, mais uma vez, podem ser criados pelos próprios Estados – como no caso do tribunal de uma organização internacional. Nesta hipótese, os Estados expressam o seu consentimento prévio em limitar a sua soberania em determinadas áreas e em se sujeitar às consequências de não fazê-lo. Outra possibilidade é a de que certos atores – por exemplo, as empresas transnacionais e os operadores dos mercados financeiros – tenham o poder de restringir as opções dos Estados a determinadas alternativas preferidas por esses atores, ainda que os Estados não estejam de acordo com essa limitação de sua autonomia.

No primeiro caso, a perda de efetividade do poder estatal não acarreta, necessariamente, a criação de novas fontes de autoridade. A capacidade do Estado de governar se reduz sem que haja, em contrapartida, a formação de um novo foco de poder. Porém, tanto no segundo quanto no terceiro, o poder estatal é diluído entre outras instituições. No segundo caso, o poder que é transferido para as organizações internacionais passa a ser por elas exercido. No terceiro, ainda que o Estado mantenha formalmente o poder em suas mãos, outras entidades ganham poder ao limitarem as alternativas que os Estados possuem. Isso porque, como vimos, poder é a capacidade de impor sua própria vontade aos demais. Se, ainda que os Estados não abram mão de suas competências, mercados financeiros, transnacionais e determinadas organizações internacionais adquirem a capacidade de impor sua vontade aos Estados, esses outros atores tornam-se, de fato, novas fontes de poder.

Todos esses processos fazem com que o poder estatal seja reduzido, transferido e limitado – em suma, diluído entre várias instituições. Isso leva a um novo paradigma, com outra forma de governança, diferente daquela com a qual estávamos acostumados a lidar. É nessa nova forma de governança que teremos que nos basear se quisermos promover a sustentabilidade global.

Mas o que seria "governança"? O uso desse termo se intensificou com a disseminação da expressão em inglês *"global governance"* que, como lembram Biermann e Pattberg, ganhou relevância no mundo acadêmico no fim da década de 1990 – enquanto, em 1997, uma busca dessa expressão na internet gerava aproximadamente 3.500 resultados, no fim dos anos 2010 havia mais de 12 milhões de *websites* que a mencionavam.[1] Definir governança como o "ato de governar" não é suficiente porque, em diversos idiomas, essa mesma descrição se aplica também à palavra "governo". A expressão governança global, em muitas línguas, poderia perfeitamente ser traduzida como "governo" global. Em inglês, essa distinção faz mais sentido, uma vez que governo (*"government"*) corresponde ao aparato burocrático, ao "corpo governamental", enquanto governança (*"governance"*), essa sim, equivaleria ao "ato de governar".

Apesar disso, a adoção de "governança" na expressão governança global é útil em qualquer idioma, pois deixa bem claro o que está por trás desse conceito. Enquanto governo refere-se a uma estrutura, governança deve ser vista como um processo, uma função social.

No plano internacional, "governo" abrange o universo dos Estados – instituições formais, com soberania nacional, monopólio de poder sobre um determinado território e independência legal de autoridades externas – e o sistema interestatal. Já a "governança" deve ser vista como um processo, que pode ser levado adiante por meio de grupos ou instituições, públicos ou privados, em diversos níveis – subnacional, nacional, regional, internacional, supranacional etc.

Tanto o governo quanto a governança consistem em sistemas de regras ou de mecanismos de direção nos quais a autoridade é exercida. Ter autoridade "é ser reconhecido como tendo o direito de governar, de emitir ordens que serão atendidas por aqueles abrangidos por aquelas ordens".[2]

Isso leva James Rosenau ao conceito de "esferas de autoridade", as quais, em conjunto, formariam o "sistema altamente complexo de governança global".[3] Essas compõem um sistema que compreende tanto as atividades empreendidas pelos Estados de forma coordenada quanto aquelas de outros sistemas de regras que funcionam fora das jurisdições nacionais – alguns deles formalizados, outros ainda incipientes.[4]

Essas esferas adquirem autoridade de diversas maneiras, às vezes por meio de instrumentos formais – como constituições ou estatutos –, às vezes informalmente, por meio de práticas repetidas e outros mecanismos. Em ambos os casos, essas são capazes de gerar cumprimento (*compliance*) por parte daqueles para os quais suas regras se dirigem. Esse cumprimento é a chave para determinar a presença de uma esfera de autoridade[5], cuja existência depende da capacidade de conduzir seus membros a agirem de uma determinada maneira.

As diversas esferas de autoridade formam redes que se estendem através das fronteiras e não são controladas por autoridades locais. Além disso, praticamente todas elas, ainda que possam ser locais, nacionais ou internacionais, são na realidade transnacionais, no sentido de que aqueles que a elas aderem podem mover-se – e de fato o fazem – além dos territórios nacionais, a fim de perseguir os objetivos de sua esfera.[6] Isso permite que o sistema por elas formado se caracterize como uma governança transnacional – expressão que até é preferida por alguns autores.[7]

A multiplicação dessas esferas leva a um processo irreversível de desagregação da autoridade, que faz com que, para Rosenau, a ideia de governança global nem pressuponha uma autoridade mais alta do que as demais, nem preveja que uma deverá surgir no longo prazo.[8] Por isso, um dos conceitos relacionados a essa maneira descentralizada de governar é o de "governança sem governo" ("*governance without government*"), pelo qual o sistema global poderia gozar dos benefícios do governo sem a existência de uma estrutura formal.[9]

Essa ideia se justifica na medida em que não há um "governo mundial" centralizado e que entidades não territoriais assumem cada vez mais as funções dos Estados – esses, por sua vez, as entidades territoriais por excelência –, em um movimento encarado por certos autores como o surgimento de um "neomedievalismo", uma nova ordem na qual os Estados repartiriam seu poder com outros atores que se situariam acima e abaixo deles, da mesma forma como, na Idade Média, o poder era dividido em diferentes níveis.[10]

Concorde-se mais ou menos com essa caracterização, o fato é que os modelos tradicionalmente utilizados para analisar os assuntos internacionais não são mais suficientes. Apesar disso, o estudo das relações internacionais ainda está focado principalmente em determinados sistemas por meio dos quais os Estados pretendem compensar, ao menos de forma parcial, a sua perda de capacidade de regular individualmente áreas tão diversas como o comércio internacional, a aviação civil, os direitos humanos ou a exploração do fundo dos oceanos: os chamados "regimes internacionais".[11]

Essa expressão surgiu na década de 1970 e consiste, na definição de John Ruggie, no conjunto de expectativas mútuas, regras e regulações, planos, capacidade organizacional e comprometimento financeiro aceitos por um grupo de Estados, ou, naquela de Stephen Krasner, no conjunto de princípios, normas, regras e procedimentos de tomada de decisão ao redor dos quais as expectativas dos atores convergem em uma determinada área temática.[12]

Por essas definições, percebe-se que os regimes não se restringem a seu caráter formal. Porém, talvez pelas dificuldades de se identificarem, fora de acordos específicos, as normas que regulam o comportamento internacional, a maioria da literatura produzida no âmbito da teoria dos regimes tem privilegiado abordá-los como organizações formais.[13]

Esse foco predomina, também, na análise da governança ambiental. Tomemos como exemplo o aquecimento global. A maior parte das pesquisas sobre a governança das mudanças climáticas se concentra no regime internacional que procura regular esse problema – os princípios, as normas e os procedimentos previstos em documentos legais de caráter interestatal, como a Convenção do Clima e o Protocolo de Kyoto.[14] Essa abordagem coincide com a definição mais restrita de regimes internacionais: acordos multilaterais entre Estados, cujo objetivo é regular ações nacionais em relação a um assunto específico – e, nesse sentido estrito, como notam Viola, Franchini e Ribeiro, os regimes ambientais internacionais seriam apenas sistemas de regras explicitadas em um tratado pactuado entre governos para regular as ações dos diversos atores em uma área determinada.[15]

No entanto, a evolução recente da governança global do clima mostra que a lentidão no progresso dos tratados, aliada às evidências científicas sobre a rapidez das mudanças na atmosfera, levou a novas iniciativas de governança.[16] Nelas, o estabelecimento de normas e sua implementação são, apenas em grau limitado, resultado da ação pública e, comumente, decorrem de uma ação ou intervenção além do Estado – *"agency beyond the state"*, na definição de Pattberg e Stripple. Isso significa que a capacidade de se mudar o rumo de eventos ou o resultado de processos está cada vez mais situada fora do Estado e das organizações internacionais.[17] Ela depende muito, hoje, de atores que às vezes cooperam, frequentemente competem e quase sempre interagem com o sistema interestatal.[18]

Os novos arranjos de governança resultam das habilidades e estratégias desses diversos atores, que não exercem seu poder apenas dentro de um determinado regime.[19] Trata-se, por isso, de uma governança além dos regimes, ou além dos Estados (*"governance beyond regimes"*, ou *"governance beyond states"*). No plano ambiental, essa tendência se confirma pela explosão de iniciativas paralelas de atores não estatais para a redução de emissões de gases de efeito estufa, que estariam expandindo a governança global do clima para além dos domínios do regime ambiental internacional.[20]

Para alguns autores, o surgimento de iniciativas paralelas que operam além do regime internacional "oficial" não seria, necessariamente, um sinal de perda de poder pelos Estados – como a maior parte dos analistas da governança global acredita –, indicando apenas uma maneira diferente de se conseguir que a governança se realize, de forma compartilhada, entre entidades privadas e Estados. Ou seja, a governança além do Estado não significaria, obrigatoriamente, "governança sem o Estado [21]". Como lembra Falk, "a soberania permanecerá relevante, até mesmo decisiva em alguns cenários, mas os direitos, o status e o papel dos Estados serão distribuídos de uma maneira mais complexa, mais confusa e menos territorial".[22]

Nessa linha, o poder deveria ser entendido de maneira radicalmente diferente daquela predominante na análise dos regimes internacionais e mesmo naquelas mais usuais da governança global. Em vez de ser visto de forma distributiva, como um jogo de soma-zero, deveria ser considerado múltiplo e relacional, o que permitiria superar a divisão entre estatal e não estatal, focando nos processos reais de governança e nas lógicas que os sustentam.[23] Não bastaria, assim, avaliar o poder que uns atores exercem sobre os outros – como o faz atualmente a maioria dos analistas das relações internacionais –, mas o quanto o compartilhamento de poder e as normas comumente acordadas seriam a chave para o sucesso da governança da sustentabilidade.[24]

A verdade é que mesmo essa linha de raciocínio parte da conclusão de que há uma redistribuição do poder estatal, que passa a ser dividido com outras instituições. A soberania "permanece sendo uma característica do sistema, mas ela agora se situa em uma multiplicidade de arenas institucionais",[25] sendo por isso essencial entender quais são essas arenas e como elas funcionam.

Portanto, falar em governança "além do Estado" não significa "governança sem o Estado". O foco na governança além dos regimes interestatais tem por objetivo entender quais atores, além dos governos nacionais, podem estar construindo a governança ambiental, seja dentro dos regimes existentes, seja por meio de iniciativas paralelas baseadas em outros princípios, procedimentos e normas por elas criados.[26]

Os atores da governança global da sustentabilidade

Como acabamos de comentar, ainda que o conceito de regime ambiental internacional seja bem explorado na literatura das relações internacionais, ele tem a conotação de uma instituição formal. Sua limitação é que, embora reconheça a atuação de entidades privadas e as estruturas normativas informais, ele ainda se concentra principalmente em acordos interestatais oficiais, ignorando o rico e complexo processo de barganha política e negociação entre uma variedade de agentes, como as empresas, as associações de classe e as organizações não governamentais (ONGs).[27]

Portanto, é preciso, primeiro, perceber que esses atores têm um papel relevante não apenas como sujeitos a que se destinam muitas regulações, mas como grupos de pressão na implementação e operação de regimes.[28]

Apenas essa percepção não é suficiente, entretanto, para que a perspectiva predominante no estudo da governança climática global deixe de ser "enviesada e incompleta", como creem Pattberg e Stripple.[29] Ao levar em conta apenas a arena internacional das negociações interestatais e as políticas públicas, reconhecendo os atores não estatais apenas em sua capacidade de influenciar os Estados e os acordos internacionais, estaria se cometendo um erro: deixar de ver esses atores como "governantes" eles mesmos, com um papel a exercer na governança ambiental.[30]

Nesse sentido, uma expansão da nossa "caixa de ferramentas" analítica seria necessária e benéfica.[31] Para entender a governança global da sustentabilidade, precisamos ir além do repertório padrão das relações internacionais, baseado na cooperação interestatal e na diplomacia.[32]

A governança da sustentabilidade engloba uma série de atividades empreendidas por atores que não são dotados de "autoridade formal".[33] Um mapeamento melhor desses atores, mecanismos e sistemas de regras que estão além do sistema interestatal é necessário para avaliar todas as opções potenciais para uma futura arquitetura global da governança ambiental justa e efetiva.[34]

Esses atores, é claro, não têm influência equivalente. O Estado segue sendo a instituição mais relevante, mas também têm papel importante as organizações ambientais internacionais, que incluem, por exemplo, o Pnuma e a Comissão para o Desenvolvimento Sustentável da ONU – mais adiante, iremos analisar essas e as demais instituições que agora estamos mencionando. E não podemos nos esquecer de que muitas dessas organizações e acordos contam com suas próprias burocracias e que esses corpos burocráticos internacionais passam, eles mesmos, a ser importantes atores, com pretensões e autonomia para fazer avançar as agendas às quais se dedicam, valendo-se de sua expertise para criar e difundir ideias e conhecimento, influenciar negociações e implementar diretamente soluções.[35]

Têm relevância também aquelas instituições cujo mandato principal não é ambiental, mas que podem impactar sobre a promoção da sustentabilidade, como o Banco Mundial e a OMC – essa última, como teremos a oportunidade de analisar em detalhe, tem grande influência sobre as políticas ambientais, pela amplitude que a abrangência do comércio internacional confere a seu mandato, por suas intromissões regulatórias diretas e por seu efetivo sistema de solução de disputas.[36]

Todas essas instituições têm características intergovernamentais. Porém a elas devem se somar as chamadas relações "transgovernamentais" – que representam o conjunto de interações que, embora se deem entre diferentes unidades de certos governos nacionais, não são controladas pelos chefes do poder executivo desses mesmos países. Pode-se dizer que essas dão origem a uma nova ordem na qual, na opinião de Anne-Marie Slaughter, não apenas os poderes executivos, mas também os tribunais, as agências reguladoras e mesmo os legisladores teriam passado a interagir com seus equivalentes no exterior, criando uma densa rede de relações para tratar de problemas como a degradação ambiental.[37]

Outro tipo de relação que merece destaque é aquele formado pelas parcerias público-privadas, que alguns autores consideram terem se tornado um dos alicerces da ordem ambiental global atual.[38] Essas variam tanto em função quanto em grau de institucionalização: algumas se transformam em organizações, com sede e secretariado, outras são redes mais soltas de colaboração com limite de tempo definido.[39] Esse tipo de parceria foi adotado, por exemplo, pelo Protocolo de Kyoto, para projetos de redução de emissões, e pela Conferência da ONU de 2002 em Joanesburgo, a fim de se tentar promover o desenvolvimento sustentável em paralelo aos acordos internacionais, em áreas que vão da biodiversidade à energia.[40]

Porém isoladamente os atores não estatais formam a categoria mais ampla e têm grande impacto na governança ambiental global. Essa categoria inclui as ONGs, que sempre tiveram um papel de reivindicar mais governança ambiental e que têm funções importantes de geração de agendas e conhecimento e de monitoramento. Abrange, também, a academia e a mídia, que podem influenciar a maneira como a governança ambiental global é concebida e implementada. Inclui, por fim, as empresas, cujo envolvimento e apoio são cada vez mais necessários para se governar globalmente.[41] E há, ainda, a opinião pública, que pressiona e pode ditar o comportamento dos demais atores.[42]

É importante observar que os atores privados muitas vezes se dedicam de forma espontânea, sem ser forçados, persuadidos ou financiados pelos Estados ou outras agências públicas, a tratar de problemas como as mudanças climáticas.[43] Em muitos casos, eles formam redes que contribuem para a governança de alguns setores relacionados à sustentabilidade. Algumas dessas redes apresentam características específicas, dando origem ao que alguns denominam "*non-state market-driven governance*" – sistemas de governança "guiados pelo mercado, e não pelo Estado". Esses, na definição de Bernstein e Cashore, são instituições deliberativas e adaptáveis desenhadas para estabelecer normas sociais e ambientais no mercado global, que derivam sua autoridade diretamente de seus públicos interessados – incluindo aqueles que pretendem regular –, e não dos Estados soberanos.[44]

Em outras palavras, a capacidade desses sistemas de criar políticas não provém do poder público, mas sim das cadeias de fornecimento ou dos consumidores. Há hoje inúmeros exemplos de sistemas de governança desse tipo, como aqueles que geram certificações de gestão ambiental, florestais ou de comércio justo – que estudaremos mais adiante, ao analisar a ação transnacional pela sustentabilidade. E, ao contrário da natureza voluntária da maior parte das outras formas de autoridade privada, a governança *non-state market-driven* é desenhada para criar regras vinculantes e executáveis.[45] Trata-se de um novo padrão de regulação privada transnacional, no qual se cria um conjunto de normas e valores aos quais diversos agentes aderem de maneira crescente.[46]

Portanto, a abordagem hoje mais adequada não é a do "governo", mas sim a da "governança". Nessa, as funções – definição de agenda, monitoramento, criação de regras, execução, financiamento etc. – são exercidas por vários atores, o que faz surgir um novo sistema de governança complexo e descentralizado.[47]

É esse o tipo de governança que se aplica à questão da promoção da sustentabilidade. Como afirmam Levy e Newell, a governança ambiental depende de múltiplos canais, por meio dos quais os impactos humanos sobre o ambiente são regulados. Ela implica criação de regras, construção de instituições e execução. Mas também implica uma infraestrutura branda de normas, expectativas e entendimentos sociais de comportamentos aceitáveis frente ao meio ambiente, em processos que envolvem a participação de uma ampla gama de partes interessadas.[48]

Assim como ocorre com a governança global em geral, que Oran Young define como "os esforços combinados dos regimes internacionais e transnacionais",[49] a governança ambiental global reúne regimes e atores internacionais e transnacionais. Alcançar a sustentabilidade depende de ações públicas, mas também de ações privadas. Essa é a divisão que adotaremos aqui. Comecemos, então, pela análise da ação transnacional, que é levada adiante principalmente por ONGs e empresas.

Ação transnacional e sustentabilidade

O papel das ONGs na promoção da sustentabilidade

A ascensão das ONGs transnacionais

Não é possível falar de governança global sem mencionar o papel da sociedade civil. Essa se situa em um campo intermediário entre a esfera privada e os Estados e se diferencia tanto dos mercados quanto dos governos.[1] Isso porque, quando falamos em sociedade civil, não estamos nos referindo a associações que agem em interesse próprio ou visando ao lucro, nem àquelas cujas atividades são voltadas para o próprio grupo. A sociedade civil não abrange nem a vida familiar, nem as atividades esportivas, religiosas ou empresariais. Ela é formada pelo conjunto de indivíduos, grupos ou instituições que são independentes dos Estados, mas que se preocupam com assuntos públicos.[2]

Essa mesma definição pode ser aplicada às organizações não governamentais (ONGs). Essa expressão normalmente descreve grupos que se formam voluntariamente com o objetivo de tratar certo problema ou defender determinada causa.[3] São a face mais visível do chamado "terceiro setor" – lembrando que o "primeiro" seria o Estado, e o "segundo", o mercado –, que abrange grupos associativos organizados com propósitos específicos, fora do âmbito estatal, reunindo pessoas que conjugam esforços, conhecimentos e capacidades visando à realização de um objetivo comum, de interesse geral.[4]

A ascensão das ONGs é um dos fenômenos mais marcantes da segunda metade e, principalmente, da última década do século XX.[5] Ela coincide com a intensificação do processo de globalização que, curiosamente, ao mesmo tempo que é atacado por grande parte das ONGs, contribui para que essas se fortaleçam. O ambientalismo foi um dos movimentos sociais que se beneficiaram desse processo, e é importante notar que a globalização desses movimentos é um fenômeno muito mais importante e amplo do que o movimento contra a globalização.[6]

Há inúmeras ONGs que aprenderam a dominar as ferramentas típicas da revolução tecnológica e fazer da maior facilidade de comunicações e transportes um instrumento para levar a sua mensagem mais longe, despertar consciências e conseguir novas adesões. A internet é uma grande aliada das ONGs, pois lhes permite informar e mobilizar instantaneamente pessoas no mundo inteiro, sem que isso demande muito dinheiro.[7]

Muitas dessas organizações têm hoje caráter transnacional, possuindo escritórios em diversos países e empreendendo campanhas fora de seus Estados de origem. E uma boa parte dessas ONGs transnacionais se dedica à proteção do meio ambiente – nomes muito conhecidos, como o Greenpeace[8] e o World Wide Fund for Nature (WWF),[9] que possuem orçamentos significativos e milhões de apoiadores. Por isso, como observa Anthony Giddens, embora algumas ONGs ainda gostem de se retratar de forma humilde ao enfrentar os gigantes da indústria, na verdade sua influência também se tornou enorme.[10]

Além de atuar através das fronteiras nacionais, as ONGs não agem sozinhas. Da mesma maneira como os Estados, com o aumento de sua interdependência, intensificaram seu grau de cooperação, formando um número cada vez maior de organizações internacionais, as ONGs também foram, no decorrer do século XX, aumentando a sua colaboração com organizações de outros países.[11] Desse modo, sua maior força talvez não esteja em seu poder financeiro ou no número de seus seguidores, mas na capacidade dessas organizações de construírem coalizões, estabelecendo redes entre elas que lhes permitem trocar informações, dividir estruturas e coordenar estratégias.[12]

Pois bem, as ONGs sabem de seu poder e o exercem com frequência, o que faz delas um importante ator da governança global da sustentabilidade. Nesse sentido, elas podem atuar de forma complementar à do poder público, naqueles campos em que esse último não consegue cumprir suas missões eficientemente.[13] Muitas delas empreendem ações significativas, exercendo um papel importante em áreas como o combate à fome e à corrupção. Por diversas vezes, executam programas e atividades específicas que podem ser a elas designadas pelos Estados ou organizações internacionais.[14]

Porém a atuação das ONGs se dá de várias outras formas, que podemos resumir com as seguintes palavras: pressão, monitoramento, conhecimento, credibilidade e cooperação, como se verá a seguir.

A atuação das ONGs

As ONGs podem exercer pressão sobre diversos outros atores para que ajam de forma mais sustentável.

A preocupação com o meio ambiente global, nutrida pela opinião da sociedade civil, pode ser um poderoso gatilho para pressionar a política doméstica, o que, por sua vez, pode influenciar o comportamento das organizações interestatais.[15]

As ONGs podem chamar a atenção para problemas ambientais, ao interpretar informações científicas e alertar para eventuais ameaças, procurando forçar os Estados a enfrentarem essas questões. Há vários casos que ilustram essa capacidade. Um deles é o do comércio internacional de resíduos tóxicos, que envolve a exportação de substâncias perigosas de um país para outro. Na metade da década de 1980, o Greenpeace começou uma campanha para investigar e tornar públicas essas exportações, alertando os países importadores para os carregamentos que iriam receber, publicando um informativo sobre o lixo tóxico e promovendo essa discussão perante governos e organizações internacionais. O resultado dessa ação, encampada pelo Pnuma, foi a Convenção de Basileia sobre o Controle de Movimentos Transfronteiriços de Resíduos Perigosos e seu Depósito, de 1989, que proíbe o transporte da maior parte das substâncias tóxicas de um país da OCDE para outro que não faça parte desse grupo.[16]

A sociedade civil pode também pressionar as empresas. Aqui, mais uma vez, isso pode ser feito tanto pelos indivíduos – em seu papel de consumidores que, com as suas escolhas, podem rejeitar certas práticas ou produtos – quanto pelas ONGs, que podem tentar forçar as empresas a mudarem seu comportamento quando for prejudicial ao meio ambiente.

Um ótimo exemplo de como uma ONG pode pressionar uma grande empresa é o do conflito entre Greenpeace e Shell por conta de Brent Spar, instalação de petróleo dessa companhia no mar do Norte. Até a década de 1970, o descarregamento de resíduos nos oceanos era uma prática aceita. A partir dessa época, o Greenpeace e outras organizações começaram a lutar contra ela. Um desses movimentos tinha por objetivo impedir a desmontagem de instalações de óleo e gás no oceano, procurando que as empresas o fizessem em terra. Em 1995, a Shell anunciou que desmantelaria a instalação de Brent Spar, afundando-a no Mar do Norte. O Greenpeace fez uma intensa campanha contra a Shell, incluindo um boicote aos produtos dessa empresa que levou a uma redução de 30% em suas vendas na Europa. Em junho do mesmo ano, a Shell anunciou que desmontaria em terra sua instalação.

Em suma, a campanha do Greenpeace reorientou as práticas de descarte no oceano, estabelecendo, no mínimo, "um padrão de boa conduta que levou a um regime voluntário para as práticas empresariais" nessa área.[17] O incidente de Brent Spar tornou as empresas mais atentas para o fato de que as ONGs podem ter influência substancial na reputação de seus negócios.[18]

Por fim, o poder de pressão das ONGs pode ser exercido sobre a sociedade em geral, no combate a algumas tradições antiecológicas. Para isso, normalmente, as ONGs procuram conscientizar ou comover as pessoas. Um dos exemplos é o de campanhas para tornar determinados animais mais queridos, fazendo com que as pessoas não tenham vontade de consumi-los como roupas ou alimento e passem a valorizar a sua preservação no mundo selvagem – as mais conhecidas foram aquelas que procuravam proteger as baleias e as focas-harpa.[19]

O monitoramento ambiental é outra importante função cumprida pelas ONGs. Seu papel fiscalizador é tradicionalmente exercido em relação aos Estados, investigando e relatando violações aos regimes internacionais.[20] Esse papel pode, também, ser exercido em relação às empresas – por exemplo, supervisionando o cumprimento por parte dessas de seus códigos de conduta voluntários, como aqueles que visam a eliminar o trabalho infantil em suas operações ao redor do mundo[21] – o que pode ser visto como uma demonstração de que essas impõem controles sobre a atividade das transnacionais.[22] Essa supervisão pode ser até uma maneira de as ONGs colaborarem com as empresas, verificando se os vários integrantes da cadeia de fornecimento dessas últimas respeitam as políticas sustentáveis por elas definidas.[23]

Outra forma pela qual as ONGs podem colaborar com as empresas é compartilhando sua expertise social, ecológica, científica e legal,[24] uma vez que elas acumularam um conhecimento ambiental que normalmente falta ao setor empresarial.[25] Também os Estados passaram a contar com a perícia dessas organizações, mesmo nas negociações internacionais, que, antes privativas dos governos, de algum tempo para cá passaram a incorporar outros agentes a suas discussões.[26]

O conhecimento é, portanto, uma arma de que as ONGs dispõem para "modificar regimes existentes, atualizando-os com novas evidências científicas, a fim de refletir novas realidades ambientais".[27] Isso torna organizações como o WWF, Greenpeace, Sierra Club[28] e Worldwatch Institute[29] alguns dos atores mais influentes, por exemplo, nas negociações climáticas, nas quais atuam sob o guarda-chuva da Climate Action Network (CAN)[30] – grupo de ONGs com mais de 280 membros.[31]

Nessas negociações, as ONGs servem muitas vezes de conselheiros técnicos, especialmente para países em desenvolvimento.[32] As posições da Aliança dos Pequenos Estados-ilhas, grupo de 37 países que sofrerão com o aumento do nível do mar e que são representados nas negociações climáticas por pequenas delegações com pouca experiência, são reforçadas pelas contribuições de organizações como o Center for International Environmental Law[33] e o Greenpeace.[34] As ONGs podem, assim, ajudar a "nivelar o campo de jogo" para os Estados mais fracos, providenciando recursos e fazendo *lobby* junto aos Estados mais fortes em assuntos de importância global.[35]

A atuação das ONGs ambientais se baseia, ainda, em sua credibilidade. Essa costuma superar a dos governos, não sendo incomum que pesquisas indiquem que algumas delas tenham mais credibilidade do que qualquer outra autoridade institucional.[36] O mesmo se aplica na comparação com as empresas, cujos níveis de confiança popular são muito inferiores aos das ONGs mais conhecidas.[37]

Essa credibilidade confere às ONGs forte autoridade. Aliada ao conhecimento, possibilita, entre outras coisas, que sirvam para legitimar as ações dos demais atores, como as empresas. Essa legitimação é importante, em uma época em que a aprovação governamental, sozinha, já não parece suficiente para chancelar uma empresa como sustentável. Isso leva a que passem a trabalhar com as ONGs, criando certificações e outros mecanismos conjuntos por meio de parcerias que diferem da simples autorregulação empresarial,[38] como o Forest Stewardship Council (FSC), criado por grupos ambientais e pela indústria madeireira, e o Marine Stewardship Council (MSC), fundado pelo WWF e pela Unilever – casos que estudaremos mais adiante.

Essas abordagens colaborativas podem direcionar as empresas rumo a práticas mais sustentáveis, já que, se depender apenas dessas últimas, como discutiremos em seguida, dificilmente essas práticas serão adotadas com a intensidade e a rapidez necessárias.

Entendendo o papel das empresas

O peso das transnacionais

As empresas, especialmente as transnacionais, estão fundamentalmente ligadas à questão da sustentabilidade, para o bem ou para o mal.

O efeito das atividades das transnacionais sobre o ambiente é inegável. Os impactos das três mil principais companhias mundiais listadas em bolsa são estimados em mais de US$ 2 trilhões.[1] Tomem-se como exemplo as mudanças climáticas. Na hora de se discutir a responsabilidade por essas mudanças, o foco nos Estados muitas vezes nos faz esquecer que uma análise do processo de geração de gases de efeito estufa – fluxos de produção, venda e consumo – revela que as transnacionais podem ter um papel mais importante no corte de emissões desses gases do que alguns países. Estudo do Greenpeace comparando a emissão de CO_2 das grandes companhias de petróleo pela queima de combustíveis fósseis com a de determinados países constatou que a Shell emite mais do que a Arábia Saudita, a Amoco mais do que o Canadá, a Mobil mais do que a Austrália e a BP, Exxon e Texaco mais do que a França, Espanha e Holanda.[2] Metade das emissões de gases causadores do aquecimento global é gerada por empresas transnacionais.[3]

A indústria representa mais de um terço da energia consumida em todo o mundo, utilizando esse recurso mais intensamente do que qualquer outro usuário final dos países desenvolvidos e das economias recém-industrializadas. Além do uso de energia e do nível de emissões ambientalmente nocivas – as indústrias são responsáveis por quase 20% das emissões globais de CO_2 –,[4] o setor privado está envolvido também no esgotamento de recursos do planeta. Por isso, como defendem Levy e Newell, é inegável que a atividade empresarial desempenha papel-chave na política ambiental internacional.[5]

Se boa parte dos problemas relacionados à sustentabilidade tem a ver com a forma e os níveis de produção e consumo, nada melhor do que procurar explicações para esses problemas na ação daqueles que conduzem esses processos. Quem está no centro dos processos de produção e consumo? As empresas. Como lembra Élisabeth Laville, essas modelam os valores coletivos e influenciam as políticas públicas.⁶ E, como principais atores do capitalismo, são responsáveis pelo crescimento econômico, que, como iremos discutir, é associado à degradação ambiental.⁷

Até por isso, parece haver um consenso de que sem que as empresas assumam uma postura positiva de liderança na área ambiental, será difícil alcançar um mundo mais sustentável. Argumenta-se que apenas elas, sendo "a maior instituição da Terra", podem nos conduzir rumo à sustentabilidade rápida e efetivamente. Pesquisas que avaliam em quem devemos apostar para exercer esse papel as colocam, muitas vezes, à frente das ONGs e dos governos.⁸ Não poderia ser diferente, quando se trata de um tema que é transnacional por excelência e que, por isso, demanda soluções que vão além das fronteiras estatais, assim como ocorre com a atividade de boa parte das empresas.

Além do caráter transfronteiras das suas atividades, as transnacionais têm características que justificam situá-las na linha de frente do combate aos problemas ambientais em geral e das mudanças climáticas em particular.

A primeira delas é seu peso econômico. O setor privado é responsável por cerca de 60% do PIB mundial e por 70% dos empregos.⁹ As vendas conjuntas das duzentas maiores empresas do mundo são maiores do que a soma da produção de todos os países, com exceção dos dez mais ricos.¹⁰ Dos 150 maiores atores econômicos globais, 91 são empresas e apenas 59 são nações. Companhias como Walmart, BP, IBM e GE são economicamente maiores do que muitos países, inclusive alguns relativamente grandes, como Indonésia e África do Sul. Assim, como afirma Peter Lehner, "se pretendemos alcançar nossos objetivos de corrigir o aquecimento global no tempo em que precisamos fazê-lo, empresas terão que ser parte da resposta".¹¹

Outros fatores contribuem para que as empresas devam fazer parte desse esforço. Um deles é que, assim como ocorre com as ONGs, as empresas possuem grande nível de conhecimento em suas áreas de atividade. Como lembra Patrick Bernhagen, elas têm acesso a uma variedade de parâmetros relativos à produção, ao mercado e às tecnologias que os governos têm dificuldade de acessar. Ao desfrutar de informações privadas sobre esses parâmetros, elas tendem a influenciar os formuladores de políticas públicas, por meio de projeções sobre as consequências dessas políticas – por exemplo, as empresas do setor automobilístico podem ter mais condições do que os governos de estimar se a imposição de limitações às emissões de suas fábricas gerará maior ou menor desemprego.¹² Isso faz das transnacionais verdadeiras peritas nas tecnologias e nos processos de produção que serão objeto de regulamentação, "atores centrais para ajudar os Estados a definir as respostas adequadas e viáveis às ameaças ambientais".¹³

Esse mesmo motivo tem levado as empresas a participarem cada vez mais das negociações internacionais. Isso vem sendo feito, com frequência, por meio de entidades empresariais, como a Câmara de Comércio Internacional (CCI)[14] e o World Business Council for Sustainable Development (WBCSD)[15], que atuam de forma similar às ONGS, participando de sessões como observadores, realizando submissões quando possível e oferecendo assistência aos formuladores de políticas.[16]

Porém, as principais características que tornam as empresas essenciais para a promoção da sustentabilidade são seu empreendedorismo, sua criatividade e capacidade de inovação. Para Speth, sem essas características não seremos capazes de desenhar e construir o futuro e de vencer nosso desafio ambiental e social.[17] Com o que concordam Levy e Newell, para quem, sem a cooperação ativa das empresas e o redirecionamento de seus recursos financeiros, tecnológicos e organizacionais, não conseguiremos lidar com as preocupações ambientais.[18]

Por tudo isso, como defende Laville, a empresa pode ser considerada a única instituição do mundo atual suficientemente poderosa e criativa para implementar as mudanças necessárias. Essa poderia se tornar um formidável motor de mudança, ao mesmo tempo rápido e eficaz. Como bem observa essa autora, enquanto alguns questionam legitimamente os efeitos perversos da globalização, outros utilizam esses mesmos argumentos de forma pragmática para chamar a empresa às suas responsabilidades: se hoje ela é culpada por inúmeros danos, também tem o poder de resolvê-los. Queiramos ou não, as empresas precisam estar no coração do movimento pela sustentabilidade.[19]

Infelizmente, no entanto, a natureza das empresas não é a de heroínas da sustentabilidade, mas sim a de vilãs da "externalização" – ideia que examinaremos em seguida. E é isso que precisa ser mudado se quisermos que elas cumpram o seu papel, fundamental para que se atinja um mundo mais sustentável.

O DNA negativo das empresas

Para Philippe de Woot, a criatividade e a capacidade de inovação das empresas as equipararíam a Prometeu – titã da mitologia grega que roubou o fogo de Zeus para dá-lo aos mortais. A história desse titã possui todas as características daquela de um empreendedor: ele viu o progresso que o fogo iria trazer para a humanidade, ele correu o risco de roubá-lo dos deuses e teve a energia para fazer isso e convencer os homens a utilizá-lo. Por isso ele foi sagrado herói. Porém, os deuses o puniram e o acorrentaram a uma rocha e a cada manhã uma águia vinha comer seu fígado, que voltava a crescer no dia seguinte.

O papel das empresas, assim como o de Prometeu, é ambíguo. Segundo Woot, por muito tempo acreditou-se que as ações da iniciativa privada automaticamente serviriam ao bem comum, graças às virtudes do mercado e sua "mão invisível". Atualmente isso se tornou bem menos claro. A globalização confere às empresas poderes sem precedentes. Elas exercem esse poder de acordo com seus próprios critérios: lucratividade, competitividade e a corrida por fatias de mercado. Na ausência de regras globais, essa lógica tem se tornado dominante e impôs um modelo de desenvolvimento que tem por único propósito sua própria efetividade e seu próprio dinamismo. Guiado unicamente por uma lógica instrumental, o modelo é paradoxal. Ao mesmo tempo em que cria mais riqueza do que nunca e assegura um crescimento econômico sem precedentes, polui, exclui e encoraja a dominação e a injustiça social. Ele promove uma corrida que não tem mais razão de ser. Logo, assim como as empresas suportam com seus ombros a tarefa prometeica de trazer o progresso material para a humanidade, são amaldiçoadas por tornarem visível a ambiguidade de um progresso que não tem um propósito claro.[20]

Por que as empresas agiriam assim? Basicamente, porque seu "habitat" é o sistema econômico e esse não funciona quando se trata de calibrar o uso de recursos escassos ou de pesar os custos ambientais e sociais das atividades empresariais.[21]

Não funciona por diversos motivos. Primeiro, as empresas tendem a não levar em conta alguns dos efeitos negativos que venham a causar, caso de danos ambientais como a poluição atmosférica. Essa gera custos indiretos, mas, desde que as empresas não ultrapassem os limites legais de poluição, a sociedade como um todo assume esses encargos – suportando, por exemplo, o custo do tratamento das doenças respiratórias –, enquanto as empresas e os acionistas desfrutam dos lucros.[22] Esses custos são, portanto, externos à empresa. São o que se chama de "externalidades" – termo que os economistas utilizam para se referir aos impactos positivos ou negativos de uma atividade sobre qualquer um que não tenha concordado explicitamente com ela.[23]

Segundo, como foi comentado, a "tragédia dos bens comuns" leva à superexploração de alguns recursos naturais acessíveis a todos.[24]

Isso acontece porque vivemos em economias de mercado, que geram e fazem uso de preços que servem como sinais para guiar a atividade econômica. Para a maioria dos bens e serviços, a oferta e a procura geram um preço de mercado que indica o valor dos recursos e acaba por orientar seus usuários potenciais. Para alguns desses recursos, entretanto, como ar e água limpos, que têm estoques limitados, esses preços não existem. A ausência de preços adequados para determinados recursos escassos leva a seu uso excessivo, resultando em uma "falha de mercado".[25]

Esse comportamento provém, portanto, de uma combinação de deficiências institucionais que leva à subvalorização dos recursos naturais escassos e dos ativos ambientais, que se traduz em baixa precificação de bens e serviços que usem de forma intensiva esses recursos e esses ativos. Um sistema de preços completamente omisso em relação ao impacto ambiental das escolhas que consumidores e produtores fazem a cada momento leva à produção e ao consumo excessivos de bens que esgotam os recursos e poluem o ambiente e à baixa produção e ao baixo consumo daqueles que economizam recursos e são positivos ambientalmente. Esse padrão de crescimento econômico, não é difícil perceber, mina nossa base de recursos e é insustentável, pois a escassez não é respeitada.[26]

Desse modo, como observa Speth, o mercado atual é um lugar estranho, pois está centrado em um mecanismo que não considera, simplesmente, o próprio mundo natural no qual a economia opera. Faltam ao mercado os órgãos sensoriais que lhe permitiriam entender e ajustar-se a esse mundo natural, já que, quando os preços refletem os valores ambientais de maneira tão medíocre como atualmente o fazem, o sistema está funcionando sem os controles essenciais. Ele está em um voo cego.[27]

Qualquer atividade que impõe um custo à sociedade, seja por seus efeitos nocivos, seja pela exploração de recursos escassos, deveria ter um preço equivalente ao seu custo social.[28] Se fosse assim, produtores e consumidores receberiam os sinais corretos sobre a escassez dos recursos a serem utilizados e o custo dos danos ambientais causados ao optar por este ou aquele método de produção, este ou aquele produto.

Como isso não ocorre, as empresas se tornam aquilo que Joel Bakan descreve como uma "máquina externalizadora". Essa atitude, na opinião dele, nem poderia ser diferente, na medida em que essas não obedecem às razões morais que poderiam levá-las a evitar prejudicar os demais. Ao contrário, tendem a causar danos a terceiros quando os benefícios de fazê-lo ultrapassassem os custos e nada em sua estrutura legal limitaria seus atos durante sua busca por atender seus fins egoístas.

Isso por dois motivos. O primeiro é que as empresas teriam compulsão por passar adiante os custos e os efeitos negativos de suas atividades – classificados como externalidades no jargão técnico dos economistas, mas que poderiam ser denominados, literalmente, "problema dos outros".[29]

O segundo motivo é que, por uma questão cultural e, em alguns países como os Estados Unidos, por obrigação legal, as empresas têm o dever de maximizar os lucros para seus acionistas. Isso levaria muitas corporações a ignorar que devem prestar contas à sociedade, apenas atentando às responsabilidades perante seus próprios donos.[30]

Porém, como nota Bakan, muitos líderes empresariais atualmente dizem que não se preocupam apenas com lucros e perdas, mas se sentem responsáveis pela sociedade como um todo, e dão a entender que a responsabilidade social corporativa – conceito ao qual voltaremos mais adiante – é seu novo credo, uma correção autoconsciente da antiga versão reinante nas empresas, inspirada na ganância. Apesar desse discurso, para esse autor a empresa propriamente dita nada mudou. Ela permanece como era em suas origens, uma "pessoa" legalmente criada para valorizar o interesse próprio e invalidar inquietações morais. Apenas as preocupações pragmáticas com as leis nacionais é que limitariam a atitude predatória e frequentemente isso não é suficiente para frear as empresas de "destruir vidas, danificar comunidades e colocar o planeta em risco". Em um ser humano, a maioria das pessoas consideraria esse tipo de "personalidade" detestável, até mesmo psicopata. Aceitamos esse comportamento, no entanto, na instituição mais influente da sociedade.[31]

Será que é esse mesmo o comportamento que predomina nas empresas? É isso que examinaremos a seguir.

Reagindo negativamente

O potencial teórico de as empresas agirem contra o interesse público e em benefício próprio se constata na prática, ao menos quando se analisam suas reações iniciais às ações para combater os problemas ambientais em geral e as mudanças climáticas em especial.

Tratados internacionais de proteção ao meio ambiente tendem a afetar os interesses das empresas. Seu objetivo, lembra Bernhagen, é reduzir as externalidades negativas provenientes das ações dos Estados, seus cidadãos e suas empresas. Como essas últimas estão envolvidas direta ou indiretamente na maior parte do esgotamento de recursos, uso de energia e emissões, os tratados internacionais quase sempre têm implicações para elas. Quando implementados, requerem que as empresas reduzam suas emissões, reciclem mais, paguem mais pela energia ou mudem para combustíveis e insumos alternativos, muitas vezes mais caros.[32]

A resistência se mostra maior por parte daqueles grupos que terão que suportar os ônus econômicos imediatos – por exemplo, no caso de políticas climáticas, as indústrias que dependem da queima de combustíveis fósseis. E como esses combustíveis ocupam lugar central em nossa economia, torna-se claro que a proposta de limitar a emissão de gases de efeito estufa acaba contrariando interesses fundamentais dos principais setores.[33] O controle de emissões afetaria companhias de petróleo e carvão, assim como indústrias dependentes dessas matérias e, particularmente, serviços de transporte e eletricidade. Além disso, como lembra David Levy, altos preços de energia aumentariam os custos para as indústrias em geral e, em particular, para aquelas que fazem uso intensivo de energia, como as de alumínio, cimento, químicas, papel e aço. Ou seja, a limitação às emissões de gases de efeito estufa tem um imenso potencial de transformação do mercado.[34]

Não é à toa, portanto, que alguns setores empresariais inicialmente se uniram para se opor às políticas de redução de emissões. Grupos ou entidades empresariais, ao sentir que podem vir a ser afetados diretamente por regulações climáticas, tendem a reagir.[35] O maior exemplo talvez tenha sido a Global Climate Coalition, criada em 1990 para representar quarenta indústrias que estavam entre os maiores produtores e usuários de combustíveis fósseis. Embora essa coalizão tenha sido inicialmente constituída como uma organização baseada nos Estados Unidos, algumas empresas europeias se juntaram a ela, transformando-a na voz mais importante das indústrias nas negociações climáticas, patrocinando iniciativas como o "Global Climate Information Project", que criticava o impacto econômico do controle de emissões e investia em campanhas publicitárias com o slogan "não é global e não irá funcionar".[36]

Ainda que as políticas climáticas representassem uma ameaça comum a todos os negócios relacionados aos combustíveis fósseis, as reações de empresas de diferentes setores e países foram variadas. Na indústria de petróleo, por exemplo, empresas norte-americanas como Exxon e Chevron empregaram esforços consideráveis desafiando a ciência do clima, apontando para os custos elevados do controle de emissões e fazendo *lobby* contra essas políticas. Em contraste, a BP e a Shell passaram a se mostrar favoráveis a aceitar medidas preventivas e a anunciar planos de investimento em energias renováveis. Essa divergência de estratégias não é simples de se explicar, como nota Levy. As características econômicas e tecnológicas mais óbvias das companhias, como a intensidade de carbono de sua produção e a localização de suas reservas, não explicam as diferenças. De fato, todas elas são multinacionais de grande porte, com perfis e capacidades semelhantes e operações de produção e distribuição em locais como América do Norte, Europa e Oriente Médio.[37] Ou seja, ainda que semelhantes, nem todas as "máquinas externalizadoras" reagem da mesma forma quando provocadas a responder ao desafio das mudanças climáticas.

Além de variar em relação a empresas muito parecidas, as estratégias também sofreram uma evolução positiva comum ao longo dos anos. Nos anos 1970 e começo dos anos 1980, explica Robert Falkner, as respostas empresariais para a agenda ambiental eram em grande parte hostis e consistiam em uma adaptação relutante.

Enquanto muitas empresas continuaram reagindo dessa mesma forma, a década de 1980 viu emergirem novas respostas baseadas na proatividade e na integração das metas ambientais às estratégias empresariais. Tendo falhado em deter a maré da regulação ambiental e sendo obrigadas a encarar mudanças nas atitudes dos consumidores, muitas empresas começaram a desenvolver uma gestão ambiental sistemática. Com base em abordagens gerenciais associadas à modernização ecológica, líderes empresariais abraçaram a ideia de que o ambientalismo corporativo poderia promover soluções *"win-win"* – em que todos ganham. Uma manifestação clara disso foi o fato de algumas corporações terem passado a se envolver com o processo político internacional, buscando não simplesmente bloquear iniciativas ambientais, mas também moldar e influenciar posições.[38]

Essa evolução ainda está longe de significar que a maioria das empresas tem a sustentabilidade como valor central. Para que isso ocorra, é necessário intensificar e acelerar o processo de conscientização empresarial. Isso pode ser feito de duas formas: persuadindo as empresas ou pressionando-as.

Persuadindo as empresas a serem sustentáveis

O *business case* da sustentabilidade
– Superando o *"business of business is business"*

Muitas vezes, persuadir as empresas, mostrando-lhes que a sustentabilidade pode ser um bom negócio, pode ser mais efetivo do que pressioná-las. Como convencer as empresas – que, como acabamos de analisar, no que depender delas, em princípio agem como máquinas externalizadoras – de que faz sentido adotar práticas mais sustentáveis?

O primeiro desafio a vencer é o de superar a crença, ainda marcante no setor empresarial, de que o *"business of business is business"*. Ninguém ilustrou melhor do que Milton Friedman essa mentalidade de que o negócio dos negócios são os negócios. Para ele, a única "responsabilidade social" das empresas seria a de ganhar o máximo de dinheiro possível respeitando as leis básicas da sociedade, ou seja, "aumentar os seus lucros, desde que dentro das regras do jogo" – regras essas que compreenderiam a concorrência livre e aberta, porém sem fraudes.[1]

Dentro dessa filosofia, todas as demais obrigações que viessem a ser conferidas às empresas seriam desvios ilegítimos de sua atribuição fundamental de gerar lucro.[2] Isso por vários motivos. Ao utilizar seus recursos para projetos que extrapolassem sua atribuição essencial, as empresas estariam prejudicando a sociedade como um todo, uma vez que, ao reduzir seus ganhos, diminuiriam também seus investimentos, haveria menos empregos, piores salários e menor arrecadação de impostos. Além disso, como as empresas não são especializadas em gestão social, elas poderiam estar sendo ineficientes na utilização dos recursos para as finalidades não lucrativas. Por último, para Friedman, o principal motivo talvez seja que caberia aos acionistas decidir como usar o dinheiro das empresas, e não os gestores, que estariam fazendo "caridade com o dinheiro dos outros".[3]

Ao privar os acionistas do direito de decidir o que fazer com seu próprio dinheiro, a filantropia empresarial seria suspeita.[4] Nessa visão, os executivos teriam a responsabilidade de conduzir o negócio de acordo com os desejos dos donos da empresa – seus empregadores – e quando se diz que as empresas devem ter uma "consciência social" e levar a sério outras atribuições, como prover emprego, eliminar a discriminação, evitar a poluição ou qualquer outro lema semelhante, o que se estaria pregando seria "puro socialismo".[5]

É nisso que, afirma Ulrich Steger, os economistas têm acreditado desde Adam Smith: o intuito das empresas não é o de promover o bem comum – para isso, foi inventado o sistema democrático de governo –, mas sim o de conhecer as necessidades do mercado a fim de obter lucros. Não se deve esperar que as empresas se comportem de uma maneira que não irá beneficiá-las. Se não houver nenhuma lógica econômica em seus atos, as empresas estariam violando a sua missão básica. Para que as empresas adotem ações ambientais e sociais que vão além da conformidade regulamentar, é preciso que tenham uma razão econômica para fazê-lo.[6]

Portanto, o melhor jeito de contornar a lógica que está no DNA das empresas seria provar que a sustentabilidade pode dar lucro – em outras palavras, mostrar que existe um *"business case"* para a sustentabilidade.

Muitas pesquisas têm sido dedicadas a entender se a melhor performance de uma empresa em responsabilidade social assegura um melhor desempenho financeiro. Não se pode dizer, no entanto, que exista um resultado conclusivo.[7] A relação entre sustentabilidade, rendimento econômico e competitividade segue sendo incerta, provocando dúvidas nos gestores quanto aos efeitos que alguns investimentos relacionados à proteção ambiental podem ter sobre o futuro de suas empresas.[8]

Há situações em que a relação entre os bons desempenhos ambiental e financeiro é mais clara. É o caso específico, por exemplo, de pesquisas que verificaram retornos negativos anormais para empresas que tiveram seu nome associado a más notícias ambientais, como derramamentos de petróleo, e retornos positivos acima do normal para aquelas associadas a notícias favoráveis, como o recebimento de prêmios ambientais concedidos por entidades independentes.[9] Além disso, descuidos ambientais que levem a processos judiciais e multas são, obviamente, fontes de perdas para os acionistas.

Existem análises, é verdade, mostrando que a relação entre as performances socioambiental e econômica pode ser positiva.[10] Um exemplo é o estudo do Goldman Sachs no qual, com base em um modelo que enfatizava o desempenho nas áreas ambiental, social e de governança, descobriu-se que empresas que apresentavam desempenho superior quando submetidas aos filtros desse modelo tinham, sistematicamente, uma porcentagem acima da média de retorno financeiro em relação ao capital investido.[11] Outro estudo recente, publicado pela Harvard Business School, ao comparar as performances, entre 1992 e 2010, das noventa empresas mais sustentáveis da pesquisa com as das noventa menos sustentáveis, concluiu que as primeiras superam as últimas no longo prazo tanto em lucratividade quanto na valorização de suas ações.[12]

Entretanto, há também estudos que confrontaram o desempenho de carteiras baseadas em ações de empresas que compõem índices de sustentabilidade de alguma bolsa de valores com o do índice principal daquela mesma bolsa e não encontraram evidências de que as empresas que fazem parte do índice de sustentabilidade tivessem performances superiores às demais.[13]

É possível concluir que a relação entre desempenho socioambiental e financeiro ainda está aberta para debates e pode ser considerada ambígua.[14]

Ainda assim, as práticas sustentáveis trazem, sim, benefícios, que aumentam à medida que as regulações de proteção do meio ambiente se tornam mais rigorosas – algo que tende a acontecer. Por isso, o maior problema da visão de que o *business of business is business* é que ela pode levar a ignorar essa tendência, prejudicando os próprios acionistas que ela gostaria de defender.

As afirmações de Friedman foram feitas quando ainda se confundia responsabilidade social com filantropia e sua visão teria sido muito estreita, por desconsiderar a possibilidade de as empresas terem retornos financeiros com seus investimentos sociais. Como bem nota Puppim de Oliveira, Friedman teria tratado esses investimentos como simples custos – por exemplo, considerando insensato o fato de aplicar mais recursos do que o exigido por lei para reduzir a poluição, o que, no entanto, pode ser um bom negócio, quando essa redução resulta de melhorias na eficiência da produção.[15]

Essa concepção da finalidade dos negócios apresenta, assim, uma fragilidade. Como aponta Ian Davis, a visão unifocal no acionista e no valor da ação pode levar empresas a desprezarem transformações cruciais de natureza política, econômica e cultural que terão grande impacto sobre seu futuro, por envolverem riscos e oportunidades. Paradoxalmente, a linguagem da geração de valor para os acionistas às vezes impede que as empresas maximizem essa geração de valor. Praticada como mantra irracional, ela pode levar os gestores a se concentrarem na melhoria do desempenho do negócio no curto prazo, negligenciando importantes questões de longo prazo.[16]

Essa é a contradição. Como pensam alguns, os atos das empresas precisam estar respaldados por uma lógica econômica para que essas não violem sua missão. E, exatamente por isso, diferentemente do que pregam aqueles que defendem posições como a de Friedman, as empresas só estariam cumprindo a sua finalidade se considerassem o movimento rumo à sustentabilidade. Ao só se preocupar em beneficiar seus acionistas, as empresas acabariam por prejudicá-los. Ao ignorar esse movimento, estariam perdendo oportunidades e traindo a sua missão.

Caberia, então, verificar quais benefícios podem ser atribuídos às práticas sustentáveis. Como examinaremos em seguida, esses podem fazer a diferença para as empresas, principalmente se considerarmos que a sustentabilidade deveria ser, a menos que queiramos enfrentar as consequências de não percorrê-lo, um caminho sem volta. Em breve, afirma Speth, será claro que os negócios como são atualmente praticados – o *"business as usual"* – é que hoje são utópicos, enquanto criar algo novo e diferente é, na realidade, uma necessidade prática.[17]

Ganhando com a sustentabilidade – redução de riscos e ecoeficiência

Práticas que levem em consideração aspectos socioambientais podem trazer diversos tipos de ganhos. Passemos, então, à análise de algumas dessas vantagens, que podem persuadir as empresas para que elas se tornem mais sustentáveis.

O primeiro benefício evidente é a redução dos riscos. Quantificar esse benefício é algo, evidentemente, complicado. De qualquer forma, não são poucos os exemplos de acidentes com consequências ambientais ou revelações de más práticas sociais que colocaram negócios em risco – e, é claro, um grande desastre desse tipo pode acabar com uma empresa.[18] A possibilidade de serem processadas por danos ecológicos é um dos maiores perigos que as empresas enfrentam na área ambiental.[19] Por esse motivo, devem fazer um esforço para identificar riscos iminentes de prejudicar seus clientes, empregados e a comunidade na qual estão inseridas[20] – diminuindo, assim, as possibilidades de demandas relacionadas a essas ações prejudiciais.

Práticas sustentáveis minimizam, ainda, riscos futuros do negócio. Como defende Hunter Lovins, da mesma forma como costumam divulgar para os investidores outros riscos significativos a que estão sujeitas – pela ação de concorrentes, por novas legislações etc. –, as empresas deveriam advertir sobre o risco representado por mudanças ambientais ou sociais que possam afetar o seu negócio – por exemplo, qual o grau da ameaça que o agravamento do aquecimento global pode representar para elas. E, ao se esforçar para reduzir esses riscos, essas empresas se tornariam mais atraentes para os investidores.[21]

Outro ganho claro é o da chamada "ecoeficiência", termo que é uma contração de eficiência ecológica e econômica e foi lançado por Stephan Schmidheiny e o Business Council for Sustainable Development (antecessor do WBCSD, que já mencionamos).[22] A ecoeficiência resulta das constatações, primeiro, de que estamos assistindo ao esgotamento dos recursos do planeta e, segundo, de que combater a poluição é algo positivo para as empresas.

É fácil perceber como o esgotamento dos recursos do planeta terá efeitos negativos sobre a produção das empresas, aumentando os seus custos ou, pior, inviabilizando os seus negócios. E também não é difícil entender por que poluir prejudica a empresa. Como nota Andrew Savitz, poluição é desperdício e desperdício significa que a empresa está pagando por algo que não usa.[23] Porter e Linde têm essa mesma opinião. Segundo eles, quando sobras, substâncias nocivas ou formas de energia são descartadas no ambiente como poluição, isso é um sinal de que recursos foram utilizados incompleta ou ineficientemente. Além disso, as empresas são obrigadas a levar adiante atividades adicionais que representam custos, mas não geram valor, como manejo, armazenamento ou desembaraço desses resíduos.[24]

Em face da clareza desse raciocínio lógico, é surpreendente que poucas empresas se empenhem com afinco em buscar a ecoeficiência.[25] Porém, não são tantas assim as empresas que se podem dizer, realmente, ecoeficientes. Só poderiam se enquadrar nessa classificação aquelas eficazes na prevenção da poluição por meio de uma boa gestão, da substituição de materiais, do uso de tecnologias mais limpas e da melhor utilização dos recursos. Para isso, precisariam seguir algumas diretrizes, como reduzir a intensidade material e energética de bens e serviços, maximizar o uso sustentável dos recursos renováveis, diminuir a dispersão de elementos tóxicos, ampliar a reciclabilidade de materiais e estender a durabilidade dos produtos.[26]

Por isso, como bem resume Fernando Almeida, a ecoeficiência pode ser definida como uma filosofia de gestão empresarial baseada num esforço incessante para produzir mais e melhor, a preços competitivos, reduzindo progressivamente o impacto ambiental e o consumo de recursos a níveis, no mínimo, equivalentes à capacidade de sustentação do planeta.[27] A ecoeficiência não depende apenas de fatores técnicos ou tecnológicos. Ela só é alcançada com mudanças profundas nos objetivos que guiam as atividades da empresa e com a modificação de suas práticas diárias e das ferramentas por ela utilizadas.[28]

Todas essas atitudes podem também ser explicadas em termos econômicos. A eliminação de desperdícios desnecessários acarreta redução de custos e melhoria da produtividade. A diminuição da quantidade de recursos utilizados para a produção de bens e serviços aumenta os lucros da empresa enquanto reduz seu impacto ambiental.[29]

Mesmo empresas que não dão a mínima para o meio ambiente, nota Willard, podem se dar conta de que economizarão substancialmente ao eliminar ou reciclar resíduos ou ao redesenhar produtos para que utilizem menos energia, água e materiais em sua fabricação, o que pode desencadear inovações que virão a baixar o custo final do produto ou aumentar seu valor.[30] E, ao utilizar seus insumos – de matérias-primas a energia ou trabalho – de forma mais produtiva, as empresas se tornam mais competitivas, não menos.[31] Isso vale para toda a cadeia de valor de um determinado negócio.[32] Fornecedores mais eficientes significam, também, custos menores.

Os ganhos mais imediatos trazidos pela ecoeficiência estão entre os chamados *"low-hanging fruits"* da sustentabilidade – os frutos que estão na parte mais baixa das árvores e que, por isso mesmo, as pessoas alcançam sem fazer muito esforço. Eles podem levar as empresas a deixarem de ir além e colher os frutos que estão mais no alto, acomodando-se em uma situação que está longe de garantir a sua sustentabilidade e, principalmente, a sua perenidade.

Reputação, consumo verde e o risco de *"Greenwashing"*

O terceiro benefício que as ações socioambientais trazem para as empresas é melhorar sua reputação. Algumas empresas – principalmente aquelas que terceirizam a maior parte de suas atividades – quase não têm ativos tangíveis. Um número cada vez mais expressivo de negócios se baseia em recursos intangíveis, como ideias e patentes, métodos de gestão, redes de parceiros, marcas, conhecimento e credibilidade – recursos que podem representar, em certos casos, 75% dos ativos totais da empresa. Bens desse tipo são cada vez mais importantes no cálculo do valor de um negócio. E todos eles dependem, em grande parte, da imagem da empresa.[33]

A reputação é um fator abstrato, difícil de ser quantificado, é bem verdade. Ainda assim, o aumento da credibilidade da empresa e a consequente melhoria em sua imagem costumam ser apontados como a principal justificativa para que aspectos socioambientais sejam incorporados às práticas de gestão.[34] A preocupação com a marca e a reputação se mostrou o maior motivo para que as empresas levem adiante ações voltadas para a sustentabilidade – foi a razão indicada por 72% dos entrevistados em pesquisa recente.[35]

O fato de que as imagens das empresas de um determinado setor estão interligadas tem levado diversas associações empresariais a estabelecerem parâmetros coletivos de práticas sociais e ambientais. Como observam Esty e Winston, empresas individuais devem se lembrar de que a sua reputação está inescapavelmente ligada à da indústria da qual fazem parte.[36]

Além disso, se um fornecedor for denunciado por alguma atividade social ou ambientalmente nociva – como empregar crianças ou poluir um rio –, isso repercutirá na reputação de seus principais clientes. Um bom motivo para que as empresas pressionem a sua cadeia de suprimentos para que essa adote práticas sustentáveis – abordagem que ainda iremos discutir.[37]

Há diversos exemplos de empresas que se beneficiaram por estabelecer claros padrões ecológicos e sociais que depois se disseminaram e há vários outros de empresas que sofreram economicamente pela estigmatização pública devido a comportamentos social ou ecologicamente antiéticos.[38] Quando os ativos intangíveis são parte tão importante do negócio, é óbvio que qualquer ataque à reputação pode ter consequências financeiras devastadoras.[39] E, com a internet, esses ataques se tornaram mais fáceis, e seus efeitos, mais rápidos. Qualquer coisa que dê errado em qualquer parte das operações da empresa – ou nas de seus fornecedores – pode chegar à rede instantaneamente, transformando o menor passo em falso em um incidente mundial. O pior que a empresa que teve algum problema ambiental pode fazer é tentar varrer o acontecimento para baixo do tapete. Em um mundo ultratransparente, quando a mídia ou as ONGs vierem a descobrir o que foi acobertado, elas certamente não serão nada compreensivas ao contar a história.[40]

A revolução tecnológica mudou de forma dramática a dinâmica de poder entre empresas e cidadãos que, agora, têm capacidade ampliada de reunir apoio para suas causas. Se não souber gerir os riscos relacionados à sua responsabilidade social, uma empresa pode perder sua reputação da noite para o dia.[41] Pensar que uma imagem pode levar anos e anos para ser construída e poucos minutos para ser arruinada é algo que deveria, como nota o investidor Warren Buffet, levar os empresários a agirem de forma diferente.[42]

A quarta vantagem da qual uma empresa sustentável tira proveito está ligada ao consumo consciente, ou "verde". As empresas podem lançar no mercado produtos ou serviços diferenciados, que tenham custos ambientais menores do que os de seus competidores.[43] Essa ação pode ser recompensada de duas formas. Primeiro, ela permite que sejam atribuídos preços mais altos a esses produtos ou serviços, que podem vir a ser classificados como *"premium"*.[44] Segundo, ela pode levar à abertura de novos mercados ou à conquista de uma participação adicional em mercados já existentes – um exemplo são os produtos orgânicos, cuja fatia de mercado cresce a cada ano, apesar de seu preço mais elevado.[45]

Além da construção de um posicionamento interessante para seus produtos e da obtenção e fidelização de novos clientes para os quais a sustentabilidade seja um valor importante, a diferenciação com base em aspectos socioambientais pode alcançar o nível da ação institucional, contribuindo para a valorização da reputação e da marca da empresa[46] – com as consequências positivas que acabamos de analisar.

Como conquistar o consumidor consciente e obter esses benefícios? A resposta está, em grande parte, no marketing. Esse consiste, precisamente, em fazer com que os produtos sejam colocados no mercado de maneira que evidencie seu valor agregado e permita que vão ao encontro do público. Cabe ao marketing, entre outras funções, mostrar os atributos socioambientais do produto e a trajetória de respeito à responsabilidade social de seu fabricante.[47] Se os consumidores não compreenderem e apoiarem a iniciativa da empresa, passando a preferir os produtos verdes aos dos concorrentes, a abordagem da produção responsável não será viável.

Como observa Laville, o marketing – disciplina incontornável na vida cotidiana da empresa – é o motor dos nossos hábitos de consumo, sendo, por isso, o melhor instrumento para mudar esses hábitos, redefinindo os critérios de qualidade do mercado. Por isso, diz ela, está na hora de redescobrirmos as virtudes dessa disciplina, que pode ser colocada a serviço do desenvolvimento sustentável e de um fim mais nobre do que simplesmente o lucro de curto prazo.[48]

O problema é que o marketing da empresa tem que equivaler à sua prática. Uma empresa não deveria se utilizar da publicidade para anunciar operações e produtos sustentáveis se não estivesse, realmente, com a casa em ordem.[49] O risco é que o marketing verde se transforme em *"greenwashing"*, termo que remete à expressão em inglês para lavagem de dinheiro (*"money washing"*) e que corresponde a investimentos e discursos publicitários mais ou menos inócuos sobre a consciência e práticas ambientais de empresas que, muitas vezes, visam a camuflar seus erros ambientais,[50] procurando "esverdear" sua imagem quando, na verdade, estão longe de ser sustentáveis.

O *greenwashing* pode ser detectado por meio de alguns critérios. É difícil justificar, por exemplo, que uma empresa se diga "verde" quando utiliza a mídia para fazer propaganda do caráter ecológico de algum de seus produtos, mas sua atividade principal é nociva ao meio ambiente. Ou quando seus investimentos em pesquisa e desenvolvimento estão voltados principalmente para atividades não sustentáveis. Ou quando a empresa se apresenta publicamente como comprometida com o meio ambiente enquanto, ao mesmo tempo, desenvolve ações de *lobby* contra regulamentações mais rígidas nessa área.[51]

Porém o fato de adotarem um "discurso sustentável", por si só, já traz obrigações para as empresas. Como alerta Willard, essas devem estar avisadas de que, uma vez que tenham utilizado chavões e peças promocionais lisonjeiras, elas assumem um compromisso, o que faz com que suas práticas passem a ser observadas cuidadosamente para assegurar que suas ações específicas de fato seguem os slogans por elas utilizados em sua publicidade.[52]

A vigilância da imprensa e das ONGs, cobrando coerência entre o discurso e as práticas das empresas, é vista por muitos como o único fator que impede que essas últimas caiam em uma estratégia de mera comunicação. No entanto, Laville acredita que, ao divulgar sua responsabilidade socioambiental, a empresa se compromete a realizar atos à altura de seu discurso – a *"walk the talk"*, ou seja, a transformar a conversa em ação. Para ela, não devemos subestimar o estímulo que esse discurso gera na empresa que o adota. Ao declarar seu engajamento em prol do desenvolvimento sustentável e anunciar suas iniciativas nessa direção, uma empresa se compromete ainda mais, "pois se engajar é se expor".[53] Em outras palavras, uma vez que as metas relacionadas à sustentabilidade se tornam públicas, elas, de certa forma, deixam de ser voluntárias.[54]

Por outro lado, a adesão das empresas ao discurso da sustentabilidade é vista, por alguns, como algo que pode enfraquecer o movimento pelo desenvolvimento sustentável. Esses acreditam que os objetivos mais ousados dos ambientalistas poderiam estar sendo diluídos à medida que estejam sendo "sequestrados" pelas elites empresariais. Porém, como defendido por Michael Jacobs, em vez de tornar o ambientalismo um movimento conservador, o engajamento de outros atores pode estar, ao contrário, permitindo a articulação e disseminação de uma visão ambientalista mais radical sob o abrigo da aprovação dos negócios, integrando-a à paisagem e à linguagem cotidiana das decisões empresariais. Jacobs nota, ainda, que o fato de que diversos grupos possam aderir ao discurso do desenvolvimento sustentável e, sob esse guarda-chuva, articular as suas próprias preocupações faz desse "discurso de coalizão" uma formidável ferramenta para alcançar a mudança. Isso porque o desenvolvimento sustentável contém compromissos não apenas para com o *"triple bottom line"* – seus objetivos ambientais, sociais e econômicos, conceito que será retomado mais adiante –, mas também para com direitos humanos, democracia, justiça social, boa governança, entre outros. Logo, comprometer-se com a sustentabilidade significa algo além de se fazer um mero ajuste técnico ao *business as usual* das empresas. Significa um compromisso com outro tipo de sociedade."[55]

Recursos humanos sustentáveis

A quinta e última entre as áreas aqui analisadas nas quais as empresas podem ganhar ao adotar práticas mais sustentáveis é a dos recursos humanos. As vantagens são várias e estão relacionadas a diferentes aspectos, como a contratação, o engajamento e a inovação.

Comentamos como os ativos intangíveis hoje representam grande parte do valor das empresas – e como um dos mais importantes desses ativos é a reputação, que é melhorada pela sustentabilidade. Pois bem, a reputação tem efeitos sobre a atração de capital humano, que é outro ativo fundamental para as empresas. Está comprovado que os melhores alunos de graduação e pós-graduação em universidades buscam colocação profissional em empresas com imagem positiva, nas quais se orgulharão de trabalhar.[56] O número de estudantes que se disporiam a abrir mão de um salário um pouco maior para trabalhar em empresas que tratam melhor seus empregados e têm compromissos com a sustentabilidade, constatado em pesquisas, é surpreendentemente alto.[57]

Além da atração de novos talentos profissionais, a adoção de práticas relacionadas à responsabilidade social – como programas de treinamento e ajuda de custo para educação – torna os empregados mais satisfeitos. Pessoas mais satisfeitas tendem a permanecer mais tempo em seus empregos, o que reduz os custos de reposição de funcionários.[58] O valor economizado com essa redução costuma compensar, com sobras, as despesas com programas de capacitação ou similares.[59]

A satisfação gera, também, maior engajamento dos empregados, melhorando seu nível de entusiasmo e envolvimento em relação ao trabalho, ao qual passam a dedicar um grau de atenção, reflexão e energia que, como nota Adam Werbach, vai além dos requisitos mínimos de sua função. Empregados entusiasmados são mais produtivos do que seus colegas pouco motivados – o que reflete no desempenho das empresas que conseguem engajar mais o seu pessoal, normalmente superior à média das demais do mesmo setor.[60]

Outro fator que contribui para o engajamento dos empregados é a transparência. A divulgação ampla de informações pelas empresas traz diversos benefícios. Isso inclui revelar seus próprios erros, prática que não apenas ajuda a empresa a conquistar a confiança de seus empregados, como também permite que aprendam com a situação. Além disso, lhes dá a liberdade e a oportunidade de prestarem um serviço, ao expor falhas das quais a empresa não havia se dado conta. Isso possibilita, ainda, que surjam aperfeiçoamentos e inovações que provavelmente nunca teriam sido imaginados pelas empresas – alguns propostos pelos mesmos indivíduos que indicaram falhas.[61]

Assim, a capacidade de inovação – outro importante ativo intangível das empresas – pode ser ampliada pelo aumento da participação dos empregados. Uma empresa sustentável, ensina Werbach, deve abrir canais para que os empregados possam oferecer suas contribuições. Esses canais permitirão aflorar a criatividade, expor e reconhecer o talento e a liderança dos empregados, fomentando ainda mais seu engajamento. É provável, exemplifica esse autor, que um funcionário da seção de transporte ou do depósito proponha maneiras de baixar os custos de embalagem, que um motorista de caminhão seja capaz de recomendar meios de poupar combustível, que um assistente administrativo possa indicar formas de cortar despesas com impressão, entre outras inovações que tornarão a empresa mais competitiva.[62]

Uma vez que a sustentabilidade é um assunto complexo e em constante evolução, o conhecimento nessa área necessita de atualização constante.[63] Por isso, para que o processo de inovação seja bem-sucedido, é preciso investir na formação dos empregados.

Os benefícios relacionados ao desenvolvimento do capital humano das empresas são inúmeros e representam um ganho que não pode ser ignorado. Willard identifica sete deles, entre os quais alguns dos mencionados aqui, como a facilitação na contratação e na retenção dos melhores talentos e o aumento da produtividade dos empregados.[64] Some-se a esses fatores a possibilidade de que a empresa amplie a sua capacidade de inovação e já teremos, só na área dos recursos humanos, elementos suficientes para construir um *business case* para a sustentabilidade.

Talvez por motivos como esses, as empresas parecem estar começando a se convencer de que a sustentabilidade pode ser um bom negócio. Isso é indicado por pesquisas que mostram um crescente reconhecimento de que questões relacionadas à sustentabilidade são estrategicamente importantes.[65] Em uma delas, 75% dos empresários e investidores pesquisados afirmaram acreditar que iniciativas socioambientais criam valor em longo prazo.[66] Em outra, 93% dos presidentes de empresas entrevistados responderam que assuntos relacionados à sustentabilidade serão importantes ou muito importantes para o futuro de suas empresas e 96% disseram crer que esses devem estar totalmente integrados a suas estratégias e operações – três anos antes, essa última porcentagem era de 72%.[67]

Esse convencimento levou à crescente adoção, estimulada por algumas entidades empresariais e ONGs, do discurso *win-win* muito atraente de que todos teriam a ganhar com a adoção de práticas sustentáveis, que é o pilar principal de uma ampla coalizão em torno do tema.[68] A própria palavra sustentabilidade teria se tornado tão corrente ultimamente que o conceito estaria correndo o risco "de ser tragado por uma corrente de inocuidade" – ao que parece, "todo mundo está a favor dela, seja qual for seu significado".[69]

Bem ou mal, esse discurso e o convencimento a respeito dos ganhos potenciais têm levado muitas empresas a tomarem medidas para tornar suas operações e seus produtos mais sustentáveis. Medidas que, em diversos casos, vêm sendo adotadas de forma voluntária e além do que é exigido pelo governo.[70]

Nada garante, entretanto, que esse processo de convencimento avançará rapidamente o suficiente para que as empresas contribuam no nível necessário para que as mudanças climáticas e outros problemas relacionados aos limites do planeta sejam evitados. A fim de acelerar esse processo, será preciso, em paralelo, pressionar as empresas.

Pressionando as empresas a serem sustentáveis

Pressão e precificação

Se as empresas, por natureza, são máquinas externalizadoras, uma das formas de levá-las a mudar seu comportamento é por meio da pressão exercida por outros atores da sociedade.

O primeiro deles, obviamente, é o Estado. Este tem os meios para, fazendo uso da regulação adequada, forçar as empresas a internalizarem as externalidades por elas geradas.[1] As pressões podem vir, ainda, das comunidades dos locais onde as empresas atuam, preocupadas com os impactos das operações dessas últimas sobre o ar, a água etc.[2] Como lembram Esty e Winston, é cada vez mais difícil instalar novas fábricas sem levar em conta a opinião da vizinhança, sendo vital que as empresas engajem a população local antes de abrir ou expandir suas operações em uma região.[3] Outro ator que pode pressionar as empresas, como vimos, são as ONGs. Essa pressão pode ser exercida por meio de campanhas repudiando determinados atos das empresas, pelo boicote a produtos não sustentáveis, pelo *lobby* junto aos governos, entre outros métodos.[4]

Todos esses atores têm um papel a exercer no processo de mudança do comportamento das empresas. Porém nada seria mais eficiente em alterar esse comportamento do que a precificação de algumas atividades empresariais nocivas ao meio ambiente.

Como tivemos a oportunidade de analisar, muitos custos ambientais e sociais são pagos pelos contribuintes ou por terceiros, em vez de o serem por quem se beneficia diretamente pela fabricação ou pelo uso dos produtos que impõem tais custos. Como ensina Savitz, uma forma de impedir que isso aconteça é a chamada "precificação a custo integral", que incorpora todos os custos externos de um bem ou serviço no preço a ser pago. Caso essa precificação passe a ser o padrão dominante, os bens que poluem ou que de alguma outra forma prejudicam a sociedade teriam preços mais altos, para cobrir os custos de reparar ou eliminar os danos por eles causados.

Há diversas maneiras de se obrigar os fabricantes – que, na maioria das vezes, dispõem de melhores condições financeiras para enfrentar o problema – a assumirem parte do ônus econômico de sua atividade. Novas leis que determinam o recolhimento obrigatório, pelos fabricantes, de produtos usados obrigam indústrias como a de eletroeletrônicos a assumirem os custos referentes ao descarte definitivo de seus produtos. Essa imposição, como observa Savitz, tem forçado as empresas a buscarem maneiras de reutilizar, reciclar ou reduzir a quantidade de material a ser recolhido – por exemplo, criando programas com o objetivo de facilitar a reutilização das peças e dos componentes. Também a indústria da informática está desenvolvendo novos usos proveitosos para seus produtos usados, com o propósito de converter resíduos e sucatas em insumos para a fabricação de outros produtos – transformando-os, assim, em fontes de receita.[5]

A precificação é, portanto, uma ferramenta útil para evitar danos ao meio ambiente. Uma vez que, entre os problemas ambientais, destaca-se hoje o aquecimento global, precificar as emissões de gases de efeito estufa seria um instrumento eficaz para combater esse aquecimento.

Como defende Sérgio Abranches, as empresas deveriam se responsabilizar pela quantidade de CO_2 e embutida em seus produtos, devendo cada uma delas ser corresponsável pelos gases de efeito estufa emitidos em toda a sua cadeia de valor e em todas as suas operações internas, como estocagem, movimentação de cargas, vendas, administração e serviços associados. As empresas precisariam avaliar todo o ciclo de vida do produto, calcular suas emissões e planejar sua redução e posterior eliminação. Essa "descarbonização", segundo ele, seria a única meta aceitável em uma estratégia de sustentabilidade de longo prazo.[6]

A descarbonização da atividade empresarial deverá ocorrer, por bem ou por mal, em um cenário de agravamento das mudanças climáticas.

Abranches lembra que é provável que, futuramente, produtos com alto teor de carbono sejam afetados pela adoção de impostos sobre combustíveis fósseis, com o objetivo de encarecer e inibir seu uso, que tenderia a chegar ao limite do proibitivo. Devem enfrentar, ainda, barreiras de mercado como os ajustes tarifários na fronteira – hipótese que analisaremos ao tratar da relação entre comércio internacional e sustentabilidade –, que seriam quase inevitáveis nesse contexto.

Os consumidores, por sua vez, deverão passar a demandar produtos e serviços menos carbono-intensivos. Essa demanda será impulsionada não apenas pelos impostos e pela regulação que alterarão os preços relativos dos produtos e serviços, tornando mais competitivos aqueles que priorizarem as baixas emissões, mas também pelos efeitos do aquecimento global. Esses deverão produzir uma nova consciência no consumidor, que, com medo de assistir a tempestades ainda mais violentas, ondas de frio e calor extremas, secas mais longas e intensas, furacões, inundações e deslizamentos, passará a premiar as empresas comprometidas com a segurança climática presente e futura – o que imporá pesadas perdas àquelas que não acompanharem essa tendência, conclui ele.[7]

O funil da sustentabilidade e o papel dos *"first movers"*

A maior pressão que as empresas poderão sofrer é, portanto, aquela exercida pelas mudanças que vierem a afetar seus próprios negócios e seu próprio futuro. Isso levará algumas delas a se anteciparem às mudanças, procurando passar ilesas pelo "funil" que existe entre a maneira de se atuar hoje e as práticas sustentáveis que podem vir a se tornar praxe.

As paredes desse funil estariam se estreitando cada vez mais, pelo esgotamento de recursos e pelo acúmulo de resíduos que diminuem o potencial da economia. Esse estreitamento imporia limites à atividade empresarial, pelo aumento dos custos e das imposições relacionadas ao uso de recursos e à gestão de resíduos, assim como por consumidores ecologicamente conscientes e por legislações mais rígidas.[8] Com isso, a margem de manobra das empresas se reduziria muito. Ao atuar de forma pouco sustentável, essas se chocariam contra as paredes desse funil – o que representaria uma perda de esforços, energia e dinheiro.[9]

Essa realidade obriga as empresas a modificarem a forma como fazem negócios, caso queiram ter melhores resultados. Como defende Hunter Lovins, essas deveriam passar a ser impulsionadas por um novo vetor: o "imperativo da sustentabilidade". Esse resultaria da descoberta de que aquelas que se portam mais responsavelmente em relação às pessoas e ao planeta cortam seus custos, são um risco mais baixo de investimento e fortalecem todos os aspectos de seu valor, administrando melhor suas cadeias de fornecedores, tendo relações mais positivas com o governo e demais partes interessadas, posicionando-se, assim, para uma performance superior no longo prazo.[10]

Pela magnitude das transformações que representa, seria possível afirmar que a sustentabilidade estaria emergindo como uma nova "megatendência" – conceito popularizado na década de 1980 por John Naisbitt, que se referia a mudanças sociais e econômicas como a globalização e a ascensão da sociedade da informação, que acabam por se tornar imperativos estratégicos incontornáveis para as empresas.[11] Assim como essas outras mudanças, a questão ambiental também teria a capacidade de "tirar o sono dos líderes empresariais",[12] já que aqueles que não se anteciparem a ela, comportando-se de maneira apenas reativa, se arriscam a enfrentar uma crise que os obrigará, com urgência, a redirecionar sua estratégia.[13]

Logo, parte da pressão sofrida pelas empresas é autoimposta e está ligada à ideia de melhorar seu desempenho e buscar determinadas vantagens competitivas que são asseguradas àqueles que se moverem primeiro e conseguirem atravessar o funil da sustentabilidade – os chamados *"first movers"*, ou *"early movers"*.

É a tentativa de explorar essas vantagens que leva algumas empresas a, voluntariamente, se "autorregularem", adotando práticas sustentáveis.[14] Foi, por exemplo, o que levou certos fabricantes de automóveis alemães e japoneses a desenvolverem carros mais leves e mais econômicos, enquanto o setor automobilístico dos Estados Unidos lutava contra esses standards e torcia para que eles sumissem – até que a indústria norte-americana se deu conta de que era ela que desapareceria se não aprendesse a inovar. Como observam Porter e Linde, aquelas empresas que virem a oportunidade primeiro e abraçarem soluções baseadas na inovação colherão importantes benefícios competitivos, assim como as indústrias alemã e japonesa colheram.[15]

Essas vantagens devem se tornar cada vez maiores, caso se confirme a tendência de transição para uma economia verde – conceito no qual nos deteremos ao abordar a ação internacional pela sustentabilidade. Essa pode representar enorme oportunidade para algumas empresas, uma vez que, obrigatoriamente, virá acompanhada de uma mudança na correlação de forças, causada pela alteração dos fatores de competitividade.[16] Há pouca certeza de que as mesmas empresas que são líderes de mercado atualmente seriam as vencedoras em um futuro mercado de produtos de baixo carbono, uma vez que as tecnologias que permitem reduzir as emissões representam inovações muitas vezes distantes das áreas centrais de expertise das empresas hoje dominantes.[17] Ao contrário, baseando-se em experiências passadas, é mais provável que as inovações e as tecnologias disruptivas delas decorrentes surjam não das atuais líderes, mas de pequenas empresas pioneiras que acabam de entrar no mercado e que vêm a destronar suas competidoras mais tradicionais.[18]

Assim, empresas que ainda serão criadas ou que hoje estão por baixo poderão, em um futuro próximo, estar por cima. A transição para uma economia de baixo carbono deverá criar oportunidades de negócios significativas, uma vez que, se o mundo resolver agir na escala exigida para resolver seus problemas ambientais, novos mercados para tecnologias verdes e produtos valendo bilhões serão inventados.[19]

Empresas que se moverem primeiro podem se apropriar dos benefícios dessa antecipação. Aquelas que passarem antes pelo funil da sustentabilidade devem ser as vencedoras desse processo.[20] Porém o caminho daquelas que resolverem atravessar esse funil certamente não é fácil. Por isso, as empresas que apostarem em inovação precisarão, quase sempre, contar com algum tipo de incentivo ou proteção. Veremos mais adiante que o Estado tem um papel fundamental em incentivar e proteger as empresas pioneiras. E essas, como não poderia deixar de ser, exercem pressão para que os governos regulem seus respectivos setores de forma a lhes assegurar vantagens ou, pelo menos, igualar suas condições de concorrência com os competidores menos sustentáveis.

É curioso, por isso, que quase sempre os *lobbies* empresariais sejam no sentido de tentar barrar novas regulações. Como notam Esty e Winston, deveríamos assistir, com mais frequência do que ocorre, a empresas reivindicando regras mais estritas. Essas costumam gerar vencedores e perdedores e, por isso, seria de se esperar que fossem abertamente apoiadas por aqueles mais bem posicionados para responder a elas, já que esses passariam a ter uma vantagem relativa em caso de mudança no campo de jogo.[21]

As empresas precisariam, portanto, mostrar-se mais proativas do que reativas, pressionando os governos em favor de alterações mais rápidas, em vez de se oporem a essas.[22] E isso já começou a acontecer, mesmo no campo das mudanças climáticas, no qual muitas empresas têm se mostrado favoráveis à adoção de metas obrigatórias de cortes de emissões – em parte, para proteger as vantagens competitivas que podem ser obtidas pelas pioneiras nesses cortes. Em 2007, por exemplo, um grupo expressivo de 150 empresas das mais conhecidas publicou um documento intitulado "Communiqué on Climate Change" chamando a atenção para a necessidade de um "acordo amplo e legalmente vinculante nas Nações Unidas para combater as mudanças climáticas".[23]

Caso surta efeito a pressão das ainda minoritárias empresas de vanguarda para que a regulação caminhe na direção por elas desejada, a tendência é uma elevação dos padrões globais relacionados à sustentabilidade, que se tornarão, como afirma Hazel Henderson, um parâmetro essencial para se analisarem as performances empresariais do século XXI.[24]

Até agora, examinamos o que pode motivar algumas empresas a melhorarem suas práticas socioambientais, saindo na frente e assegurando um melhor posicionamento de mercado. A sustentabilidade, no entanto, é mais do que uma simples tendência a ser seguida. Os problemas ambientais crescentes e a ameaça das mudanças climáticas a tornam, também, uma necessidade.

Caso a humanidade resolva dar a resposta adequada ao problema do aquecimento global, as paredes do funil da sustentabilidade se estreitariam ainda mais e mais rapidamente. Como lembra Abranches, haveria grande mortalidade de empresas no processo de conversão a uma economia de baixo carbono, já que não seria indolor para aquelas que não estivessem capacitadas para o novo jogo. O alto custo do carbono, as novas preferências dos consumidores e os riscos regulatórios tirariam muitas delas do mercado. "Como em todo processo evolucionário, ficarão e ganharão os mais aptos."[25]

A questão, porém, não é mais "se" o funil se tornará mais estreito, mas "quando". Os perdedores, conclui Willard, deverão desaparecer do mapa corporativo mundial como se tivessem cometido "suicídio comercial". Mesmo as melhores empresas só irão sobreviver se conseguirem se adaptar a esse cenário.[26] Recusar-se a enfrentar isso é correr risco de extinção.[27]

Por isso, a mudança no comportamento das empresas não ocorre apenas por elas entenderem que isso pode significar ganhos para aquelas que passarem primeiro pelo funil da sustentabilidade. Há também a ameaça, para aquelas que não conseguirem se adaptar ao novo imperativo, de que sua própria sobrevivência estará em jogo. O medo de não ter espaço em um futuro ambiente de negócios diferente do que existe hoje é parte importante da razão pela qual algumas empresas estão mudando.

Pressão financeira e sobre a cadeia de fornecedores

Pudemos constatar que as empresas que se antecipam ao estreitamento do funil da sustentabilidade representam uma fonte de pressão adicional para as empresas em geral. Primeiro, pela própria concorrência que representam as empresas proativas que aprenderam a tomar a dianteira e evitar problemas antes que suas competidoras, posicionando-se melhor para enfrentar as exigências de um mercado socioambientalmente mais consciente.[28] Segundo, porque os *first movers* pressionam os governos para adotarem regulações mais rígidas, o que afunila ainda mais a passagem para as empresas que ficaram para trás, dificultando sua travessia.

Porém o caso dos *first movers* não é o único em que empresas podem pressionar outras empresas. Há pelo menos dois outros que merecem atenção.

O primeiro está relacionado ao setor financeiro, que possui alguns mecanismos específicos que iremos comentar quando formos estudar os instrumentos privados de promoção da sustentabilidade e o papel dos investimentos socialmente responsáveis. As instituições financeiras, é claro, não são grandes poluidoras. Seu maior impacto não vem de suas atividades administrativas, mas dos critérios por elas utilizados para financiar projetos industriais.[29] Grandes investidores – como os fundos de pensão – e bancos preocupados com os riscos ambientais podem forçar as empresas a se tornarem mais sustentáveis.[30] Algumas ONGs já perceberam isso, optando muitas vezes por influenciar aqueles que emprestam dinheiro para as empresas que geram problemas ambientais, em vez de pressionar essas últimas diretamente.[31]

Empresas com bons sistemas de gestão ambiental se beneficiam de taxas menores para tomar dinheiro emprestado de bancos que veem nelas menores riscos.[32] Um bom exemplo de como isso acontece é a iniciativa lançada em 2002 por um grupo de investidores institucionais, o Carbon Disclosure Project (CDP),[33] que envia um questionário para as quinhentas maiores companhias globais a fim de que declarem suas emissões de gases de efeito estufa, permitindo aos investidores medir o risco relacionado às mudanças climáticas.[34] Além dessa pesquisa regular, mais de mil grandes empresas apresentam relatórios de emissões por meio do site do CDP na internet.[35] Essa base de dados é utilizada pelos investidores – em 2013, a iniciativa abrangia 655 deles, com ativos que superavam US$ 78 trilhões[36] – para tomar decisões de investimentos com base nas emissões das empresas e em suas estratégias para combater o aquecimento global.[37]

Ainda na área do controle de emissões, outra iniciativa que merece ser mencionada é o Greenhouse Gas Protocol (GHG Protocol), ferramenta desenvolvida em 1998, nos Estados Unidos, pelo WBCSD e pelo World Resources Institute (WRI), que hoje é a metodologia mais usada no mundo por empresas e governos para realizar inventários de emissões de gases de efeito estufa.[38]

Além disso, algumas seguradoras e resseguradoras já começaram a pressionar as empresas para que adotem práticas mais sustentáveis, talvez levando em conta o aumento do risco trazido pelas mudanças climáticas e o fato de que os prejuízos causados por desastres naturais tenham se agravado: houve mais perdas nos anos 1990 do que nas quatro décadas precedentes e o custo econômico desses desastres aumentou 10 vezes entre 1950 e o início do século XXI.[39]

O segundo caso em que empresas podem se ver obrigadas por outras empresas a se tornarem mais sustentáveis é o das cadeias de fornecedores. Estima-se que entre 40% e 60% da pegada ecológica de uma empresa estão, na verdade, em sua cadeia de suprimentos. No entanto, nem todas levam em conta, ao escolher um fornecedor, o dano que esse possa causar ao meio ambiente. Pior, algumas empresas têm visto na terceirização "um método para se livrar da responsabilidade dos efeitos sociais e ambientais de seus produtos ou serviços", como revelaram alguns escândalos famosos envolvendo a indústria têxtil.[40]

Essa realidade, no entanto, está mudando. Michael Vandenbergh constatou, por exemplo, que mais da metade das maiores empresas em oito setores industriais e varejistas dos Estados Unidos impõe exigências ambientais a seus fornecedores domésticos e estrangeiros.[41]

Há várias maneiras de uma empresa buscar, em seus contratos, que seus parceiros sejam mais sustentáveis. Pode ser por meio da exigência de certificações ou rotulagens relacionadas à sustentabilidade, como a obrigação de que os fornecedores certifiquem seu sistema de gestão ambiental por alguma norma específica ou etiquetem suas mercadorias para que conste a pegada de carbono de cada uma delas.[42] No caso de algumas montadoras de automóveis que requerem certificações de gestão ambiental de seus fornecedores, a taxa de adesão desses últimos à exigência chega facilmente a mais de 95%.[43]

Não podemos esquecer que, assim como os consumidores podem utilizar seu poder de compra – que, como lembra Laville, é antes de tudo um poder de escolha – para privilegiar as marcas responsáveis, as empresas também têm um papel importante na evolução dos padrões de consumo, podendo se valer de seu poder econômico para estimular a adoção de práticas que respeitem mais as pessoas e o planeta. Ao escolher produtos social e ambientalmente responsáveis, as empresas estarão contribuindo para criar uma base comercial sólida para o desenvolvimento desses produtos, encorajando seus fornecedores a se comprometerem ainda mais com esse caminho.[44]

O efeito desse tipo de política de escolha é maior quanto maior for a empresa que o adota, razão pela qual o Walmart – que, se fosse um país, seria a vigésima economia do mundo – é um bom exemplo dos resultados que a ação sobre os fornecedores pode ter. Essa rede de lojas de departamento passou a requerer de seus 60 mil a 90 mil fornecedores que respondessem uma avaliação (*scorecard*) relacionada à sustentabilidade, considerando sua pegada de carbono, seu impacto sobre a água e outros recursos, sua embalagem de produtos, sua redução de resíduos e seu relacionamento com as comunidades locais.[45]

Se várias empresas da proporção do Walmart se comprometessem com essas novas formas de responsabilidade, o movimento pela sustentabilidade avançaria dramaticamente.[46] E, de fato, constata-se que centenas de empresas passaram a exigir que suas cadeias de suprimentos sigam práticas mais sustentáveis, adotando códigos de conduta para seus fornecedores e contratando terceiros para auditarem suas fábricas a fim de assegurar o cumprimento de padrões sociais e ambientais.[47]

A pressão dos grandes compradores sobre seus fornecedores é, portanto, uma das forças de promoção da sustentabilidade mais poderosas e que crescem mais rapidamente.[48] E, vale lembrar, essa possibilidade não se aplica apenas aos contratos de fornecimento. A contratação que leve em conta aspectos sustentáveis pode existir em diversos tipos de acordo, como aqueles relacionados a fusões e aquisições, entre outros. A contratação privada condicionada ao desempenho ambiental pode trazer resultados extraordinários – Vandenbergh, no estudo já mencionado, a apelida de "o novo efeito Walmart". No entanto, como ele nota, embora a amplitude dos setores que passaram a adotar exigências ambientais na contratação impressione, a profundidade dessas exigências não é nada impressionante. Há poucos indícios de que esses requerimentos vão mais além na cadeia de suprimentos, atingindo os fornecedores dos fornecedores – e, quando isso acontece, não está claro se há fiscalização eficaz do cumprimento dessas exigências pelos fornecedores secundários.[49]

Claro que esse é um instrumento que precisa ainda ser aperfeiçoado. Mesmo assim, esse tipo de contratação acrescenta um novo elemento à já complexa governança global da sustentabilidade. Como estudamos anteriormente, governar é exercer a autoridade. E, não há como negar, algumas empresas exercem autoridade – baseada em seu poder econômico – sobre seus fornecedores, quando os obrigam a adotar determinadas práticas.

A contratação privada sustentável atende a propósitos tipicamente governamentais – como a melhoria das condições ambientais – e exerce atribuição característica dos governos – como a de reprimir o comportamento ambientalmente nocivo das empresas. Ela tem função regulatória e permite alcançar fins tradicionalmente públicos por meio da ação privada. Ela resulta da iniciativa de algumas empresas que, por sua vez, podem também estar respondendo a pressões, seja de seus consumidores, seja das ONGs. Essas últimas já entenderam o alcance desse fenômeno e muitas vezes se concentram em engajar as empresas nessa forma de contratação, o que muitas vezes é mais eficiente do que a ação junto aos governos para que adotem exigências públicas.[50]

O resultado desse movimento vai além das fronteiras nacionais. Uma empresa que se vê forçada por seus clientes ou por ONGs a controlar sua cadeia de suprimentos pode adotar uma política de contratação sustentável com relação a fornecedores de outros países. Empresas importadoras de um determinado país podem influenciar as políticas adotadas por empresas exportadoras de outras nacionalidades – o que significa, em última análise, que cidadãos ou ONGs de um país podem estar afetando as práticas adotadas em outra nação. Essas iniciativas unilaterais por algumas empresas resultam em um processo privado de definição de padrões globais.[51]

Esse processo pode ter um efeito significativo sobre a promoção da sustentabilidade, superando a capacidade de ação dos Estados. Assim como as empresas, os Estados também poderiam reagir à pressão da sociedade civil para, por exemplo, adotar leis que beneficiem as trocas comerciais com nações mais sustentáveis, dificultando as importações provenientes de países que não adotem determinadas práticas. Por que isso é difícil? Como teremos a oportunidade de explicar, o governo de uma nação importadora encontra obstáculos para regular o comportamento ambiental de empresas que operem em outros países. A ação unilateral por esse governo pode ser barrada por tratados bilaterais ou multilaterais e, principalmente, pela OMC, que limita as possibilidades de um Estado impor padrões ambientais às suas importações.[52] O Estado pode, assim, se ver impedido de fazer valer as preferências de seus cidadãos, não sendo capaz de responder aos apelos desses para que condene as práticas pouco sustentáveis de certos países exportadores.

As empresas, por outro lado, não sofrem com esse empecilho. São os próprios contratos que determinam, em grande parte, as regras que lhes são aplicáveis, dando flexibilidade às partes para definirem os termos em que sua relação jurídica se baseará. Os contratos são o pilar sobre o qual se constrói todo o edifício de normas de origem privada que regulam o mercado globalizado.[53] Não é de se estranhar, portanto, que sejam um instrumento fundamental para a governança global da sustentabilidade.

Vamos analisar, em seguida, alguns instrumentos que as empresas podem utilizar para exercer seu papel nesse processo de governança.

Instrumentos privados de promoção da sustentabilidade

Códigos de conduta e relatórios de sustentabilidade

Acabamos de ver como a contratação privada permite que algumas empresas forcem seus fornecedores a adotar práticas sustentáveis, o que pode ser feito, por exemplo, ao exigir que se adaptem a certa norma ou obtenham determinada certificação. Essas normas, certificações ou outros tipos de instrumento podem ser criados por diversos atores, seguindo diferentes processos. Abordaremos, a partir de agora, alguns desses instrumentos.

O primeiro deles são os códigos de conduta, por meio dos quais as empresas assumem o compromisso voluntário de respeitar certos princípios, como aqueles estabelecidos pela Coalition of Environmentally Responsible Economies (Ceres)[1] em 1989, ou os da "Business Charter for Sustainable Development" da CCI, de 1991.[2] Os princípios da Ceres, por exemplo, tratam de proteção da biosfera, uso sustentável dos recursos naturais, redução e reciclagem de resíduos, economia de energia, entre outras obrigações.[3] Já a carta da CCI estabelece que a gestão ambiental deve ser uma das maiores prioridades das empresas, que essas devem treinar seus empregados para que tenham uma conduta ambientalmente responsável e se comprometer a realizar uma avaliação prévia dos impactos ambientais de novas atividades ou projetos.[4]

Esses códigos voluntários se multiplicaram e no início do século XXI já havia mais de quarenta deles, originados de organismos públicos ou privados. Apesar de sua rápida proliferação, não escapam às críticas, multiplicando-se as vozes que denunciam a sua relativa ineficácia.[5] Para muitos, esses instrumentos, quase sempre, não significam nada, apenas oferecem às empresas a oportunidade de aparentarem estar se comportando de acordo com alguns princípios quando, de fato, estão apenas fazendo um jogo de relações públicas.[6] Apesar disso, como comentado, o simples fato de que uma empresa se comprometa com uma conduta sustentável tem o efeito de aumentar a fiscalização sobre ela, fazendo com que se veja obrigada a confirmar, na prática, o seu discurso.

Outro instrumento a ser considerado são os relatórios de sustentabilidade ou balanços sociais. Esses, a exemplo dos relatórios financeiros clássicos, consistem em uma prestação de contas do desempenho da empresa por meio de diferentes indicadores que refletem os principais desafios sociais e ambientais de sua atividade, como define Laville.[7]

Sua origem está nos relatórios sociais elaborados por empresas alemãs nos anos 1970 e com o tempo e o aumento das exigências por maior transparência, passaram a ser mais difundidos.[8] Os relatórios de sustentabilidade devem prestar contas não apenas para os acionistas, mas para o conjunto mais amplo de partes interessadas nas atividades da empresa – os seus *stakeholders*, conceito de que iremos tratar mais adiante. De qualquer forma, vale a pena já adiantar sua principal descrição: qualquer grupo ou indivíduo que possa afetar ou ser afetado pela realização dos objetivos da empresa – na célebre definição de Edward Freeman.[9]

Desse modo, sua finalidade básica é difundir informações que interessem a outros atores além dos acionistas – como sindicatos, empregados e ONGs. Para isso, o balanço social deve conter informações qualitativas e quantitativas sobre a atuação da empresa, a fim de criar um ambiente de confiança junto a todas as partes interessadas, permitindo gerenciar de maneira mais adequada os impactos socioambientais de suas atividades.[10] É, portanto, um instrumento de extrema utilidade. Como defende Laville, um relatório de sustentabilidade completo, fundamentado e o mais objetivo possível obriga a empresa a antecipar os desafios emergentes, formalizar suas iniciativas, identificar as expectativas dos diversos públicos e medir seu desempenho sustentável.[11]

Nessa área, há um esforço para integrar os diversos tipos de publicações de informações socioambientais por meio da Global Reporting Initiative (GRI).[12] A GRI é uma organização criada pelo Ceres em 1997, que se tornou independente em 2002. Seu objetivo é desenvolver diretrizes globalmente aplicáveis na preparação de relatórios de sustentabilidade, além de estimular a publicação destes.[13] Mais do que um modelo de balanço social, é um guia sobre como relatar as informações, incluindo indicadores. O uso de suas diretrizes é voluntário, mas, ainda assim, essas estão se transformando em um padrão internacional para a elaboração de relatórios de sustentabilidade.[14]

O conteúdo dos relatórios anuais de sustentabilidade sofre crescente escrutínio da opinião pública.[15] Algumas ONGs, por exemplo, passaram a se dedicar a localizar e denunciar empresas que publicam informações pouco confiáveis sobre suas ações socioambientais.[16] É possível afirmar, no entanto, que as falhas desses relatórios encontram-se mais no que as empresas calam sobre os desafios cruciais para sua atividade do que na veracidade dos dados declarados.[17] Além disso, um tema que ainda está ausente dos relatórios é a dimensão econômica do desenvolvimento sustentável – que diz respeito a tudo que cria valor para o conjunto dos *stakeholders* da empresa.[18] Incluir essa dimensão econômica seria essencial para mostrar como as práticas sustentáveis podem agregar valor, contribuindo para a formação de um *business case* para a sustentabilidade.

Normas e certificações

Outro mecanismo relevante são as normas e certificações voluntárias. Normas são documentos emitidos por uma organização para estabelecer diretrizes e padrões para processos ou produtos. Algumas delas podem gerar certificações, que podem ser definidas como "um conjunto de atividades desenvolvidas por um organismo independente da relação comercial com o objetivo de atestar publicamente, por escrito, que determinado produto, processo ou serviço está em conformidade com os requisitos especificados".[19]

A certificação, ensina Puppim de Oliveira, é uma maneira de transmitir ao consumidor algumas características, tanto do produto quanto de sua fabricação, em relação a padrões socioambientais. Seu valor vai depender da credibilidade da entidade que a emite e de como o processo de certificação é realizado. Se quem a emite não é confiável ou se seu processo é suspeito, a certificação perde a credibilidade e, portanto, o seu valor.[20]

Entre as certificações de caráter socioambiental, destacam-se aquelas emitidas pela International Organization for Standardization (ISO),[21] a mais conhecida organização internacional que trata de padronização. Essa funciona como uma espécie de rede de entidades de padronização nacionais, contando com mais de 160 membros. Ela é a responsável pelas normas ISO 14001, que podem ser certificadas e estabelecem critérios para que as empresas implementem um sistema de gestão ambiental efetivo,[22] e ISO 26000, cujo objetivo é fornecer orientações sobre como os negócios podem operar de forma socialmente responsável, sem gerar uma certificação.[23] A ideia dessa última norma é "criar uma linguagem comum" no campo da responsabilidade social, padronizando terminologias e diretrizes para ações de responsabilidade social, gestão com *stakeholders* e produção de relatórios de sustentabilidade.[24]

Outras normas merecem destaque, como a AA1000 e a SA8000 – ambas podendo ser objeto de certificação.

A primeira, criada pela organização não governamental AccountAbility,[25] trata de assuntos relacionados à governança e estratégia organizacional, visando ao engajamento dos *stakeholders* nos processos empresariais de decisão.[26] Para isso, procura desenvolver novos instrumentos de auditoria e prestação de contas, baseados principalmente na consulta às partes interessadas e na consideração efetiva de suas expectativas no comando da empresa.[27]

Já a SA8000, norma da Social Accountability International,[28] foca, principalmente, nas condições de trabalho nas empresas. Tendo surgido no auge das denúncias de abusos dos direitos humanos e exploração de trabalhadores em fábricas dos países em desenvolvimento,[29] ela trata de aspectos como trabalho infantil, discriminação, trabalho escravo, salário justo, saúde e segurança no trabalho, relacionando políticas que devem ser adotadas a fim de proteger os direitos dos trabalhadores. Seu objetivo é ajudar as empresas a responderem de maneira voluntária às questões de seu público e às suas próprias exigências com relação às condições sociais nas quais são fabricados seus produtos.[30]

Na área empresarial, uma iniciativa de caráter geral que não leva a uma certificação, mas vale salientar, é aquela promovida pela The Natural Step Foundation.[31] Instituída em 1989, na Suécia, tem por objetivo divulgar estratégias voltadas para o desenvolvimento sustentável que permitam um planejamento baseado em determinados princípios.[32] Ela oferece um guia que deve servir de bússola para que os tomadores de decisão possam identificar, dentro da realidade de suas empresas, que restrições o estreitamento das paredes do já citado funil da sustentabilidade podem trazer para suas atividades específicas.[33]

Na área industrial, algumas iniciativas podem ser mencionadas. A Organização das Nações Unidas para o Desenvolvimento Industrial (Unido, em inglês) e o Pnuma desenvolveram o conceito de Produção mais Limpa (P+L), estratégia que visa a aumentar a eficiência no uso de matérias-primas, água e energia, por meio da redução ou reciclagem de resíduos gerados, trazendo benefícios ambientais e econômicos para os processos produtivos.

Outra técnica é a da Análise do Ciclo de Vida (*Life Cycle Assessment*), que verifica o impacto ambiental de um produto em toda a sua existência, desde sua origem – extração das matérias-primas, por exemplo –, passando por processamento, fabricação, transporte, distribuição, armazenamento e utilização, até o seu fim, quando deixa de ter uso e é descartado como resíduo. É uma análise também conhecida pela expressão "do berço à sepultura" ("*cradle to grave*"). A ela, se soma o modelo "do berço ao berço" ("*cradle to cradle*"), esse, sim, passível de certificação. Trata-se de um programa de controle de qualidade e estímulo à inovação com o objetivo de projetar produtos e processos produtivos que não gerem resíduos. Nesse modelo, os materiais utilizados devem poder ser reabsorvidos pelas indústrias como matéria-prima de qualidade, retornando ao ciclo produtivo infinitas vezes.[34]

Podem ser certificadas, ainda, práticas empresariais em áreas específicas, como a extração de madeira ou a pesca.

As florestas contam com a atuação do Forest Stewardship Council (FSC), organização criada em 1993 que tem como missão promover uma gestão ambientalmente adequada, socialmente benéfica e economicamente viável das florestas mundiais.[35] A certificação conferida por essa entidade visa a assegurar que a madeira provém de florestas administradas de forma responsável.

O Marine Stewardship Council (MSC), fundado em 1997 em parceria entre o WWF e a Unilever – companhia que é grande compradora de pescados –, tem o objetivo de estimular a pesca sustentável, certificando as atividades pesqueiras que estabeleçam limites para impedir que a população de peixes diminua com o passar do tempo.[36] Dez anos depois da fundação do MSC, quatro milhões de toneladas de peixes, de 26 espécies, já haviam recebido seu certificado ou estavam em vias de recebê-lo e mais de quatrocentas empresas, entre as quais 48 pesqueiras, ofereciam mais de quinhentos produtos com o selo MSC.[37]

Também o setor da construção civil conta com suas próprias certificações – e é importante lembrar que as construções em geral são responsáveis por 30% a 40% de todo o uso de energia e toda a emissão de gases de efeito estufa e geração de resíduos.[38] Entre essas certificações, destaca-se aquela desenvolvida pelo Green Building Council dos Estados Unidos, denominada Leadership in Energy and Environmental Design (Leed).[39] Esse programa serve de guia para o desenho, a construção, operação e manutenção de casas e edifícios de forma sustentável, procurando, por exemplo, que sejam mais claros e arejados – o que não apenas reduz o consumo de energia mas produz ambientes mais agradáveis, que aumentam a produtividade dos trabalhadores.[40]

Por fim, vale a pena citar as normas relacionadas ao comércio justo (*fair trade*). Embora não exista definição unânime do que seria esse comércio, pode-se dizer que ele se refere a práticas de relacionamento em que o cliente paga um preço maior do que o de mercado com o objetivo de proporcionar uma melhoria nas condições econômicas, sociais ou ambientais dos fornecedores.[41]

O objetivo é utilizar o comércio para melhorar a vida dos mais pobres, multiplicando os impactos positivos da produção.[42] É o que se pode deduzir do lema "trabalhando para assegurar um negócio melhor para os produtores", adotado pela principal organização relacionada a esse movimento, a Fairtrade Labelling Organizations International (FLO) – na verdade, uma rede que reúne cerca de 25 organizações de diversos países.[43]

Há diversas formas de se praticar o comércio justo – de cooperativas que vendem produtos orgânicos aos consumidores sem passar por intermediários até empresas multinacionais que compram diretamente de certas comunidades. Há, no entanto, alguns princípios que devem ser seguidos. A FLO adota políticas como pagar um preço que, no mínimo, cubra o custo de uma produção sustentável, pagar um prêmio para que os produtores possam investir em desenvolvimento, pagar à vista, se o produtor precisar, assinar contratos de longo prazo e exigir que os produtores respeitem determinados padrões trabalhistas, sociais e ambientais.[44]

Instrumentos financeiros

No sistema financeiro, vêm ganhando corpo os chamados investimentos socialmente responsáveis – também chamados de sustentáveis, éticos ou verdes. Abrangem investimentos que consideram critérios sociais e ambientais em suas estruturas da decisão, assim como investimentos tradicionais que financiam negócios sustentáveis.[45]

No primeiro tipo, estão as carteiras de ações – que, segundo Celso Lemme, constituem um novo segmento no mercado de capitais[46] – criadas por gestores tradicionais de ativos financeiros, cujos processos de seleção incluem aspectos socioambientais.

Há duas formas de se chegar à composição dessas carteiras. Uma delas é o *screening*, que consiste em fazer uma triagem a fim de aplicar aos investimentos um filtro ético, social ou ambiental. As empresas são previamente avaliadas por agências especializadas com base nesse filtro e, conforme o resultado dessa análise, suas ações são incluídas ou não em um portfólio de investimentos. O outro método é o chamado *best of class*, que consiste em selecionar, sem uma etapa preliminar de eliminação, as empresas mais sustentáveis em cada setor de atividade.[47]

O investimento socialmente responsável pode se balizar em algum dos diversos índices de sustentabilidade hoje existentes em todo o mundo – como o Dow Jones Sustainability World Index, da bolsa de valores de Nova York, o FTSE 4Good de Londres e o Índice de Sustentabilidade Empresarial (ISE) da bolsa de São Paulo. Esses índices procuram refletir a adesão das empresas a princípios de responsabilidade socioambiental e funcionam de forma bastante similar, criando um conjunto de critérios e indicadores para selecionar aquelas que os comporão.[48]

Entrar para essas listas, lembra Savitz, não é fácil. É preciso responder a um longo questionário sobre o comportamento da empresa nas dimensões econômica, ambiental e social, fornecer documentos e submeter-se a investigações que vão de análises de seus relatórios de sustentabilidade e da cobertura de suas atividades pela mídia a entrevistas com seus empregados. Por outro lado, as empresas listadas nesses índices desfrutam de vários benefícios, como ter acesso ao capital dos investimentos socialmente responsáveis, além de outros efeitos, como reforçar sua reputação aos olhos dos analistas financeiros e do público em geral.[49]

Outro instrumento desse setor que se deve citar são os Princípios do Equador.[50] Trata-se de iniciativa lançada em 2003 pela International Finance Corporation (IFC), braço do Banco Mundial para financiamento privado, que condiciona a concessão de financiamentos a uma série de compromissos socioambientais assumidos pelo tomador do empréstimo.[51] Eles são voluntários e as instituições financeiras que a eles aderem se comprometem a aplicar diversas regras para a análise, classificação e gestão dos riscos socioambientais de grandes projetos por elas financiados.[52] Essa iniciativa pode ter consequências consideráveis, principalmente se considerarmos que o valor global destinado a *project finance* – que representa apenas uma parte do mercado mundial de crédito – era de US$ 170 bilhões em 2006 e que as instituições financeiras que tinham aderido aos Princípios do Equador naquela época já representavam 74% desses empréstimos, ou US$ 125 bilhões.[53] Em 2012, o número de instituições financeiras que havia aderido aos Princípios era de mais de setenta.[54]

Vale notar que, como examinaremos mais adiante, o próprio Banco Mundial, assim como alguns bancos regionais, se baseia em requisitos ambientais para aprovação de seus financiamentos.

Outras duas tendências no sistema financeiro relacionadas à ideia de sustentabilidade são a do microcrédito e a do crédito responsável.

O melhor exemplo relacionado ao microcrédito é o do Grameen Bank, criado em 1983 e que, em 2006, ganhou o Prêmio Nobel da Paz junto com o seu fundador, Muhammad Yunus. Esse banco formulou e implantou um tipo pioneiro de empréstimo de pequenas quantias a pessoas pobres da área rural de Bangladesh, para servir de capital inicial para milhares de pequenos negócios – modelo posteriormente reproduzido em diversos países.[55] Como observa Savitz, embora seja uma instituição com fins lucrativos, esse banco colaborou para o progresso socioeconômico e, com seus programas inovadores, gerou mais benefícios sociais do que muitas ONGs, tirando da pobreza inúmeros vilarejos.[56] Instituições como o Grameen Bank representam um novo tipo de negócio – que voltaremos a mencionar – em que há criação de valor compartilhado pela empresa e pela sociedade.[57]

Por fim, outro fator a ser considerado é que parte dos bancos começou a se preocupar com a maneira como seus empréstimos são concedidos. Essa preocupação vai além da adoção de critérios de risco socioambiental no processo de verificação e concessão de crédito, estendendo-se à relação com os clientes e à análise da capacidade de entenderem as implicações do empréstimo e arcarem com ele. Pelos princípios do crédito responsável, o banco deve procurar oferecer o financiamento adequado a cada perfil de cliente e promover medidas de educação financeira que permitam ao cliente administrar seu orçamento mensal e investimentos. O oposto do que, como tivemos a oportunidade de discutir, foi feito por aquelas instituições financeiras socialmente irresponsáveis que, na crise do *subprime* em 2008, distribuíam créditos imobiliários sem se preocupar com o risco de endividamento excessivo de seus clientes.[58]

Transformando as empresas para transformar o mundo

Muito além da responsabilidade social corporativa

Até agora, tivemos a oportunidade de entender a natureza das empresas, de ver como persuadi-las a aderir à causa da sustentabilidade, de analisar maneiras de pressioná-las a mudar suas práticas e de estudar alguns instrumentos que lhes permitem fazer isso de forma mais sistemática.

Porém, para alcançar uma transformação mais profunda das empresas, é preciso mais do que convencê-las com a perspectiva de um aumento nos ganhos ou ameaçá-las com o risco de ficarem para trás. Transformação como essa teria que passar por uma mudança no núcleo de atividades da empresa, o que só ocorrerá se a sustentabilidade for, realmente, incorporada à sua governança corporativa – ao sistema pelo qual essa é dirigida, monitorada e incentivada e que envolve os relacionamentos entre proprietários, administração e órgãos de controle.[1]

As boas práticas de governança corporativa devem converter determinados princípios em recomendações objetivas, alinhando interesses com a finalidade de preservar e otimizar o valor da organização, facilitando seu acesso a recursos e contribuindo para sua longevidade[2] – a perenidade do negócio é um dos principais, se não o principal, objetivo da governança corporativa.

Entre esses princípios, podemos citar a transparência, que inclui a obrigação de disponibilizar para as partes interessadas as informações que sejam de seu interesse, e não apenas aquelas impostas por lei; a equidade, caracterizada pelo tratamento justo e não discriminatório de todos os acionistas e demais partes interessadas; e a prestação de contas (*accountability*), porque os agentes de governança devem informar sobre sua atuação, assumindo integralmente as consequências de seus atos e suas omissões.[3]

A responsabilidade social corporativa pode ser vista como um desses princípios. Equivale à ideia de que os agentes de governança devem zelar pela sustentabilidade das organizações, visando a sua longa duração e incorporando considerações de ordem social e ambiental na definição de seus negócios.[4] De forma mais ampla, a responsabilidade social corporativa pode ser vista, na definição do Instituto Ethos, como uma forma de gestão que se define pela relação ética, transparente e solidária da empresa com todos os públicos com os quais ela se relaciona e pelo estabelecimento de metas empresariais compatíveis com o desenvolvimento sustentável da sociedade, preservando recursos ambientais e culturais para gerações futuras, respeitando a diversidade e promovendo a redução das desigualdades sociais.[5]

Desse modo, governança corporativa e responsabilidade social corporativa estão diretamente relacionadas. Alguns até conceituam a responsabilidade social como um "modelo" de governança corporativa, no qual a empresa teria obrigações que iriam desde aquelas para com seus proprietários até aquelas para com seus *stakeholders*.[6] Essa é a ideia por trás da definição do WBCSD, que entende a responsabilidade social corporativa como "o compromisso dos negócios de contribuir para o desenvolvimento econômico sustentável, trabalhando com os empregados, suas famílias, a comunidade local e a sociedade como um todo para melhorar a sua qualidade de vida".[7]

Responsabilidade social corporativa não deve, portanto, ser confundida com filantropia, nem com ação social. Essas últimas, distingue Puppim de Oliveira, são doações ou projetos que beneficiam alguns grupos, como comunidades e empregados, não ligados diretamente aos negócios da empresa, enquanto a primeira envolve ações com um grupo maior de partes interessadas, como consumidores, fornecedores e governo.[8]

Nos anos 1980, até meados dos anos 1990, prevaleceu a postura filantrópica – o que Laville chama de responsabilidade social "0.0", ou "versão beta". Essa foi sucedida pela "1.0", caracterizada por uma atitude de promoção da ecoeficiência e de prevenção de riscos, principalmente os que pudessem atingir a imagem da empresa – na qual a estratégia do desenvolvimento sustentável permanecia separada daquela do negócio.[9]

É possível afirmar que essa responsabilidade social "1.0" é a que ainda prevalece em muitas empresas. Porém, como lembra Jonathon Porrit, há uma diferença entre essa postura e um comportamento genuinamente sustentável. Algumas empresas optam por destinar as ações de responsabilidade social a uma caixa na qual empacotam todas as "coisas boas", enquanto continuam a levar adiante a parte central de seu negócio sem a remota possibilidade de que seus produtos e serviços venham a se tornar verdadeiramente sustentáveis – o que, para esse autor, revela que a responsabilidade social corporativa pode se revelar uma ilusão sedutora e vazia.[10]

Apesar disso, em meados dos anos 2000, o que Laville chama de "responsabilidade social 2.0" começou a ganhar força. Essa se caracteriza por incorporar verdadeiramente à estratégia da empresa e ao seu modelo econômico uma abordagem voltada não mais para a prevenção dos riscos ambientais e de imagem, mas para oportunidades de mercado ligadas ao fornecimento de soluções sociais e ambientais.[11]

Hoje, para uma empresa ser considerada verdadeiramente sustentável, suas ações precisariam ir além de apenas colher os *"low hanging fruits"*, que, como discutimos, são os benefícios que estão a fácil alcance dos interessados. Como defende Werbach, o argumento para uma estratégia empresarial abrangente voltada para a sustentabilidade não se limita a aumentar receitas ou cortar custos para inflar o lucro imediato. A sustentabilidade deve ser vista como mais do que um truque de relações públicas, mais do que ter uma linha de produtos verdes, mais até do que um gesto sincero, porém parcial, de praticar iniciativas que ajudem a preservar a natureza. Ela deve ser planejada e implantada integralmente, a fim de conduzir a uma estratégia final que permita à empresa prosperar para sempre.[12] A ideia é que a sustentabilidade pode ser compatível e contribuir para a maximização do lucro duradouro.[13]

Como vimos, há instrumentos que podem balizar o caminho das empresas rumo à sustentabilidade. No entanto, para Ian Davis, as ações prescritas por grupos e ativistas envolvidos no movimento pela responsabilidade social corporativa – adoção de relatórios de sustentabilidade, diálogo com *stakeholders* etc. – são "limitadas demais, defensivas demais e desconectadas demais da estratégia empresarial". Para ele, a responsabilidade social seria uma agenda limitada porque falharia em capturar a potencial importância das pressões sociais para a estratégia das empresas, uma vez que essas pressões podem afetar alguns vetores centrais dos negócios, como regulações e padrões de consumo. As iniciativas típicas relacionadas à responsabilidade social são apenas tangenciais à estratégia da empresa, sendo perfeitamente possível essa seguir muitas das prescrições desse movimento e, ainda assim, ser pega de calças curtas por grandes mudanças em seu ambiente de negócios.[14]

Além disso, quando a sustentabilidade não está integrada à estratégia central da empresa, aumenta a probabilidade de que, em momentos de crise, ela seja deixada de lado.[15] Ou seja, se as práticas de caráter socioambiental não fizerem parte do modelo de negócios e da dinâmica operacional, é de se esperar que, ao faltar dinheiro, elas sejam fortes candidatas à eliminação. Por outro lado, recorda Lemme, em momentos de escassez ou de competição acirrada, os aspectos socioambientais vinculados ao núcleo do negócio (ao *core business*) serão acentuados, por serem vistos como uma maneira de aumentar a competitividade e os lucros. É o que acontece, por exemplo, com um produtor de cerveja ou refrigerantes que adota projetos de ecoeficiência a fim de reduzir a quantidade de água utilizada em seu processo de produção. Ao proceder assim, ao mesmo tempo protege o meio ambiente e aumenta sua lucratividade. E há os casos em que a sustentabilidade não pode ser abandonada por ser a essência do próprio negócio, como ocorre com uma empresa de cosméticos que baseie sua linha de produtos em recursos naturais e que, ao preservar a biodiversidade, estará preservando sua atividade.[16]

Portanto, para que as empresas possam não apenas sobreviver, mas se tornar agentes transformadores, é preciso que a sustentabilidade seja incorporada ao centro de sua atividade – o que significa que é preciso primeiro transformar as empresas.

Isso depende de um movimento de mudança que, como afirma Porrit, ainda é "modesto, lento, inadequado e inconsistente". O número de empresas realmente envolvidas com o desenvolvimento sustentável ainda é pequeno – para a maioria, o modelo de negócios ainda não se alterou. Mas, por qualquer razão que seja, essa mudança está acontecendo e representa uma curva ascendente, que se move na direção correta.[17] *Eppur si muove* – e, no entanto, ela se move – como diria Galileo Galilei.

Vamos, então, entender o que se pode fazer – que políticas as empresas podem adotar – para que esse movimento se acelere.

Reavaliando desempenhos

Se, para que tenhamos empresas transformadoras, é preciso transformar as empresas, para transformar as empresas é preciso intervir nos sistemas de avaliação e de incentivos que as tornam, predominantemente, "máquinas externalizadoras", a fim de inserir a sustentabilidade em seu DNA.

Isso começa pela superação do "capitalismo de resultados trimestrais", fundado em uma lógica imediatista que pune as empresas e os executivos que buscam estratégias sustentáveis de longo prazo e premia aqueles que orientam suas ações apenas para garantir que os lucros não frustrem as projeções e expectativas do mercado no curto prazo.[18] Como mostrar para as empresas que não basta elas medirem seu sucesso apenas pelos ganhos imediatos para seus acionistas, razão não apenas de boa parte dos problemas ambientais que estamos enfrentando, mas também, como vimos, causa da última grande crise financeira internacional?

A melhor maneira é apelar para a mesma lógica econômica que, historicamente, levou as empresas a não considerarem os aspectos ambientais e sociais como algo relevante para os negócios. A atividade das empresas, explica Celso Lemme, desenvolve-se em um contexto que condiciona a qualidade e a disponibilidade de dois tipos fundamentais de capital: o natural e o humano. Para que os resultados das empresas possam se sustentar no longo prazo, é necessário preservar e desenvolver essas duas formas de capital, em equilíbrio com o capital financeiro.

No passado, isso era visto de outra forma. Nas décadas que se seguiram à Revolução Industrial, as atenções estiveram voltadas para o capital industrial e financeiro – até porque os capitais natural e humano estavam disponíveis em tamanha abundância que não mereciam atenção como fatores restritivos do desempenho empresarial. Da mesma forma, se, naquela época, consultássemos os líderes empresariais sobre seus passivos trabalhistas e ambientais, "certamente veríamos expressões de espanto, diante de conceitos que não faziam qualquer sentido para eles". Porém, nas últimas décadas do século XX, à medida que a degradação ambiental e os desequilíbrios sociais "começaram a apresentar as contas a serem pagas pelas futuras gerações", a falsa imagem de que os capitais ambiental e humano não importavam foi destruída. Atualmente, quando se avalia uma empresa para aquisição, por exemplo, é levado adiante um processo de auditoria (*due diligence*), com o objetivo de verificar o potencial e os riscos do negócio. E, nesse processo, os passivos trabalhistas e ambientais estão entre os pontos mais importantes a serem auditados. O que antes era exótico "hoje é rotina nas atividades empresariais".

Essa mudança de mentalidade é coerente com os princípios da contabilidade tradicional. Essa ensina que a apuração do resultado requer que seja deduzido das receitas da empresa o valor da depreciação do capital industrial, só sendo considerado lucro o que sobrar de renda após essa dedução. Ora, como nota Lemme, se a sustentação dos resultados das empresas no longo prazo depende da conservação e do desenvolvimento das diversas bases de capital, não deveria poder ser definido como lucro um resultado calculado antes de considerar as reduções eventualmente ocorridas nessas diferentes bases.[19]

Por isso, como defende Pavan Sukhdev, uma contabilidade que reflita nos relatórios financeiros de uma empresa tanto suas externalidades positivas quanto as negativas é uma ferramenta importante para a mudança, tornando transparentes não apenas seus impactos gerais sobre a economia, a sociedade e o meio ambiente, mas também sua exposição a riscos relacionados à restrição de recursos e à regulação.[20] Uma vez que, ao exercer suas atividades, as empresas consomem não apenas recursos financeiros, mas também ambientais e sociais, para que possam ser consideradas sustentáveis devem ser capazes de medir, documentar e relatar retornos positivos em seus resultados econômicos, ambientais e sociais.[21]

Foi esse raciocínio que levou John Elkington a criar o conceito de *triple bottom line*.[22] Esse parte da expressão *bottom line*, utilizada pelos profissionais de finanças para designar o resultado líquido de uma empresa, mostrando que se deve considerar a interação entre os resultados financeiros, ambientais e sociais a fim de se mensurar o desempenho corporativo.[23] Para Elkington, se quisermos mudar o funcionamento da empresa, é preciso mudar a maneira como avaliamos sua performance e como medimos seu sucesso. Ele sugere que isso seja feito não só com base no desempenho financeiro, mas também do ponto de vista de seu impacto sobre a economia de forma mais ampla, sobre o meio ambiente e sobre a sociedade em que atua.[24] A empresa não contribuirá para o desenvolvimento sustentável se não for capaz de criar simultaneamente valor nessas três dimensões, ilustradas por meio de três palavras que em inglês começam com a mesma letra: *"people, planet, profits"* – pessoas, planeta e lucros.[25]

A mudança na medição do desempenho das empresas tem que ocorrer não apenas no plano externo – pelos investidores que a avaliam –, mas também internamente, pelos mecanismos de remuneração de seus dirigentes. Esses deveriam ter que perseguir também metas não financeiras e seus bônus deveriam ser atrelados ao atingimento dessas metas – o que ajudaria a garantir a coerência entre os objetivos declarados pela empresa e aqueles efetivamente realizados por sua gestão.[26]

Essas metas devem levar em conta diferentes aspectos relacionados à sustentabilidade. Por exemplo, é importante que os sistemas de avaliação verifiquem o desempenho dos empregados com base em sua contribuição para a criação de valor para os acionistas no longo prazo, e não apenas no curto prazo, e que os pacotes de remuneração contenham critérios que levem em conta o resultado trazido para o conjunto de *stakeholders*.[27]

Aqui, mais uma vez, há uma lógica econômica por trás dessas políticas diferenciadas de bônus. Como foi dito, há estudos que mostram poder existir uma relação positiva entre performance socioambiental e performance financeira. Ainda que não seja possível julgar esses estudos conclusivos, eles motivaram a que se passasse a considerar aspectos relacionados à responsabilidade socioambiental como critério de remuneração variável.[28] Em um número cada vez maior de empresas, bônus que eram integralmente atribuídos em função de objetivos financeiros passam a ser vinculados, também, ao desempenho socioambiental.[29]

Qual o melhor modo de se estabelecerem metas "sustentáveis" ainda é um debate em andamento.[30] Os critérios para fazê-lo nem sempre possuem grande precisão, mas servem, como afirma Lemme, como orientação para a sustentabilidade corporativa, inspirando um modelo de negócios que gere resultados consistentes no longo prazo, por meio do equilíbrio entre as dimensões financeira, ambiental e social.[31]

Além dos bônus, muitas empresas adotam políticas de prêmios, que podem ser conferidos, por exemplo, em função do número de sugestões feitas pelos empregados para melhorar as práticas empresariais. Ao incentivar aqueles que sobressaem na promoção da sustentabilidade corporativa, esses sistemas de recompensa estimulam a criatividade dos empregados para conceber novos produtos e serviços e também servem para demonstrar a importância de determinadas políticas.[32] A mobilização de todos os empregados é condição essencial para que a empresa consiga levar adiante a importante mudança cultural que sua transição para a sustentabilidade representa. Essa não pode ser feita, lembra Laville, sem que os empregados compreendam os desafios da iniciativa, o interesse estratégico para a empresa e as consequências sobre seu trabalho cotidiano.[33]

Foco no *stakeholder*

Outra iniciativa que ajudaria a transformar as empresas seria mudar seu foco, atualmente voltado para os ganhos de seus acionistas, passando-o para aqueles proporcionados a seus *stakeholders* – conceito que, conforme definido anteriormente, abrange todos aqueles que podem afetar ou ser afetados pela empresa. Isso inclui, além dos acionistas, os empregados consumidores, fornecedores, bancos, ambientalistas, governo e outros grupos que podem ajudar ou prejudicar a empresa.[34]

Essa seria a abordagem mais correta, uma vez que as empresas não têm obrigações somente para com seus donos, mas também para com as demais partes nela interessadas.[35] Um negócio pode ser entendido como o conjunto de relacionamentos entre os grupos que são afetados pelas atividades da empresa e a maneira como interagem e criam valor. Administrar esses relacionamentos, criando o máximo de valor possível para os *stakeholders*, deveria ser a principal função dos empresários ou executivos, que precisariam ter a capacidade de harmonizar interesses diversos, muitas vezes contraditórios, de diferentes partes interessadas, muitas delas cruciais para assegurar o sucesso de longo prazo da empresa.[36]

A sustentabilidade exige compreensão profunda da interdependência existente entre essas diversas partes em interação. Para alcançá-la, uma empresa precisa formar parcerias com os *stakeholders*, "em vez de considerá-los adversários a serem derrotados, céticos a serem persuadidos ou, na melhor das hipóteses, aliados temporários a serem mantidos a distância", afirma Savitz. Apenas quando se converte o envolvimento das partes interessadas em elemento sistemático e permanente do estilo gerencial seria possível juntar "todos os recursos – ambientais, sociais e econômicos – de que dependem os gestores e a empresa para alcançar sucesso duradouro no mundo interdependente de hoje".[37]

A necessidade desse envolvimento, que permitiria que as empresas considerassem e integrassem a seus modelos de negócio os distintos pontos de vista das partes interessadas, torna o diálogo com os *stakeholders*, antes considerado uma atividade periférica, uma prioridade estratégica.[38]

Se as decisões empresariais levarem em consideração somente os interesses de um grupo restrito, privilegiando apenas os donos e os gestores, sua legitimidade será posta em dúvida, o que dificultará a obtenção de apoio para muitas das ações das empresas, certamente causando-lhes prejuízos. Para se legitimar, lembra Puppim de Oliveira, as empresas precisam deixar de considerar correto apenas o que os gestores ou acionistas pensam, estabelecendo um processo de comunicação entre as várias partes interessadas. Ao mudar a sua maneira de tomar decisões e agir, passando a levar em conta os anseios dos *stakeholders*, as empresas aumentariam a sua legitimidade – tão em baixa hoje em dia[39] – perante a sociedade, diminuindo os riscos de oposição e facilitando suas ações em médio e longo prazo.[40]

A transparência é um requisito fundamental desse diálogo. As empresas devem prestar contas a seus *stakeholders*, que, de sua parte, esperam que a empresa seja honesta, comunicando não apenas seus acertos e seus sucessos, mas também suas falhas e seus fracassos, não negando os problemas eventuais e trabalhando em parceria para resolvê-los.[41]

Porém o mais comum é que as empresas se ponham na defensiva e se recusem a agir de forma transparente ao constatar estar causando algum dano. É uma pena que seja assim, principalmente porque a revolução tecnológica facilitou o diálogo e a formação de parcerias com os *stakeholders*. A internet permite que a empresa se engaje em uma comunicação de via dupla com seus clientes e a comunidade que a rodeia. Como ensina Willard, "sendo abertas e transparentes, as empresas podem aprender, forjar novas relações, estimular o crescimento de mercado e reduzir riscos, ao construir uma base de confiança".[42]

Entre esses riscos minimizados pela melhor compreensão das expectativas dos *stakeholders* está aquele de que a empresa seja questionada a ponto de ter que fechar suas portas. Há autores que entendem que, além da autorização que devem obter do poder público, as empresas recebem uma "licença social" para operar. Um negócio poderia ser extinto não apenas ao perder sua licença formal, mas também caso houvesse uma "cassação" de sua licença de operação implícita, concedida pela sociedade em geral. A empresa é influenciada pela opinião que consumidores, empregados e comunidade têm dela. Se a opinião dessas partes interessadas for desfavorável, a empresa estará sujeita a uma série de efeitos negativos, o que inclui novas exigências regulatórias, obstáculos para obter autorizações, redução nas vendas, investidores que se recusam a comprar suas ações e oposição das pessoas, que pode gerar de protestos a litígios.[43] Ou seja, a sociedade é que permite que a empresa exista e lhe dá certa margem de manobra. Se essa ultrapassa esses limites, a reação social pode ser severa e, em alguns casos, destruir a empresa.[44] O diálogo com os *stakeholders* ajudaria a evitar esses problemas, contribuindo, assim, para a perenidade do negócio.

Cabe aos gestores entender essa nova realidade. A liderança é fundamental para que os programas de sustentabilidade sejam bem-sucedidos – quase sempre, aqueles que oferecem melhores resultados seguem um enfoque de cima para baixo (*"top-down"*). Ainda que a empresa se proponha a implementar um enfoque ascendente (*"bottom-up"*), só é possível transmitir uma visão convincente se o novo paradigma "verde" for aceito em algum momento pela alta direção, que é a única com capacidade suficiente para alinhar com êxito toda a organização. A sustentabilidade não é uma tarefa secundária que poderia ser relegada ao departamento de relações públicas ou ao de responsabilidade social.[45] O dever de implementar a agenda do *triple bottom line* é da direção da empresa, de seu conselho de administração.[46]

Essa é uma mudança significativa porque muitos investidores ainda acreditam que os dirigentes da empresa respondem apenas aos acionistas. Porém, caso se entenda que a direção deve tomar decisões considerando o interesse de longo prazo de sua empresa, na prática isso quer dizer que os interesses de um amplo leque de *stakeholders* não poderiam ser ignorados. Ou seja, ao contrário do que dão a entender algumas legislações, o cumprimento das obrigações legais dos dirigentes empresariais passaria por levar em conta múltiplos interesses, e não apenas os dos acionistas.[47]

Como assegurar que os interesses dos *stakeholders* não serão deixados de lado? Uma verdadeira parceria depende de envolver esses atores nas decisões que definem o negócio.[48] A presença de representantes dos empregados ou de outras partes interessadas em órgãos deliberativos das empresas poderia garantir que aspectos não financeiros do desempenho empresarial – como sua sustentabilidade – fossem igualmente discutidos em seus níveis mais altos de deliberação.[49] Como constatou pesquisa recente, 93% dos presidentes de empresas acreditam que as questões relacionadas ao desenvolvimento sustentável deveriam ser consideradas no conselho de administração, o que leva muitas delas a designarem um membro comprometido com esse tema para ocupar uma das cadeiras desse órgão.[50]

A integração da sustentabilidade à estratégia central do negócio é vista como o principal desafio dos conselhos de administração. O envolvimento da direção é essencial para que os empregados acreditem que a sustentabilidade não é uma moda passageira, mas verdadeiramente um pilar estratégico da empresa.[51] Esse envolvimento, no entanto, não é suficiente para garantir que o desafio de incorporar a sustentabilidade ao negócio será vencido. A sustentabilidade tem dependido, normalmente, de certos indivíduos que conseguem impor suas convicções pessoais às empresas que lideram. Para garantir que o foco no desenvolvimento sustentável não desapareça no fim do mandato desses líderes, é necessário institucionalizá-lo.[52] É preciso, como veremos a seguir, que a sustentabilidade seja incorporada à missão da empresa.

Uma nova missão para as empresas

Não se conseguirá inserir a sustentabilidade no DNA das empresas sem introduzir esse ideal em sua missão, seus valores e sua visão.

Missão – o objetivo fundamental de uma empresa –, valores – o conjunto de princípios que regem suas ações e decisões – e visão – onde a empresa deseja estar no futuro, sua ambição no longo prazo – são importantes porque indicam como a empresa agirá em seu dia a dia – sua cultura básica e filosofia de atuação – e qual direção irá tomar. Sendo a empresa, como afirma Laville, a mais incrível força de mudança de nossa época, ela reforça seu papel ao se dotar de uma missão ambiciosa e de um projeto visionário.[53]

Não é tão simples, entretanto, convencer as empresas a repensarem sua missão, principalmente em uma cultura ainda dominada pela ideia de que o objetivo dessas se limita a obter lucros. Como bem nota Philippe de Woot, aqueles gestores que dirigem suas empresas com energia e competência têm dificuldade de aceitar que são parcialmente responsáveis pelas consequências negativas de suas atividades. Não entendem as críticas, pois sentem que estão contribuindo para o bem comum assegurando o sucesso de seus negócios, e não veem necessidade de questionar o modelo econômico que, para eles, é o mais eficiente e para o qual dedicaram seus melhores esforços.[54]

Para mudar essa cultura, é preciso alterar o sistema atual em que, como nota Woot, as empresas operam em um tipo de vácuo ético e político e todo o seu dinamismo e toda a sua criatividade funcionam como uma motoniveladora sem outra lógica além de sua própria eficácia e sem outra meta além do lucro para os acionistas. Segundo ele, a empresa deveria, daqui em diante, questionar o significado de suas ações e de seus objetivos. Deveria saber que é possível agir de forma responsável em um sistema que carece de responsabilidades e que ainda é possível manter a ética, digna desse nome, enquanto se joga o jogo econômico.[55]

Por isso, seria muito positivo obrigar cada empresa – quem sabe, por força de lei – a elaborar uma declaração de missão explicando como pretende contribuir para o interesse geral, para a sociedade em que atua e para o meio ambiente, comprometendo-se perante seus públicos, cabendo à sociedade controlar a maneira como essa cumpre a missão a que se comprometeu.[56]

O que ganha a empresa ao ampliar seus objetivos? Como pudemos perceber ao analisar os benefícios de algumas práticas sustentáveis, aumentar o engajamento dos empregados pode trazer diversas vantagens para as empresas. Pois bem, a missão ajuda a desenvolver a consciência de que o local de trabalho pode ser também um local de produção de sentido. O sentido, como lembra Laville, é a verdadeira motivação dos seres humanos, afetando seu comprometimento, sua criatividade, sua energia e sua realização individual.[57]

A função dos gestores, hoje, não deve ser apenas fazer dinheiro. É "fazer significado", porque, quando se trata de atrair e manter equipes de pessoas talentosas, o dinheiro sozinho não fará isso. Pessoas talentosas querem ser parte de algo em que possam acreditar, algo que dê razão a seu trabalho e às suas vidas. As pessoas não querem que os objetivos da empresa sejam previsíveis. Ao contrário, elas querem metas que energizem a organização, refletindo seus valores – o tipo de missão que lhes oferece a chance de fazer a diferença.[58]

Além disso, é importante que a empresa também amplie as suas ambições, estabelecendo uma visão igualmente inspiradora. A visão é o que molda a transformação da empresa e dá uma direção a esse processo.[59] Para Collins e Porras, empresas visionárias buscam alcançar um conjunto de objetivos, dos quais fazer dinheiro é apenas um, e não necessariamente o principal. Elas visam ao lucro, mas são igualmente guiadas por uma ideologia central, por um núcleo de valores e de propósitos que vão além de apenas ganhar dinheiro. E, ainda que a simples maximização dos resultados não seja o princípio que as governa, as empresas visionárias perseguem seus objetivos de forma lucrativa.[60]

Quanto mais audaciosos os objetivos da empresa, maiores as chances de que sirvam para mobilizar e unificar esforços. Esses objetivos devem ser como a primeira viagem do homem à Lua: claros e atraentes. E o desenvolvimento sustentável é, certamente, um objetivo desse tipo. Zerar as emissões, acabar com o desperdício e ajudar a restaurar a saúde social e ambiental do planeta são elementos que comporiam uma visão poderosa para as empresas, como defende Willard.[61]

Como fazer para que a empresa incorpore o desenvolvimento sustentável em sua missão e tenha, como visão, a aspiração de contribuir para a solução dos problemas socioambientais que nos assolam? Como esclarece Joan Ricart, são os valores das empresas que refletem suas crenças sobre o que realmente consideram importante. Para que a sustentabilidade passe a fazer parte da sua natureza, as empresas devem integrar a seus valores os princípios do desenvolvimento sustentável – tais como perspectiva de longo prazo, diversidade, diálogo com as partes interessadas e responsabilidade.[62] Construir uma empresa com base em valores é algo que lhe confere vantagens competitivas.

Talvez ainda seja cedo para dizer que a motivação moral é o principal fator a impulsionar a sustentabilidade nas empresas. Porém, como constataram Esty e Winston, muitos executivos, ao ser perguntados por que suas empresas adotaram iniciativas sustentáveis ainda que o resultado econômico dessas pudesse ser incerto, respondem que procuravam "fazer a coisa certa". Portanto, os valores importam, sim.[63]

Concluímos que as empresas, abraçando os valores da sustentabilidade e adotando uma visão compatível com esses valores, devem mudar a sua missão – a sua razão de ser.

Qual deveria ser a nova missão das empresas? Certamente, terão que deixar de se basear somente no lucro. Esse deve passar a ser visto como um meio indispensável a serviço de um fim mais nobre, que considere, como argumenta Laville, o que a empresa pode agregar ao seu redor. Segundo ela, é preciso criar uma empresa que esteja em harmonia com o mundo que a cerca, para a qual o desenvolvimento sustentável seja uma segunda natureza e na qual cada ato contribua efetivamente para a criação de um mundo um pouco melhor, não por altruísmo, mas pela sua própria maneira de ser.[64]

O que distingue a empresa sustentável da empresa tradicional é que a primeira tem consciência de que faz parte de um sistema mais amplo e que depende dele para sobreviver. Em vez de ser uma depredadora do sistema, ensina Ricart, a empresa sustentável obtém dele recursos com a finalidade de contribuir para a criação de riquezas – comportamento que aumenta a resistência e acarreta a melhoria tanto da empresa quanto do sistema.[65]

O objetivo fundamental da empresa deveria ser, portanto, melhorar o planeta e a vida das pessoas por meio de seus produtos e serviços. Para atingi-lo, essa deveria identificar os benefícios e os danos que seus produtos podem trazer para o conjunto da sociedade e as necessidades que esses podem atender. A meta deveria ser criar valor econômico de uma forma que também crie valor para a sociedade, ao tratar das necessidades e dos desafios dessa última.[66] A empresa deveria parar de fazer negócios com danos colaterais e começar a fazer negócios com benefícios colaterais, passando a criar, além do capital financeiro, outros tipos de capital – social, humano e natural –, não apenas para si própria, mas também para a sociedade como um todo.[67]

Essa finalidade mais ampla é, por exemplo, o intuito do movimento conhecido como "Empresas B", que visa a solucionar problemas sociais e ambientais por meio de mecanismos de mercado, fazendo com que aquelas que a ele aderirem procurem se tornar motores de bem-estar e redefinam o sentido de seu êxito, buscando ser não apenas as melhores do mundo, mas também as melhores para o mundo.[68] Nessa linha, alguns estados norte-americanos já adotaram legislações que permitem a existência de *"benefit corporations"*, cujos estatutos expressamente permitem que essas companhias tenham como objeto, além da lucratividade, um propósito social.[69]

Deve-se abandonar a retórica de que a produção de valor para os acionistas é a única função e o único indicador de sucesso das empresas. Como defende Ian Davis, talvez seja mais exato, mais motivador – e, na verdade, mais benéfico no ponto de vista do próprio valor para os acionistas no longo prazo – descrever o propósito maior dos negócios como o fornecimento eficiente dos bens e serviços desejados pela sociedade. O lucro não deveria ser visto como um fim em si mesmo, porém como um sinal de que a empresa está sendo bem-sucedida em sua missão de fornecer algo que a sociedade quer. Os lucros são a recompensa por esse sucesso.[70]

Cada produto vendido ou cada novo cliente atesta o interesse da sociedade pela missão da empresa e a eficácia com que essa vem sendo implementada.[71] Quanto mais a missão da empresa torna sua contribuição única e insubstituível, mais pertinente ela é.

A busca da missão, ensina Laville, pode levar a empresa a questionar o sentido de sua existência. Isso não significa que o objetivo da empresa passará a ser o de resolver todos os problemas do planeta, o que a levaria a se dispersar e se afastar de sua própria missão. É no contexto do que ela melhor sabe fazer, agindo de forma sustentável onde ela já é reconhecida como útil e eficiente, que a empresa melhor pode contribuir positivamente.[72]

Portanto, a visão da empresa deveria ser associada à sua contribuição para o progresso social, em vez de ser reduzida a sua dimensão financeira.[73] Como conclui Philippe de Woot, a ética atual dos negócios – que muitos executivos e empreendedores, presos em uma luta competitiva, resumem à honestidade e ao respeito às regras – não é mais adequada para a situação que enfrentamos hoje. A verdadeira questão do momento é "que tipo de mundo desejamos construir juntos?" É necessário repensar o propósito da empresa e redefinir sua razão de ser, para que essa adote um novo comportamento a respeito dos problemas do nosso tempo.[74]

Ação internacional e sustentabilidade

Globalização jurídica e sustentabilidade

O Direito Internacional do Meio Ambiente

A necessidade de se regular internacionalmente o meio ambiente decorre do fato de que grande parte das questões ambientais é global. E, cada dia mais, observa Frances Cairncross, os problemas ambientais que nos preocupam – como a sobrepesca, a chuva ácida e a redução da camada de ozônio – surgem parcial ou completamente além das nossas fronteiras. Todos esses exemplos se referem a assuntos que só podem ser resolvidos se os países cooperarem uns com os outros.[1]

É a cooperação para tentar solucionar questões como essas – às quais podem se somar outras tantas, como o desaparecimento de espécies da fauna e da flora, a perda de solos férteis pela erosão e pela desertificação, o acúmulo crescente de lixo e resíduos industriais, o colapso na quantidade e na qualidade da água – que leva, como lembra Sidney Guerra, ao florescimento do direito internacional ambiental.[2]

O direito internacional ambiental – ou direito internacional do meio ambiente – é o nome que se dá, na definição de Alexander Kiss, ao direito que rege as relações entre Estados no domínio da proteção do meio ambiente – que compreende os recursos naturais, como o ar, a água, o solo, a fauna e a flora e a interação entre eles, os bens que compõem a herança cultural e os aspectos gerais da paisagem.[3]

Trata-se de uma área nova e dinâmica do direito internacional que gradualmente afirma-se como ramo autônomo. Isso porque, notam Rei e Cunha, representa um corpo distinto e específico de normas e princípios, que têm por objeto as relações dos sujeitos do direito internacional com o meio ambiente, buscando um propósito comum, que é o da proteção e gestão desse meio ambiente em bases sustentáveis.[4]

Uma das principais características desse ramo do direito é que ele é caracterizado pela grande quantidade de normas não cogentes.[5] Os princípios que o compõem normalmente estão contidos em atos jurídicos como declarações e diretivas que, diferentemente dos tratados internacionais, não são vinculantes.[6] São, na verdade, o que é usualmente descrito como *"soft law"* – um direito "suave", ou "brando".

Porém, como afirma Marcelo Varella, a eficácia das normas internacionais não é determinada por seu tipo, pela forma como foram produzidas ou por outro elemento de fácil identificação. Não é o fato de elas estarem em uma "Convenção" ou em uma "Resolução" que irá predeterminar se serão ou não eficazes, mas sim o grau de consideração dado pelos Estados contratantes, ou mesmo pelos demais Estados, à implementação do seu conteúdo.[7]

O fato de o direito internacional do meio ambiente ser em grande parte *soft law* não significa, portanto, que suas normas não tenham relevância jurídica. Ao contrário, essas podem criar expectativas legítimas de que os Estados – que, presume-se, estão agindo de boa-fé quando concordam com os documentos que as contêm – deveriam estar impedidos de violar deliberadamente acordos ou compromissos assumidos nesses documentos.[8]

Além disso, raciocínios baseados na teoria dos jogos reforçam a opinião de que normas de *soft law* podem ser eficazes. Como explica Stern, a análise mais simplista dessa teoria vê os participantes do jogo internacional como se esses focassem apenas em seus próprios interesses e fizessem suposições muito simples sobre o comportamento dos outros – isto é, pensando que, ainda que eles mesmos trapaceiem, os demais continuarão a agir como antes. Nessa hipótese, o já mencionado problema do *free riding* salta aos olhos. Em um contexto de combate às mudanças climáticas, o jogador que não cumpre o estabelecido se vale da convicção de que os outros serão mais responsáveis e manterão seus esforços e que, portanto, ele não sofrerá tanto assim com os gases de efeito estufa adicionais que vier a emitir. Procura "pegar carona" nos sacrifícios alheios, beneficiando-se dos cortes de emissões dos demais sem que, ele mesmo, se sacrifique.

Há, entretanto, como lembra Stern, três coisas erradas nessa visão simplista da questão do *free rider*. Primeiro, muitos jogadores tendem a se preocupar com a possibilidade de que, se enganarem os outros, esses poderão se retirar do acordo, caso em que o pequeno efeito das emissões adicionais daquele que trapaceou se somará às emissões dos demais, acarretando um grande dano global. Segundo, quando os acordos começam a funcionar e novos mercados são criados, os jogadores vistos como irresponsáveis se arriscam a ser excluídos de oportunidades e de setores importantes de crescimento futuro. Terceiro, não se pode descartar que muitos participantes venham a olhar além de seus próprios interesses e se inquietar com as consequências gerais.

Isso não significa, afirma Stern, que devamos diminuir a importância do problema do *free rider*, mas serve para mostrar que os efeitos sobre a reputação e as sanções implícitas também têm um peso nessa discussão baseada na teoria dos jogos. Esses efeitos são amplos e se um país falhar em cooperar ou em entregar o que prometeu, poderá perder sua credibilidade em relação a negociações e acordos em outras áreas, como a comercial ou a financeira. Os países podem, portanto, perceber ganhos em participar de ações coletivas, pelo aumento de sua reputação em suas interações internacionais em outras dimensões.[9]

Ainda assim, o fato de que grande parte das convenções internacionais seja apenas de "acordos quadro", que não criam para as partes obrigações legais, mas apenas morais, leva a doutrina a divergir sobre a eficácia de suas regras. Ao não existirem meios institucionais para que outros Estados contratantes exijam que um país cumpra seus deveres, a aplicação do combinado dependerá da vontade de cada Estado, o que acaba provocando incerteza e, com isso, insegurança jurídica.[10]

Outra crítica comumente feita ao direito internacional do meio ambiente refere-se à sua falta de unidade. Em sua evolução, as normas de *soft law* se acumulam de forma indistinta ao lado de algumas normas obrigatórias, em uma evolução irregular que, como lembra Varella, acontece tanto no nível nacional quanto internacional, sem sucessão temporal lógica.[11] Isso acontece porque a comunidade internacional adotou como abordagem responder às questões ambientais à medida que elas iam surgindo, de forma isolada umas das outras – fragmentação que causa uma preocupação quanto à falta de coerência entre essas respostas.[12] Um grande desastre ambiental ocorria, como o naufrágio do petroleiro *Torrey Canyon* na costa da Inglaterra, em 1967, e a comunidade internacional respondia com Convenções como a de Bruxelas, de 1969, que trata da responsabilidade civil por danos causados pela poluição por petróleo.[13] E, em paralelo, outras negociações, de caráter mais geral, iam acontecendo.

Assim, o direito internacional ambiental foi sendo construído sobre dois eixos – convenções específicas e convenções com objetos amplos –, sem regularidade, sem uma evolução linear.[14]

O marco comumente identificado como aquele a partir do qual a evolução do direito internacional do meio ambiente ganhou força é a Conferência de Estocolmo de 1972 – à qual voltaremos ao tratar das conferências da ONU sobre o meio ambiente. Pode-se dizer que essa Conferência representou a consolidação desse ramo do direito.[15] Após Estocolmo, assistiu-se a uma multiplicação de instrumentos internacionais lidando com diversos aspectos do meio ambiente. Isso não significa que a governança ambiental global deixou de ser descentralizada. Ela continuou a se basear, principalmente, na negociação e na implementação, por parte das nações, de tratados "assunto por assunto". Porém a força motriz da governança ambiental global desde 1972, como ensina Kate O'Neill, passou a ser não mais a tecnocracia, mas a diplomacia internacional.[16]

Há, atualmente, mais de 250 acordos ambientais multilaterais (*multilateral environmental agreements* – MEAs, na sigla em inglês) em vigor[17], o que leva O'Neill a afirmar que esses compõem hoje o modo dominante de governança global ambiental.[18] A maioria deles evoluiu independentemente, cobre diferentes escopos e tem padrões variados de institucionalização e de coesão.[19] Muitos deles estabelecem um corpo burocrático – mais de duzentos secretariados surgiram desde os anos 1990 –, uma sede e procedimentos de votação para a tomada de decisões dentro de sua área de competência, criando o que se pode chamar de uma instituição multilateral. Essas instituições apresentam as mesmas características dos acordos ambientais multilaterais, dividindo-se por matérias específicas e sendo criadas mais ou menos no mesmo ritmo do surgimento dos problemas com os quais procuram lidar.[20]

Assim como o fato de ser predominantemente *soft law* não significa, necessariamente, que o direito internacional do meio ambiente não possa ser eficaz, o fato de ser descentralizado – e, muitas vezes, pouco coerente – não quer dizer que ele não tenha alguns casos de sucesso a apresentar. Talvez o maior deles seja o que estudaremos a seguir: o regime de proteção à camada de ozônio.

O exemplo do buraco na camada de ozônio

Quando analisamos os limites planetários que estão sendo excedidos, comentamos que a camada de ozônio era um dos principais exemplos de problema ambiental que havia sido tratado de forma eficiente pela comunidade internacional.[21] É um caso interessante em que, após se ter extrapolado um limite importante do planeta e depois que as consequências disso tivessem sido observadas, o esforço para reduzir a atividade humana novamente a níveis sustentáveis foi bem-sucedido.[22]

A camada de ozônio localiza-se entre 10 e 50 quilômetros da superfície da Terra e funciona como uma proteção natural contra a radiação emitida pelo Sol. Ela absorve a maior parte de uma radiação solar ultravioleta especialmente daninha, chamada UVB. A exposição excessiva a essa radiação pode causar câncer de pele, entre outros problemas.[23]

Em outubro de 1984, cientistas constataram uma redução de 40% na concentração de ozônio na estratosfera acima da Antártida. Em maio de 1985, foi publicado um artigo que chamou a atenção para o "buraco" na camada de ozônio no hemisfério sul. Tinha quase o tamanho do território dos Estados Unidos e, a cada ano, vinha se ampliando.[24]

Já era sabido, devido a pesquisas desenvolvidas a partir da década de 1970, que algumas substâncias fabricadas pelo homem, entre elas os clorofluorcarbonos (CFCs), tinham o efeito de destruir um grande número de moléculas de ozônio, diminuindo sua concentração na estratosfera. Os CFCs foram muito utilizados ao longo de quase duas décadas na fabricação de equipamentos de refrigeração e ar-condicionado, na produção de espumas, nos processos de limpeza industrial, na segurança contra incêndios e na fumigação agrícola e também eram comumente encontrados em itens domésticos cotidianos, como sofás, colchões, copos descartáveis, geladeiras e desodorantes em spray.[25]

Apesar da utilidade dessas substâncias, seu uso indiscriminado pelos seres humanos havia ultrapassado o limite sustentável. Estávamos a caminho de destruir a camada de ozônio.[26]

O objetivo passou a ser, então, a eliminação da produção e do consumo dessas substâncias. Em 1985, a Convenção de Viena para a Proteção da Camada de Ozônio estabeleceu parâmetros para as negociações multilaterais que tentariam solucionar o problema. Em 1987, foi assinado o Protocolo de Montreal sobre Substâncias que Destroem a Camada de Ozônio, com metas obrigatórias em diferentes níveis para a redução de diversos poluentes.[27] Mais de 150 países aderiram a esse Protocolo – que entrou em vigor em 1989 –, comprometendo-se a substituir o uso de CFCs e outras substâncias que contribuem para a degradação dos níveis de ozônio.

Esse Protocolo, ao contrário de tantos outros exemplos de normas criadas no âmbito do direito internacional do meio ambiente, previu punições, o que pode ser considerado um dos motivos de seu sucesso. Em vez de se concentrar nas emissões das substâncias nocivas à camada de ozônio, focou em sua produção e seu comércio, ameaçando aplicar sanções comerciais contra aqueles que não fossem seus signatários e contra os signatários que falhassem em cumprir suas obrigações.[28]

Proibiu-se o comércio entre signatários e não signatários de substâncias controladas pelo tratado, como os CFCs. Também foi banida a importação de produtos que contivessem essas substâncias – como geladeiras e aparelhos de ar-condicionado. E abriu-se a possibilidade de impedir a importação de produtos cuja fabricação utilizasse essas substâncias – como circuitos de computador que passassem por um processo de limpeza por meio de CFCs.

O objetivo dessas medidas era reduzir a possibilidade de que os países que, em vez de mudar para substitutos mais caros, continuassem a usar os CFCs se tornassem mais competitivos do que aqueles que tivessem banido essas substâncias e que, ainda assim, se beneficiassem da recuperação na camada de ozônio causada pelas ações desses últimos. Elas permitiram superar a desconfiança de muitas nações que queriam assinar o Protocolo, mas temiam que outras que a ele não tivessem aderido se tornassem *free riders*.[29]

Outra causa do bom resultado do Protocolo de Montreal está relacionada a seus custos de implementação. Eram relativamente baixos, uma vez que substitutos para a maioria dos usos dos CFCs já estavam em desenvolvimento.[30]

Para os governos, a escolha não parecia muito difícil, porque logo ficou claro que o custo de controlar as substâncias nocivas à camada de ozônio não era tão alto e que, por isso, não era significativo o suficiente para afetar o crescimento econômico de qualquer nação. E as famílias, que foram as que pagaram o custo adicional de controlar essas substâncias, sequer o notaram.[31] Quando comparados ao ganho trazido por se combater a degradação da camada de ozônio – representado pela erradicação do grande risco que essa traz para a saúde, prevenindo milhões de cânceres e mortes por essa doença –, esses custos se mostravam ainda mais justificáveis.[32]

Além disso, as empresas que produziam as substâncias nocivas à camada de ozônio não se sentiram afetadas pela interrupção de sua produção, porque essa representava uma pequena parte de sua renda. Isso tornou improvável que fossem intransigentes em aceitar a nova regulação, principalmente se considerassem os riscos políticos que esse comportamento poderia gerar para algumas delas – como a Du Pont – preocupadas em manter a sua reputação.[33]

Mesmo assim, em um primeiro momento, as empresas lutaram contra a regulação, tentando evitar os custos de sua implementação. Depois dessa reação inicial, pressionadas, tiveram um papel relevante no processo de criação do novo regime, utilizando seu conhecimento para moldar as posições de alguns governos e influenciar as negociações – definindo os parâmetros do que era considerado tecnologicamente viável e indicando as substâncias que poderiam substituir as previamente utilizadas.[34]

O último fator que contribuiu para diminuir a resistência à ação em defesa da camada de ozônio foi, exatamente, a tecnologia. Avanços técnicos fizeram com que os substitutos dos CFCs já em desenvolvimento acabassem sendo menos custosos do que inicialmente previsto.[35] Se, nos primeiros dias de funcionamento do regime, as pessoas acreditavam que responder à destruição da camada de ozônio seria algo muito complicado, o surgimento de novas tecnologias facilitou o processo. A mudança nos incentivos, estimulada pelas regulações, tornou possível implementar um regime profundo e abrangente.[36]

Todos esses fatores levaram o Protocolo de Montreal a ter um resultado muito positivo, o que o torna um exemplo exitoso de governança comandada pelos Estados.[37] Não é para menos que esse instrumento foi descrito pelo ex-secretário-geral da ONU Kofi Annan como "talvez o mais bem-sucedido acordo internacional até hoje".[38] A concentração de substâncias nocivas à camada de ozônio chegou a um pico em 1994 e, desde então, vem declinando lentamente,[39] sendo que 95% da produção dessas substâncias foram interrompidos.[40]

Porém, como lembram Randers e os Meadows, para que o capítulo final dessa história venha a ser escrito, teremos que esperar algumas décadas. Caso tudo dê certo e o Protocolo de Montreal continue a ser cumprido, caso se detenha a produção ilegal de substâncias nocivas e caso não haja grandes erupções vulcânicas – que também podem causar a redução do ozônio estratosférico durante curtos períodos –, a camada de ozônio deverá recuperar o seu estado original por volta de 2050.[41]

É preciso, por fim, acrescentar que, como muitas das substâncias destruidoras da camada de ozônio são potentes gases de efeito estufa, o Protocolo de Montreal trouxe também importantes benefícios para o clima.[42]

É evidente que, no caso das mudanças climáticas, o desafio é maior. Era possível lidar mais prontamente com a destruição da camada de ozônio porque essa tinha uma causa principal: a emissão de clorofluorcarbonos, para os quais substitutos já haviam sido desenvolvidos. No caso do aquecimento global, no entanto, como nota John Ruggie, as fontes de emissões de gases de efeito estufa são muito mais difusas, mais profundamente entremeadas nos sistemas de produção e transporte da economia moderna e também muito mais caras de se alterar em curto para médio prazo.[43]

Não se deve desprezar, ainda assim, o exemplo do Protocolo de Montreal, no qual, como afirma Ghemawat, uma regulação com "dentes" de verdade e sensibilidade às diferenças entre os países combateu de forma eficaz uma externalidade global.[44]

O caso da ação internacional para proteção da camada de ozônio desperta esperança, ao demonstrar que as pessoas e as instituições podem aproximar suas posições em escala mundial, diagnosticar um problema de extrapolação de limites do planeta para, em seguida, conceber e aplicar soluções.[45]

Princípios relacionados ao desenvolvimento sustentável

Como vimos, a ação dos Estados para a proteção do meio ambiente é notada, no plano internacional, pela adoção de uma série de tratados e outros instrumentos. No plano doméstico, é claro, também há uma intensa atividade legislativa com a mesma finalidade, que se soma às políticas implementadas internamente pelo poder executivo.

A outra atribuição relevante dos Estados é assegurar o acesso à justiça, para que a legislação ambiental seja respeitada em seu território. Internamente, o judiciário pode ser uma arma efetiva para o cumprimento das normas relacionadas à proteção do meio ambiente, ao permitir que indivíduos ou empresas promovam uma espécie de controle difuso.

A possibilidade de se valer da jurisdição doméstica para questionar violações ao meio ambiente é reconhecida e assegurada por ao menos um acordo internacional: a Convenção de Aarhus sobre acesso à informação, participação do público no processo de tomada de decisão e acesso à justiça em matéria ambiental, de 1998, celebrada no âmbito da Comissão Econômica das Nações Unidas para a Europa (UNECE, na sigla em inglês), mas aberta à participação de países de outras regiões, já ratificada por 46 nações.[46] Essa Convenção, alinhada ao Princípio 10 da Declaração do Rio de 1992, que prevê a necessidade de se garantir o acesso efetivo dos indivíduos a mecanismos judiciais e administrativos[47], indica uma tendência a conferir poderes a cidadãos e ONGs para que estes ajudem a fazer cumprir as normas de proteção ao meio ambiente.[48]

O poder jurisdicional – em outras palavras, o poder de "dizer o direito" – é, assim, uma importante ferramenta para a promoção da sustentabilidade, diretamente ligada ao papel do Estado. E as decisões judiciais disso resultantes contribuem para consolidar alguns princípios.

E internacionalmente? Qual a relação entre poder jurisdicional e sustentabilidade? Também no plano internacional, a criação de normas mais ou menos vinculantes por meio de tratados e outros instrumentos não é a única maneira de se defender o ambiente por meio do direito. Outro fator a ser considerado é, também nesse caso, o surgimento de decisões judiciais ou quase judiciais relativas ao meio ambiente.[49]

A crescente jurisprudência nessa área contribui para o processo de construção do direito ambiental internacional, confirmando determinados princípios que, mesmo quando surgidos de declarações e outros documentos considerados *soft law*, se fortalecem ao ser utilizados pelos tribunais em suas decisões.

É esse processo de nascimento e consolidação de princípios relativos ao desenvolvimento sustentável que examinaremos a partir de agora.

Pode-se afirmar até que o próprio desenvolvimento sustentável já teria sido consagrado pelo direito internacional e por sua jurisprudência como princípio – ou, ao menos, como conceito ou objetivo que, sem dúvida, influencia a criação e interpretação desse direito de maneira fundamental.[50]

Foi proclamado como um objetivo essencial da comunidade internacional nas diversas conferências das Nações Unidas sobre o meio ambiente e foi incluído em inúmeros tratados multilaterais, acordos regionais e outros documentos de organizações internacionais, inclusive na carta de fundação da OMC, no direito da União Europeia e na ONU, por meio de sua Assembleia Geral e em Resoluções de seu Conselho de Segurança.[51]

Na jurisprudência, o exemplo mais emblemático dessa consagração do desenvolvimento sustentável é o do caso Gabcikovo-Nagymaros, envolvendo uma disputa entre Eslováquia e Hungria a respeito da construção de uma represa para servir um projeto hidroelétrico no rio Danúbio, que cruza a fronteira desses dois países. O caso foi levado para a Corte Internacional de Justiça (CIJ) – principal órgão judiciário da ONU, com sede em Haia, dedicada a resolver conflitos jurídicos entre Estados.[52]

Em 1997, a CIJ proferiu sua sentença determinando que as partes deveriam reavaliar em conjunto os efeitos ambientais da operação da usina elétrica de Gabcikovo,[53] adotando o desenvolvimento sustentável como uma das bases para sua decisão.[54]

Nessa sentença, lembrou-se que o homem não parou, ao longo das eras, de intervir na natureza, frequentemente sem considerar os efeitos disso. Porém, com as novas perspectivas apresentadas pela ciência quanto aos riscos que essas intervenções a um ritmo impensado representariam para a humanidade, os Estados precisam agora começar a considerar as normas de proteção ambiental enunciadas em um grande número de instrumentos.[55]

Para a CIJ, o conceito de desenvolvimento sustentável deve servir para conciliar desenvolvimento econômico e proteção ambiental.[56] Além disso, em sua opinião separada, o vice-presidente da Corte, Christopher Weeramantry, afirmou ser o desenvolvimento sustentável "mais do que um mero conceito, mas um princípio com valor normativo, crucial para a decisão deste caso".[57] Segundo ele, esse princípio é "parte do direito internacional moderno, devido não apenas à sua necessidade lógica inescapável, mas também por sua aceitação ampla e geral pela comunidade global".[58]

Isso indica, para Nico Schrijver, que, em adição à paz e segurança e ao respeito pela humanidade, a sustentabilidade está emergindo no direito internacional contemporâneo como valor fundamental da comunidade internacional.[59] O mesmo pensa Vaughan Lowe, para quem o desenvolvimento sustentável "merece claramente um lugar no panteão de conceitos que não devem ser questionados entre pessoas bem-educadas, assim como a democracia, os direitos humanos e a igualdade soberana dos Estados".[60]

O reconhecimento do desenvolvimento sustentável como valor fundamental tem respaldo em um processo histórico de evolução de uma série de outros princípios mais específicos vinculados à proteção do meio ambiente.

É possível apontar diversas decisões que contribuíram para esse processo. Um exemplo marcante é o do caso de arbitragem conhecido como Trail Smelter, considerado por muitos a primeira manifestação jurídica internacional formal em defesa do meio ambiente.[61] Nele, alegou-se que a emissão de gases nocivos por uma fundição ("*smelter*", em inglês) situada em Trail – cidade na província canadense de British Columbia – estava causando danos às terras e plantações do estado norte-americano vizinho de Washington.

A decisão do tribunal arbitral, de 1941, estabeleceu que, sob os princípios do direito internacional, nenhum Estado tem o direito de usar ou permitir o uso de seu território de maneira a causar danos a propriedades ou pessoas no território de outro Estado, consagrando, assim o "princípio da boa vizinhança".[62]

Outra manifestação nesse sentido que vale a pena mencionar é o Parecer Consultivo da CIJ sobre a "Licitude da ameaça ou do emprego de armas nucleares", de 1996. Nele, a Corte estabeleceu que cada Estado deve cuidar para que as atividades exercidas nos limites de sua jurisdição ou sob seu controle respeitem o meio ambiente de outros Estados e que essa obrigação geral é, hoje, parte do corpo de regras do direito internacional ambiental.[63] Mais recentemente, a CIJ entrou em discussão semelhante ao julgar o chamado "caso das papeleiras", sobre a construção de indústrias de celulose em território uruguaio, na fronteira com a Argentina, às margens do rio Uruguai. Em sua sentença de 2010, a Corte levou em conta a necessidade de se alcançar um equilíbrio entre o uso das águas do rio e sua proteção ambiental que seja coerente com os objetivos do desenvolvimento sustentável, além da obrigação prevista no Estatuto do rio – que não foi cumprida pelo Uruguai – de informar e consultar previamente a Argentina a respeito de qualquer obra capaz de afetar aquele recurso natural compartilhado entre os dois países.[64] Apesar disso, a decisão frustrou aqueles que esperavam uma condenação mais veemente da violação dessa obrigação pelo Uruguai, uma vez que acabou não representando maiores consequências jurídicas para esse último.[65]

Esses deveres dos Estados foram respaldados, ainda, por alguns instrumentos internacionais – aos quais voltaremos mais adiante. Há princípios dando-lhes suporte em diversas declarações internacionais, como aquelas adotadas em conferências das Nações Unidas sobre o meio ambiente – caso daquela de Estocolmo, em 1972, e daquela do Rio de Janeiro, em 1992.

O princípio de número 21 da Declaração de Estocolmo, considerado como sendo direito costumeiro em matéria ambiental,[66] estipula que os Estados têm o direito de explorar seus recursos segundo suas políticas ambientais e a responsabilidade de garantir que atividades exercidas nos limites de sua jurisdição ou sob seu controle não prejudiquem o meio ambiente de outros Estados ou de áreas situadas fora dos limites de qualquer jurisdição nacional.[67] O princípio número 2 da Declaração do Rio de Janeiro, por sua vez, repete a ideia.[68]

A Declaração do Rio estabelece, ainda, o dever de fornecer aos Estados potencialmente afetados notificação prévia e informações relevantes sobre atividades que possam vir a ter considerável impacto negativo sobre seu meio ambiente (Princípio 19) e o de notificar imediatamente outros Estados sobre desastres naturais ou outras situações de emergência que possam vir a causar prejuízos (Princípio 18).

Essas Declarações contribuíram, assim, para consagrar o chamado princípio da prevenção nas relações entre Estados. Sendo já conhecidos os riscos da atividade que será levada adiante por um determinado Estado, esse tem o dever de preveni-los.[69] O princípio da prevenção tem caráter cautelar e se baseia na ideia de que a ciência nos oferece informações certas e precisas sobre a periculosidade de determinada atividade, devendo-se, por isso, evitar a repetição dessa atividade, que já se sabe perigosa.[70]

A prevenção é complementada por outro princípio também previsto na Declaração do Rio de 1992, que é o da precaução. Desde então, tem ganhado aceitação global crescente.[71] No Princípio 15 dessa Declaração, afirma-se que, com o fim de proteger o meio ambiente, a precaução deverá ser amplamente observada pelos Estados, de acordo com suas capacidades. Quando houver ameaça de danos graves ou irreversíveis, a ausência de certeza científica absoluta não será utilizada como razão para o adiamento de medidas economicamente viáveis para prevenir a degradação ambiental.[72]

Como a própria descrição desses princípios indica, a distinção entre precaução e prevenção é que a primeira corresponde a um perigo abstrato, enquanto a segunda corresponde a um perigo concreto. O princípio da precaução determina que não se produzam intervenções no meio ambiente antes de se ter certeza de que essas não serão nocivas, enquanto o da prevenção aplica-se a riscos de impactos ambientais já conhecidos.[73]

No caso da precaução, leva-se em conta o risco potencial, ainda que não tenha sido integralmente demonstrado e não possa ser quantificado em sua amplitude ou em seus efeitos, devido à insuficiência ou ao caráter inconclusivo dos dados científicos disponíveis para essa avaliação.[74] Na falta de consenso científico de que uma ação é prejudicial para o público ou para o meio ambiente, o ônus da prova de que a ação não é prejudicial seria de responsabilidade da parte que a está implementando, cabendo a esta demonstrar que sua atividade não produz qualquer risco ambiental para, somente após, realizar a atividade pretendida.[75] A ideia é que, frente à incerteza ou à controvérsia científica, sempre que estiverem em jogo a saúde humana, os recursos naturais e os ecossistemas, é melhor tomar medidas de proteção severas a título de precaução do que não fazer nada.[76]

É possível, entretanto, que o Estado não tenha tido a precaução necessária, nem tomado as medidas de prevenção que dele se esperavam e que, depois de levar adiante a ação pretendida, cause um dano a outro Estado. O que é possível fazer nesse caso?

O princípio 22 da Declaração de Estocolmo estabelece que os Estados devem cooperar no desenvolvimento do direito internacional no que concerne à responsabilidade e à indenização das vítimas da poluição e de outros prejuízos ambientais que as atividades exercidas nos limites de sua jurisdição, ou sob seu controle, causem a regiões situadas além desses limites. Esse princípio, como nota Nascimento e Silva, é de aceitação mais controvertida, pois trata da responsabilidade na acepção anglo-saxã de *"liability"*, ou seja, a de garantir compensação às vítimas de poluição e demais danos ambientais.[77]

O desejo de responsabilizar o causador do dano está presente também em outro princípio, o do poluidor-pagador. Pode ser encontrado na Declaração do Rio de 1992, que estabelece em seu princípio de número 16 que o poluidor deve arcar com o custo da poluição. Além desse aspecto repressivo ou punitivo, o princípio do poluidor-pagador pode ser visto também de um ponto de vista preventivo, sob o qual o poluidor não estaria apenas vinculado à imediata reparação do dano, mas também obrigado a mudar seu comportamento ou a adotar medidas de diminuição da atividade danosa[78] – o que leva à ideia de "precificação", tão necessária para o combate às mudanças climáticas e outros problemas ambientais.

Vistos todos esses princípios, precisamos entender como é possível colocá-los em prática, principalmente considerando que, embora sejam reflexo do emergente direito ambiental internacional,[79] não têm força coativa e que alguns Estados, ao violá-los, podem resistir a aceitar sua aplicação.

Soberania e sustentabilidade

O respeito a todos os princípios que analisamos até agora pareceria algo não somente necessário, como também lógico. Se o desenvolvimento sustentável é um conceito universal, observa David Victor, os governos têm, universalmente, o dever de promovê-lo. Porém, mesmo alguns defensores da sustentabilidade hesitam em apoiar políticas que possam ser vistas como intromissões na soberania nacional. Para levar o desenvolvimento sustentável a sério, seria preciso redesenhar as linhas da soberania.[80]

É nessa ideia de soberania que ainda reside a dificuldade de se responsabilizar os Estados por danos ambientais. Ideia que pode ser vista como anacrônica, por deixar de levar em conta que o meio ambiente está inter-relacionado em todo o planeta. Um país não deveria ter o direito de contaminar um rio em sua nascente quando isso prejudicará alguém às margens desse mesmo rio mais adiante, em outro país – aliás, essa questão poderia ser encarada de forma inversa: na verdade, é o Estado poluidor que viola a soberania de seu vizinho, ao causar danos à sua população e ao seu território.[81] Do mesmo modo, alguns países não deveriam poder alegar soberania para emitir gases de efeito estufa quando essas emissões afetarão o mundo inteiro.[82]

Como impedir que isso aconteça? Em outras áreas – como a do comércio internacional ou da integração regional –, os Estados limitaram sua soberania, aceitando se subordinar a tribunais e organizações internacionais. A participação nessas organizações limita a autonomia nacional e a submissão à decisão desses tribunais permite que os Estados sejam responsabilizados por seus atos.

Por que seria diferente na área ambiental? Uma vez que os Estados podem, eles mesmos, cometer crimes ambientais, ou tolerar a presença em seu território daqueles que o façam, deveriam existir mecanismos para impedir essas situações.[83]

A possibilidade de questionar um Estado em juízo seria mais do que justificada pela existência de princípios ligados ao desenvolvimento sustentável que, como vimos, foram consagrados por inúmeras decisões e declarações. Litigar em defesa da sustentabilidade parece uma opção promissora, à medida que os Estados começam a assumir mais e mais compromissos nessa área.

Contudo, para fazer valer esses princípios e assegurar que o Estado que não respeita seus compromissos seja punido, é preciso superar alguns obstáculos. O primeiro deles é a ausência de uma "jurisdição internacional do meio ambiente". Jurisdição, nesse caso, lembra Amedeo Postiglione, seria o poder de aplicar o direito ambiental internacional com autoridade e efetividade, mesmo que contra a vontade das partes envolvidas na disputa, o que implicaria, necessariamente, que os Estados precisariam abrir mão de parte de sua soberania.[84]

Ora, essa jurisdição internacional obrigatória não existe. A CIJ – que, como tivemos a oportunidade de comentar, desempenhou um papel importante no desenvolvimento do direito internacional do meio ambiente – depende do consentimento das partes, prévio ou posterior, de submeterem a ela uma determinada disputa. O mesmo se aplica aos tribunais arbitrais que possam vir a ser constituídos pelas partes, também de forma voluntária, para resolver alguma controvérsia, como ocorreu em alguns dos casos que mencionamos anteriormente.

Resta a hipótese de se valer dos diversos tribunais nacionais e internacionais já existentes. Seria possível – pensando em um caso específico – acionar um Estado em juízo porque não promoveu políticas de redução de emissões de gases de efeito estufa?

Eric Posner analisa essa possibilidade em detalhes. O pessimismo com relação às chances de evitar as mudanças climáticas por meio de negociações diplomáticas e tratados acaba levando a outras abordagens. Algumas delas envolvem o uso criativo de demandas judiciais amparadas na legislação nacional e no direito internacional, entrando em juízo contra governos a fim de que adotem políticas de redução de emissões.[85]

Essas demandas se baseariam naqueles tratados e naquelas decisões de tribunais internacionais que preveem a responsabilização dos Estados pela emissão de poluentes que causem danos a pessoas vivendo em outros Estados. O argumento seria que isso se aplicaria também às emissões de gases de efeito estufa.

Essa opção, no entanto, sofre algumas limitações. Ao levá-la adiante perante tribunais domésticos, enfrenta-se a dificuldade de se contornar a imunidade soberana dos Estados estrangeiros. E ao buscar responsabilizar esses Estados perante tribunais internacionais, o problema está na fraqueza do direito ambiental internacional – em sua grande parte *soft law*, como foi dito – e no fato de que esses tribunais não têm poder de coerção para fazer os Estados cumprirem as suas decisões.[86]

Outras estratégias precisam ser imaginadas. Uma delas seria se apoiar em outros corpos de regras, ou em outros tribunais, que tenham um caráter mais vinculante do que aqueles dedicados a coibir a poluição.

Seguindo essa linha, fundar esses litígios em instrumentos de proteção internacional dos direitos humanos poderia ser uma opção. Nela, vítimas dos efeitos das mudanças climáticas buscariam obter indenizações dos Estados responsáveis pelas emissões.

O que justifica adotar essa estratégia? Para Kiss, ainda que documentos adotados pela ONU proclamando princípios para a conservação da natureza lembrem a Declaração Universal dos Direitos Humanos de 1948, não seria realista afirmar que o direito ambiental internacional teria alcançado o mesmo nível de desenvolvimento que os direitos humanos.[87] Ou seja, se o direito ambiental internacional é fraco, o direito internacional relacionado aos direitos humanos é, comparativamente, vigoroso.

Isso leva a crer que demandas ambientais internacionais teriam mais chances de sucesso se fossem caracterizadas como demandas relativas aos direitos humanos. Com a vantagem adicional de que os tratados de proteção aos direitos humanos potencialmente conferem aos indivíduos a possibilidade de apresentar demandas contra Estados que violem esses direitos.[88]

Como criar uma ligação entre meio ambiente e direitos humanos? A definição de meio ambiente adotada pela CIJ em seu já mencionado Parecer Consultivo sobre a "Licitude da ameaça ou do emprego de armas nucleares" pode indicar um caminho. Para essa corte, o meio ambiente não é uma abstração, mas sim o espaço onde vivem os seres humanos e do qual dependem sua qualidade de vida e sua saúde, inclusive as das gerações futuras.[89]

Lógico que, ainda que haja várias declarações e diversos acordos afirmando o direito de as pessoas viverem em um ambiente saudável, esses documentos não criam, por si sós, um direito humano internacional a um ambiente saudável ou preservado, ou livre de poluição ou do aquecimento global. Ainda assim, uma demanda internacional amparada nos direitos humanos poderia se basear no argumento de que os poluidores, ao emitir gases de efeito estufa, estariam violando os direitos das vítimas à vida ou à saúde, por exemplo.[90]

Pode ser um caminho, ainda pouco testado. E, como raciocina Posner, ainda que seja duvidoso que a estratégia de litigar para combater as emissões de gases de efeito estufa possa conduzir a uma política global coordenada de controle das emissões, esses litígios servem para atrair a atenção da opinião pública e pressionar os governos a buscarem soluções, adotando leis domésticas e acordos internacionais. Demandas judiciais podem atrair a atenção da imprensa, mobilizar grupos de interesse e cidadãos comuns e, quem sabe, até obter indenizações para as vítimas. No mínimo, conclui Posner, criam uma pressão que pode gerar políticas mais sábias, à medida que os governos aderirem a tratados a fim de reduzir os riscos e os custos – nem que sejam de relações públicas – de um litígio.[91]

A estratégia de litigar a favor da sustentabilidade tende a se tornar mais interessante à medida que novos tribunais vão surgindo, muitos deles tratando de forma indireta de questões ambientais. Não são apenas as diversas cortes internacionais de direitos humanos que podem lidar com assuntos ambientais. Como mostra Philippe Sands, o aumento da consciência ambiental foi acompanhado de um crescimento no número de foros internacionais nos quais disputas relacionadas ao meio ambiente podem ser abordadas. Se antes a CIJ costumava ser praticamente o único tribunal arbitral permanente disponível, hoje conta com a companhia de diversos órgãos judiciais ou quase-judiciais, como o mecanismo de solução de disputas estabelecido pela Convenção das Nações Unidas sobre o Direito do Mar, de 1982 – formado pelo Tribunal Internacional do Direito do Mar e por tribunais arbitrais –, o mecanismo de solução de disputas da OMC, com seus *panels* e órgão de apelação, que têm competência para tratar de assuntos ambientais no âmbito do comércio internacional, e mesmo o Centro Internacional para Resolução de Disputas Relativas aos Investimentos (CIRDI, ou ICSID, na sigla em inglês), que começa a lidar com assuntos ambientais no contexto dos investimentos estrangeiros.[92]

O desenvolvimento sustentável ou os elementos a ele relacionados são discutidos em todos esses foros[93] e o diálogo entre cortes e tribunais, inclusive de caráter arbitral, melhora e amplia o que se poderia chamar de direito do desenvolvimento sustentável.[94] Além disso, a proliferação desses foros foi acompanhada, segundo Sands, de um crescimento no número e na vontade de diferentes atores – empresas, Estados e indivíduos – de se engajarem em contenciosos internacionais.[95]

É verdade que nem todos esses tribunais estão preparados para lidar com controvérsias que tratam de interesses difíceis de equilibrar. Por isso, afirma Postiglione, novos arranjos institucionais em nível global são necessários para resolver as disputas relacionadas ao meio ambiente com autoridade e de forma que leve em conta a necessidade de ser justo com as gerações futuras, bem como com o amplo leque de partes afetadas no presente.[96]

Afinal, as disputas ambientais normalmente envolvem o potencial conflito entre interesse econômico e interesse ecológico.[97] Muitos desses foros – como a OMC – são acusados de privilegiar o primeiro em detrimento do segundo. O dilema, em litígios como aquele do caso Gabcikovo-Nagymaros, é como balancear desenvolvimento e meio ambiente. E, como nota Marie-Claire Segger, os Estados recebem, por meio da solução pacífica de disputas relacionadas ao desenvolvimento sustentável, orientação valiosa dos tribunais internacionais sobre como harmonizar prioridades econômicas, ambientais e sociais.[98] Princípios de direito internacional oferecem diretrizes para cumprir a tarefa de alcançar o delicado equilíbrio entre esses três pilares do desenvolvimento sustentável.[99]

É sobre esse equilíbrio delicado que trata o último princípio a ser aqui discutido, o qual não pode ser ignorado caso se queira chegar a um acordo bem-sucedido na área climática.

Responsabilidades comuns, mas diferenciadas

O dilema entre se balancear a proteção ao meio ambiente e o desenvolvimento ocupa grande espaço na agenda das discussões ambientais e, especialmente, nas negociações climáticas.

Para muitos, apesar da necessidade de se controlar o aquecimento global, o desenvolvimento é um imperativo, pelo qual os países mais pobres deveriam ter o direito de progredir economicamente, mesmo que esse processo envolva um aumento significativo nas emissões de gases do efeito estufa. A própria Convenção do Clima, da qual trataremos ao analisar o papel da ONU, deixa claro que levará plenamente em conta o fato de que o desenvolvimento econômico e social e a erradicação da pobreza são as prioridades absolutas dos países em desenvolvimento signatários.[100]

Essa postura tem efeitos diretos sobre a luta pela sustentabilidade global. Uma vez que os países em desenvolvimento prezam por sua autonomia, sempre que predominar a percepção de que o crescimento econômico é limitado pela sustentabilidade, essa deixará de ser apoiada em favor daquele.[101] E, de certa forma, essa é a percepção que tem predominado nas negociações do clima. Isso leva os países em desenvolvimento a adotarem a posição de que não faz sentido que eles, que não foram responsáveis pelo acúmulo de CO_2 na atmosfera, tenham agora que sacrificar seu crescimento para deter o aquecimento global, cabendo aos países desenvolvidos resolver o problema em que colocaram a humanidade.

Essa é uma posição muito justa, que está de acordo com o princípio do poluidor-pagador. Quando aplicado às mudanças climáticas, significa que, por uma questão de equidade, aqueles que utilizam técnicas poluidoras há mais tempo têm o dever de contribuir proporcionalmente à poluição que causaram, arcando com a maior parte do ônus de combater os efeitos adversos do clima.[102] O princípio do poluidor-pagador, lembra Giddens, está na origem da ideia de que os países que mais emitiram gases do efeito estufa no passado devem fazer os maiores cortes no presente, lógica também por trás dos impostos sobre o carbono e dos mercados de emissões, que estudaremos mais adiante.[103]

A conclusão é que ainda que todos os Estados sejam responsáveis por proteger o meio ambiente, essa obrigação deve levar em conta diferentes circunstâncias, particularmente em relação à contribuição histórica de cada um para a criação daquele problema particular.[104] Foi a partir dessa conclusão que surgiu o último princípio que será aqui examinado, conhecido como o das "responsabilidades comuns, mas diferenciadas".

Historicamente, esse princípio está em sintonia com o chamado "direito do desenvolvimento". É um ramo do direito internacional que floresceu durante o período de descolonização após a Segunda Guerra Mundial e que abrange uma série de princípios defendidos pelos países em desenvolvimento, como o da autodeterminação dos povos, o da não intervenção, o da livre utilização dos recursos naturais, o do tratamento desigual dos desiguais e o da solidariedade.[105]

Esses princípios ganhavam força à medida que mais países conquistavam sua independência e, ao formar maioria, passavam a orientar os debates e as decisões da Assembleia Geral da ONU.[106] E alguns dos mecanismos típicos dos anos 1970 a eles relacionados, como o tratamento diferenciado, os sistemas de preferências e a não reciprocidade, foram sendo consolidados em tratados, como ocorreu em todas as convenções-quadro firmadas desde 1992.[107]

O princípio das responsabilidades comuns, mas diferenciadas, não fugiu a essa regra, sendo consagrado pela maior parte dos principais tratados internacionais sobre desenvolvimento sustentável celebrados na última década do século XX.[108]

É o caso, por exemplo, da Convenção do Clima, que prevê que os países signatários devem proteger o sistema climático "com base na equidade e em conformidade com suas responsabilidades comuns mas diferenciadas e respectivas capacidades", que os "países desenvolvidos devem tomar a iniciativa no combate à mudança do clima e a seus efeitos" e que "devem ser levadas em plena consideração as necessidades específicas e circunstâncias especiais dos países em desenvolvimento".[109]

A menção às necessidades e circunstâncias dos países em desenvolvimento revela outro elemento característico desse princípio. Ele parte do reconhecimento, compatível com alguns dos mecanismos previstos pelo direito do desenvolvimento, de que os países pobres têm menor capacidade de prevenir, reduzir e controlar determinadas ameaças e que, por isso, merecem tratamento especial.[110] Assim, por entender que ainda não estão prontos para assumir obrigações próprias, os esforços que possam vir a empreender para auxiliar na resolução do problema comum passam a ser vinculados ao apoio das nações desenvolvidas.[111]

Um aspecto importante do princípio das responsabilidades comuns, mas diferenciadas, é, portanto, o auxílio internacional, o que inclui ajuda financeira e transferência de tecnologia. Como lembra Segger, espera-se dos países desenvolvidos que, além de avançar eles mesmos rumo ao desenvolvimento sustentável, forneçam ajuda aos países em desenvolvimento para que cumpram suas obrigações nessa área.[112]

Esse aspecto também está previsto de forma explícita na Convenção do Clima, que prevê que o cumprimento pelos países em desenvolvimento dos compromissos nela assumidos dependerá do cumprimento efetivo daqueles assumidos pelos países desenvolvidos no que se refere à transferência de recursos financeiros e de tecnologia.[113]

Até aí, nada a criticar. Complicado é conciliar a necessidade de se deterem as mudanças climáticas com a ideia de responsabilidades históricas, quando se sabe que cerca de metade das emissões mundiais ocorreu a partir de 1980[114] e, especialmente, quando se nota que as emissões dos países em desenvolvimento estão aumentando cada vez mais.

É verdade que as emissões *per capita* da maioria dos países em desenvolvimento ainda são pequenas se comparadas às dos desenvolvidos. Os Estados Unidos, por exemplo, embora abriguem apenas 4% da população mundial, são responsáveis por quase 20% das emissões globais, enquanto 136 países em desenvolvimento em conjunto respondem por 24% do total.[115]

Porém, se somarmos todos os países em desenvolvimento, representam 50% das emissões globais.[116] Se nos basearmos em dados apenas do grupo conhecido como Brics (Brasil, Rússia, Índia, China e África do Sul), veremos que a melhoria dos padrões de vida nesses países em desenvolvimento foi acompanhada de um aumento igualmente acentuado em suas emissões. A participação combinada desses países no PIB mundial aumentou de 23% para 32% entre 1950 e 2010 – só para comparar, no mesmo período, a participação conjunta dos países da OCDE – organização que reúne a maior parte dos países desenvolvidos – no PIB mundial baixou de 57% para 41%. Porém a emergência do Brics acarretou, também, um crescimento significativo de suas emissões de gases de efeito estufa, que passaram de 15% a 35% do total global nos mesmos sessenta anos[117] – sendo que só a China já é responsável por mais de 20% das emissões mundiais.[118]

Projetado no tempo, esse crescimento pode trazer sérias consequências. Como lembra Stern, os habitantes dos países em desenvolvimento representam a grande maioria dos seres humanos e sua proporção deverá alcançar oito bilhões dos nove bilhões de pessoas que comporão a população mundial em 2050. Emissões em muitas partes do mundo em desenvolvimento já estão acima de duas toneladas *per capita*. Considerados em conjunto, e tomando-se por base os dados do fim dos anos 2010, se os países em desenvolvimento continuarem a aumentar suas emissões em um nível de 3% ou 4% ao ano, então, em vinte anos, eles sozinhos emitirão tanto quanto as emissões mundiais totais atuais de mais de 50 Gt de CO_2e por ano, o que, até lá, representaria mais de 70% das emissões globais – presumindo que as emissões dos países desenvolvidos sigam moderadamente niveladas nos próximos vinte anos.[119]

Uma vez que os atuais países em desenvolvimento serão os responsáveis pela maior parte do aumento das emissões nas próximas décadas, conclui Stern, a menos que assumam um papel relevante nas negociações climáticas e se chegue a um acordo realmente global, será impossível cortar as emissões mundiais em algo próximo da escala necessária.[120]

Tudo se passa, como ilustra Veiga, como se as gerações atuais estivessem em uma embarcação que começa a afundar. Não faria sentido um grupo ser obrigado a tapar os buracos que fez no casco enquanto outro fica livre para continuar a fazer seus furos, mesmo que mais recentes ou menores.[121] Afundarão todos juntos. O imperativo do desenvolvimento se choca, portanto, com outro imperativo, lógico e prático, de que as reduções de emissões têm de ser, realmente, mundiais, caso se queira deter o aquecimento global.

Não parece justo, é claro, impedir que os países em desenvolvimento se tornem mais prósperos. Mais do que isso, adverte Stern, seria moralmente errado e politicamente impraticável propor a muitos deles, que estão progredindo rapidamente, que sacrifiquem suas aspirações, compreensíveis, de crescer mais rapidamente ainda. Por isso, qualquer tentativa de se chegar a um acordo deve se preocupar em eliminar esse sentimento de injustiça, compensando os países em desenvolvimento pelo sacrifício que terão que fazer para contribuir para a redução das emissões mundiais. A viabilidade de um acordo global está condicionada a essa percepção de equidade, que, por sua vez, depende de um grande esforço das nações ricas – cujas emissões passadas nos levaram a um ponto de partida muito difícil – de apoiar os países em desenvolvimento.[122]

O princípio das responsabilidades comuns, mas diferenciadas, é uma conquista que deve ser preservada – até porque, ao assegurar maior justiça na atribuição de obrigações internacionais, deve melhorar a percepção de legitimidade do sistema e, com isso, aumentar sua efetividade. Isso não significa eximir os países em desenvolvimento de suas obrigações, o que tornaria o sistema ineficaz. Costurar um acordo que leve em consideração todas essas circunstâncias, capaz de ser justo e, ao mesmo tempo, efetivo no combate ao aquecimento global, é a missão que os países vêm tentando cumprir nas últimas décadas. E, nesse processo, a ONU tem um papel fundamental.

ONU e sustentabilidade – O exemplo das negociações climáticas

Aquecimento global, problema global – o papel das organizações internacionais

Se há uma questão que é, por excelência, mundial, é a da mudança climática. Não é para menos que a ideia de que se trata de "um problema global em busca de soluções globais" tornou-se senso comum dentro dos círculos acadêmicos e na discussão sobre políticas públicas.[1]

A natureza global das mudanças climáticas está presente tanto em sua origem quanto em seus impactos, tanto em suas causas quanto em seus efeitos. Quanto a seus impactos, como bem observa Stern, furacões e tempestades atingem Nova Orleans e Mumbai, inundações ocorrem na Inglaterra e em Moçambique, secas na Austrália e em Darfur e o aumento no nível do mar irá afetar tanto a Flórida quanto Bangladesh. Também no que se refere às suas causas, os gases de efeito estufa têm as mesmas consequências sobre o aquecimento global se emitidos a partir de Londres, Nova York, Sydney, Pequim, Nova Délhi ou Joanesburgo.[2]

Essa última observação se deve ao fato de que os gases emitidos dentro de um determinado país não ficam confinados às suas fronteiras. Ao contrário, viajam ao redor do mundo em pouco tempo[3] – o CO_2, por exemplo, se espalha na atmosfera em um ano.[4] Se um país pudesse manter dentro de seu próprio território o CO_2 por ele emitido, aquecendo apenas a sua própria atmosfera e suportando, ele mesmo, os problemas disso resultantes – furacões, por exemplo –, seria uma coisa. Mas não é assim. Como lembra Stiglitz, um país que opte por um estilo de vida que provoque grandes emissões acaba por infligir um dano mundial.[5]

Essas características fazem do aquecimento global um caso de tragédia do bem comum, havendo poucos incentivos para promover unilateralmente a mitigação[6] – termo comumente utilizado para designar ações para redução do impacto ambiental e que, neste caso, é identificado com o corte de emissões.

Isso ocorre, primeiro, porque ações isoladas não resolvem o problema. Um país adotar sozinho medidas radicais para conter suas emissões não fará muita diferença para impedir que a ameaça avance.[7] Uma vez que nenhuma nação isoladamente tem impacto suficiente sobre esse problema, que é planetário, os países tendem a avaliar as suas decisões de cortar emissões levando em conta o que os demais farão.[8]

Segundo, pela questão já discutida do *free riding*. Vimos que os Estados, quando se comprometem com uma norma internacional, ainda que seja o que se conhece como *soft law*, tendem a respeitá-la – normalmente porque podem sofrer outros tipos de punição, como a perda de reputação ou a dificuldade de assinar novos acordos. Apesar disso, a possibilidade de que alguns países peguem carona nos esforços dos demais inibe a adoção – seja nacional, seja internacionalmente – de políticas mais ousadas de cortes de emissões. *Free riders* se beneficiariam da redução na concentração de gases de efeito estufa promovida por outros países, a custo zero. Além disso, continuariam construindo economias intensivas em carbono, o que pode torná-los, ao menos temporariamente, mais competitivos do que países que estão investindo em cortar suas emissões. Isso pode afetar a efetividade dos sistemas de proteção ambiental em geral e das metas de redução de emissões em particular.[9]

Logo, para que haja uma efetiva governança global do clima, é preciso que os incentivos que encorajam o problema do *free riding* sejam corrigidos. As dificuldades para que um país se aproprie localmente da totalidade dos benefícios gerados por medidas voltadas para a sustentabilidade que venha a adotar fazem com que alguns dos problemas relacionados aos limites do planeta não possam ser solucionados segundo outra lógica que não seja mundial. Como afirmam Veiga e Issberner, os limites são definidos em escala global e requerem, portanto, uma governança em escala correspondente.[10]

Não existe, contudo, uma grande instituição centralizada que governe as questões ambientais mundiais, ao contrário do que ocorre, por exemplo, na área do comércio internacional – na qual a OMC se ocupa de grande parte da governança.[11] O que há é uma variedade de organizações internacionais – internacionais no sentido estrito, ou seja, "interestatais" – envolvidas na governança do meio ambiente e da sustentabilidade.

A OMC até é uma delas, já que, como teremos a oportunidade de analisar mais adiante, pode assumir responsabilidades em áreas que vão além de seu mandato de defesa do livre comércio.[12] Outro exemplo é o Banco Mundial, que tem procurado garantir que projetos em países em desenvolvimento respeitem os mesmos padrões ambientais que se aplicariam aos países desenvolvidos.[13] Depois da adoção, em 1988, de suas diretrizes ambientais (*World Bank Environmental Guidelines*), em praticamente qualquer empréstimo internacional concedido por essa instituição há exigências relacionadas à adequação dos projetos a normas de proteção ao meio ambiente, ou à realização de análises prévias de impacto ambiental.[14]

O mesmo se aplica a alguns bancos regionais, como o Banco Interamericano de Desenvolvimento ou o Banco Europeu para Reconstrução e Desenvolvimento – que também utilizam requisitos ambientais como critério para a aprovação de projetos e financiamentos.

No caso do Banco Mundial, permite-se que qualquer pessoa interessada ou ONG questione financiamentos que acredite poder causar danos ao meio ambiente. Como explica Marcelo Varella, a reclamação fundamentada em bases concretas pode dar origem a investigações feitas por grupos de especialistas contratados pelo Banco, o que pode gerar a alteração, a suspensão ou ainda a anulação de projetos.[15]

O Banco Mundial mantém, ainda, um programa de Responsabilidade Social Corporativa e Competitividade Sustentável[16] e, mais recentemente, passou a se preocupar também com as mudanças climáticas, adotando esforços para estender essa preocupação a seus empréstimos para investimentos em agricultura, energia, infraestrutura e outros que possam contribuir para essas mudanças, além de criar um fundo especial para ajudar países a se adaptarem a seus efeitos.[17]

A prática de instituições como a OMC e o Banco Mundial, de se envolverem com assuntos ambientais que podem extrapolar seus mandatos, provoca, inevitavelmente, questionamentos quanto a sua legitimidade. Isso leva alguns a defenderem a tese de que o mundo necessita de uma nova instituição intergovernamental capaz de decidir sobre as questões ambientais de maneira que os Estados considerem legítima.[18]

A fragmentação da governança do meio ambiente vem, há algum tempo, gerando o desejo de criação de uma organização ambiental global.[19] Para Stern, por exemplo, se nos reuníssemos agora para projetar as principais instituições internacionais, em vez de tê-lo feito em 1946 em Bretton Woods, chegaríamos a três instituições diferentes. Em vez do FMI, do Banco Mundial e do que viria a se tornar a OMC, talvez tivéssemos uma organização combinando o Banco Mundial e o FMI, outra que seria a OMC e uma terceira que seria uma Organização Ambiental Mundial.[20]

Porém, como se sabe, a ideia de criar esta organização, até hoje, não foi levada adiante com sucesso.[21] E, como o próprio Stern reconhece, nossa situação atual talvez não permita começar a partir de uma "folha em branco" na frente institucional. Embora devamos nos perguntar se os desafios ambientais não exigiriam uma nova organização, o tempo que se precisaria para constituí-la e a necessidade de chegarmos a um acordo rapidamente faz com que tenhamos que nos basear nas estruturas institucionais existentes.[22]

A ONU e o meio ambiente

Na ausência de uma organização mundial do meio ambiente, o papel mais importante nessa área é aquele exercido pela ONU. Essa é, claramente, a organização intergovernamental com mais influência no desenvolvimento do direito ambiental internacional. A criação e a adoção de recomendações, políticas, tratados e convenções por essa organização são decisivas para a construção de um imperativo internacional de proteção do meio ambiente.[23]

Ainda que nosso foco aqui seja a atuação da ONU no combate às mudanças climáticas, não podemos deixar de mencionar que ela funciona como fomentadora ou catalisadora para diferentes iniciativas relacionadas à sustentabilidade – muitas vezes atuando em conjunto com a sociedade civil ou, até mesmo, com as empresas.

Um bom exemplo é a Carta da Terra.[24] Essa surgiu a partir de uma iniciativa, em 1987, da Comissão das Nações Unidas para o Meio Ambiente e Desenvolvimento e, em 1992, na Cúpula da Terra, realizada no Rio de Janeiro, foi elaborada sua primeira versão. Oito anos depois, em um processo participativo, que contou com ampla contribuição da sociedade civil em todos os continentes, sua versão final foi lançada. Trata-se de uma declaração de princípios éticos fundamentais para a construção de uma sociedade global justa, sustentável e pacífica e está estruturada em quatro grandes tópicos: respeito pela comunidade da vida e cuidado com ela; integridade ecológica; justiça social e econômica; democracia, não violência e paz.[25]

Outra iniciativa da ONU que merece destaque, dessa vez em parceria com as empresas, é o "Global Compact", importante instrumento estabelecido no ano 2000 e que contava, em 2013, com mais de dez mil participantes de 145 países. Ao aderir a esse pacto, as empresas se comprometem a respeitar dez princípios divididos em quatro áreas: direitos humanos, trabalho, ambiente e combate à corrupção.[26]

Por fim, vale a pena salientar os Objetivos de Desenvolvimento do Milênio, iniciativa adotada pela ONU também em 2000, que criam uma parceria global visando à redução da pobreza extrema e que estabelecem uma série de metas a serem atingidas até 2015, divididas em oito áreas: acabar com a fome e a miséria; alcançar a educação primária universal; promover a igualdade entre os sexos e dar mais poderes às mulheres; reduzir a mortalidade infantil; melhorar a saúde das gestantes; combater a Aids, a malária e outras doenças; assegurar a sustentabilidade ambiental; e estabelecer uma parceria global pelo desenvolvimento.[27]

Para atuar na área ambiental, a ONU conta com uma estrutura específica. E há, ainda, diversos outros programas, órgãos e outras agências da ONU que podem tratar, direta ou indiretamente, de temas relacionados à sustentabilidade.

De forma geral, no topo dessa estrutura está o Conselho Econômico e Social da ONU (Ecosoc, na sigla em inglês), responsável pela coordenação dos trabalhos de boa parte das agências especializadas e comissões daquela organização voltadas para as áreas econômica e social.[28] O Conselho *é auxiliado pela* Comissão para o Desenvolvimento Sustentável (CDS), a ele subordinada, que tem a função de assessorá-lo em assuntos relacionados a políticas sociais e de desenvolvimento.[29] Com o tempo, a CDS teve o seu mandato ampliado, passando a caber-lhe a missão de tentar garantir que as decisões tomadas nas diversas conferências da ONU sobre meio ambiente fossem implementadas.[30]

Um dos principais programas que, embora oficialmente reportem à Assembleia Geral da ONU, se relacionam imediatamente com o Ecosoc é o Programa das Nações Unidas para o Desenvolvimento (Pnud), que em algumas situações trabalha com assuntos ambientais referentes ao desenvolvimento.[31] Foi instituído pela Assembleia Geral da ONU em 1965 e tem por competência coordenar, avaliar e financiar projetos de assistência técnica aos Estados.[32] Embora o mandato original do Pnud não a mencione especificamente, a proteção ambiental precisa ser por ele considerada, a fim de cumprir seu mandato adequadamente.[33]

Caso parecido é o da Organização das Nações Unidas para a Alimentação e a Agricultura (FAO, na sigla em inglês). Embora não seja predominantemente voltada para o meio ambiente, seu mandato inclui a promoção da proteção ambiental. Hoje, preocupa-se com a sustentabilidade na agricultura e na exploração dos recursos marinhos e florestais, por exemplo. A FAO auxiliou na adoção de diversas convenções importantes relacionadas à proteção ambiental, como o seu Código de Conduta Internacional sobre a Distribuição e o Uso de Pesticidas, de 1985, o Código de Conduta para Pesca Responsável, de 1995, o Plano Global de Ação sobre Recursos Fitogenéticos, de 1996, e o Plano de Ação Mundial para os Recursos Genéticos Animais, de 2007.[34]

Finalmente, há o Global Environmental Facility (GEF),[35] fundo global para o meio ambiente, que, embora não seja parte do sistema da ONU, serve como mecanismo financeiro para uma série de convenções dessa organização – inclusive a Convenção do Clima – e é o ator mais proeminente para o financiamento internacional na área da proteção ambiental.[36] O GEF, que foi instituído pelo Banco Mundial em 1991, tornou-se uma instituição independente em 1994, passando a possuir uma Assembleia de Estados Partes, um Conselho e um Secretariado, constituindo-se em uma autêntica organização internacional. Suas decisões são tomadas por consenso.[37]

Existe, entretanto, uma instituição que ocupa um lugar central no sistema da ONU na área ambiental. Trata-se do Programa das Nações Unidas para o Meio Ambiente (Pnuma).[38] Sua sede fica em Nairóbi, no Quênia. Desenvolve atividades como o apoio à pesquisa científica internacional e a coordenação da negociação de tratados ambientais, bem como auxílio em sua implantação e em seu monitoramento.[39]

O Pnuma foi concebido para ser uma instituição "catalisadora" e trabalhar de forma eficaz com recursos escassos. Desde sua criação, ajudou a desenvolver um corpo significativo de direito ambiental internacional, encorajando outras instituições a considerarem as consequências ambientais de suas atividades e treinando centenas de funcionários de governos de países em desenvolvimento para o gerenciamento de recursos ecológicos. Porém, como lembra Peter Haas, com o tempo o Pnuma foi ficando relativamente obsoleto, eclipsado em recursos e em prestígio por outras instituições internacionais que assumiram novas responsabilidades – como o Banco Mundial e mesmo a OMC.[40]

Por isso, muitos têm defendido o fortalecimento do Pnuma, que, por não ser uma agência especializada da ONU – como a Organização Mundial da Saúde (OMS) ou a Organização Internacional do Trabalho (OIT) –, não possui autonomia, verbas próprias e poderes para punir países que não cumpram suas decisões.

As críticas quanto à obsolescência do Pnuma e à atuação da ONU como um todo levam a se pensar na reformulação da estrutura dessa organização. Além da ampliação e da valorização do Pnuma, vários outros modelos para reforçar a governança ambiental internacional têm sido discutidos, seja a já mencionada proposta de criação de uma "organização ambiental mundial", seja a de uma nova organização "guarda-chuva" integrando o Pnuma, o GEF e os secretariados dos acordos ambientais multilaterais.[41]

Essas propostas são comumente objeto de discussão nas conferências internacionais promovidas pela própria ONU, que analisaremos agora.

Conferências da ONU sobre desenvolvimento sustentável

Um dos caminhos adotados pelas Nações Unidas para o desenvolvimento de instrumentos de proteção ao meio ambiente tem sido a realização de conferências internacionais. Essas conferências, por si sós, observa Elizabeth DeSombre, não criam instituições ou leis vinculantes, embora delas muitas vezes resultem resoluções e planos de ação que podem levar à criação de estruturas institucionais para supervisioná-las.[42]

O ciclo de grandes reuniões sobre temas ambientais começou em Estocolmo, em 1972, com a Conferência das Nações Unidas sobre o Meio Ambiente Humano, considerada um marco histórico na evolução do direito internacional do meio ambiente.[43] Já analisamos alguns dos princípios estabelecidos na Declaração de Estocolmo, que foi um dos resultados desse encontro.[44] Outro resultado importante foi a criação do Pnuma.

Em 1982, em Nairóbi, foi realizada uma reunião para se fazer uma avaliação dos dez anos da Conferência de Estocolmo. Seu principal resultado foi a formação da Comissão Mundial sobre Meio Ambiente e Desenvolvimento, presidida por Gro Harlem Brundtland, então primeira-ministra da Noruega, e a divulgação em 1987 do resultado dos estudos realizados por essa Comissão, por meio do relatório intitulado "Nosso futuro comum", que, como mencionado anteriormente, apresentou a definição mais utilizada até hoje de desenvolvimento sustentável.[45]

No vigésimo aniversário da Conferência de Estocolmo, a ONU realizou um novo encontro.[46] Denominada Conferência das Nações Unidas sobre Meio Ambiente e Desenvolvimento e realizada no Rio de Janeiro, a Rio92 representa o segundo principal capítulo da história da evolução do direito internacional do meio ambiente.[47]

Entre seus principais resultados estão a constituição da Comissão para o Desenvolvimento Sustentável da ONU, a adoção de três documentos de *soft law* e a celebração de duas convenções multilaterais.

Os três documentos adotados foram a Declaração de Princípios sobre as Florestas – que consagra alguns postulados sobre a conservação e a exploração florestal, sem apresentar um compromisso claro dos Estados de adotar futuramente uma convenção internacional de natureza obrigatória nessa área[48] –, a Declaração do Rio sobre Meio Ambiente e Desenvolvimento e a Agenda 21.

A Declaração do Rio apresenta 27 princípios que têm um papel importante na construção do direito ambiental internacional, como já examinado. Já a Agenda 21[49] é um documento extenso que visa a servir como plano de ação para a implementação dos objetivos da Rio92.[50] Para isso, estabelece uma série de políticas e programas específicos que devem ser adotados em algumas áreas, procurando assegurar, por exemplo, moradia adequada para todas as pessoas, melhoria na condição básica de vida nas cidades e práticas mais sustentáveis nos setores de energia e de transportes.[51]

As convenções multilaterais adotadas foram a Convenção sobre a Diversidade Biológica e a Convenção do Clima. A primeira abrange todos os ecossistemas, recursos genéticos e todas as espécies, reconhecendo que a conservação da diversidade biológica é uma preocupação comum da humanidade. Seus objetivos são a preservação da biodiversidade, a utilização sustentável de seus componentes e a participação justa e equitativa nos benefícios que derivem da utilização dos recursos genéticos. Isso deve se dar mediante um acesso adequado a esses recursos e uma transferência apropriada das tecnologias pertinentes, levando em conta todos os direitos sobre ambos e a necessidade de financiamento adequado.[52]

Porém o principal resultado da Rio92 foi a Convenção do Clima, cujo nome oficial é Convenção Quadro das Nações Unidas sobre a Mudança Climática (United Nations Framework Convention on Climate Change – UNFCCC na sigla em inglês), que conta hoje com 194 Estados partes, mais a União Europeia.[53] Seu objetivo é alcançar a estabilização das concentrações de gases de efeito estufa na atmosfera, de maneira a impedir que a interferência do homem no meio ambiente provoque um desequilíbrio ameaçador no sistema climático.[54]

Duas outras grandes conferências da ONU ocorreram desde então. Dez anos depois da Rio92 foi realizada a Cúpula Mundial sobre Desenvolvimento Sustentável em Joanesburgo, na África do Sul. Essa produziu a fraca Declaração de Joanesburgo, que pouco acrescentou à Declaração do Rio de 1992.[55] E, em 2012, foi realizada no Rio de Janeiro a Conferência das Nações Unidas sobre Desenvolvimento Sustentável, que ficou conhecida como Rio+20.

As discussões nesse último encontro focaram em dois grandes temas: a "estrutura institucional para o desenvolvimento sustentável" – em outras palavras, a governança global da sustentabilidade – e a "promoção da economia verde" – conceito ao qual voltaremos mais adiante – "no contexto do desenvolvimento sustentável e da erradicação da pobreza".

O resultado da Rio+20 foi o documento acordado por 188 países[56], intitulado "O futuro que queremos".[57] Sobre este, pode-se dizer que é vago, não determina obrigações vinculantes ou metas e não estabelece um plano claro para a transição rumo a uma economia verde.[58] Apesar disso, o pior que poderia ter acontecido talvez fosse chegar ao fim da Rio+20 sem acordo; e o texto aprovado ao menos reafirma alguns princípios importantes relacionados ao desenvolvimento sustentável, contribuindo para consolidar um discurso que aponta o caminho certo.[59]

Além disso, concordou-se na Rio+20 sobre a necessidade de estabelecer Objetivos de Desenvolvimento Sustentável (ODS), que são "ações orientadas, concisas e de fácil compreensão" de natureza global e aplicáveis a todos os países. Esses ODS deverão ser formulados por um painel intergovernamental e a ideia é que comecem a valer a partir de 2015, ano previsto para que os Objetivos de Desenvolvimento do Milênio – outra iniciativa da ONU já mencionada – tenham sido atingidos.[60]

O principal destaque da Rio+20, no entanto, não veio das negociações entre os Estados que dela participaram, mas sim da ampla participação da sociedade civil e das empresas, dos eventos paralelos e dos compromissos voluntários nela assumidos.

Estima-se que aproximadamente 45 mil pessoas frequentaram a conferência ao longo de seus dez dias. Aconteceram 498 eventos paralelos no Riocentro, local onde a conferência foi realizada.[61] E os 705 compromissos voluntários, estimados em US$ 513 bilhões, apresentados à ONU por governos, empresas e ONGs foram apontados pelo próprio secretário-geral da Rio+20, Sha Zukang, como o melhor resultado da conferência.[62]

As negociações climáticas

A Convenção do Clima estabelece que todos os seus signatários deverão se reunir em uma Conferência das Partes (COP) a fim de examinar periodicamente o cumprimento de suas obrigações.[63] O modelo adotado é o de uma convenção-quadro, que possibilita a regulamentação posterior por meio de outros instrumentos jurídicos sucessivos.[64] Essa regulamentação pode originar regimes mais aprofundados do que permitiria a Convenção do Clima, que, pela forma como foi desenhada, tem abrangência quase universal.[65]

Um exemplo disso é o Protocolo de Kyoto surgido na COP-3, realizada em 1997 naquela cidade japonesa. Nem todos os Estados-partes da Convenção do Clima participam desse Protocolo, que entrou em vigor somente em 2005, quando foi ratificado pela Rússia – completando assim o mínimo de adesões exigido, de países cujas emissões somadas correspondessem a 51% do total global. Nele, os países industrializados listados em seu Anexo I assumiram metas obrigatórias de redução, até 2012, de 5% nas emissões de gases de efeito estufa em relação aos níveis de 1990 – meta que, como se sabe, não foi cumprida.

Para atingir seus objetivos, o Protocolo de Kyoto estabeleceu, além do sistema de comércio de emissões previsto em seu artigo 17 – que abordaremos ao tratar dos instrumentos públicos de promoção da sustentabilidade –, outros dois mecanismos. Um deles é a chamada "Implementação Conjunta", prevista em seu artigo 6º, que possibilita a parceria entre países do Anexo I para a adoção, por exemplo, de projetos de redução de emissões nos quais um país fornece capital e tecnologia enquanto o outro oferece seu território.[66]

O outro é o Mecanismo de Desenvolvimento Limpo (MDL), previsto no artigo 12. O MDL permite que os países do Anexo I invistam em projetos de redução ou sequestro de emissões nos países em desenvolvimento em troca de "Reduções Certificadas de Emissão", que podem ser usadas para auxiliar no cumprimento de suas metas.[67] Para que as reduções sejam certificadas, elas devem ser voluntárias, trazer benefícios reais, mensuráveis e de longo prazo para a mitigação das mudanças climáticas e ser adicionais às que ocorreriam na ausência do projeto.[68]

Na prática, em 2012, ao final do primeiro período de compromisso do Protocolo, as emissões mundiais haviam aumentado, e não diminuído.

De certa forma, isso já era esperado. Primeiro, pelo fato de o Protocolo não ter especificado obrigações para os países em desenvolvimento – os países desenvolvidos para os quais o Protocolo estabelecia restrições obrigatórias eram responsáveis por apenas 19% das emissões globais. Segundo, pelo fato de os Estados Unidos nunca o terem ratificado. Em 2001, o presidente George W. Bush chegou a declarar abertamente que se opunha ao Protocolo de Kyoto porque não abrangia os maiores centros populacionais, como a China e a Índia, o que causaria sérios problemas para a economia americana.[69]

Esses fatores fizeram com que os impactos do Protocolo tenham sido fracos, quase que apenas simbólicos. Como defendem Keohane e Victor, a divisão estabelecida pelo protocolo entre países industrializados e países em desenvolvimento implicou um regime de baixa coerência e responsabilidade no qual a ausência de regras vinculantes para algumas unidades economicamente competitivas reduziu os incentivos para que as demais o aceitassem. A falta de mecanismos confiáveis de verificação de seu cumprimento e de instituições obrigatórias de solução de disputas reduziu sua efetividade. Com esses e outros defeitos, não é surpresa, portanto, que embora a maioria dos países que aderiram ao Protocolo o tenha feito porque ser membro exigia poucos esforços, de forma geral o Protocolo não obteve o apoio esperado.[70]

Nos últimos anos, a COP que talvez tenha gerado maiores expectativas foi a de número 15, ocorrida em 2009 em Copenhague, na Dinamarca. Essas expectativas se deviam, em grande parte, ao fato de que se esperava que o regime pós-Kyoto para as mudanças climáticas fosse definido nessa Conferência.[71]

Porém, devido à falta de progresso nas negociações nos meses que antecederam a COP-15, as esperanças de se obter um tratado legalmente vinculante se mostraram pouco realistas. Em vez disso, a Conferência resultou apenas em um documento político, de menos de três páginas, o Acordo de Copenhague, que foi negociado por um número mais restrito de países. A objeção de um pequeno grupo de nações – lideradas por Bolívia, Sudão e Venezuela – impediu a Conferência de "adotar" o Acordo, fazendo com que essa simplesmente dele "tomasse nota", o que torna o seu status futuro incerto.[72]

Os países que desejassem se associar ao Acordo de Copenhague, que reconhece o objetivo de limitar o aquecimento global a não mais que 2°C, deveriam notificar o secretariado da Convenção do Clima. Até o fim de 2013, 141 países haviam aderido.[73] E, mais significativo do que esse número de adesões, é o secretariado ter recebido compromissos nacionais de corte de emissões de mais de uma centena de países desenvolvidos e em desenvolvimento – inclusive Estados Unidos, China, Brasil, Índia, Indonésia, Japão e Rússia – e da União Europeia, representando mais de 80% das emissões globais. A importância desses compromissos é que, pela primeira vez, países em desenvolvimento relevantes aceitaram que suas metas nacionais de redução de emissões sejam refletidas em um instrumento internacional, tendo que relatar suas ações de mitigação e submetê-las à análise das demais nações. Pode parecer uma conquista modesta, mas, como nota Bodansky, foi a primeira vez que esses países aceitaram qualquer tipo de "internacionalização" de suas políticas climáticas.[74]

Essa aceitação era um bom presságio que viria a se confirmar – ao menos no campo das intenções – na COP-17, ocorrida em 2011 na cidade de Durban, na África do Sul. Nessa Conferência, países desenvolvidos e países em desenvolvimento chegaram ao consenso de que um novo acordo, no qual todos eles assumirão metas obrigatórias de corte de emissões, deverá ser adotado. O problema são as datas para que isso ocorra: o tratado deverá ser assinado até 2015 e os países terão cinco anos para ratificá-lo. Assim, embora no plano retórico Durban tenha trazido avanços, o resultado prático terá sido empurrar com a barriga até 2020 uma ação internacional efetiva de combate ao aquecimento global.

A COP-18, por sua vez, era a última chance de prorrogar o Protocolo de Kyoto sem que houvesse um intervalo entre os compromissos nele assumidos e novos compromissos. E isso ocorreu, ainda que de forma falha. Nessa Conferência, ocorrida no final de 2012 em Doha, no Catar, decidiu-se estender aquele Protocolo. Apesar de todas as suas falhas, Kyoto é o único instrumento legal internacional que obriga objetivamente à limitação das emissões.

O fato de que alguns países – como os da União Europeia, a Austrália e outras nações industrializadas – tenham assumido um segundo período de compromisso para redução de suas emissões, entre janeiro de 2013 e dezembro de 2020, tem certa importância. Ele garante que não haverá um vácuo entre o fim do primeiro período de compromissos de Kyoto e a celebração de um novo acordo global, mantendo vivos instrumentos importantes, como o Mecanismo de Desenvolvimento Limpo e o mercado de créditos de carbono.

No entanto, os países que aceitaram se engajar em um segundo período de compromissos seguem representando menos de 15% das emissões globais de gases de efeito estufa. Grandes emissores – como Estados Unidos, China, Brasil e Índia – continuam fora do Protocolo e, para enfraquecer ainda mais esse acordo, Japão, Rússia, Nova Zelândia e Canadá, que dele participavam, decidiram não aceitar novos compromissos.

Por fim, em novembro de 2013, aconteceu a COP-19, na cidade polonesa de Varsóvia. Nessa reunião, poucos avanços significativos foram obtidos. Um deles foi o conjunto de decisões envolvendo o mecanismo conhecido como Redd+ (sigla para Redução de Emissões por Desmatamento e Degradação), que prevê compensação financeira para os países em desenvolvimento que promovam cortes de emissões por meio do controle do desflorestamento e assegurem a conservação, o manejo sustentável e o aumento dos estoques de carbono nas florestas. Muitas questões relacionadas a esse mecanismo ainda precisam, no entanto, ser definidas, como a forma, as modalidades, os valores para pagamento por resultados e, principalmente, a garantia do fluxo de recursos necessários para incentivar os projetos de Redd em escala global.[75]

A COP-19 adotou também o Mecanismo Internacional de Varsóvia para Perdas e Danos, cujo objetivo é lidar com os prejuízos associados aos impactos das mudanças climáticas, incluindo eventos extremos e processos progressivos mais lentos – como o aumento no nível do mar –, em países em desenvolvimento particularmente vulneráveis a esses efeitos.[76] A criação desse mecanismo, nota Tasso Azevedo, representa o reconhecimento de que esses impactos – dos quais as estratégias de adaptação não dão mais conta – já estão acontecendo. Apesar de reconhecer a necessidade de apoiar técnica e financeiramente os países afetados, não houve uma resolução clara sobre como se dará concretamente esse apoio.[77]

A conferência de Varsóvia era uma importante etapa no caminho rumo ao acordo global previsto na COP-17. Pouco se progrediu, entretanto, na chamada Plataforma de Durban, o que fica claro pela linguagem do documento apresentado ao final da COP-19. Esse incita os países a identificarem e explorarem opções de ações capazes de "assegurar os maiores esforços de mitigação possíveis", convidando-os a iniciarem ou intensificarem os preparativos domésticos para suas "contribuições pretendidas a serem determinadas nacionalmente". Essas contribuições devem ser comunicadas por volta do primeiro trimestre de 2015 "por aqueles que estiverem prontos para fazê-lo".[78] Não é difícil imaginar que a demora na apresentação de compromissos e metas diminuirá as chances de que estes sejam assimilados e negociados a tempo de se chegar a um acordo na COP-21, prevista para dezembro de 2015, em Paris.

É possível concluir que, ainda que todos esses encontros tenham contribuído para aumentar a consciência em torno da gravidade do aquecimento global, os resultados das COPs até agora mostram que não se deve esperar que o processo de negociação da ONU responda a esse problema com a rapidez necessária.[79] A falta de acordo nas negociações climáticas, como não poderia deixar de ser, provoca inúmeras críticas.

Críticas ao processo de negociação na ONU

Os insucessos do processo de negociação climática na ONU o tornam alvo de censuras.

Um dos comentários mais frequentes é o de que se verifica certo cansaço dessas conferências ambientais internacionais (*"summit fatigue"*), que teria levado o processo diplomático posto em marcha em 1972, em Estocolmo, a praticamente empacar, sendo preciso imaginar novos instrumentos e novas instituições.[80]

A ONU estaria lutando para resolver um problema com o qual um foro aberto e global não seria capaz de lidar.[81] E a principal causa disso seria a necessidade de consenso em suas negociações. Victor, Keohane e Giddens, por exemplo, concordam em que as diferenças de interesses entre múltiplos países inviabilizam os acordos e que regras de votação universal comumente levam à inação.[82]

Pelo mesmo motivo, quando essas negociações conseguem resultar em um acordo, esse costuma ser frágil. Como observa David Barnhizer, tratados são negociados por membros dos corpos diplomáticos dos países, ou de instituições multilaterais, e não pelas pessoas que serão responsáveis por implementá-los. A missão principal desses negociadores é chegar a um "produto" na forma de tratado. Nessa situação, concessões frequentemente são feitas com a intenção de se chegar a um documento, o que leva à diluição da linguagem e à exclusão ou limitação dos mecanismos de supervisão e responsabilidade.

Uma vez que o acordo é assinado, o trabalho do diplomata está terminado e os detalhes de execução se tornam responsabilidade de outros. O problema é que uma das maneiras mais fáceis de obter um acordo é negociar um documento que permite aos governos dizer que tomaram uma atitude, mas que, na prática, significa pouco ou quase nada e não impõe custo ou consequência maior. Assim, conclui Barnhizer, muitos acordos internacionais não passam de códigos voluntários, ineficazes e enganosos.[83]

A linguagem diluída desses documentos é descrita por Victor como uma "falsa poesia", que tem por objetivo inspirar sem ofender os interesses de nenhum grupo. Esse tipo de redação é encontrado, por exemplo, em algumas Declarações resultantes de conferências da ONU. É o caso daquela do Rio, de 1992, cujo princípio de número 2, como se viu, pretende oferecer uma nova interpretação para os conflitos entre a soberania das nações e sua responsabilidade internacional. No entanto, se, por um lado, este estabelece que os Estados têm a responsabilidade de assegurar que atividades sob sua jurisdição ou seu controle não causem danos ao meio ambiente de outros Estados ou de áreas além dos limites das jurisdições nacionais, por outro lado, esse mesmo princípio prevê que os Estados também têm "o direito soberano de explorar seus próprios recursos segundo suas próprias políticas de meio ambiente e de desenvolvimento".[84] Ora, como nota Victor, ninguém sabe ao certo o que essa redação quer dizer. Aqueles que defendem a soberania – especialmente em países em desenvolvimento – alegam que esse princípio é a favor da liberdade soberana de ação. Já aqueles que advogam a responsabilidade ambiental – especialmente ONGs de nações industrializadas – interpretam que ele estabelece obrigações internacionais para os Estados.[85]

Outro efeito negativo da necessidade de consenso é a ausência de sanções nos tratados resultantes dessas negociações. É notável como poucos tratados ambientais internacionais têm mecanismos efetivos de sanção. Para Hovi e Holtsmark, a dificuldade de se adotar um acordo de caráter universal que conte com esse tipo de mecanismos se deve ao fato de que o processo político que produz o acordo tende a debilitar o mecanismo de sanção até que não tenha mais "dentes". O motivo disso é que é pouco provável que os países que acreditam que lhes custará mais cumprir o acordado consintam com a adoção de um mecanismo forte de sanções, o que leva seja ao enfraquecimento do mecanismo, caso se queira manter esses países no acordo, seja à criação de brechas que poderão ser aproveitadas pelos países em questão. E quando esse obstáculo é contornado e se chega a um mecanismo de sanção realmente efetivo, os países que acreditam que terão mais problemas para honrar suas obrigações quase certamente desistirão de aderir ao acordo, que deixa de ser universal.[86]

Os regimes ambientais internacionais têm duas características que fazem com que essa lógica lhes seja particularmente aplicável. Primeiro, eles têm por objetivo resolver problemas de caráter mais multilateral do que bilateral. Em um regime de comércio, por exemplo, como o da OMC, o não cumprimento por parte de um membro pode na maioria das vezes ser efetivamente punido por outro membro. No caso dos regimes ambientais – incluindo o regime climático –, o descumprimento normalmente afeta não uma nação em particular, mas todas, e o incentivo para um país punir individualmente o não cumprimento por parte de outro é menor, o que torna mais necessária a adoção de meios centralizados de sanção.

Além disso, regimes ambientais tendem a apresentar uma diferença em relação a regimes mais complexos – por exemplo, aquele do sistema de integração da

União Europeia, que abrange políticas comuns em diversas áreas, como comércio, concorrência, agricultura e pesca. Uma vez que esses últimos regulam uma grande variedade de assuntos, o não cumprimento acaba se distribuindo entre diferentes países, em várias áreas. Nesse caso, é do interesse de todos os integrantes aceitar mecanismos de sanção mais efetivos, ainda que cada um deles possa achar isso indesejável naquela área particular em que tende a não conseguir cumprir as regras estabelecidas. Uma possível punição naquela área onde um país tem menor capacidade de cumprimento é compensada pela perspectiva de que sanções sejam aplicadas aos demais países caso esses violem suas obrigações em outras áreas.

Já os regimes ambientais costumam focar em um único assunto – biodiversidade, proteção florestal, controle da pesca etc. –, o que faz com que o descumprimento tenda a estar concentrado em alguns países. Por isso, concluem Hovi e Holtsmark, para esses países que terão dificuldades em cumprir o acordo, aceitar sanções com consequências punitivas seria o equivalente à autopunição.[87]

Todos esses fatores tornam o processo multilateral na área ambiental marcado por um estilo de diplomacia que, em vez de elaborar documentos que realmente façam a diferença, se concentra em chegar a um acordo onde é possível, por meio de negociações muito amplas que levam apenas ao mínimo denominador comum.[88]

Assim, o motivo pelo qual os resultados de décadas desse processo são desapontadores não é por que os principais tratados nele produzidos não são cumpridos ou são aplicados de forma deficiente. O problema, alerta Speth, é que os próprios tratados são fracos. É fácil os governos negligenciarem os acordos assinados porque seus objetivos impressionantes – mas não vinculantes – não vêm acompanhados de requisitos, metas e cronogramas claros. E mesmo quando há metas e cronogramas, as metas são comumente inadequadas, e os meios de execução, inexistentes. Como resultado, afirma ele, a Convenção do Clima não está protegendo o clima, a Convenção da Biodiversidade não está preservando a biodiversidade, a Convenção da Desertificação não está prevenindo a desertificação e até a mais velha e forte Convenção do Direito do Mar não está resguardando a pesca. O mesmo pode ser dito sobre as extensas discussões internacionais sobre as florestas, que nunca atingiram o ponto de uma verdadeira convenção.[89]

Especialmente no caso das mudanças climáticas, a aposta no modelo multilateral tem sido frustrada. Para Victor, os negociadores têm confiado demais na história dos acordos ambientais internacionais, cujo modelo não funciona para lidar com assuntos como os cortes de emissões – que requerem uma complicada coordenação de políticas custosas e que, por isso, afetam a competitividade nacional. Segundo ele, o problema das emissões requer compromissos interdependentes. O que um país está disposto a fazer depende do que seus competidores econômicos estão fazendo. E nada na história da cooperação ambiental internacional oferece exemplos consistentes desse tipo de coordenação.[90]

Alternativas às negociações multilaterais – a abordagem dos "clubes"

Qual seria o modelo ideal para superar os obstáculos enfrentados nas negociações climáticas?

Victor apresenta algumas sugestões. Primeiro, o foco das negociações deveria mudar, de promessas abstratas difíceis de serem honradas pelos governos, como metas e cronogramas, para o comprometimento de se implementarem certas políticas mais dignas de confiança. Ele critica os negociadores por terem concentrado suas energias em fixar metas simbólicas e ignorado a necessidade mais prática de definir objetivos que os governos possam realmente atingir. Um exemplo seria a meta de limitar o aumento da temperatura global a 2°C, questionável porque, embora seja simples e atraente, não tem relação de fato com o controle de emissões que a maioria dos governos irá adotar. O nível das emissões, lembra ele, reflete várias forças, que estão muitas vezes além do controle direto dos governos – como a situação econômica e o preço relativo dos combustíveis. Por isso, defende ser a melhor abordagem aquela que foque em políticas, porque são essas que os governos podem controlar.[91]

Para definir essas políticas, a solução não está na negociação de tratados universais legalmente vinculantes que seriam depois implementados domesticamente. A segunda sugestão de Victor é que, antes, deveria se entender o que os países estão dispostos a e são capazes de fazer para, depois, estabelecer metas globais, baseadas nesses dados de realidade. Ou seja, políticas sérias de controle de emissões deveriam surgir "de baixo para cima" (*bottom-up*), com cada nação entendendo quais delas pode adotar internamente.[92]

Ao considerar as circunstâncias específicas de cada região, esse tipo de processo pode aumentar a percepção de que o acordo dele resultante é justo.[93] Nele, os países listam suas ações nacionais e podem submetê-las a alguma forma de controle internacional[94] – foi o modelo adotado na COP-15, em Copenhague, como mencionado anteriormente.

A terceira sugestão é que as negociações climáticas envolvam um número menor de participantes. Pelos motivos que já analisamos, algumas linhas da teoria da cooperação indicam que, enquanto as regras dos tratados que ambicionem ter uma abrangência universal e, idealmente, alcançar seu cumprimento total tendem a ser mais modestas, acordos entre um pequeno número de países podem se mostrar mais avançados e de maior alcance. Esses tratados "restritos, porém profundos" (*"narrow-but-deep"*), que alcançam objetivos substanciais entre um grupo relativamente pequeno, podem ser superiores a regimes que possuam participação universal e cumprimento integral porém sejam menos exigentes (*"broad-but-shallow"*).[95]

Mesmo instituições que podem ser consideradas relativamente bem-sucedidas no cumprimento de sua missão, como a OMC, quando procuram negociar uma agenda muito ampla, enfrentam dificuldades para chegar a um acordo. É o caso da Rodada Doha de liberalização comercial, promovida por essa organização, que reúne mais de 150 países e que se arrasta desde 2001 sem chegar a uma conclusão. Para Victor, Doha é um aviso para os diplomatas que atuam na área climática de que esforços envolvendo muitos atores com agendas excessivamente abrangentes podem produzir "zumbis diplomáticos" que realizam reuniões sem fim, sem nunca morrer ou alcançar o sucesso.[96]

Esse raciocínio o leva a defender que as negociações climáticas adotem uma abordagem de "clubes". Essa envolveria um pequeno número de países que negociariam e monitorariam as políticas de controle de emissões, o que permitiria que se chegasse a acordos mais complexos e de forma mais rápida. Quanto mais complicado for o desafio regulatório, segundo ele, mais importante é começar com pequenos esforços práticos pelas poucas nações que mais importam com relação àquele tema.[97]

Para reforçar essa conclusão, ele se baseia nas lições de outros processos de negociação. Ao se analisar a origem dos acordos regionais e multilaterais de livre comércio, por exemplo, verifica-se que o progresso é normalmente obtido primeiro em grupos menores, para depois ser expandido. Essa expansão, por sua vez, depende da apresentação, por potenciais novos membros, de um conjunto de promessas em relação ao que oferecerão em troca da adesão àquela organização. No caso da OMC, essas incluem compromissos tarifários, mas também uma série de outras políticas que afetam o comércio, como subsídios e proteção da propriedade intelectual. Países que querem se tornar membros põem essas políticas sobre a mesa porque querem usufruir os benefícios de participar da organização – como concessões tarifárias e status de nação mais favorecida –, difíceis de obter sem se unir ao "clube" da OMC.[98]

Logo, ao poder oferecer benefícios que são exclusivos de seus integrantes, os clubes são capazes de tornar o ingresso mais atraente para potenciais novos membros.[99] Essa abordagem, baseada em uma arquitetura fragmentada, pode permitir concessões que os governos veriam como inaceitáveis de se atribuir a um grupo maior de Estados.[100] E, além de oferecer essas "cenouras", as nações que fizerem parte do clube também podem ameaçar os países que evitarem assumir compromissos com "bastões" – como tarifas adicionais como as que examinaremos em seguida, ao tratar da relação entre comércio internacional e sustentabilidade.[101]

Essa estratégia dependeria da ação de alguns Estados pioneiros, que teriam que tomar a dianteira, promovendo uma série de acordos bilaterais e regionais e formando verdadeiras "coalizões dos dispostos" a enfrentar as mudanças climáticas.[102] A formação desses clubes e as negociações "de baixo para cima" poderiam, sem dúvida, representar um primeiro passo para o controle global das mudanças climáticas.[103]

Comércio internacional e sustentabilidade

Os ajustes tarifários na fronteira

Se, por um lado, a solução para o aquecimento global passa pela internalização dos custos relacionados às emissões de gases de efeito estufa, por outro lado, os países que abraçarem essa proposta poderão ser prejudicados em um contexto no qual outros não estejam obrigados a suportar esses custos.[1]

Para evitar que alguns países sejam *free riders*, beneficiando-se dos esforços de controle de emissões dos demais, aqueles que venham a adotar políticas climáticas mais rígidas podem formar coalizões – ou "clubes", como acabamos de analisar , celebrando acordos "de baixo carbono". Poderiam ter um caráter comercial, excluindo de alguns benefícios os países que não adotarem políticas equivalentes e impondo-lhes ajustes fiscais ou tarifários na fronteira (*"border tax adjustments"* ou *"border tariff adjustments"*).

Com isso, procura-se compensar as diferenças de preços em relação aos produtos dos países que não cortarem suas emissões, evitando que tenham uma vantagem competitiva sobre aqueles que fazem parte do acordo.[2] O objetivo é nivelar o campo de jogo entre as indústrias domésticas que são tributadas e suas competidoras estrangeiras que não o são, assegurando que a competitividade nacional não será afetada.[3]

Logo, os ajustes tarifários na fronteira têm também uma função política. Ao fornecer garantias de que os esforços regulatórios domésticos não irão corroer o investimento e o emprego, eles servem para aumentar o apoio interno às medidas de controle de emissões.[4] Ao reduzir a resistência da indústria nacional a esse tipo de regulação, esses ajustes podem, ainda, contribuir para diminuir o risco de fuga de algumas delas – no já discutido fenômeno conhecido como "vazamento de carbono".[5]

Além disso, no plano internacional, os ajustes fiscais na fronteira aumentam os incentivos para que países que estão fora do acordo se unam a ele, a fim de evitar essa imposição.[6] Dos acordos ambientais multilaterais em vigor, a OMC calcula que aproximadamente 20 incluem provisões que podem afetar o comércio – por exemplo, por conterem medidas que proíbam ou restrinjam transações envolvendo certos produtos ou espécies, ou por permitirem isso apenas entre os países-membros, banindo o comércio daquele mesmo produto com países que não tenham assinado o acordo.[7] A ameaça de utilização – ou utilização de fato – do acordo comercial de forma discriminatória pode representar um mecanismo sancionatório efetivo.

Essa foi a estrutura adotada, por exemplo, pelo Protocolo de Montreal de 1987, abordado anteriormente, que se valeu da previsão de barreiras comerciais para forçar os não signatários a eliminarem a produção e o uso de substâncias nocivas à camada de ozônio e aderirem ao acordo original.[8] Ou de outro ponto de vista, a perspectiva da eliminação dessa tributação adicional poderia servir como "cenoura" para que novos Estados se incorporem à coalizão e aceitem reduzir suas emissões de gases de efeito estufa.[9]

Nesse sentido, defende Victor, os ajustes fiscais na fronteira são essenciais. É difícil ver como países relutantes se sentirão estimulados a controlar suas emissões sem que haja um custo para aqueles que "empurrarem com a barriga" a adoção de políticas de cortes de emissões.[10]

Claro que esse tipo de mecanismo também pode apresentar desvantagens. Uma delas seria atrapalhar a diferenciação entre produtos sustentáveis e produtos não sustentáveis, uma vez que, pelo menos em relação ao preço final, o ajuste eliminaria um sinal que permitiria distingui-los. Aqueles consumidores preocupados com o meio ambiente e que, por isso, normalmente demonstrariam preferência em comprar determinado produto nacional fabricado de forma mais sustentável podem passar a comprar um produto estrangeiro equivalente menos sustentável, seja por acharem que a aplicação do ajuste tarifário na fronteira "perdoou" a falta de sustentabilidade desse último, seja porque essa distinção se tornou, simplesmente, mais difícil.[11]

Porém a maior desvantagem é o risco do surgimento de um "protecionismo verde", ou de um "protecionismo de carbono", no qual os ajustes tarifários na fronteira venham a ser utilizados, na prática, apenas como barreiras para limitar a concorrência. Muitos analistas receiam que esses mecanismos possam levar a uma discriminação comercial que, por sua vez, irá prejudicar o êxito da cooperação em outras áreas, principalmente na da liberalização do comércio.[12]

Por se tratar de uma política que restringe o comércio, pois limita o acesso internacional aos mercados domésticos, a adoção de um ajuste tarifário na fronteira encontraria obstáculos nos acordos de livre comércio e, mais precisamente, nas regras da OMC.[13]

Isso se torna mais provável à medida que, com o agravamento das mudanças climáticas, cresce a necessidade de se estabelecerem medidas mais severas de controle de emissões. Com isso, os países que fazem parte de acordos comerciais de baixo carbono tenderiam a impor ajustes tarifários na fronteira mais significativos, aumentando as barreiras contra os países que não adotarem políticas climáticas equivalentes. Essa perspectiva de que os níveis de proteção comercial com motivações ambientais possam aumentar de forma acentuada ao longo das próximas décadas, notam Dong e Whalley, pode levar o componente ambiental dos acordos comerciais a superar o componente comercial convencional em termos de tamanho relativo, o que geraria conflitos com o sistema de comércio baseado nas regras da OMC.[14]

A probabilidade desse conflito aumenta se considerarmos que, para pressionar ou estimular grandes emissores – como a China ou a Índia – a aderirem a esse tipo de acordo, será preciso adotar medidas de ajuste igualmente relevantes, o que aumentará as chances de que essas venham a ser questionadas na OMC. Quanto maiores as ameaças climáticas, maior o potencial de tensão com o sistema de proteção do livre comércio existente.[15] Situação que se agrava pela crença, comum entre alguns países em desenvolvimento, de que as políticas de redução de emissões poderão ter efeitos negativos sobre o crescimento econômico. Essa crença aumenta ainda mais a resistência desses países a aderir aos acordos comerciais de baixo carbono e, também, multiplica a possibilidade de que os ajustes tarifários baseados em políticas de redução de emissões venham a ser por eles contestados na OMC.[16]

Mas como seria tratado um eventual questionamento desses ajustes na OMC? É o que agora procuraremos entender.

OMC e sustentabilidade

De forma geral, ensina Guido Soares, há oposições de interesse entre, de um lado, as normas de proteção ao meio ambiente e, de outro, aquelas que buscam uma liberalização do comércio internacional. Legislações ambientais domésticas têm reflexos nas relações comerciais internacionais. Políticas visando à proteção ambiental podem, igualmente, representar medidas discriminatórias unilaterais, seja em benefício dos produtores nacionais, seja no de determinados parceiros – o que é proibido pelas regras da OMC.[17]

A OMC tem, então, um papel relevante na governança global da sustentabilidade, na medida em que, dentro de seu mandato de defesa do livre comércio, pode vir a julgar legislações ambientais.

É evidente que, em um mundo onde o comércio é, na realidade, transnacional, o peso da OMC não é absoluto. Muitas vezes, são as grandes empresas, e não os Estados, que adotam políticas de compras que dão preferência a produtos ambientalmente corretos ou impõem a seus fornecedores estrangeiros exigências relacionadas à sustentabilidade. Barreiras comerciais não tarifárias por questões socioambientais, como as referentes à certificação de florestas, à rotulagem de transgênicos e à não utilização de mão de obra em condições degradantes, já fazem parte da agenda das empresas exportadoras.[18] O mesmo ocorre, por exemplo, com certificados de gestão ambiental, como o ISO 14001. Empresas importadoras que o possuem podem requerer que seus fornecedores estrangeiros também sejam certificados, discriminando as empresas exportadoras que não o são – e, de fato, essa possibilidade começa a gerar uma expectativa de que essa certificação venha se tornar uma condição negocial para que as empresas operem nos mercados globais.[19]

A OMC não tem influência em casos como esses, uma vez que atua no âmbito dos Estados. Ainda assim, por ser capaz de condenar eventuais legislações nacionais restritivas de um amplo conjunto de países-membros, tem um peso que não pode ser ignorado. Seus acordos, pela variedade dos temas que abordam, representam um importante aprofundamento das regras do comércio internacional. Some-se a isso que essa organização conseguiu realizar a sua vocação universal, abrangendo 159 membros no fim de 2013.[20]

Porém o fator que contribui para que a OMC represente uma ameaça a acordos que discriminem países com base em suas políticas ambientais é que esta possui um sistema efetivo de resolução de disputas comerciais – que, para seus membros, tem prioridade sobre qualquer outro sistema semelhante, inclusive aqueles eventualmente previstos em acordos ambientais internacionais.[21] O Órgão de Solução de Controvérsias da OMC se baseia na atuação de grupos especiais (*"panels"*) e de um Órgão de Apelação permanente, e tem mecanismos de sanção fundados em medidas compensatórias que podem ser adotadas contra o país que não cumprir suas obrigações.[22]

Esse peculiar sistema de aplicação de sanções não encontra paralelo, inclusive, lembra Soares, naqueles destinados a dar eficácia ao direito internacional do meio ambiente. A OMC conta, em outras palavras, com "garras e dentes" no que se refere a instrumentos de verificação e de controle da aplicação de suas regras por seus membros.[23] Essas características a tornam o maior obstáculo para a utilização dos ajustes tarifários na fronteira.[24]

Isso não significa que a OMC não respeite a autonomia de seus membros de adotarem legislações ambientais. Ao contrário, a autonomia de determinar seus próprios objetivos nessa área foi reafirmada pelo Órgão de Solução de Controvérsias em diversas ocasiões.[25] Além disso, a OMC tem, entre seus princípios, o respeito ao desenvolvimento sustentável. Ao menos, é o que prevê o preâmbulo do Acordo de Marraqueche, que a constituiu, o qual reconhece que a expansão da produção e o comércio de bens e serviços deve ocorrer "possibilitando, enquanto isso, o uso ótimo dos recursos mundiais de acordo com o objetivo do desenvolvimento sustentável, procurando ao mesmo tempo proteger e preservar o meio ambiente e ampliar os meios para fazê-lo de uma maneira consistente com as necessidades e os interesses respectivos das partes contratantes em diferentes níveis de desenvolvimento econômico".[26]

A OMC conta ainda, em sua estrutura, com um Comitê sobre Comércio e Meio Ambiente – aberto à participação de todos os membros –, que foi instalado em fevereiro de 1995.[27] Por fim, deve-se ressaltar que as regras da OMC admitem que o livre comércio não é um valor absoluto, podendo ser posto de lado em alguns casos – nos quais as legislações de proteção ambiental podem se enquadrar.

Políticas ambientais que possam ter efeitos negativos sobre o comércio internacional estarão sujeitas às regras do General Agreement on Tariffs and Trade (GATT ou, em português, Acordo Geral sobre Tarifas e Comércio). Isso inclui os dois princípios básicos contidos nos Artigos I e III desse Acordo: o da "nação mais favorecida" e o do "tratamento nacional". Pelo primeiro princípio, um país é obrigado é estender aos demais membros da OMC qualquer vantagem ou privilégio concedido a um determinado membro. E, pelo segundo, os bens importados devem receber o mesmo tratamento concedido a produto doméstico equivalente.[28]

Ajustes tarifários na fronteira, destinados a preservar a competitividade dos produtores nacionais, devem respeitar esses dois princípios. Em geral, entretanto, acordos ambientais multilaterais que adotam medidas comerciais como ferramenta regulatória costumam discriminar deliberadamente os Estados que deles não participam, a fim de obter o resultado pretendido, que é a proteção ambiental.[29] Com os acordos de baixo carbono não seria diferente: apenas os países integrantes daquele grupo ou "coalizão", graças às suas políticas climáticas equivalentes, estariam isentos da imposição de ajustes tarifários na fronteira.

Pois bem, o fato de que o benefício tarifário não se estenda aos demais membros da OMC pode ser visto como uma violação ao princípio da nação mais favorecida. Já com relação ao princípio do tratamento nacional, para que este fosse respeitado, seria necessário que os ajustes tarifários fossem calculados de forma que os encargos a serem aplicados sobre as importações fossem exatamente iguais àqueles que incidem sobre os produtos nacionais.[30]

Há, no entanto, exceções a esses princípios, contidas no artigo XX do GATT, que permitem um tratamento diferenciado para medidas que restrinjam o comércio, sob determinadas circunstâncias.[31]

Esse artigo prevê que, desde que as medidas em questão não sejam aplicadas de forma a representarem um meio de discriminação arbitrária ou injustificada entre países onde existem as mesmas condições, ou uma restrição disfarçada ao comércio internacional, não se deve impedir sua adoção ou aplicação. Isso desde que essas medidas se enquadrem em alguns casos, entre os quais o de que sejam "necessárias à proteção da saúde e da vida das pessoas e dos animais e à preservação dos vegetais" (alínea b), ou que sejam "relativas à conservação dos recursos naturais esgotáveis, se tais medidas forem aplicadas conjuntamente com restrições à produção ou ao consumo nacionais" (alínea g).

São essas duas alíneas que poderiam ser utilizadas para justificar ajustes tarifários na fronteira que viessem a ser adotados no contexto do combate às mudanças climáticas.[32]

Sob o artigo XX (b) do GATT, um ajuste tarifário baseado no controle de emissões de gases de efeito estufa teria que ser considerado necessário para proteger a vida ou a saúde. Como defende Eichenberg, uma vez que a mudança climática é um problema que cruza as fronteiras e que ameaça a vida humana, animal e vegetal e a saúde, essa medida não deveria enfrentar maiores dificuldades de atender a esse requisito.[33] Políticas que visem a reduzir emissões se enquadrariam nessa exceção ao livre comércio, uma vez que seu objetivo é proteger os seres humanos das consequências negativas das mudanças climáticas e conservar não apenas o clima do planeta, mas também certas plantas e espécies animais que podem desaparecer como resultado do aquecimento global.[34]

Para se enquadrar na exceção do artigo XX (g), por sua vez, a medida deverá estar diretamente relacionada a uma política legítima de conservação dos recursos naturais não renováveis, que seja adotada em conjunto com restrições domésticas. Quanto a essa segunda exigência, como comentado, basta que o valor imposto pelo ajuste tarifário na fronteira seja calculado com base nos custos da regulação doméstica, evitando-se, com isso, que as importações sofram discriminação injusta. Quanto à legitimidade da medida, é de se esperar que um ajuste desse tipo aumente o custo dos produtos intensivos em energia e encoraje a adoção de processos de produção que emitam menos gases de efeito estufa, sendo essa, por isso, uma forma legítima de combater as mudanças climáticas. E, com relação ao requisito de que a medida esteja relacionada à conservação dos recursos naturais, o argumento é que a mudança climática afetaria esses recursos – o que parece perfeitamente cabível, principalmente porque há jurisprudência na OMC afirmando que a expressão "recurso natural não renovável" deve ser interpretada "muito amplamente".[35]

Até hoje, no entanto, não houve nenhum caso discutido em *panels* do GATT ou da OMC que envolvesse a aplicação de uma das exceções do Artigo XX a ajustes tarifários na fronteira relacionados a políticas climáticas – ou mesmo a qualquer medida comercial adotada no âmbito de um acordo ambiental multilateral.[36] Assim, não há jurisprudência que se enquadre perfeitamente nessa situação, o que torna mais incerta a reação do Órgão de Solução de Controvérsias da OMC a uma medida desse tipo. Há analogias possíveis, no entanto, e essas se encontram nas disputas referentes a comércio e meio ambiente, como examinaremos em seguida.

Livre comércio X proteção ambiental

A probabilidade de que um ajuste tarifário na fronteira adequadamente desenhado passe pelo crivo da OMC foi razoavelmente ampliada por um relatório conjunto dessa com o Pnuma,[37] que concluiu que esses ajustes podem ser compatíveis com as regras da OMC desde que elaborados e implementados da forma apropriada.[38]

Para isso, a medida não pode constituir "um meio de discriminação arbitrária ou injustificada", ou "uma restrição disfarçada ao comércio internacional". Porém a jurisprudência do GATT mostra que a implementação de uma medida de maneira que não viole uma dessas exigências tem sido um dos aspectos mais desafiadores da utilização das exceções previstas naquele acordo.[39]

Isso porque, como explica Jonathan Harris, atribui-se o sucesso do sistema da OMC na promoção do livre comércio à sua grande simplicidade de princípios, o que remonta à teoria econômica neoclássica: eliminação multilateral das barreiras ao comércio, com exceções muito limitadas. Tornar os assuntos relacionados ao meio ambiente uma exceção, desse ponto de vista, abriria uma caixa de Pandora de problemas para as negociações comerciais.[40]

Essa é a lógica usada até hoje por aqueles que defendem uma visão restritiva do uso das exceções previstas no artigo XX do GATT. E, com base em decisões anteriores relacionadas à área ambiental, é possível verificar que, na prática, a OMC dá preferência a seu objetivo de defender o livre comércio.

Um dos exemplos mais citados para justificar a crítica de que a OMC seria inerentemente hostil ao meio ambiente é o do caso conhecido como *"tuna-dolphin"*.[41] Foi iniciado pelo México a fim de questionar as restrições impostas pelos Estados Unidos às importações de atum pescado utilizando métodos de arrastão, que matavam golfinhos.[42] A conclusão do *panel* que julgou o caso, que acatou a posição do México, foi que as exceções do artigo XX não se aplicavam e que os Estados Unidos não teriam o direito de discriminar as importações alegando que provinham de países com políticas ambientais diferentes.[43] Vale lembrar que essa decisão ocorreu no âmbito do GATT, quando ainda não haviam sido criados os mecanismos de sanção surgidos com a OMC. Ela contribuiu, apesar disso, para formar jurisprudência, tendo peso em decisões futuras.[44]

Posteriormente, o Órgão de Apelação da OMC reverteu algumas das posições do caso *tuna-dolphin*. Foi em sua decisão de 1998 no caso *"shrimp-turtle"*, no qual os Estados Unidos foram novamente questionados, dessa vez por causa de uma legislação que bania as importações de camarões pescados sem o uso de redes com aberturas capazes de evitar a captura de tartarugas.[45] Nesse caso, o Órgão de Apelação aceitou que os Estados Unidos poderiam banir as importações com base no método de processo ou produção (*"process or production method"* – PPMs) adotado, legitimando medidas voltadas para pressionar outros países a alterarem suas políticas domésticas.[46] Apesar disso, o Órgão acabou condenando as medidas adotadas pelos Estados Unidos, por considerar que diversos aspectos da sua aplicação eram contrários às regras da OMC.[47]

É verdade que, nesses dois casos, o GATT e a OMC não negaram o direito dos Estados Unidos de protegerem o meio ambiente. Insistiu-se apenas, como lembra Wolf, em que esse país não poderia discriminar entre produção doméstica e externa e não tinha direito de impor visões unilaterais de como as coisas deveriam ser feitas, principalmente quando a medida era aplicada de forma injusta – no caso *shrimp-turtle*, por exemplo, haviam sido banidas todas as importações de camarões, inclusive daqueles criados em cativeiro, situação em que não havia perigo para as tartarugas.[48]

Ainda assim, o desfecho dessas disputas foi considerado negativo pelos ambientalistas. A decisão final do caso *tuna-dolphin* alimentou a percepção de que os *panels* do GATT tinham um viés antiambiental, levando a uma ampla condenação desse acordo pelas ONGs.[49] E a sentença no caso *shrimp-turtle*, afinal contrária aos Estados Unidos pela maneira como as medidas haviam sido aplicadas, foi criticada ao redor do mundo pelas principais organizações ambientais, contribuindo para deteriorar a relação daquele país com a OMC, que mais uma vez anulava uma de suas políticas.[50]

Pouco importou, desse modo, o fato de o Órgão de Apelação ter afirmado, em sua decisão no caso *shrimp-turtle*, que a linguagem adotada no preâmbulo do acordo constitutivo da OMC, estabelecendo o desenvolvimento sustentável como objetivo, reflete a intenção dos negociadores e deve acrescentar "cor, textura e contraste" à leitura dos demais acordos daquela organização, e que o artigo XX "deve ser interpretado à luz das preocupações contemporâneas da comunidade das nações sobre a proteção e conservação do meio ambiente" – o que leva alguns autores a verem uma evolução no tratamento dado pela OMC a esse tema, em comparação ao GATT.[51] A impressão que ficou é a de que o sistema não se orienta prioritariamente pela defesa da sustentabilidade. Aliás, o próprio artigo XX não usa a expressão meio ambiente, o que não é surpreendente, uma vez que a proteção ambiental não era uma preocupação internacional quando surgiu o GATT.[52] E o resultado final dos casos mencionados reforçou a conclusão de que a OMC sempre se posicionaria a favor do livre comércio, não importando o dano que este pudesse causar ao meio ambiente.

Essa conclusão ganha ainda mais importância quando se constata que a influência da OMC sobre o meio ambiente se estende a outros acordos dessa organização.

É o caso de seu Acordo sobre Subsídios e Medidas Compensatórias, que deve ser levado em conta, por exemplo, por países que, no âmbito de um programa de corte de emissões, adotem políticas de financiamento para as indústrias domésticas que utilizem energia de forma intensiva a fim de compensar seu custo de adaptação a tecnologias de baixo carbono, permitindo que se mantenham internacionalmente competitivas.[53]

Outro exemplo é o Acordo sobre Barreiras Técnicas ao Comércio, instrumento que estabelece regras detalhadas para a adoção de padrões e regulações, a fim de evitar obstáculos desnecessários ao comércio. Políticas climáticas podem ser por ele afetadas na medida em que exigências técnicas que nelas venham a ser adotadas – como níveis máximos de emissões, especificação de padrões de eficiência energética para os produtos ou processos de produção ou requisitos de etiquetagem – deverão levar em conta as disposições desse acordo.[54]

A influência abrangente da OMC e o fato de que diversas medidas comerciais tomadas em nome da proteção ambiental tenham sido rejeitadas por essa organização, por serem consideradas barreiras inapropriadas ao comércio, fazem com que ela seja questionada. Quando os princípios da liberalização comercial e da proteção ambiental colidem e entram em conflito, qual deve prevalecer e qual órgão deve decidir entre eles? Como afirmam Doyle e Massey, a prática da OMC de resolver assuntos ambientais que extrapolam seu mandato pode, eventualmente, minar a legitimidade dessa organização.[55]

Com isso, surgem as já mencionadas propostas de criação de uma organização ambiental mundial ou, ao menos, de uma reforma na estrutura da OMC ou em seus acordos, a fim de assegurar que o objetivo do desenvolvimento sustentável seja respeitado – por exemplo, obrigando os *panels* que tratam de assuntos ambientais a incluírem a presença de um defensor do meio ambiente, escolhido entre uma lista de advogados ambientalistas, ou emendando o artigo XX do GATT a fim de que medidas tomadas no âmbito de um acordo ambiental multilateral passem a ser consideradas uma restrição justificada ao comércio.[56]

Levada ao extremo, a reforma da OMC poderia permitir que essa organização, na melhor hipótese, fosse até usada para combater as mudanças climáticas.

Stiglitz dá uma ideia de como isso poderia ser feito. Países com políticas de redução de emissões poderiam acionar a OMC para questionar os países que não adotam esse tipo de política, alegando que esses últimos estariam concedendo um subsídio indevido a seus produtores – Stiglitz trata, especificamente, do exemplo dos Estados Unidos, criticando a ausência de medidas climáticas desse país. Se subsídio equivale ao produtor não arcar com seu custo integral de produção, os produtores norte-americanos, ao não pagar por seus custos ambientais – por contar, por exemplo, com uma energia excessivamente barata –, estariam recebendo uma forma de subsídio, o que lhes asseguraria uma vantagem injusta em relação aos produtores dos demais países. Os países que adotam políticas climáticas deveriam, então, proibir a importação de produtos norte-americanos cujos "métodos de processo ou produção" se baseiem no uso intensivo de energia barata, ou pelo menos impor-lhes taxas, tentando combater esse subsídio. Como defende Stiglitz, se é possível justificar a restrição à importação de camarão em vista da proteção das tartarugas, certamente se deveria poder justificar a restrição a produtos fabricados por meio de tecnologias que desnecessariamente poluem o meio ambiente em vista da proteção da atmosfera global.[57]

Claro que uma causa como essa só teria sucesso se a OMC viesse a passar por profundas mudanças. Comércio internacional e desenvolvimento sustentável precisariam ser vistos de forma integrada, sem que o primeiro necessariamente predominasse sobre o último. Como conclui Guido Soares, reduzir as questões ambientais a uma óptica de relações comerciais internacionais é tão despropositado quanto desconhecer as implicações das normas multilaterais de proteção ambiental sobre o comércio internacional. Na verdade, lembra ele, tanto as normas da OMC quanto aquelas multilaterais sobre o meio ambiente participam de um fenômeno comum: "a globalidade". Essa não distingue entre ordenamentos jurídicos internos dos Estados nem obedece às fronteiras físico-políticas e, por isso, deve impelir os Estados a adotarem uma lógica de cooperação, tanto no âmbito do livre comércio quanto naquele da proteção do meio ambiente.[58]

Economia verde e sustentabilidade

A crise de 2008 e o custo de deter as mudanças climáticas

Uma das lições da crise financeira internacional que se iniciou em 2008, como comentamos ao discutir a globalização, é que o Estado tem, ao contrário do consenso que se impôs durante todo o final do século XX, uma função importante a exercer na organização da economia.

Embora a revalorização do Estado pudesse fazê-lo ampliar a sua atuação na luta pela sustentabilidade, a crise acaba tendo o efeito de prejudicar os esforços para combater os problemas ambientais atuais. Existe um sentimento de que a proteção ambiental conflita com o desenvolvimento e esse sentimento é exacerbado em tempos de dificuldades econômicas.[1] Uma das consequências da crise, como narrou Ed Miliband, foi exatamente que algumas pessoas adotaram a posição de que o enfrentamento do aquecimento global poderia esperar, que quaisquer iniciativas de avanço rumo a uma economia de baixo carbono deveriam ser adiadas e que um acordo mundial sobre esses temas não era prioridade, gerando uma pressão para que os governos se concentrassem na recuperação econômica, e não na climática.[2]

Isso porque, em tempos de crise, as pessoas tendem a ficar mais sensíveis a aumentos de custo.[3] E é lógico que os cortes de emissões de gases de efeito estufa, por exemplo, implicam um custo. Paul Krugman diz que, como "economista de carteirinha", se envergonha quando entusiastas da economia de baixo carbono afirmam que proteger o meio ambiente só vai produzir benefícios e nenhum sofrimento.[4]

Esse custo, no entanto, é menor do que aqueles que enfrentaremos caso não detenhamos o aquecimento global. Foi o que mostrou um estudo sobre os efeitos das mudanças climáticas na economia mundial encomendado em 2006 pelo governo do Reino Unido e coordenado pelo economista Nicholas Stern – que ficou, por isso, conhecido como Relatório Stern.[5] A conclusão desse estudo foi que deixar de agir sobre as mudanças climáticas levará a perdas econômicas futuras anuais de 5% a 20% do PIB global, enquanto os custos anuais de se estabilizarem as emissões de gases de efeito estufa em um nível administrável seriam de aproximadamente 2% desse PIB – originalmente, Stern previu que esses custos seriam de 1%, mas depois reajustou seu cálculo –, o que equivale a algo em torno de US$ 1 trilhão por ano.[6]

Com base nesses números, pesando os custos das reduções de emissões comparados aos possíveis danos causados pelo aquecimento global, Stern conclui que precisamos de reduções acentuadas e imediatas. Isso é posto em dúvida apenas por aqueles que são céticos quanto às mudanças climáticas – uma minoria na comunidade científica – e por alguns economistas que questionam os cálculos de Stern, entre os quais William Nordhaus.[7] Segundo esses últimos, uma vez que as mudanças climáticas ocorrerão no futuro, alguma taxa de desconto teria que ser aplicada a seus custos – enquanto o Relatório Stern se baseia na adoção de uma taxa de desconto igual a zero. Para eles, por haver uma incerteza substancial a respeito dos custos que essas mudanças irão realmente acarretar, uma ação radical e imediata para cortar emissões não se justificaria.[8]

Mesmo se os cientistas céticos estivessem certos ao contestar o embasamento dos estudos sobre o aquecimento global, ou se os cálculos do Relatório Stern não fossem exatos – o que poderia levar a uma reavaliação da intensidade da ação imediatamente necessária –, não agir seria a pior opção.

Para Stern, há dois erros que podemos cometer: agir com base na opinião da maioria dos cientistas – representados pelo IPCC –, para depois descobrir que eles estavam errados, ou deixar de agir, partindo do princípio de que eles estão errados, para depois descobrir que eles estavam certos. Qual desses erros é mais perigoso?

Se a comunidade científica tiver se enganado, e sua opinião atual nos levar a reduzir nossas emissões, o resultado será um mundo com mais eficiência energética, com novas tecnologias limpas e com florestas mais protegidas – e, por isso, com mais biodiversidade. Haverá, evidentemente, um desvio dos recursos que serão utilizados para atingir esses fins e que poderiam ser aplicados de outra forma.

Por outro lado, se a ciência estiver certa e, por não acreditarmos nela, deixarmos de agir, teremos continuado a emitir por décadas e os estoques de carbono terão atingido níveis nos quais o risco de uma mudança climática perigosa são muito altos. Nesse caso, será extremamente custoso – ou talvez até impossível – reverter essa situação.

Assim, é altamente imprudente se omitir sob a premissa de que a ciência está errada, mesmo que sua probabilidade de estar certa fosse baixa. E, se somarmos a esse argumento a presunção razoável de que a ciência tem altas chances de estar certa, não há por que não agir.[9]

A decisão parece óbvia quando comparada a outras semelhantes que tomamos em nosso dia a dia. Em relação às mudanças climáticas, mesmo para o IPCC, há, sim, uma probabilidade de que nada aconteça. Essa, no entanto, é inferior a 5%. Isso nos leva a perguntar: como proprietário de uma casa, diante do diagnóstico de que há 95% de probabilidade de que algo desastroso aconteça com sua propriedade, a menos que você faça um seguro e tome medidas severas de precaução, você contrataria o seguro e adotaria essas medidas ou não? Uma avaliação elementar de risco, nota Sérgio Abranches, concluiria que basta analisar a probabilidade de ocorrência do evento em comparação com o tamanho da perda que ele acarretaria. E, nesse caso, estamos falando de um evento com alta probabilidade e que, no limite, aponta para a perda total.[10] Mesmo se as chances fossem bem menores, a ação se justificaria. Essa é a conclusão de Stern, para quem o custo de 2% do PIB ao ano não é muito diferente de um prêmio para se segurar contra uma pequena probabilidade de um resultado desastroso.[11]

Além disso, ainda que economistas como Nordhaus estivessem certos – caso em que a dúvida sobre os reais custos futuros das mudanças climáticas justificariam investimentos mais modestos para combatê-las, sob o pretexto de que esse dinheiro seria mais bem empregado de outra forma –, a verdade é que já há um grande volume de recursos mal utilizados que poderiam ser destinados à luta contra o aquecimento global.

A despesa pública necessária para reduzir os riscos de uma grande mudança climática equivale, por exemplo, a um décimo do que é gasto em defesa pelos países ricos[12] – só a Guerra do Iraque teria custado aos Estados Unidos entre US$ 1 trilhão e US$ 2 trilhões.[13] E, como lembra Lester Brown, a época em que as forças militares eram o maior perigo para a segurança ficou no passado. Problemas ambientais, como a volatilidade do clima e a escassez de água, são, agora, as grandes ameaças.[14] Assim, investir em segurança climática para se proteger dessas ameaças um décimo do que se gasta para se defender do perigo oferecido por outras nações não parece algo excessivo. O argumento de que os países "não poderiam suportar" os custos da ação climática não é verdadeiro.[15] Apresentar o problema como uma escolha entre o Estado combater o aquecimento global ou investir em serviços públicos – como se os gastos com esse combate fossem prejudicar aqueles com saúde e educação, por exemplo – parece um tremendo equívoco.[16]

Apesar disso, o fato é que a crise tem impactos negativos sobre as ações de promoção do desenvolvimento sustentável.

Com empregos em risco, o argumento de que proteger o ambiente é um luxo com o qual não se pode arcar ganha força politicamente.[17] A recessão e o desemprego são vistos como problemas que exigem ação imediata, podendo pôr em risco as medidas necessárias para reduzir emissões. Além disso, os fundos direcionados para salvar o sistema bancário e empresas à beira da falência reduzem os recursos disponíveis para enfrentar os problemas ambientais.[18] A escassez de crédito torna menos provável que os bancos financiem projetos de energia renovável e outros que poderiam contribuir para uma economia mais sustentável.[19]

Por outro lado, há também a visão de que, em toda crise, surge uma oportunidade. Para Achim Steiner, a situação atual se apresenta como uma chance de se promoverem mudanças profundas em nossas economias.[20] A crise poderia ser utilizada para progredir em uma nova direção, sendo uma ocasião favorável para o desenvolvimento de uma economia verde[21] – ideia que examinaremos a seguir.

Economia verde e *"green new deal"*

Não há uma definição universalmente aceita de economia verde. Apesar disso, há um amplo consenso sobre qual seria a ideia básica na qual ela se apoia, que é a de que o crescimento econômico, o progresso social e a gestão ambiental podem ser objetivos estratégicos complementares.[22] Nesse tipo de economia, o crescimento e a responsabilidade ambiental devem trabalhar juntos e se reforçar mutuamente, enquanto fomentam o desenvolvimento social.[23]

Pela definição do Pnuma, que não foge a esse consenso, é uma economia que resulta em igualdade social e melhoria do bem-estar da humanidade, ao mesmo tempo em que reduz significativamente os riscos ambientais e a escassez ecológica. Nela, os aumentos da renda e do emprego devem ser impulsionados por investimentos públicos e privados que reduzam as emissões de carbono e a poluição, ampliem a eficiência no uso de energia e recursos e previnam perdas de biodiversidade e de serviços ecossistêmicos. Em suma, ela deve apresentar baixa emissão de carbono, eficiência no uso de recursos e ser socialmente inclusiva.[24]

Uma vez que não há definição única ou um conjunto de indicadores ou de parâmetros que possam mostrar com o que uma "economia verde" deveria se parecer, a CCI, por exemplo, prefere focar em economias "mais verdes" ou "mais sustentáveis". Além disso, as ações necessárias para a transição rumo à economia verde podem variar de setor para setor e conforme circunstâncias nacionais específicas – outro motivo para se preferir falar em "economias mais verdes".[25]

No entanto, nas discussões sobre políticas intergovernamentais, faz sentido se valer da economia verde como um tema unificador e uma direção na qual todas as economias deveriam se empenhar em seguir, a fim de alcançar o desenvolvimento sustentável.[26] A noção de economia verde está inserida nesse último conceito mais amplo.[27] Hoje há um reconhecimento crescente de que a sustentabilidade depende de se adotar o modelo certo de economia, principalmente porque, como observa o Pnuma, décadas de criação de riquezas por meio de um modelo de economia "marrom" não lidaram bem com a marginalização social e o esgotamento de recursos. Logo, ainda que o desenvolvimento sustentável continue sendo o objetivo maior, de longo prazo, a economia verde é que nos permitirá chegar lá.[28]

O que significa isso, na prática? No contexto das empresas, como vimos, entende-se que o desenvolvimento sustentável se baseia em três pilares – econômico, social e ambiental. Porém, para os governos, o pilar ambiental deveria ser o mais importante na transição para a economia verde. Isso porque, como nota José Goldemberg, se esgotarmos os recursos naturais com a exploração predatória, não haverá desenvolvimento econômico e muito menos justiça social.[29] E, sob a ameaça do aquecimento global, os governos deveriam se preocupar em que essa transição assegurasse uma redução radical das emissões de gases de efeito estufa. Nesse sentido, fundamentalmente, uma economia verde deveria ser vista como uma economia de baixo carbono.

Após o início da crise financeira, a ideia de economia verde ganhou novo impulso, visto que passou a ser associada a ações de recuperação econômica semelhantes às do *"New Deal"*.

Esse "novo acordo", vale lembrar, foi a estratégia lançada nos Estados Unidos pelo presidente Franklin Roosevelt, após a crise de 1929, com base nas ideias do economista John Maynard Keynes.[30] Compreendia a forte atuação do Estado no planejamento econômico e uma série de pacotes de estímulo lançados entre 1933 e 1938 que criaram empregos por meio de ambiciosos programas governamentais, incluindo a construção de estradas, represas e escolas.[31]

Pois bem, logo após a quebra do banco de investimentos norte-americano Lehman Brothers, ficou claro que a interpretação keynesiana prevaleceria como forma de sair da crise financeira internacional e os governos começaram a ser pressionados para implementar pacotes de estímulo fiscal.[32] Para muitos, no entanto, as iniciativas que seriam levadas adiante para combater a crise iniciada em 2008 deveriam ter um foco diferente das ações empreendidas durante a Grande Depressão. Dessa vez, a recuperação econômica precisaria ser estimulada por meio de investimentos estatais em conservação de energia e tecnologias de baixo carbono.[33]

Surge, então, a proposta de um *"Green New Deal"* global – um *New Deal* "verde" baseado em um conjunto de políticas e pacotes de estímulo em larga escala coordenados internacionalmente. Deveria ter não apenas o potencial de provocar a recuperação econômica em curto prazo, mas também o de estabelecer as fundações para o crescimento econômico sustentável no médio e longo prazos, ao estimular maior eficiência energética, minimização dos resíduos e uso consciente de recursos naturais.[34] Ou seja, embora a adoção de um grande estímulo fiscal imediato fosse uma medida absolutamente essencial, isso, por si só, não seria suficiente para estabelecer um novo pacto de desenvolvimento. Uma das lições da crise, lembra Stern, é que precisaríamos nos concentrar em investimentos capazes de sustentar o verdadeiro crescimento no futuro.[35]

No curto prazo, a recuperação econômica dependeria da retomada da demanda, cuja redução levou à queda nos investimentos por empresas com excesso de capacidade produtiva. E, como observa Paul Krugman, políticas de redução de emissões poderiam ter o efeito de dar às empresas um motivo para investirem imediatamente em novos equipamentos e instalações, apesar de sua capacidade excedente.[36]

E, em longo prazo, novas tecnologias amigáveis ao meio ambiente poderiam ser um motor capaz de gerar várias décadas de expansão econômica.[37] A conversão da economia ao baixo carbono, observa Abranches, poderia levar a um longo *boom*, impulsionado pelas inovações tecnológicas que alterarão o uso de energias e materiais, pela renovação de grande parte da infraestrutura e pelos investimentos nessa conversão.[38] Esses investimentos poderão desempenhar o papel que as ferrovias, a eletricidade e os veículos automotores tiveram em períodos anteriores da história.[39]

Um *Green New Deal* teria, ainda, o efeito de promover a criação de "empregos verdes" – aqueles que ajudam a reduzir a pegada de carbono e outros impactos ambientais[40] –, o que serviria para atacar tanto o desemprego quanto o aquecimento global.[41]

Isso porque, de forma geral, atividades ambientalmente amigáveis costumam ser mais intensivas em trabalho, tendendo a gerar mais empregos do que as indústrias "marrons", intensivas em capital.[42] As energias renováveis, por exemplo, geram mais empregos do que a produção e o refino de petróleo para a mesma quantidade de energia produzida.[43] Como prova disso, no final da década de 2010 já havia mais pessoas trabalhando no setor de energias renováveis do que, diretamente, nas indústrias de petróleo e gás.[44] E, como constatou o Pnuma em relatório de 2011, essa realidade se aplica a diversos setores, tais como agricultura, construção civil, silvicultura e transporte. Em todos eles, a economia verde cria mais empregos do que o modelo atual, seja em curto, médio ou longo prazos.[45]

Outra constatação do Pnuma é que, de forma geral, uma economia verde poderia fornecer o suporte necessário não apenas à geração de empregos, mas também ao crescimento e aumento da renda, e que, por isso, a alegada "troca" entre progresso econômico e sustentabilidade ambiental seria uma falsa polêmica – especialmente se a riqueza medida incluísse também os bens naturais, e não somente os produtos industrializados. Os resultados daquele relatório indicam que, enquanto em curto prazo o crescimento em um cenário "verde" pode ser inferior ao do modelo atual, em longo prazo – 2020 e além – a economia verde superaria a atual, mesmo se o crescimento fosse medido pelo método tradicional.[46]

Faz todo sentido pensar em políticas que possam criar empregos e retomar o crescimento – como aquelas visando a melhorar a eficiência energética, que também contribuem para o aumento da produtividade das indústrias –, principalmente quando a maior parte das pesquisas de opinião pública coloca esses dois temas muito acima da questão ambiental.[47] Por isso, foi natural que o G-20 adotasse esse tipo de política em reação à crise financeira internacional.

O papel do G-20

A ideia de que a promoção de uma economia mais verde poderia contribuir para a recuperação econômica foi adotada por alguns Estados e, principalmente, pelo G-20, grupo que ganhou importância após o início da crise de 2008, tomando em parte o lugar do G-7 – formado por Estados Unidos, França, Alemanha, Reino Unido, Canadá, Itália e Japão.[48]

O G-20 reúne os países do G-7 mais África do Sul, Arábia Saudita, Argentina, Austrália, Brasil, China, Coreia do Sul, Índia, Indonésia, México, Rússia e Turquia, além da União Europeia, e tem participação permanente do FMI e do Banco Mundial.[49] Foram os chefes de Estado desse grupo que, em novembro de 2008, se encontraram em Washington para coordenar um programa global de estímulo. Em setembro de 2009, em sua reunião de cúpula na cidade norte-americana de Pittsburgh, reafirmaram ter "designado o G-20 como o principal fórum para a cooperação econômica internacional".[50] E, realmente, como lembra Veiga, esse é um fórum que veio para ficar e que, com todos os defeitos que possa ter, deverá ser, por algumas décadas, a melhor instância possível de governança mundial.[51]

Por que é possível imaginar que o G-20 poderia ter um papel de destaque na promoção da economia verde e, em especial, no combate ao aquecimento global?

Como tivemos a oportunidade de comentar, as negociações climáticas na ONU são criticadas pelas dificuldades que enfrentam, principalmente devido ao modelo que depende do consenso para a tomada de decisões. Haveria, assim, uma tendência a que essas negociações se deslocassem do plano multilateral para o plurilateral, envolvendo menos países em instâncias mais restritas.[52] Uma opção sugerida por alguns é que o problema seja abordado por meio da formação de "clubes", que estabeleceriam, entre seus integrantes, regras mais avançadas de controle de emissões.

Pois bem, o G-20 teria todas as condições, em teoria, de formar um "clube" dessa espécie. Isso por ao menos dois motivos. Primeiro, pela clara necessidade de se coordenarem políticas econômicas – vocação inicial do G-20 – e meio ambiente. Para Giddens, a emergência do G-20 é um dos aspectos mais positivos da evolução recente da governança global, sendo o foro óbvio para explorar as conexões entre a regulação do sistema financeiro mundial pós-crise e o combate ao aquecimento global.[53]

Segundo, porque o G-20 concentra quase todos os maiores emissores de gases de efeito estufa – e, nesse sentido, a dinâmica da relação bilateral entre China e Estados Unidos, os dois maiores emissores, é essencial para entender o futuro da política climática global.[54] Em 2004, a participação do G-20 nas emissões mundiais já havia ultrapassado 77% e, considerados os 23 demais países então representados no grupo pela União Europeia, chegava a 82%. Se um eventual "clube" iniciado pelos países do G-20 viesse a obter a adesão de mais uma dúzia de outras nações que já são grandes emissoras – Irã, Nigéria, Congo, Tailândia, Filipinas, Argélia, Malásia, Venezuela, Tanzânia, Mianmar, Egito e Emirados Árabes Unidos –, abrangeria 91% das emissões daquele mesmo ano.[55]

Uma opção, então, seria uma abordagem em dois trilhos, pela qual o G-20, ou um "G-20 *plus*", concentraria as negociações – facilitadas pelo número reduzido de países – em um processo em que todas as demais nações seriam consultadas e informadas.[56]

Praticamente todas as últimas reuniões do G-8 – grupo que abrange o G-7 mais a Rússia – haviam incluído declarações de destaque sobre as alterações climáticas.[57] E o G-20, da mesma forma, tem reiterado em sucessivos encontros seu compromisso de combater o aquecimento global. Por exemplo, em abril de 2009, na reunião de cúpula realizada em Londres, seus líderes afirmaram: "Concordamos em fazer o melhor uso possível dos investimentos financiados pelos programas de estímulo, com vistas a estabelecer um crescimento robusto e ambientalmente sustentável. Faremos a transição em direção a tecnologias e infraestrutura limpas, inovadoras, eficientes e pouco intensivas em carbono.(...) Identificaremos e trabalharemos novas medidas para construir economias sustentáveis."[58] E, em setembro do mesmo ano, em sua reunião de cúpula na cidade norte-americana de Pittsburgh, reafirmaram: "Como líderes das maiores economias do mundo, estamos trabalhando em favor de uma recuperação verde, duradoura e sustentável. Sublinhamos nossa determinação renovada de enfrentar a perigosa ameaça da mudança climática."[59]

Porém será que esse entusiasmo do G-20 com o potencial de um *Green New Deal* se verifica na prática?

De fato, como parte de seus esforços para impulsionar a demanda e o crescimento, alguns países do G-20 adotaram políticas que incorporavam um componente "verde". No entanto, apenas alguns países dedicaram um montante substancial de seus gastos totais a investimentos compatíveis com uma economia de baixo carbono. O mais notável foi a Coreia do Sul, onde esse tipo de investimento representou praticamente a totalidade de sua resposta fiscal à recessão global.[60] A China gastou aproximadamente 38% de seus estímulos fiscais em investimentos verdes, a França, 21%, a Alemanha, 13%, os Estados Unidos, 12% e o Reino Unido, 11%.[61]

Desse modo, dos quase US$ 3 trilhões aplicados em pacotes de estímulo ao redor do mundo, apenas 16% – por volta de US$ 440 bilhões – podem ser classificados como gastos verdes, por apoiarem objetivos de política climática.[62] Além disso, poucos governos do G-20 gastaram mais do que 0,7% do PIB em investimentos ambientais e de baixo carbono entre 2008 e 2009.[63]

Não se pode dizer, por isso, que esses gastos dos países do G-20 representaram um esforço global concertado para uma "recuperação verde". A análise desses dados mostra que as alegações de que os diversos planos de recuperação teriam ênfase na economia de baixo carbono são pouco convincentes. Na maioria dos casos, os gastos "verdes" teriam sido ofuscados por investimentos mais tradicionais em setores "marrons".[64]

Superar o modelo baseado nas energias marrons, na verdade, não é uma tarefa fácil. Como afirma Wolf, assim como a civilização da Roma antiga foi construída sobre os escravos, a nossa foi construída sobre os combustíveis fósseis. O que aconteceu no começo do século XIX, mais do que uma "revolução industrial", foi uma "revolução da energia". "Colocar carbono na atmosfera", conclui ele, "é o que fazemos".[65] Vivemos, agora, na era da "Energia-Clima" – nomenclatura adotada por Friedman para mostrar o peso desses dois fatores em nossa civilização[66] – e lidar com o aumento da demanda energética em um contexto de aquecimento global será algo muito complicado, como iremos constatar.

Energias marrons X energias verdes

Atualmente, 90% da energia mundialmente utilizada são gerados por meio de tecnologias "marrons", baseadas em combustíveis fósseis, o que responde por 60% das emissões globais de CO_2.[67] Pode-se argumentar que o setor de energia é o menos inovador da economia, já que o carvão e o petróleo vêm sendo usados pelos últimos duzentos e cem anos, respectivamente.[68]

O motivo disso é, em parte, o custo-benefício dessas fontes de energia. Como nota Ricardo Abramovay, a eficiência energética do petróleo é, até hoje, inigualável: três colheres contêm o equivalente à energia média de oito horas de trabalho humano. O crescimento demográfico e econômico do século XX teria sido impossível sem esse escravo barato.[69] O carvão é ainda mais barato – o que o leva a ser a fonte responsável por fornecer, por exemplo, aproximadamente 70% da energia chinesa.[70] Por seu preço, e pelas usinas que o utilizam serem de rápida construção, China, Índia e outros países provavelmente continuarão dependendo do carvão nas próximas décadas.[71] E o carvão é até duas vezes mais sujo do que o petróleo.[72]

Uma solução, portanto, seria encarecer os combustíveis fósseis – e abordaremos, mais adiante, algumas medidas que permitiriam fazê-lo. Ao obrigar que seus preços reflitam o custo real que acarretam para a sociedade, esses combustíveis se tornariam menos competitivos do que as energias renováveis, o que representaria um estímulo à conservação da energia[73] – ainda que seja importante considerar que a demanda de energia é relativamente inelástica, o que, por si só, já é um problema.[74]

Essa proposta, no entanto, enfrenta resistências. Pesquisas normalmente mostram que a maioria das pessoas se opõe a aumentos de preços tanto da gasolina quanto da eletricidade, ainda que destinados a proteger o meio ambiente.[75]

Se o argumento ecológico não parece comover a população, o da segurança poderia ser uma opção. O grau de insegurança energética de um determinado país, ensina Veiga, é um importante vetor para que esse abandone o modelo baseado nos combustíveis fósseis.[76]

Em tempos turbulentos, a preocupação política quanto à segurança energética tende a aumentar. E, nessa perspectiva, energias renováveis tornam-se mais atraentes.[77] Ao reduzir a dependência de alguns países dos combustíveis fósseis, o desenvolvimento de fontes alternativas de energia pode contribuir no plano internacional para uma diminuição das tensões geopolíticas sobre as reservas de petróleo em regiões instáveis, o que traria mais estabilidade até para as nações produtoras.[78]

No caso do carvão, entretanto, esse raciocínio não se aplica porque, para os diversos países onde ele é abundante, essa disponibilidade interna o caracteriza como uma fonte segura, o que prejudica o apelo da segurança energética.[79] Efeito semelhante pode ter a intensificação recente na utilização do gás de xisto por alguns países, principalmente pelos Estados Unidos – esse gás, cujos métodos de exploração podem gerar sérios problemas ambientais, tem aumentado sua participação na matriz energética daquele país a ponto de levá-lo a importar cada vez menos petróleo.[80]

Outra dificuldade de se substituírem os combustíveis fósseis provém dos investimentos neles realizados e da infraestrutura que se montou a seu redor, assim como de sua interdependência com outros setores da economia.

Como lembra Barnhizer, alterar esse modelo afetaria não apenas as empresas que controlam vastas reservas ou que fizeram investimentos multibilionários na exploração, no refino e no transporte de petróleo, por exemplo. Teria efeitos, também, sobre fundos de pensão e sobre pequenos investidores que dependem desses investimentos como fonte estável de renda e de instrumento de proteção de seu patrimônio. Isso sem falar em todo o sistema relacionado ao petróleo em si, do qual dependem empresas que fizeram da exploração desse recurso a sua atividade e as comunidades cujos empregos dependem da manutenção desse status quo.[81]

Pelo fato de as tecnologias marrons estarem tão incrustadas no sistema econômico como um todo, uma mudança radical para tecnologias verdes implicaria, necessariamente, ajustar ou substituir grande parte da infraestrutura existente.[82]

Isso vale para inúmeros setores nos quais os combustíveis fósseis são a regra, como o de transportes. Imaginem-se as consequências de se alterar o sistema de transporte individual em veículos movidos a motores de combustão interna à base de petróleo, seja em favor do transporte de massa, seja pela imposição do uso de algum combustível alternativo. Essa mudança, lembra Barnhizer, afetaria não apenas o mercado de carros novos, mas também os mercados secundários e mesmo terciários de carros usados, que representam receitas significativas não apenas para os consumidores que vendem em particular para outros consumidores, mas para os comerciantes do mercado de revendas, aos quais se somariam os mercados de peças de reposição, acessórios, oficinas mecânicas e assim por diante. Logo, nesse exemplo, inúmeros interessados poderiam se sentir prejudicados, resistindo à mudança. Mesmo que a capacidade tecnológica para realizar essa mudança já pudesse existir, o ritmo da transformação seria freado por essa resistência e controlado pelos fabricantes de automóveis e pelas companhias de petróleo – o que mostra que a tecnologia é apenas um dos elementos a serem levados em conta.[83]

Outros fatores podem, ainda, complicar a transição para uma economia verde.

Um deles é o custo. Ainda que haja inúmeras opções à energia fóssil – eólica, solar, biomassa, geotérmica, maremotriz etc. –, essas representam uma pequena fração do nosso *"mix"* atual de energia, porque são relativamente mais caras e mais difíceis de utilizar em larga escala. Seu preço ainda é alto demais e sua performance e seu retorno sobre o investimento são baixos para justificar o investimento privado em seu amplo emprego.[84]

O custo é um fator relevante porque os consumidores percebem a energia como uma *commodity* homogênea, fazendo pouca diferenciação com relação às fontes de energia mais limpas, modernas e tecnologicamente avançadas, como a solar e a eólica. Em outros setores, as empresas têm mais motivação para investir em pesquisa e desenvolvimento a fim de inventar novos produtos que os consumidores podem querer passar a usar ou pelos quais estariam dispostos a pagar mais – um novo modelo de computador ou telefone celular, por exemplo. Já o setor de energia venderá em 2100 o mesmo produto que vendia em 1900: elétrons. Por isso, ainda que tenha se registrado algum sucesso modesto em se vender "energia verde" a consumidores, não se acredita que a demanda por essa última será determinante na definição das futuras fontes de energia.[85]

Para contornar esse problema, é preciso reduzir de forma significativa o custo das energias renováveis, criando incentivos e mecanismos que facilitem sua difusão.[86]

Energias renováveis e a questão da escala

Além do problema do custo, há outras questões a serem superadas. Uma delas é que a total implantação de novas tecnologias é um processo lento. Revoluções tecnológicas anteriores tipicamente exigiram um período de tempo substancialmente mais longo do que aquele agora disponível para realizar a revolução verde, que, dadas as pressões existentes sobre nosso ecossistema, precisaria ser alcançada em três a quatro décadas. O valor investido e o longo tempo de vida útil de usinas, refinarias e infraestrutura fazem com que qualquer transição na área da energia seja, necessariamente, um assunto de longo prazo – transições energéticas anteriores levaram de setenta a cem anos.[87]

A outra questão é que há dúvidas sobre a capacidade de as energias renováveis hoje existentes fornecerem energia na proporção atualmente demandada.

Pode haver limites técnicos ao aproveitamento em grande escala de tecnologias de energia renovável. Tanto a energia solar quanto a eólica dependem das variações do clima e a maioria dos sistemas de eletricidade não é capaz de se aproveitar dessa produção intermitente.[88] Opções como essas são pouco viáveis, a menos que se desenvolvam novos sistemas de armazenagem de energia, que garantam maior estabilidade da rede elétrica.[89]

A combinação desse problema de escala com a necessidade de expandir o uso das energias renováveis para deter o aquecimento global leva a um impasse.

Como explica Victor, nas próximas décadas, as emissões mundiais terão que cair pela metade, apenas para estabilizar o estoque crescente de CO_2 na atmosfera. Isso em um mundo no qual ainda há 1,5 bilhão de pessoas que não têm acesso à eletricidade[90] e no qual a economia e a população continuam a se expandir.[91]

Estima-se que até 2100 a população do planeta irá consumir quatro vezes mais energia do que atualmente, caso todos venham a alcançar o mesmo nível de prosperidade hoje desfrutado pelo um bilhão de pessoas mais ricas. Ainda que as economias se tornassem 30% mais eficientes, o total de energia exigido para tirar toda a humanidade da pobreza teria que, *grosso modo*, triplicar até o final do século XXI.[92] E, considerando-se que esse aumento na produção de energia teria que ser realizado cortando as emissões pela metade, isso significa que a capacidade do sistema energético – a energia entregue para cada tonelada de emissões – precisaria aumentar ainda mais nesse período.[93]

As dificuldades de se conciliarem crescimento econômico e populacional e corte de emissões são evidenciadas pelos resultados de países que já estão tentando reduzir suas emissões, sem sucesso. Em muitos casos, o máximo que conseguem é manter suas emissões estáveis.[94] Estamos muito longe, portanto, da meta ideal de descarbonização total do sistema global de energia até 2050.[95] Ao contrário. Diferentemente do que seria preciso, as emissões mundiais de gases de efeito estufa continuam crescendo e aumentaram 3% durante a primeira década do século XXI.[96]

A questão, argumenta Victor, é que nenhuma das tecnologias atualmente disponíveis pode ganhar escala rápida e amplamente o suficiente para evitar as mudanças climáticas. Apenas aumentar a margem de aproveitamento dessas tecnologias – mais e maiores turbinas eólicas, usinas elétricas marginalmente mais eficientes etc. – não dará conta do recado.[97] Achados tecnológicos são indispensáveis para incrementar a performance das energias renováveis atuais e para reduzir o custo de utilizá-las.[98] E, mais do que isso, será muito difícil atingir a capacidade energética requerida sem inventar e pôr em ação tecnologias novas, radicalmente diferentes.[99]

Assim, há um consenso de que, para deter o aquecimento global, seria preciso descobrir tecnologias energéticas limpas disruptivas, que possam provocar um salto em relação ao preço e à performance atuais.[100] Tecnologias disruptivas que, por sua vez, dependem da inovação.[101]

Nesse contexto, os Estados têm um papel fundamental a exercer. Como observam Feindt e Cowell, as inovações normalmente surgem em lugares onde há exigências regulatórias e incentivos fiscais, o que leva a crer que a modernização ecológica depende, em boa parte, de um "Estado verde". A ação governamental é crítica para financiar a pesquisa e o desenvolvimento, fornecer incentivos fiscais e definir padrões ambientais progressivos que estimulem o progresso tecnológico.[102]

O cronograma apertado dentro do qual as transformações exigidas para conter as mudanças climáticas têm que ocorrer torna o Estado um ator muito mais central. É improvável que a aceleração da inovação tecnológica e de sua difusão ocorra se depender apenas das forças de mercado, principalmente se considerarmos que o meio ambiente é um bem público que não é precificado por essas últimas. Além disso, essas transformações serão custosas e dependerão de financiamento em grande escala e em longo prazo, que não é provável de ser fornecido completamente pela iniciativa privada, demandando apoio dos governos[103] – por exemplo, para que as energias renováveis substituam as fontes convencionais em larga escala, é preciso desenvolver uma nova rede elétrica e esse é um investimento que o setor privado não quer ou não é capaz de fazer.[104]

As novas tecnologias que venham a surgir demandarão, portanto, distintos tipos de políticas tecnológicas públicas que reduzam seus custos, melhorem sua qualidade e aumentem sua adaptabilidade ao sistema produtivo existente.[105] E não apenas políticas tecnológicas de peso serão necessárias, mas deverão vir acompanhadas de políticas industriais ativas focadas em induzir mudanças na infraestrutura e no processo de produção.[106]

Resumindo, a substituição das energias marrons por fontes de energia renováveis pode ser economicamente onerosa, politicamente delicada, tecnicamente complicada e, sem dúvida, demorada. Seu sucesso depende, em grande parte, de inovações que aperfeiçoem e barateiem as tecnologias existentes e talvez só seja possível com a invenção de tecnologias radicalmente diferentes das utilizadas hoje. Por esse motivo, os governos precisam assegurar que o investimento de que dependem essas descobertas será realizado, envolvendo as empresas nesse esforço.

Como conclui o Worldwatch Institute, em contraste com a atitude de *"laissez-faire"* das últimas décadas, a questão agora não é se o governo poderá desempenhar um papel útil central, mas quais as ações específicas que os governos devem tomar.[107]

Vamos analisar, então, que tipo de ação os Estados podem levar adiante para estimular esse imprescindível processo de inovação.

Fomentando a inovação e investindo em pesquisa e desenvolvimento

A inovação, como se sabe, surge muitas vezes no setor privado. Vimos como as empresas possuem uma função relevante na oferta de produtos, serviços e soluções economicamente viáveis exigidos para a transição para a economia verde.[108] E, quando analisamos a ação transnacional pela sustentabilidade, comentamos que, com o agravamento das mudanças climáticas, o preço dos combustíveis fósseis tende a subir e a demanda por tecnologias limpas deve aumentar, trazendo oportunidades crescentes de se ganhar dinheiro com estas últimas. Isso poderia nos levar a apostar, então, simplesmente deixar as forças de mercado seguirem seu rumo livremente. Essas, por sua própria conta e sem qualquer intervenção dos governos, deveriam levar a iniciativa privada a ser naturalmente atraída a investir em tecnologias verdes.[109]

Porém, não é bem assim. Como pudemos perceber, há uma série de fatores – custo relativamente baixo e alta difusão dos combustíveis fósseis, por exemplo – que contribuem para que praticamente todas as tecnologias de baixo carbono tenham sido desenvolvidas pelo setor público, e não pelo privado.[110]

Apesar de as empresas terem, com a globalização, aumentado seu poder na esfera mundial, a ação transnacional pela sustentabilidade depende, e muito, da ação pública empreendida pelos Estados. Confiar apenas nas forças de mercado não permitirá alcançar soluções na velocidade necessária para se evitarem as mudanças climáticas.[111] Caso se deixasse essa missão para a livre iniciativa, é quase certo que ela não seria capaz de cumpri-la sozinha, por uma série de motivos.

Os Estados precisam contribuir para que as iniciativas de algumas empresas não sejam frustradas, ajudando-as a driblar as dificuldades comuns aos processos de inovação. Só o Estado tem a capacidade regulatória que pode assegurar aos *first movers* vantagens sem as quais a transição para tecnologias mais limpas pode se tornar complicada, se não fatal, para essas empresas.

Quais seriam os principais obstáculos enfrentados pelas empresas inovadoras? O primeiro deles é a dificuldade de se apropriarem dos resultados de seus investimentos em inovação. Ideias vazam e, por isso, uma empresa pode acabar não se beneficiando sozinha do que vier a aplicar em pesquisa e desenvolvimento.[112]

Em muitos casos, uma solução tecnológica encontrada por uma determinada empresa pode ser rapidamente seguida por concorrentes – os chamados *"fast followers"* –, impedindo que a empresa inovadora se valha da vantagem inicial que naturalmente teria.[113] Empresas farmacêuticas, por exemplo, investem em pesquisa para criar medicamentos porque sabem que podem pateteá-los e se beneficiar do monopólio sobre aquela patente por certo período. Já as companhias de energia têm menores chances de capturar o retorno de seus investimentos em inovação, uma vez que, por suas características, as patentes de engenharia acabam sendo copiadas mais cedo ou mais tarde.[114]

Ou seja, enquanto a produção dos conhecimentos é cara, sua reprodução normalmente não o é. O processo de inovação costuma ter um "efeito de derramamento" (*"spillover effect"*, na expressão em inglês), pelo qual quando uma empresa desenvolve uma nova tecnologia, assume todos os custos e pode gerar benefícios para suas concorrentes.[115]

A possibilidade de que o conhecimento se espalhe, permitindo que algumas empresas peguem carona nas descobertas das demais, é uma falha de mercado conhecida, já discutida em outros casos. Ela pode fazer com que o setor privado, deixado por sua própria conta, acabe investindo menos do que deveria em pesquisa e desenvolvimento.[116] Se uns podem tirar proveito dos resultados inovadores gerados pelo esforço de outros, isso irá causar uma redução generalizada do empenho em inovar.[117]

Logo, uma das atribuições do Estado é tornar os direitos de propriedade intelectual mais seguros, instaurando sistemas, notadamente de patentes, que permitam que as empresas que investem em pesquisa e desenvolvimento tenham benefícios com isso, o que aumentaria os incentivos à inovação.[118] Incentivos que poderiam ser reforçados pela perspectiva dos ganhos que as empresas pioneiras obteriam ao licenciar depois as inovações por elas desenvolvidas às empresas "retardatárias".[119]

Essa atribuição, no entanto, envolve um paradoxo. Se as inovações não forem protegidas, empresas não são estimuladas a criá-las. Se forem excessivamente protegidas, elas não se difundem, o que dificulta, por exemplo, a ampliação do uso das tecnologias de baixo carbono. Os Estados têm, assim, que encontrar o frágil equilíbrio entre resguardar e difundir as novas tecnologias – que leva a discussões que vão do licenciamento compulsório à aquisição pública de patentes.[120]

O segundo obstáculo que as empresas inovadoras podem enfrentar é a possibilidade de que concorrentes se beneficiem temporariamente do fato de não aderirem a uma nova tecnologia.

Algumas empresas, ao evitar adotar uma inovação, podem vir a ganhar posições no mercado – por manterem seus produtos mais baratos, por exemplo. É possível, até, que algumas delas deliberadamente optem por fazer do *dumping* social ou ambiental uma arma competitiva, o que pode levar as empresas responsáveis a abandonarem os seus compromissos na área da sustentabilidade.[121]

A saída para evitar isso está na regulação. Essa, alertam Porter e Linde, é importante não apenas por pressionar as empresas a superarem a inércia, motivando-as a inovar, mas também por nivelar o campo de jogo durante o período de transição até que a inovação se firme. Serve, assim, como proteção para os *first movers*, evitando que esses percam espaço no mercado até que as tecnologias se estabeleçam e seus custos caiam.[122]

Mais do que isso. Independentemente do aspecto da inovação, o Estado deve adotar todos os instrumentos de coerção à sua disposição para evitar que algumas empresas, por não adotar sequer padrões socioambientais mínimos, sejam mais competitivas do que aquelas que respeitarem esses padrões.

É por meio de seu papel regulador que o Estado pode assegurar que as empresas retardatárias ou com baixos padrões ambientais e sociais não tenham vantagens sobre seus concorrentes socioambientalmente responsáveis, evitando, assim, que desistam de inovar ou de adotar práticas mais avançadas.

A omissão dos Estados em exercer sua função de reguladores e de fomentadores da inovação poria em risco as chances de sucesso das ações transnacionais para a promoção da sustentabilidade. Como defende Philippe de Woot, a ampla difusão do modelo baseado na sustentabilidade é a única forma de garantir que as empresas sustentáveis não sucumbirão à pressão da concorrência das empresas que continuam a seguir a lógica do modelo atual e à inércia do próprio sistema. Essa difusão depende em grande parte, sem dúvida, da intervenção dos Estados.[123]

As empresas inovadoras enfrentam, ainda, as dificuldades inerentes à introdução de novas tecnologias.

Há um vasto hiato entre o estágio da pesquisa e aquele da comercialização, fase conhecida como "vale da morte" da tecnologia – período de alto risco e recompensas incertas no qual a maior parte das ideias promissoras perece.[124]

Novas tecnologias podem ser inicialmente pouco competitivas por vários motivos. Por exemplo, aquelas que dependem de infraestrutura – como as do setor energético – costumam requerer uma vasta quantidade de mudanças complexas de padrões e práticas antes que possam conquistar uma fatia maior de mercado.[125]

Assim, os governos devem implementar uma política tecnológica que contemple, entre seus elementos, um esforço ativo para permitir que as inovações cruzem o "vale da morte".[126] Isso passa por oferecer às novas tecnologias promissoras garantias credíveis de que encontrarão mercados viáveis se tiverem bom desempenho, criando nichos estratégicos protegidos e uma demanda que, pelo custo mais elevado dessas tecnologias, não existiria de outro modo.[127]

Essas garantias são importantes porque, além da resistência natural dos consumidores por produtos de valor mais elevado, há a daquelas empresas que dominam o mercado, mas não dominam ainda a nova tecnologia. Estas costumam estar bem organizadas politicamente e fazem uso de seu poder para proteger sua posição dominante, tentando manter afastadas as inovações. Por isso, afirma Victor, outro elemento necessário à política tecnológica ativa que deve ser promovida pelos governos é que inclua uma análise cuidadosa da economia, para verificar quais barreiras impedem as inovações de ganharem mercado.[128]

Além de incentivar as tecnologias promissoras, o Estado precisa investir em pesquisa básica.[129] Deve financiar, principalmente, investigações científicas relacionadas a tecnologias disruptivas de baixo carbono, as quais, pelas razões já examinadas, dificilmente serão bancadas espontaneamente pelo setor privado. O financiamento direto por parte do governo – concedendo subsídios a instituições públicas e privadas para cobrir parte dos custos de invenção, desenvolvimento e aplicação comercial inicial das inovações – pode ser uma maneira de encorajar o surgimento de tecnologias revolucionárias que, por sua própria natureza, ainda não existem ou estão em sua infância conceitual.[130]

Não se trata aqui, contudo, de "escolher vencedores". Os Estados têm que fomentar diversos tipos de tecnologia. No caso das energias renováveis, todas as tecnologias têm seus próprios problemas em termos de custos sociais, ambientais ou econômicos e todas dependem da influência dos mercados e das políticas públicas para determinar como irão se desenvolver. É provável, no entanto, que várias delas venham a desempenhar um papel importante no combate às mudanças climáticas, sendo imprudente, como nota Stern, descartar ou obstruir qualquer oportunidade tecnológica possível.[131] Os incentivos governamentais deveriam garantir a flexibilidade no escopo da pesquisa, vinculando o financiamento à finalidade de baixar as emissões de carbono, em vez de determinar os meios pelos quais isso deveria acontecer.[132] Com isso, não se definiria de antemão quais tecnologias seriam mais bem-sucedidas, evitando matar no berço alguma que poderia vir a se mostrar salvadora.

Finalmente, existe a opção de o Estado levar adiante, ele mesmo, o esforço de pesquisa e desenvolvimento voltado a encontrar soluções tecnológicas revolucionárias que permitam alcançar um mundo mais sustentável e, principalmente, livre das mudanças climáticas.

Os Estados Unidos, por exemplo, têm um histórico de, em determinadas circunstâncias, investir pesadamente em progresso científico por meio da ação estatal direta, baseada em uma estrutura institucional especializada própria. Um caso, como se sabe, foi o da criação da bomba atômica durante a Segunda Guerra Mundial, por meio do Projeto Manhattan, programa patrocinado pelo governo que reuniu os cientistas, técnicos e engenheiros mais destacados daquela época para alcançar seu objetivo o mais rapidamente possível. Outro foi o do Projeto Apollo, iniciado em 1961, que tinha por meta levar aquele país a assumir a liderança na corrida espacial em um período curto e determinado de tempo. Essa iniciativa, coordenada pelo governo, tornou a viagem à Lua possível oito anos depois de o presidente Kennedy ter lançado o programa. Em ambos os casos, lembra Daniel Van Fleet, as iniciativas foram impulsionadas por preocupações com a segurança nacional. E o aquecimento global – assunto urgente e que também terá consequências para essa segurança – exige um esforço da mesma magnitude.[133]

Porém há algumas diferenças entre esses projetos e o que seria um programa para conter o aquecimento global.

Primeiro, o sigilo era absolutamente essencial para o Projeto Manhattan. Já na luta contra as mudanças climáticas, questão que é global, não há por que se manterem as descobertas e o progresso tecnológico em segredo. Ao contrário, a transparência e a colaboração serão benéficas para a indispensável difusão das eventuais soluções encontradas.

Adicionalmente, ao contrário do Projeto Apollo, surgido no âmbito da Guerra Fria entre os Estados Unidos e a antiga União Soviética, o combate ao aquecimento global requer a colaboração e a coordenação entre diversos países. Não é, como naquela ocasião, uma disputa entre duas superpotências para ver quem chega na frente. É um desafio que demanda intenso esforço doméstico de cada país, mas também forte cooperação internacional.

Por fim, conclui Van Fleet, tanto o Projeto Manhattan quanto o Projeto Apollo eram voltados para um único objetivo tecnológico e fazia sentido alcançar cada um deles por meio de um aparato governamental centralizado. No caso das mudanças climáticas, entretanto, o mais provável é que seja mais eficiente encorajar o desenvolvimento de incontáveis tipos de tecnologia diferentes.[134]

Dessa forma, concorda Stern, enquanto em termos de prioridade, velocidade, recursos e habilidades exigidas a analogia com esses projetos faça sentido, em outros aspectos ela é enganosa. As estruturas, as fontes de financiamento e os mecanismos de que precisamos agora são muito distintos daqueles associados a um grupo de cientistas e engenheiros com uma única forma de pensar, em apenas um país, com um leque de habilidades limitadas e focados em um objetivo muito estreito. O desafio atual é muito mais internacional, muito mais sutil e diverso em sua definição e em seus sujeitos, mais dependente do comportamento das pessoas e das empresas e mais entrelaçado com várias outras questões que o mundo enfrenta, relacionadas a biodiversidade, água, desenvolvimento e assim por diante.[135]

Logo, essa última opção – o governo assumir, de forma direta, a responsabilidade por levar adiante um programa único de pesquisa e desenvolvimento – não parece ideal. O melhor caminho parece ser mesmo apostar no papel indutor e regulador do Estado, por meio de mecanismos diretos e indiretos de incentivo e de coação.

Vamos então entender quais são os instrumentos públicos de que os Estados dispõem para exercer esse papel. Como exemplo, nos basearemos em mecanismos de combate às mudanças climáticas – problema ambiental que, como nenhum outro, simboliza a necessidade de ação coletiva dos poderes públicos – que, em grande parte, podem ser utilizados também para evitar a emissão de outros poluentes ou desestimular outras atitudes prejudiciais ao meio ambiente.

Instrumentos públicos para o combate às mudanças climáticas

Comando e controle X mecanismos de mercado

A ação reguladora e indutora dos Estados é peça-chave na luta pela sustentabilidade. Essa ação, como se sabe, pode ser levada adiante individualmente, mas em muitos casos será mais efetiva se exercida de forma coletiva. A mudança climática é um desses casos – talvez o mais relevante e emblemático deles. Combatê-la, afirma Achim Steiner, requer políticas e leis adequadas para a remoção dos incentivos perversos e adoção dos estímulos corretos, o que torna o papel dos legisladores e dos governos fundamental.[1]

Os instrumentos de que os Estados dispõem para conter as emissões de gases de efeito estufa podem ser puramente regulatórios ou consistir em mecanismos de mercado, que passaram a ser utilizados mais recentemente. Antes de esses últimos serem introduzidos, a abordagem para coibir a poluição se resumia ao chamado "comando e controle". Nesse tipo de regulação, os poluidores são obrigados a respeitar determinados padrões – por exemplo, um limite para a concentração permitida de um determinado poluente no ar ou na água – (o "comando") e a autoridade regulatória fiscaliza e procura assegurar o cumprimento dessa obrigação (o "controle").[2]

O estabelecimento de padrões mínimos pode evitar, como se viu, que aqueles que não adotarem novas tecnologias mais onerosas ganhem mercado, em prejuízo dos *first movers*. Isso pode ser feito de duas formas. Ou as normas de comando e controle exigem a adoção de uma tecnologia específica, destinada a resolver um problema ambiental concreto, ou podem requerer que as empresas mantenham seus impactos ambientais dentro de determinados níveis aceitáveis.[3]

Porém, como constata Tom Tietenberg, se a teoria já mostrava que a regulação baseada no comando e controle não era eficaz, empiricamente percebeu-se que o grau de ineficiência era, de fato, muito grande.[4]

Nesse contexto, uma outra abordagem, baseada nas ideias do economista inglês Arthur Cecil Pigou (1877-1959), começou a ganhar força. Pigou enunciou o princípio de que as atividades econômicas que infligem custos para outras pessoas nem sempre devem ser banidas, mas sim desencorajadas. E a melhor maneira de restringir uma atividade, na maioria dos casos, seria atribuir-lhe um preço. Assim, Pigou propôs que aqueles que gerassem externalidades negativas deveriam pagar uma taxa que refletisse o custo que impõem sobre os outros – o que ficou conhecido, de forma geral, como um "imposto pigouviano", cuja versão mais simples seria uma taxa sobre efluentes: qualquer um que, por exemplo, despeje poluentes em um rio deve pagar uma soma proporcional à quantidade despejada.[5]

Economistas resgataram as ideias de Pigou e começaram a pressionar para que, em vez de regulações específicas do estilo do comando e controle, fossem adotados mecanismos de mercado, que confeririam ao setor privado, por meio dos preços, um incentivo para limitar a poluição.[6]

Por essa nova abordagem, ao adotar políticas que encareçam as emissões, o governo enviaria uma mensagem para os empresários de que as tecnologias sujas terão custos maiores e que as tecnologias limpas estão protegidas desses custos – sinalizando-lhes que o setor das tecnologias de baixo carbono é economicamente promissor.[7] Parte-se, assim, da crença de que a iniciativa privada é essencial para desenvolver as mudanças operacionais e as tecnologias alternativas necessárias para reduzir as concentrações de CO_2 na atmosfera e, teoricamente, para permitir o desenvolvimento das formas mais inovadoras e menos custosas de corte de emissões – algo menos provável se essa missão for deixada exclusivamente nas mãos do governo.[8]

É esse tipo de instrumento, baseado no mercado, que ganha ênfase cada vez maior.[9] Ele abrange uma ampla gama de medidas, tais como subsídios, mercados de licenças de emissões e impostos.

Os subsídios são fundamentais para o processo de inovação imprescindível para alcançar a sustentabilidade – como discutido anteriormente.

Claro que, em tempos de crise e grandes déficits fiscais, muitas nações podem ter dificuldades de subsidiar novas tecnologias mais limpas.[10] Até por isso, é ainda mais inexplicável que a maioria dos países continue oferecendo subsídios a atividades sabidamente prejudiciais ao meio ambiente.

O abuso dos recursos naturais é financiado por muitos governos, que também conferem auxílios à agricultura e à irrigação sem se preocupar se são praticadas de forma nociva ao ambiente e permitem o uso de terras públicas para pastagem e exploração madeireira, entre outras políticas que vão de encontro ao desenvolvimento sustentável.[11] Os subsídios relacionados aos combustíveis fósseis são, ainda, muito superiores àqueles relativos a fontes renováveis de energia. Os primeiros chegam a atingir US$ 1 trilhão ao ano, em áreas como energia, transporte e agricultura, causando distorções no mercado e contribuindo para a degradação ambiental.[12] Estima-se que o cancelamento desses subsídios nocivos reduziria diretamente as emissões de gases de efeito estufa globais em aproximadamente 6%.[13]

Assim, se uma das atribuições do Estado é criar as condições apropriadas para o desenvolvimento sustentável, esses subsídios perversos devem ser desmantelados.[14] E, como mais de dois terços deles ocorrem em economias do G-20, sua remoção poderia ser feita de forma coordenada.[15] Esses subsídios desviam importantes recursos que poderiam ser utilizados para incentivar tecnologias de baixo carbono e fontes limpas de energia que facilitariam a transição para uma economia verde – algo que o G-20 declara ser um de seus objetivos.[16] Recursos que poderiam ser destinados, ainda, para estimular comportamentos socioambientalmente mais adequados – por exemplo, atribuindo créditos para a compra de automóveis com níveis mais eficientes de consumo ou para a instalação de sistemas de energia renovável nas residências.[17]

Vamos nos concentrar, agora, em três outras categorias: *"cap and trade"*, imposto sobre o carbono e racionamento de carbono.

Cap and Trade

Esse instrumento de mercado consiste no estabelecimento de um teto (*"cap"*, em inglês) para as emissões de determinado poluente, com a criação de um mercado para o comércio (*"trade"*) dos direitos de emissão não utilizados – sistema comumente chamado de *cap and trade* nos Estados Unidos e de "comércio de emissões" na Europa.[18]

Embora, estritamente falando, o *cap and trade* não seja um sistema de governança privada, para Betsill e Hoffmann ele reflete a mudança na natureza da regulação ambiental, na qual os governos passam a adotar políticas desenhadas para empregar as forças de mercado a fim de atingir objetivos ambientais.[19]

O processo de "mercantilização" do carbono – ou seja, a transformação das emissões de CO_2 em mercadorias que podem ser vendidas – é a principal tendência na governança das mudanças climáticas.[20] É possível dizer que o *cap and trade* é a abordagem dominante no combate ao aquecimento global.[21]

Como funciona esse sistema? Basicamente, embora haja variações entre os modelos de *cap and trade*, esses consistem em geral em dois elementos. Primeiro, é estabelecido um teto nacional de emissões. Esse teto deve declinar gradualmente a cada ano, para alcançar a meta de redução. Os direitos de emitir até esse teto são então alocados para as entidades reguladas, que comprarão ou receberão licenças de emissão para poderem operar.

Idealmente, algumas entidades precisarão utilizar menos licenças do que a quantidade que lhes foi alocada e outras necessitarão de mais. Isso cria um mercado de emissões, no qual aqueles que precisam de permissões adicionais para poluir podem comprar licenças suplementares daqueles que poluem menos.[22] O segundo elemento, portanto, é esse mecanismo de comércio que permite que empresas que reduzam suas emissões além do requerido por lei vendam seus créditos para outras que julguem mais barato comprar esses créditos do que cortar suas próprias emissões.[23]

Desse modo, o *cap and trade* requer uma ação pública para estabelecer um plano de alocação das licenças, monitorar as emissões e criar um regime de mercado para a venda dessas licenças.[24]

Como observado, a precificação do carbono seria uma medida altamente eficaz para inibir as emissões de gases de efeito estufa. Pois bem, o sistema de *cap and trade* efetivamente cria um preço para as emissões e obriga as empresas a internalizarem esses custos, forçando-as a investir em tecnologias de baixo carbono.[25] Ao inovar, passariam a poluir menos, o que lhes permitiria seja vender para outras empresas seus direitos de emissão excedentes, seja diminuir sua própria necessidade de adquirir esses direitos.[26]

Além disso, ao conferir licenças de emissão e fazer com que os direitos de propriedade sejam claros e transferíveis, esse sistema permite que o mercado seja capaz não apenas de atribuir valor a esses direitos, mas também de assegurar que eles tenderão ao seu melhor uso.[27] Como ocorre com os instrumentos de mercado em geral, um sistema de comércio de emissões oferece o benefício, ao menos em teoria, de uma abordagem mais flexível, que permite que a iniciativa privada selecione as técnicas mais inovadoras e eficientes para conter as emissões, diminuindo, assim, o custo dessa ação.[28]

Até não importa muito em que setor ou em que lugar do planeta os cortes irão ocorrer, desde que a meta total de redução seja alcançada. Por isso, o *cap and trade* normalmente vem acompanhado de instrumentos que permitam pagar pelas reduções onde for mais barato fazê-lo, buscando a maneira globalmente menos custosa de respeitar os tetos estabelecidos.[29] Para tanto, em muitos casos, o *cap and trade* conta com um mecanismo de compensação de emissões ("*carbon offset*"), por meio do qual são atribuídos créditos a projetos de mitigação que empresas que estão na área regulada desenvolvam em áreas que não estão sujeitas àquele determinado sistema, permitindo-lhes usar esses créditos para atingir suas metas ou vendê-los a terceiros.[30]

Historicamente, sistemas de *cap and trade* foram desenvolvidos na década de 1980 para combater o problema da chuva ácida na América do Norte e na Europa.[31] O sistema norte-americano desenvolvido para controlar as emissões de usinas de energia que contribuíam para esse problema (U.S. Acid Rain Market) é provavelmente a iniciativa mais bem-sucedida desse tipo.[32]

Na área das mudanças climáticas, o exemplo mais típico de *cap and trade* encontra-se no Protocolo de Kyoto – que, como mencionado, estabelece, em seu artigo 17, um sistema de "créditos de carbono" – a unidade comercializável de emissões dentro desse sistema.[33]

Além disso, há outros sistemas de *cap and trade* ao redor do mundo, organizados em diferentes níveis de jurisdição, envolvendo tanto atores públicos quanto privados.[34]

No plano regional, vale salientar o Emissions Trading System da União Europeia (EU ETS),[35] que é o maior sistema de *cap and trade* hoje em funcionamento.[36] E, no plano transnacional, um bom exemplo foi o da Chicago Climate Exchange (CCX), nos Estados Unidos. Tratava-se de uma rede híbrida voluntária, mas legalmente vinculante, que incluía empresas, ONGs, universidades e governo local – mais uma demonstração da disposição do poder público de experimentar abordagens alternativas de governança climática como complemento à regulação.[37] A condição para que grandes empresas participassem dessa rede era que elas concordassem em diminuir suas emissões de gases de efeito estufa.[38] As metas estabelecidas, entretanto, geraram críticas por ser consideradas pouco ambiciosas, o que permitiria alcançá-las promovendo apenas algumas mudanças operacionais.[39] A CCX começou a funcionar em 2003, até que a queda no preço dos créditos de carbono e a demora em se aprovar a legislação que propunha criar um sistema de *cap and trade* oficial nos Estados Unidos levaram ao encerramento de suas atividades de comércio de emissões, em 2010.[40]

Os demais sistemas de *cap and trade* encontram-se, também, em dificuldades. Mesmo o EU ETS se enfraqueceu com acusações de corrupção e fraude, além das consequências negativas naturalmente trazidas pela crise econômica enfrentada por aquela região.[41] E o Protocolo de Kyoto, apesar de seu sucesso inicial – dois anos após entrar em vigor, o mercado global para créditos de carbono alcançou um valor anual de mais de US$ 30 bilhões –, também não trouxe os resultados esperados.[42] Primeiro porque, principalmente pela não adesão dos Estados Unidos, não é possível dizer que esse Protocolo tenha alcançado seu objetivo de criação de um mercado realmente "global" de carbono.[43] Segundo, porque nem mesmo seu Mecanismo de Desenvolvimento Limpo se mostrou capaz de gerar o fluxo de projetos de corte de emissões necessário para deter o aquecimento global – provavelmente, pelos custos de transação elevados e prazos extensos para validação, verificação independente e registro desses projetos.[44]

Logo, embora o comércio de emissões parecesse destinado a se tornar a peça central da resposta global às mudanças climáticas, a partir do início dos anos 2010 esse mecanismo passou a enfrentar críticas significativas e perdeu ímpeto.[45]

Isso se deve, em grande parte, às desvantagens desse sistema, que não são poucas.

Vantagens e desvantagens do *cap and trade*

O *cap and trade* apresenta vantagens e desvantagens que precisam ser consideradas a fim de verificar se seria o mecanismo de mercado ideal para auxiliar a conter as mudanças climáticas.

A primeira vantagem, principalmente se comparado a um imposto sobre o carbono, que estudaremos em seguida, é que, ao contrário desse último, o *cap and trade* é politicamente mais viável, por não estar sujeito à oposição tradicionalmente sofrida por qualquer criação ou aumento de tributos.[46] Por isso, internamente, este sistema permite que as políticas climáticas sejam mais bem aceitas pelo eleitorado receoso de aumentar a carga de obrigações das indústrias domésticas.

Internacionalmente, o *cap and trade* pode diminuir os conflitos entre países em desenvolvimento e desenvolvidos. Primeiro, porque, na medida em que inclua um mecanismo de compensação de emissões, ele pode implicar transferências de recursos em escala significativa para os países em desenvolvimento, o que pode levá-los a apoiar sua implementação. Segundo, porque o fato de emissões estarem sendo reduzidas por meio de projetos nos países em desenvolvimento pode fazer com que esses se sintam atraídos para o regime climático, acalmando as preocupações dos países industrializados de que os países em desenvolvimento estariam pegando carona nos sacrifícios feitos por eles.[47]

Portanto, a quantidade de sistemas de *cap and trade* existentes nos mercados nacionais e internacionais talvez seja explicada por sua maior viabilidade política.[48]

A ideia da compensação de emissões tem, ainda, a vantagem de poder incorporar não apenas países, mas também setores específicos que não estariam em princípio sujeitos a determinado sistema de *cap and trade* – como o florestal e o agrícola –, que podem responder por uma parte importante das emissões mundiais, sendo conveniente, por isso, permitir que projetos de mitigação possam ser neles realizados. Esse é um mercado voluntário e em expansão – que contempla, inclusive, a possibilidade de que até mesmo os indivíduos compensem suas emissões, tendência que vem ganhando força nos últimos anos.

Outro ganho, que se verifica apenas no caso em que as licenças de emissão são alocadas por meio de leilões, é que o valor arrecadado pode ser utilizado em outras ações contra o aquecimento global – por exemplo, para financiar programas de pesquisa e desenvolvimento de energias alternativas.[49]

Porém a maior vantagem que o *cap and trade* apresenta é que, como fixa um teto para as emissões e metas para sua redução, traz mais certeza dos benefícios ambientais de sua implementação.[50]

O comércio de emissões apresenta, no entanto, desvantagens significativas.

A primeira é que sua viabilidade política pode se mostrar ilusória, uma vez que poderá sofrer o mesmo tipo de resistências por parte daqueles que são contrários às políticas climáticas, os quais poderão argumentar que, assim como ocorre com a criação de um imposto sobre o carbono, o *cap and trade* também aumentará o custo da energia, podendo acarretar perda de competitividade do país que venha a adotá-lo.

A segunda é que, embora o *cap and trade* possa gerar receitas quando as licenças são leiloadas, na prática a maioria dos sistemas existentes ou em fase de proposição ou implementação se baseia, ao menos inicialmente, na concessão de licenças gratuitas.[51]

A terceira é que o *cap and trade* demanda uma legislação complexa – o projeto de lei enviado ao Congresso norte-americano em 2008, por exemplo, que adotava esse sistema, tinha mais de trezentas páginas.[52]

Entretanto, a maior desvantagem do sistema de comércio de emissões é que, se por um lado ele assegura uma certeza "numérica" dos benefícios que podem ser por ele alcançados – devido aos tetos e às metas predefinidos –, por outro lado ele apresenta uma incerteza quanto aos custos a ele relacionados.

Isso porque impõe um teto fixo, sem levar em conta os gastos que isso irá representar para a economia como um todo ou para os poluidores individuais que deverão se enquadrar nesse limite.[53] Nesse sistema, o valor das licenças de emissão está sujeito às flutuações de mercado, o que gera uma imprevisibilidade que dificulta projetar o investimento necessário para se cumprirem as metas estabelecidas.[54] Uma vez que as empresas poluidoras que precisam adquirir licenças adicionais não sabem qual será o preço dessas licenças no futuro, sua capacidade de planejamento é prejudicada.[55]

Até mesmo a certeza do benefício ambiental a ser obtido com o *cap and trade* pode ser questionada.

Ainda que, em um sistema de comércio de emissões, o limite de poluentes seja prefixado, a possibilidade de que conte com um mecanismo de compensação de emissões por meio de projetos em setores ou países não abrangidos pelo sistema é criticada por aqueles que veem nisso uma espécie de compra de indulgências para absolver os poluidores de sua "culpa de carbono".[56] Alega-se, ainda, que os mercados de compensações – principalmente aqueles de caráter voluntário – seriam incertos e sujeitos a fraudes por sua falta de regulação e que, por isso, permitir que as entidades cumpram suas metas por meio de projetos nesses mercados pode reduzir a probabilidade de se alcançarem os objetivos estabelecidos – o que leva muitas propostas de *cap and trade* a limitarem a possibilidade de realizar esse tipo de compensação.[57]

Outra crítica ao *cap and trade* é que, uma vez que permite que os poluidores adquiram licenças adicionais, muitos deles continuarão tocando seus negócios da forma habitual[58] – ou seja, não abandonarão o *business as usual* –, quando o combate ao aquecimento global requer, na verdade, um envolvimento mais amplo de todos. Além disso, a fixação dos limites de emissões acaba por não dar incentivos àqueles que já estão abaixo do limite para que melhorem ainda mais e pode levar ao encerramento de operações que estão acima do limite, mas que são importantes para a sociedade.[59]

Por fim, convém ressaltar as dificuldades que esse sistema enfrenta na fixação das linhas de base (*"baselines"*) e na atribuição das licenças de emissão.

No *cap and trade*, é preciso decidir como as licenças serão distribuídas. E, como não poderia deixar de ser, o processo de concessão de licenças está sujeito a fortes influências políticas.[60] Uma forma de evitar isso é leiloar as licenças, em vez de oferecê-las gratuitamente. Stern observa que qualquer empresa obviamente preferiria receber licenças gratuitas a ser forçada a pagar por elas e que o argumento para alocar licenças de graça temporariamente, ou para que, ao menos, os leilões sejam introduzidos aos poucos, é que isso seria necessário para que as empresas se adaptassem, visto que seus investimentos originais teriam sido feitos em um contexto em que o carbono não era precificado.

Entretanto, em longo prazo, explica ele, o leilão é superior às alocações gratuitas em três aspectos cruciais.

Primeiro, como foi dito, essa prática aumenta a receita do governo. Abrir mão desses recursos em favor das empresas ao conceder licenças gratuitas seria um uso peculiar do dinheiro público comparado a, por exemplo, investir em saúde e educação.

Em segundo lugar, o leilão deve acelerar os ajustes dedicados ao controle de emissões. Por quanto mais tempo as licenças forem conferidas de graça, menos pressão haverá para que as empresas se adaptem rapidamente. É verdade que, mesmo se as alocações forem gratuitas, os incentivos derivados da precificação do carbono, por si sós, são uma boa razão para que as empresas adotem tecnologias mais limpas. Porém essa pressão é intensificada quando a falta de ajustes implica perdas significativas – perdas costumam ser mais notadas pelos acionistas e pelos mercados do que a obtenção de lucros simplesmente menores do que poderiam ser.

O terceiro ponto se relaciona à fixação das linhas de base. Quando se adota a concessão gratuita de licenças em vez do leilão, normalmente essas são atribuídas com base nas emissões preexistentes. Isso pode gerar injustiças, evidentemente. Tende-se a premiar aqueles que poluem muito e não fizeram esforços prévios para reduzir suas emissões e punir aqueles que já haviam sido zelosos em cortar as suas. Além disso, as empresas podem superestimar suas emissões passadas, a fim de receber alocações maiores. As alocações gratuitas acabam privilegiando as empresas que, no momento da fixação da linha de base, haviam sido menos diligentes com suas emissões ou, pior, aquelas que propositalmente inflaram as suas a fim de ampliar seu limite. Isso acaba prejudicando até mesmo a livre concorrência, ao deixar em desvantagem novas empresas que, na fixação das linhas de base, estarão sujeitas a tetos menores.[61]

Esse mesmo desequilíbrio se verifica no plano internacional. A possibilidade de que, em um tratado, os direitos de emissão sejam concedidos com base no nível de emissões preexistentes costuma despertar críticas, como notam Posner e Sunstein. Por que uma nação pobre com grande população deveria ser obrigada a ficar restrita a seu nível atual de emissões, enquanto uma nação com população idêntica, porém rica e com uma economia que gera mais emissões, teria um limite muito maior? Essa questão está ligada ao "direito ao desenvolvimento", examinado quando discutimos o princípio das responsabilidades comuns, mas diferenciadas. Se a linha de base considerar o retrato imediato, países pobres terão grande dificuldade de alcançar os níveis de desenvolvimento já atingido pelos ricos. Isso deixa claro por que as nações em desenvolvimento não simpatizam com a abordagem de alocar direitos de emissão seguindo esse princípio. O que é agravado pelas emissões dessas nações estarem aumentando rapidamente, o que as obrigaria a comprar direitos de emissão de outros países a fim de manter suas taxas atuais de crescimento.

Esse raciocínio induz à tentação de sugerir que um sistema de *cap and trade* internacional aloque licenças *per capita*, respeitando o princípio de que cada pessoa deveria ter o mesmo direito de emitir, independentemente de seu local de nascimento. Porém, lembram Posner e Sunstein, por mais que isso possa parecer justo, há países ricos muito populosos e nações pobres com populações pequenas – ou seja, não necessariamente todos os países desenvolvidos seriam prejudicados e todas as nações pobres beneficiadas, porque não há relação entre tamanho da população e riqueza *per capita*. Desse modo, as alocações *per capita* trariam apenas uma aparência de justiça, mas não uma justiça real.

Além disso, nações desenvolvidas grandes emissoras provavelmente não aceitarão assinar acordos que utilizem a população como base, porque isso as forçaria a reduzir suas emissões ao nível de países mais pobres, ou as obrigaria a pagar grandes quantias para esses últimos a fim de obter licenças que lhes permitissem manter o seu nível atual de emissões. Logo, uma abordagem *per capita* poderia inviabilizar a criação de um sistema internacional de *cap and trade*.[62]

Há um último aspecto internacional a ser considerado. Os sistemas de *cap and trade* hoje existentes são relativamente isolados, já que os créditos de carbono criados por um deles nem sempre são reconhecidos e livremente comercializados nos demais mercados. Para que funcionasse melhor, reduzindo emissões em escala global, o comércio de emissões deveria integrar os sistemas ao redor do mundo.[63] Essa integração – que se verifica em alguns casos práticos como tendência – é um ponto essencial para a criação de um mercado verdadeiramente global de carbono.[64]

Todas essas desvantagens levam o *cap and trade* a ser contestado. É verdade que, com alguns ajustes – como o livre intercâmbio mundial dos créditos de carbono e a concessão de todas as licenças de emissões por meio de leilões –, esse sistema até poderia trazer os mesmos benefícios de um imposto sobre o carbono e com mais certeza de que as metas ambientais seriam atingidas.[65]

A dificuldade de se implementarem esses ajustes leva, no entanto, a que o comércio de emissões – que funcionou tão bem contra a chuva ácida nos Estados Unidos e na Europa – seja colocado em segundo plano como solução para o aquecimento global. Como observa Veiga, muitos economistas, políticos, formadores de opinião e cientistas acham que, no caso do CO_2, o *cap and trade* não vai funcionar como funcionou com a chuva ácida, até porque essa era provocada por um pequeno número de emissores e as tecnologias capazes de combatê-la já estavam disponíveis. No caso do aquecimento global, ocorre exatamente o contrário em relação a esses dois pontos, o que leva muitos a considerarem que um imposto sobre as emissões de gases de efeito estufa seria mais eficaz.[66]

Imposto sobre o carbono – vantagens e desvantagens

Em um sentido amplo, são considerados tributos ambientais todos aqueles que tenham um efeito direto ou indireto sobre a defesa do meio ambiente. Podem ser de dois tipos: aqueles cuja receita parcial ou integral é gasta para fins relacionados à proteção ambiental e aqueles cujo propósito é influenciar comportamentos para esses mesmos fins. Tributos cuja receita seja investida no desenvolvimento de novas tecnologias em energias renováveis, por exemplo, enquadram-se na primeira categoria. Tributos com o objetivo de persuadir as pessoas a dirigirem carros que gastem menos combustível, ou a reduzirem a quilometragem que percorrem todos os anos, se incluem na segunda. E nesse segundo caso, assim como ocorre com outros tipos de tributos, podem ter o caráter de incentivo ou de punição.[67]

Todas essas formas de tributação dependem da ação do Estado. Este deve, como defende David Bell, exercer a função de "autoridade fiscal verde" e promover uma "reforma tributária ecológica", para que a sustentabilidade seja alcançada.[68]

Trataremos aqui do imposto sobre o carbono em sentido estrito, enquadrado na categoria dos tributos ambientais que consistem na obrigação de pagar certo valor por unidade contaminante que seja emitida ou descartada.[69] Esse imposto – cuja denominação é, na realidade, uma abreviação para imposto sobre o dióxido de carbono ou gás carbônico – deve ser entendido como uma cobrança sobre as emissões desse gás na atmosfera e implica o pagamento de uma taxa fixa para cada tonelada de carbono emitida.[70]

Uma vez que o uso de energia representa a maior parte das emissões de CO_2, faz todo sentido que esse imposto foque na produção e na importação de carvão, gás natural e petróleo.[71] O conteúdo exato de carbono de cada tipo de combustível fóssil é conhecido, assim como a quantidade de dióxido de carbono emitida quando esse é queimado.[72] Por isso, um imposto sobre essas fontes poderia ser estabelecido com uma precisão razoável em relação à quantidade de emissões que elas são suscetíveis de gerar.[73]

A premissa econômica básica por trás desse tributo é que – como tivemos a oportunidade de analisar – os preços de mercado dos combustíveis fósseis não refletem os custos ambientais de sua produção e seu consumo.[74] Ou seja, o carbono tem um "custo social" que não é levado em conta. O imposto simplesmente faria com que todos arcassem com esse custo social, o que, segundo Stiglitz, está de acordo com um dos princípios mais básicos da economia, que é o de que empresas e indivíduos devem pagar por seus custos totais.[75] Ao aumentar os preços dos combustíveis fósseis, esse princípio seria atendido, fornecendo ao mercado uma sinalização dos efeitos nocivos das emissões de CO_2 e garantindo que essas tenham seus custos inteiramente estimados, inclusive aqueles para as futuras gerações.[76]

Esse imposto influiria fortemente nos padrões de consumo, atingindo em cheio os produtos cuja fabricação provoque maiores emissões e colocando em desvantagem algumas empresas.[77] A tendência, com isso, é que as empresas tenham um incentivo para desenvolver ou adotar inovações como forma de reduzir seus custos, optando por tecnologias de baixo carbono.[78] Sua adoção, portanto, seria uma contribuição relevante que os Estados poderiam dar para o desenvolvimento sustentável.

O imposto sobre o carbono apresenta, contudo, algumas desvantagens.

A primeira delas é a dificuldade de se conseguir apoio para sua implementação. Os eleitores são desconfiados quanto à criação de tributos.[79] Com isso, essa opção, amplamente apoiada por economistas como a abordagem preferível para reduzir as emissões de gases de efeito estufa, não encontra o mesmo respaldo entre os políticos.[80]

Outro aspecto negativo é que, ao contrário do *cap and trade*, os impostos sobre carbono não fixam metas que quantifiquem o corte de emissões pretendido. Isso poderia levar aqueles que possam arcar com o custo dos combustíveis fósseis acrescido do imposto a emitirem ilimitadamente. Para algumas indústrias, por exemplo, pode ser mais barato pagar o imposto do que reformar uma fábrica tradicional baseada em combustíveis fósseis. Por isso, não é claro se e quando unidades fabris poluidoras seriam fechadas pela simples tributação do carbono.[81]

Desse modo, os efeitos desse imposto sobre o comportamento dos produtores e mesmo dos consumidores por ele atingidos não são previsíveis.[82] Com isso, embora apresente uma certeza quanto a seu custo, seus benefícios para o meio ambiente seriam incertos. Em suma, não se pode afirmar que um determinado nível de imposto resultará na redução desejada de emissões de gases de efeito estufa. Essa incerteza acarreta, ainda, a desvantagem adicional de poder ter que obrigar o governo a aumentar a alíquota do imposto sobre o carbono para alcançar o efeito desejado, sofrendo com nova oposição política e novos obstáculos à aprovação.[83]

Além disso, esse imposto em muitos casos prevê a concessão de créditos tributários, atribuídos em função de programas de sequestro de carbono da atmosfera e outros projetos que reduzam emissões.[84] Esse mecanismo, nos mesmos moldes daquele de compensação de emissões dos sistemas de *cap and trade*, pode ser igualmente criticável na medida em que diminui as chances de se atingirem os resultados esperados, por abrir brechas para a prática de fraudes e outros tipos de manipulação.

Essas características do imposto sobre o carbono fazem com que muitos anos possam se passar até que descubramos que não foi tão efetivo quanto gostaríamos.[85] Tendo isso em conta, havendo um consenso sobre o limite determinado de emissões que, se ultrapassado, traria consequências catastróficas, uma abordagem quantitativa que fixasse esse teto poderia até ser preferível.[86]

Porém pudemos perceber que o *cap and trade* também tem desvantagens e, pior, essas demonstraram na prática que podem inviabilizar seu funcionamento. O imposto sobre o carbono deve ser considerado, então, a opção. Se o aumento do preço das emissões é condição necessária para deter as mudanças climáticas, esse tipo de imposto pode fazê-lo de maneira simples e transparente.[87] Isso vale tanto para sua adoção quanto para seu gerenciamento. Ele pode entrar em vigor e ser implementado de forma praticamente imediata, o que o torna uma abordagem mais rápida do que o *cap and trade*. Ele é relativamente fácil de gerir, sem tantas complicações administrativas quanto o comércio de emissões. Além disso, quanto à sua arrecadação, ele seria cobrado no ponto de extração ou de importação – o que significa que incidiria sobre um número pequeno de contribuintes, o que simplifica sua administração.[88]

Outro benefício do imposto sobre o carbono é que, ainda que tenha o mesmo impacto que o *cap and trade* no preço da energia, permite ao governo captar receitas – o que aquele outro sistema só faz quando prevê o leilão de licenças, o que quase nunca acontece. A renda gerada por esse imposto pode ser usada para diversas finalidades. Uma delas é a redução dos déficits públicos – problema que se agravou após a crise financeira internacional de 2008.[89] Outra seria permitir, ao menos em teoria, que o governo baixasse o valor de outros impostos, o que lhe possibilitaria atender ao princípio geral de aumentar a tributação de fatores negativos – como a poluição – e diminuir a tributação dos positivos – como o trabalho.[90]

O dinheiro arrecadado com esse imposto poderia, ainda, ser utilizado para bancar outras atividades. Essas poderiam estar relacionadas ao combate às mudanças climáticas – por exemplo, a pesquisa e o desenvolvimento de tecnologias verdes – ou ter caráter geral, como financiar escolas, estradas e outros investimentos públicos, o que provavelmente diminuiria o risco futuro de que novas administrações propusessem extingui-lo.[91]

Por fim, o imposto sobre o carbono tem a vantagem de apresentar, diferentemente do *cap and trade*, uma certeza quanto a seus custos. Como o valor preciso do imposto é determinado antecipadamente, seus custos são iguais a esse valor. Ao estabelecer o preço do carbono, esse imposto fornece estabilidade e previsibilidade para o mercado, permitindo que fabricantes e consumidores tomem com antecedência decisões informadas sobre seu consumo de energia, facilitando seu planejamento.[92]

Para que seja mais efetivo, esse imposto teria que ser adotado pelo maior número possível de países, de preferência de forma coordenada, em um acordo internacional. Esse acordo teria que prever que as emissões seriam gravadas domesticamente, por meio da aplicação de um tributo internacionalmente uniforme.[93] A vantagem da introdução de um imposto harmonizado entre diversos países não é apenas a de ampliar as ações de combate ao aquecimento global, mas também a de evitar o início de uma guerra comercial em torno de políticas climáticas diferentes[94] – perspectiva que, como discutido, levaria à adoção de ajustes tarifários na fronteira.

É certo que essa hipótese ideal enfrenta alguns obstáculos. Primeiro, porque é complicado coordenar impostos internacionalmente, uma vez que os países são muito ciosos de sua independência na área tributária.[95] Segundo, porque esse tipo de imposto desperta uma série de dúvidas sobre seu funcionamento. Michael Waggoner aponta uma delas: onde o imposto sobre o carbono deve ser cobrado? No país fabricante, onde o CO_2 é emitido, ou naquele onde o produto é consumido? A resposta está relacionada a duas outras perguntas: será que um fabricante situado em uma jurisdição que taxe o carbono conseguiria manter as suas vendas ao exterior se seus concorrentes de outras nações não forem obrigados em seus países a pagar impostos equivalentes? Poderia esse mesmo fabricante manter as suas vendas domésticas se importações de outras nações não estivessem sujeitas a um imposto sobre carbono? A resposta, para ambas as questões, é não. Por isso, a cobrança deveria se dar no local de consumo.[96]

Outra questão é a compatibilidade desse imposto com as regras da OMC. Como foi constatado, desde que incida também sobre a produção nacional, um imposto sobre o carbono não teria por que ser incompatível com as regras dessa organização.[97] No entanto, o controle da real aplicação desse imposto em cada país não é algo simples. Na prática, seria difícil monitorar se um deles não estaria, por exemplo, promovendo políticas compensatórias pouco transparentes que ofereçam brechas para empresas exportadoras que sejam intensivas em energia e que, por isso, seriam muito afetadas pela tributação do carbono. Essas distorções, alerta Victor, poderiam minar os esforços para que os países internalizem o custo total de suas emissões de gases de efeito estufa.[98]

Racionamento de carbono

Verificamos até agora que tanto o *cap and trade* quanto o imposto sobre o carbono apresentam vantagens e desvantagens – ainda que o imposto pareça hoje a opção mais viável, não apenas por algumas de suas características positivas, mas também porque o *cap and trade* já foi testado sem muito sucesso.

O maior defeito do imposto sobre o carbono, foi notado, é que ele não garante que o corte de emissões alcançará o nível desejado. Isso pode se tornar um imenso problema, principalmente quando estamos tão perto de cruzar a fronteira a partir da qual as mudanças climáticas serão não apenas desastrosas, mas sem volta.

O que fazer para evitar isso?

Uma opção que vem sendo cogitada por diversos autores – entre eles, George Monbiot, Anthony Giddens e John Foster – é a do racionamento do carbono.

Para Foster, assim como ocorre com o racionamento de comida e outros bens essenciais durante tempos de guerra, o racionamento de carbono se fundamentaria na necessidade de juntarmos forças para responder vigorosamente a algo que está ameaçando todos nós. As providências que estão sendo tomadas até agora – uma mistura de exortação, medidas fiscais e regulações menores – na verdade colocam o ônus maior sobre aqueles dispostos a seguir as regras, deixando grandes brechas para aqueles que não se dispõem a fazê-lo. A abordagem do racionamento, por outro lado, estaria em sintonia com a realidade de que se um esforço coletivo é indispensável, as pessoas estarão muito mais dispostas a aderir a ele se todos os demais forem obrigados a fazê-lo também. Diferentemente de outras soluções de que tratamos até agora, o racionamento não dependeria de um dever ético amparado por incentivos, mas seria uma obrigação legal compulsória e representaria, para Foster, a única política realmente adequada para vencer a guerra contra as mudanças climáticas.[99]

Essa solução começaria por uma decisão sobre quanto carbono o mundo pode emitir a cada ano. A partir daí, seria fixada uma linha de base que poderia ser estabelecida *per capita* – o que, como vimos, parece a opção mais justa, mas pode não ser uma boa ideia – ou por país, com base em outros critérios.

No caso do critério *per capita*, explica Monbiot, o montante de carbono total preestabelecido seria dividido pelo número de pessoas existente no planeta, obtendo-se a quantidade de carbono que cada um teria direito de emitir. Então cada nação multiplicaria essa quantidade por seu número de habitantes, chegando naquela que passaria a ser sua parcela potencial das emissões mundiais.[100]

Com isso, alguns países mais pobres poderiam até aumentar suas emissões – embora, como chegamos a analisar, países pobres pouco populosos acabariam sendo prejudicados. Apesar desse aumento, o resultado global seria uma contração anual das emissões de carbono, na medida em que diferentes países convergiriam para o mesmo nível de emissões *per capita*. Essa abordagem é, por isso, conhecida como "contração e convergência".[101]

Dada a resistência que alguns países deverão apresentar a um critério de divisão *per capita*, as quotas nacionais poderiam ser distribuídas com base em outros critérios, como o nível atual de emissões e as metas de redução pretendidas.

Definidas essas quotas, cada país poderia aplicar internamente a divisão que lhe parecesse mais adequada, até mesmo a alocação *per capita*, atribuindo-se a cada indivíduo uma quota anual de emissões, igual para todos, como comenta Giddens. A cada ano, essa quota sofreria uma redução antecipadamente especificada, acompanhando a trajetória das metas nacionais de corte de emissões.[102]

As pessoas com um estilo de vida de baixa emissão de carbono poderiam trocar as emissões a que teriam direito com aquelas que tivessem um consumo maior

– caso em que essa proposta se assemelharia à do *cap and trade*. Com isso, seria criado um mercado de créditos individuais de carbono. Se uma pessoa não usasse todos os seus créditos, poderia vendê-los. Se precisasse de mais, poderia comprá-los. A eficiência energética individual passaria a ser, nas palavras de Foster, do interesse pessoal imediato de todos.[103] Além disso, uma vez que os ricos causam mais emissões do que os pobres, eles provavelmente precisariam comprar créditos desses últimos, o que ajudaria a combater a desigualdade.[104]

O racionamento acabaria, assim, criando uma nova moeda. O direito de poluir poderia ser contabilizado, poupado, gasto e trocado da mesma forma que se faz com o dinheiro.[105] Como sugere Giddens, cada pessoa poderia ter um cartão contendo os créditos anuais de sua quota, que seriam usados, por exemplo, toda vez que fossem pagas contas residenciais ou utilizados serviços de viagem.[106] Claro que, como observa Monbiot, esse sistema seria incrivelmente complexo. Tudo teria que ter um preço em dinheiro e um preço em carbono. Mais simples seria usar esse "cartão de débito de carbono" apenas para dois tipos de compras: combustíveis e eletricidade[107] – conclusão parecida com aquela a que chegaram os defensores do imposto sobre o carbono, que os levou a propor que esse se limitasse a incidir sobre os combustíveis fósseis.

A complexidade desse tipo de racionamento, sem dúvida, o torna uma medida improvável. Sua aceitação dependeria de um agravamento imediato do quadro das mudanças climáticas. Apesar disso, assim como os demais instrumentos públicos aqui analisados, o mercado criado pelo racionamento de carbono automaticamente estimularia comportamentos e tecnologias mais sustentáveis, como o uso do transporte público e as energias renováveis.[108] E, lembra Giddens, mais uma vez o papel do Estado seria crucial, pois ele teria não apenas que determinar o nível em que seriam fixadas as quotas, mas também responder pelo monitoramento do sistema.[109]

O Estado líder

Conduzindo rumo à sustentabilidade – missão do Estado

Quando o meio ambiente apareceu pela primeira vez no radar do Estado, o foco se concentrou nas políticas públicas de regulação.[1] Esse foco não vai de encontro à ideia de mercado. Como já era reconhecido por Adam Smith, mercados e regulações são dois lados da mesma moeda. A mão invisível, comenta Hazel Henderson, é a nossa própria mão, pois estabelecer regras é algo tão natural para os seres humanos quanto criar mercados.[2] As forças de mercado, deixadas por sua própria conta, sem o direcionamento institucional adequado, não são capazes de atingir objetivos públicos, como a conservação ambiental ou a erradicação da pobreza, nem objetivos sociais mais amplos, como a justiça intergeracional que está implícita na ideia de sustentabilidade.[3]

Por meio da regulação, os Estados podem ajudar a transformar a natureza das empresas. Como pudemos explicar, essas são, em princípio, máquinas externalizadoras, dependendo de uma profunda transformação em seu DNA para passarem a ser, elas mesmas, agentes de promoção da sustentabilidade. Essa transformação, como também comentamos, passa necessariamente por uma evolução nas regras de governança corporativa. E os Estados podem contribuir para essa evolução.

Se a empresa é uma importante esfera de autoridade da governança global, a governança corporativa é a estrutura que define a autoridade dentro da própria empresa. É ela, lembram Gourevitch e Shinn, que decide quem participa dos ganhos da empresa, quem tem voz sobre sua estratégia e sobre a maneira como seus recursos são alocados. Logo, a governança corporativa está relacionada a assuntos tão diversos quanto eficiência, criação de riqueza, nível de emprego, filantropia e capacitação de empregados, isso sem falar nos incentivos, que podem levar tanto a ceder à tentação de trapacear quanto a recompensar a honestidade.[4]

Com todos esses efeitos para a sociedade e para a própria empresa, não é de se estranhar que a definição das regras de governança corporativa provoque conflitos. Como observam os mesmos autores, todos têm interesse em algo tão importante, que pode gerar riquezas, oportunidades ou corrupção. E, dentro da empresa, é a governança corporativa que irá estabelecer qual de seus três agentes mais centrais – donos, executivos e empregados – serão mais beneficiados com os ganhos. Esses agentes buscarão fora da empresa o apoio necessário para fazer com que seus interesses predominem, por meio de políticas que os favoreçam. É a definição das leis e regulações que se aplicarão à governança corporativa, resultantes dessa barganha, que levará as preferências de um ou outro desses agentes a prevalecerem. A adoção deste ou daquele sistema de governança corporativa depende, assim, de decisões políticas.[5]

Logo, uma das atribuições dos Estados deveria ser a de assegurar, por meio de sua capacidade de emitir leis e regulações, que o processo de definição desses sistemas de governança leve em conta, além do interesse de algum dos três principais agentes internos das empresas, o interesse geral da sociedade, buscando que modelos que contribuam para tornar as empresas mais sustentáveis prevaleçam. Como exemplifica John Elkington, se a responsabilidade de garantir que a agenda da sustentabilidade se imponha na empresa é muitas vezes atribuída a seu conselho de administração, o desafio para os Estados é o de desenvolver sistemas de governança corporativa que ajudem o conselho – em vez de atrapalhá-lo – nessa tarefa.[6]

Esse é apenas um exemplo de como a regulação pode moldar as ações do setor privado. Porém, de forma geral, o desenvolvimento sustentável requer uma abordagem colaborativa entre o poder público e as empresas.[7] Para que essas últimas respondam aos desafios socioambientais – e o grosso das ações que comporão essa resposta, lembra Stern, ocorrerá no setor privado –, as políticas públicas devem dar os sinais corretos. Não se trata de um retorno ao controle governamental e ao planejamento rígido, mas de tornar o mercado capaz de trabalhar melhor.[8]

Esses sinais, muitas vezes, sequer precisam ser de mudanças imediatas. Ao definir que estabelecerá limites mais severos para as emissões, ainda que esses passem a valer no prazo de alguns anos, o governo cria incentivos para novos investimentos "verdes", como usinas menos emissoras ou fábricas mais eficientes.[9] Ou seja, antes mesmo que uma regulação concreta venha a ser adotada, a simples perspectiva de implementação de normas ambientais mais estritas ou ambiciosas pode impulsionar inovações, pois não é incomum que sejam desenvolvidas para se antecipar a políticas futuras.[10]

Esse raciocínio, que vale para a economia doméstica de cada país, se aplica também à economia globalizada, na qual um acordo mundial poderia fornecer um amplo estímulo à adoção de tecnologias de baixo carbono.

Adiar um acordo global, afirma Stern, colocará tanto as políticas quanto os mercados em um limbo que pode ser muito destrutivo. Aqueles que estiverem fazendo investimentos cruciais em algumas indústrias, como aquelas relacionadas à energia, não terão indicações claras para tomar decisões responsáveis. E a confiança daqueles no setor privado que apostam, por exemplo, nos mercados emergentes de carbono será muito prejudicada.[11] Ainda que o futuro desses mercados não dependa apenas das negociações multilaterais – pelas iniciativas existentes, em diversos níveis além do interestatal –, um acordo forte com metas expressas de redução de emissões representaria uma potente sinalização para o mercado.[12]

O papel do Estado é fornecer esses sinais, nacional e internacionalmente. A metáfora da "direção" e do "remo" pode ajudar a distinguir as atribuições do poder público e das empresas. Como ensina Bell, as empresas são mais equipadas para gerar riqueza, fornecendo serviços e produtos. Como o remo que move o barco, a atividade empresarial é a força que movimenta a economia. A função do Estado, em contraste, é encaminhar a sociedade rumo às metas determinadas pelas políticas públicas, cabendo-lhe definir a sustentabilidade como objetivo e conduzir a sociedade nessa direção.[13]

A convicção de que o Estado deve "conduzir" mais do que "remar" marca uma mudança de percepção a respeito dessa instituição, que, de "provedora", passa a ser vista como uma "possibilitadora"[14] ou "facilitadora", que cria as condições apropriadas para que a sustentabilidade seja atingida.

A percepção do Estado como facilitador está fundada no reconhecimento de que muitos dos problemas ambientais não serão resolvidos sem a participação de outros atores. Para Giddens, o Estado deve acionar uma diversidade de grupos para que esses, de baixo para cima, cheguem a soluções. Mas, para ele, o conceito de Estado facilitador não é suficiente para captar o papel dessa instituição, que também precisa ser o de garantir resultados – o que origina o conceito de "Estado assegurador", segundo o qual o Estado é responsável por monitorar os objetivos públicos e por certificar-se de que eles se concretizem.[15]

Para cumprir sua missão, o Estado deve adotar uma postura proativa, procurando induzir práticas e comportamentos. Como concluem Zylbersztajn e Lins, a função indutora dos poderes públicos é insubstituível e absolutamente necessária, uma vez que os mecanismos fiscais e a produção de normas de caráter geral são suas atividades exclusivas e indelegáveis.[16]

Os Estados contam, ainda, com um poder de compra praticamente inigualável e os contratos públicos – assim como vimos ocorrer com a contratação privada – representam uma ótima maneira de os Estados exercerem uma influência positiva.[17] Os poderes públicos podem liderar pelo exemplo, adotando critérios socioambientais em sua política de compras, assegurando que os produtos sustentáveis se viabilizarão economicamente ao ganhar escala suficiente para reduzir seu custo. As compras governamentais verdes podem dar um impulso a tecnologias de baixo carbono nascentes, como já ocorreu em outras áreas – o governo, no papel de consumidor, foi um dos mais importantes catalisadores de algumas novas tecnologias após a Segunda Guerra Mundial, como aquelas relacionadas aos transportes aéreos e sistemas de telecomunicações.[18]

O papel regulador ou indutor dos Estados se aplica aos poderes públicos de forma geral. Não se deve entender "o Estado" apenas em seu nível nacional ou federal. A ação do Estado pode ocorrer também no plano regional ou supranacional – como no caso das políticas climáticas adotadas pela União Europeia.[19] Abrange, também, governos municipais e estaduais. Principalmente quando agem em conjunto, ressalta Giddens, os líderes locais podem ter grande influência sobre a política do governo central. Governos municipais foram pioneiros na criação de taxas de pedágio em áreas urbanas, como meio de prevenir congestionamentos e diminuir as emissões de CO_2. O mesmo se aplica à promoção do transporte público, da reciclagem do lixo e de muitas outras práticas sustentáveis. Enquanto o governo federal dos Estados Unidos era um notável retardatário em políticas climáticas, o mesmo não se podia dizer de seus estados, de suas cidades e comunidades locais. A Califórnia, por exemplo, produziu um plano abrangente que incluiu a obrigatoriedade de todas as grandes indústrias fornecerem informações sobre suas emissões, aliada à imposição de objetivos rigorosos de eficiência energética.[20] Ao estabelecer suas próprias metas e demonstrar sua viabilidade, os poderes públicos locais podem servir de exemplo para a implantação de políticas nacionais.[21]

Além disso, no caso dos municípios, tem-se verificado a formação de redes, como o grupo denominado C40, criado em 2007 por quarenta grandes cidades comprometidas com a redução de suas emissões de gases de efeito estufa.[22] Acordos de cooperação como esse, que permitem trocar informações entre municípios, aprender com as melhores práticas e, consequentemente, mitigar emissões – independentemente das decisões dos governos nacionais –, adicionam mais um nível à complexidade da governança climática global.[23]

A ação pública é imprescindível para reverter os incentivos perversos que provocaram tanto a crise financeira quanto a socioambiental, evitando novas crises. A missão do Estado é substituí-los por novos incentivos, que conduzam a sociedade na direção de uma realidade mais sustentável econômica e ambientalmente.

Liderança verde – visão do Estado

Assim como ocorre com relação às empresas, os Estados também têm a ganhar ao assumir a dianteira e procurar conduzir suas economias rumo à sustentabilidade.

O que levaria alguns deles a serem *first movers* na direção do desenvolvimento sustentável?

Se a sustentabilidade é uma tendência, os riscos e as oportunidades relacionados a acompanhar ou não essa tendência se aplicam também aos Estados.

Os governos que liderarem a transição para uma economia mais eficiente, mais justa e menos danosa ambientalmente, notam Peck e Gibson, estarão em boa posição para trazer vantagens para suas indústrias e seus cidadãos. Os países retardatários inevitavelmente encararão uma desvantagem competitiva crescente.[24]

Ao contrário do que seria o senso comum, políticas ambientais mais rigorosas podem aumentar a competitividade dos Estados. Isso ocorre, por exemplo, quando a política mais estrita se espalha internacionalmente, obrigando outros países a correrem atrás para cumprir com aquilo que o Estado *first mover* já faz. Ocorre, também, quando novas tecnologias se desenvolvem em resposta aos padrões mais avançados de um determinado país, caso em que as empresas desse país podem exportar essas tecnologias, aumentando sua renda. Essa hipótese, primeiro sugerida por Michael Porter, foi comprovada por pesquisas que comprovaram os benefícios de se adotarem políticas ambientais ambiciosas, realizadas em países pioneiros que se mostraram altamente competitivos.[25] Isso vale, também, para outras instâncias de poder, havendo estudos em nível estadual que relatam que aqueles que possuem os melhores índices ambientais também oferecem as melhores oportunidades de trabalho e o melhor ambiente econômico de longo prazo, enquanto os estados que possuem os piores indicadores apresentam os piores desempenhos.[26]

Em outras palavras, o funil da sustentabilidade se aplica também aos Estados. Aqueles que saírem na frente podem ter ganhos significativos, além de evitar o risco de ficar para trás enquanto as paredes do funil se estreitam.

Nem todos os Estados entendem isso e percebem a sustentabilidade como uma tendência que, em longo prazo, pode ameaçar até sua sobrevivência. Entretanto, há casos na história que demonstram como uma visão de curto prazo pode ser prejudicial para uma nação. Diamond contrapõe os maus exemplos de decisões imediatistas dos chefes da ilha de Páscoa, que sucumbiram às suas necessidades do momento e não evitaram o desmatamento, com a de outros líderes que reflorestaram seus países – como os xoguns da era Tokugawa no Japão – e evitaram o colapso de suas civilizações.[27]

Os governos têm a responsabilidade de introduzir políticas de longo prazo e para que se produza essa mudança de orientação, afirma Giddens, tem que haver, de uma forma ou de outra, um retorno ao planejamento. As probabilidades de êxito no combate às mudanças climáticas dependerão muito do Estado, que conserva muitos dos poderes que terão que ser invocados para se obter o sucesso.[28] Isso se aplica, de forma geral, a diversos outros desafios do nosso tempo – como o combate à pobreza e a redução da desigualdade. Todos eles tornam o planejamento econômico, social e ambiental um instrumento necessário de governança. Por isso, na opinião de Sachs, Lopes e Dowbor, o resgate das prioridades reais do planeta e da humanidade envolve uma participação muito mais significativa do Estado que, apesar de todas as suas fragilidades, ainda constitui o melhor instrumento de coordenação de esforços sociais de que dispomos.[29]

A função dos Estados não é, portanto, algo a ser negligenciado. A sustentabilidade é uma questão política e esses são atores essenciais, porque precisarão desenvolver e aplicar as regras sem as quais ela não será alcançada.[30]

O Estado deve assumir publicamente que seu papel regulador e indutor será exercido de forma a respeitar o imperativo da sustentabilidade, assegurando que a satisfação das necessidades presentes não prejudicará as gerações futuras, afirmam Carrillo-Hermosilla e outros autores. Assim como as empresas, os Estados precisam ter tanto uma missão quanto uma visão associadas ao desenvolvimento sustentável. Essas servirão de guia para que a economia evolua na direção de uma produção mais limpa, estimulando o investimento em novas tecnologias e a substituição das antigas e conferindo certa garantia de saída para os produtos e serviços inovadores.[31]

Para cumprir sua missão e concretizar sua visão, o Estado conta com um instrumento fundamental, que é a educação.

Essa é importante, primeiro, para o processo de desenvolvimento e implementação das inovações, que podem ter a sua adoção freada, por exemplo, pela falta de conhecimento ou competência tecnológica dentro das empresas. Assim, melhorar a formação dos trabalhadores, capacitando-os para lidar com as novas tecnologias, ajuda a impulsionar a inovação.[32] Esse mesmo raciocínio se aplica à sociedade em geral. Os governos, ao promover programas de capacitação nas novas tecnologias e melhorar a educação da população, estão melhorando as condições para que as inovações se propaguem e sejam incorporadas mais rapidamente.

Segundo, porque a educação é uma arma fundamental para a conscientização das pessoas, da qual depende a mudança de comportamento sem a qual não haverá como vencer a luta pela sustentabilidade. O Estado deve direcionar o ensino para que contribua para a construção de uma sociedade mais informada e mais preocupada com os riscos socioambientais atuais, seja por meio de alterações curriculares, seja por meio de campanhas educacionais mais amplas, destinadas a toda a população.[33]

Fazer a visão de um mundo mais sustentável acontecer, obviamente, não será uma tarefa fácil. Para isso, será preciso não apenas mudar o comportamento das pessoas, mas também as práticas de mercado. E transformar o mercado irá requerer uma ação pública baseada em decisões políticas muito difíceis, como desmantelar alguns subsídios e aumentar o preço dos combustíveis fósseis, além de separar recursos para as gerações futuras e restringir o alcance do próprio mercado.[34] Dificuldades que se ampliam quando se sabe que essa ação pública enfrentará a resistência generalizada dos diversos atores que estão se beneficiando dos arranjos atuais.[35] Isso vale tanto domesticamente – onde essa resistência se revela por meio da atuação de *lobbies* industriais protegendo seus interesses setoriais, por exemplo[36] –, quanto internacionalmente.

O sucesso no combate ao aquecimento global exige que todos os países que são maiores emissores, apesar de suas divergências, cooperem durante várias décadas para desenvolver e implantar sistemas completamente novos de energia. É evidente que a tentação de evitar o custo do controle de emissões e desistir desse esforço conjunto será muito grande.[37] O que se agrava quando se verifica que, no plano internacional, as forças contrárias às transformações necessárias para conter as mudanças climáticas ainda predominam sobre as reformistas. Ainda vivemos, como defendem Viola, Franchini e Ribeiro, em um sistema internacional de hegemonia conservadora, incapaz de gerar instâncias efetivas de governança global para lidar com os desafios da interdependência.[38]

Alcançar a sustentabilidade global depende, portanto, de uma ação pública extraordinária. Como se afirma no já citado relatório "Nosso futuro comum", o desenvolvimento sustentável não é, afinal, "um estado fixo de harmonia, mas sim um processo de mudança no qual a exploração de recursos, o direcionamento dos investimentos, a orientação do desenvolvimento tecnológico e a transformação institucional são tornados consistentes tanto com as necessidades do futuro quanto com as do presente. Não se pode fingir que esse processo seja fácil ou contínuo. Escolhas dolorosas terão que ser feitas. Desse modo, em última análise, o desenvolvimento sustentável depende da vontade política".[39]

É essa vontade política que tem que ser utilizada pelos Estados para estimular o círculo virtuoso da sustentabilidade – aquele que, talvez, seja o maior papel dessa instituição nesse processo.

O círculo virtuoso da sustentabilidade

Efetividade e legitimidade da governança global da sustentabilidade

Descentralização e efetividade da governança global da sustentabilidade

Tendo estudado os principais atores e instrumentos relacionados à governança global da sustentabilidade, cabe agora analisar o quanto essa é efetiva e legítima.

Não contamos, como se constatou, com um sistema coerente e estruturado de governança ambiental global.[1] Também no caso específico da governança relacionada ao aquecimento global, pudemos perceber como é errado crer que ela se esgota na Convenção do Clima. Ainda que essa última possa ser classificada como um regime internacional, não se pode afirmar que a governança climática – que engloba todos os mecanismos e todas as medidas voltados para promover a prevenção, mitigação ou adaptação aos riscos que o aquecimento global apresenta[2] – constitua um regime integrado e abrangente. O que há, nesse caso, é o que Keohane e Victor chamam de "complexo de regimes", formado por um conjunto pouco coeso de regimes específicos, que emergiu como resultado de diversas escolhas em épocas distintas e em diferentes assuntos.[3]

Para atender a sua finalidade de conter as mudanças climáticas, esse complexo de regimes precisa de efetividade. O mesmo vale para a governança da sustentabilidade como um todo. Sendo essa descentralizada e dependendo da ação de múltiplos atores, em diversos níveis, o poder desses atores deve ser efetivo.

Em princípio, os Estados contariam com uma vantagem na hora de se medir a efetividade de suas ações, uma vez que eles têm o direito legítimo de empregar a força caso seus cidadãos não cumpram suas ordens. Porém, como nota Rosenau, enfatizar essa qualidade distintiva dos Estados é ignorar os fundamentos do cumprimento, que está fortemente enraizado no hábito e na forma impensada de responder aos comandos emitidos pelas autoridades. Seria, principalmente, desconhecer que esses hábitos não se vinculam mais exclusivamente aos Estados. Com a queda na relevância das fronteiras entre o interior e o exterior, com a proliferação de esferas de autoridade alternativas para as quais as pessoas podem transferir sua obediência, os Estados são cada vez menos capazes de contar com a efetividade de suas ordens.[4]

À medida que a demanda por governança aumenta, novos sistemas que a exerçam podem ser encontrados em ONGs, associações empresariais e muito outros níveis de autoridade que não são considerados "governos". Enquanto os governos geram conformidade com base em prerrogativas formais como a soberania e a legitimidade constitucional, a efetividade desses outros sistemas de governança deriva de tradições, acordos informais, premissas compartilhadas e diversas outras práticas que levam as pessoas a cumprirem suas ordens.[5] Vistos em termos de sua capacidade de gerar cumprimento, outros sistemas de governança podem ser tão efetivos – ou sem eficiência – quanto aqueles representados pelos governos.

Deste modo, para avaliar se a governança global da sustentabilidade é efetiva, não basta analisar apenas a efetividade da ação dos governos. O que deve ser levado em consideração, alertam Biermann e Pattberg, é a arquitetura abrangente dessa governança, com sua rede de instituições, práticas e princípios, que moldam as decisões em todos os níveis.[6]

O aquecimento global é um exemplo de questão em que diferentes graus de tomada de decisão estão envolvidos, tanto em seu agravamento quanto em sua possível solução. Tratados internacionais representam apenas parte dos meios úteis para mitigar esse problema e, além disso, sua implementação depende de ações em uma variedade de arenas.[7] É um erro comum da teoria dos regimes acreditar que o Estado tem a capacidade absoluta de direcionar os esforços de todos os indivíduos e grupos sob seu domínio.[8] Ainda que a linguagem dos tratados internacionais frequentemente dê a entender que os Estados podem atuar como "recipientes" das emissões de gases de efeito estufa – estabelecendo metas, fatiando o bolo das emissões globais em pedaços nacionais e fazendo inventários dessas –, os gases emitidos dentro de um determinado território são moldados por processos e atores que operam através das fronteiras nacionais. Em outras palavras, as emissões são produzidas como resultado de bilhões de decisões descentralizadas e independentes de famílias e empresas, fora da esfera governamental. Essas últimas, é claro, podem ser influenciadas, de forma indireta, pelos governos, por meio de regulações e incentivos.[9] Sua lealdade, entretanto, pode estar voltada também para outros níveis de autoridade, capazes de direcionar seus comportamentos.

Claro que o poder dos diversos níveis de autoridade pode ser mais ou menos efetivo. Mas, cada um do seu jeito, esses níveis podem moldar as políticas climáticas, fornecer meios pelos quais essas políticas podem ser mais bem-sucedidas ou até incumbirem-se, eles mesmos, de promover reduções de emissões, independentemente da evolução do regime climático internacional, já que muitos deles possuem suas próprias regras e seus próprios procedimentos para tanto.[10]

Nesse sentido, os impasses nas negociações climáticas internacionais seriam menos preocupantes do que parecem. Na ausência de consenso nessas negociações, as ações passariam a ocorrer em outros lugares.[11] Reduzir a riqueza e a complexidade da governança climática a um processo interestatal de elaboração de tratados não seria mais útil e, talvez, nem mais defensável, afirmam Bernstein e outros autores. Ao focar na centralidade das negociações internacionais, estaria se mascarando tanto a evolução em andamento de arranjos alternativos de governança quanto as densas relações que envolvem, por exemplo, os mercados de carbono, assim como os diversos outros projetos transnacionais aqui abordados, incluindo redes de cidades, parcerias entre diferentes setores de negócios e iniciativas de mensuração e divulgação das emissões corporativas.[12]

A resposta global às mudanças climáticas está sendo conduzida em duas frentes – como observado nas COPs e como se pôde perceber também na Rio+20: a da negociação no âmbito da Convenção do Clima e aquela representada pela ação das diversas organizações empresariais e da sociedade civil. E não estaria mais tão claro que o processo multilateral seria aquele que estaria definindo a agenda.[13]

O caráter descentralizado da governança global da sustentabilidade é bom ou ruim para a efetividade do sistema?

A literatura acadêmica oferece declarações conflitantes sobre as vantagens e desvantagens relativas da fragmentação.[14] No caso da governança climática global, Pattberg e Stripple notam que essa, ao ser caracterizada pelo mosaico de atores que a exercem e pela proliferação de diferentes iniciativas, acaba sendo marcada por políticas divergentes, o que provoca uma discussão sobre como sua arquitetura deveria ser estruturada – alguns preferindo manter uma abordagem universal, concentrada em uma única organização internacional, outros trabalhando para implementar uma ordem mais fragmentada e flexível, com maior ênfase em políticas mistas ou privadas de mitigação de emissões.[15]

O fato de que, nos últimos anos, a governança climática tenha sido tirada das mãos – ou ao menos levada além – dos negociadores internacionais a torna, certamente, menos controlável do que se fosse realizada por meios tradicionais, hierárquicos, de autoridade, lembram Bulkekey e Moser. O desenvolvimento de diversas iniciativas pode levar a uma situação de caos na política climática, tornando sua implementação mais cara do que se fosse feita de forma concertada.[16]

Em favor da ideia de centralização há, portanto, o argumento de que esforços internacionalmente coordenados e nacionalmente integrados em vários setores deveriam ser mais efetivos em termos de custos do que seus equivalentes não coordenados e não integrados, devido a ganhos de eficiência e oportunidades de se construírem economias de escala.[17] A sobreposição de responsabilidades e tarefas entre vários atores, em um primeiro momento, aparenta ser algo negativo, porque parece justificável dizer que mais atividades seriam levadas adiante se houvesse menos concorrência por recursos entre esses atores.

Porém Peter Haas considera esse argumento – que estaria alinhado com o "impulso na direção da simplificação e da centralização" que tenderíamos a seguir em uma racionalização inicial do problema – pouco persuasivo. Primeiro, porque seria um erro concluir que a governança descentralizada é, necessariamente, incoerente, ainda que diversas de suas iniciativas possam parecer desconexas. Segundo, porque consolidar a atividade em um número menor de organizações internacionais aumentaria a possibilidade de captura política dessas instituições, reduzindo a eficiência no uso dos recursos financeiros disponíveis. Para ele, algum grau de redundância no exercício de certas funções seria, na verdade, desejável, por propiciar uma espécie de "seguro" contra o declínio de qualquer das instituições internacionais que tratassem de um determinado tema.[18] Além disso, talvez a inclusão de um número maior de atores aumente as chances de inovação nas políticas e a multiplicação de esforços leve a um progresso mais rápido e a maior mudança.[19]

As propostas centralizadoras, inclusive aquela de criação de uma organização mundial do meio ambiente de caráter universal, iriam, segundo Haas, contra o que pensariam os mais sofisticados teóricos organizacionais sobre o melhor *design* institucional para tratar de assuntos complexos, como os ambientais globais. A melhor estrutura para lidar com esses temas se basearia em "redes frouxas, descentralizadas e densas de instituições e atores que sejam capazes de rapidamente retransmitir informações e fornecer suficientes redundâncias na performance de suas funções, de modo que a eliminação ou inatividade de uma instituição não ponha em risco toda a rede". O papel dos arquitetos da governança global da sustentabilidade deveria, por isso, ser o de "reconhecer e tirar vantagem das sinergias complexas entre redes de atores operando em diferentes níveis da política internacional".[20]

Adicionalmente, a governança descentralizada teria a vantagem de estabelecer um contraditório entre Estado, mercado e sociedade civil, em uma espécie de sistema de freios e contrapesos análogo ao princípio da divisão constitucional dos poderes – executivo, legislativo e judiciário – formulado por Montesquieu. A existência de arenas concorrentes de governança, notam Martinelli e Midttun, permite que iniciativas possam ser levadas adiante ainda que venham a ser bloqueadas em uma delas – iniciativas que, por exemplo, não encontrem apoio do Estado podem ser adotadas pelo mercado ou empreendidas pela sociedade civil.[21]

Parte-se do princípio de que uma visão mais democrática, mais participativa da governança global, poderia nos ajudar a alcançar um mundo ambientalmente mais sustentável.[22]

Claro que diferentes tipos de fragmentação da governança tendem a apresentar níveis de desempenho distintos. Quando a fragmentação é muito conflitiva, acaba trazendo mais efeitos negativos do que positivos, podendo representar um peso para a performance geral do sistema. Por outro lado, defendem Biermann e outros autores, uma fragmentação que apresente bons níveis de sinergia pode ser uma segunda opção (*"second best"*) realista em um mundo marcado pela diversidade, em que arquiteturas de governança puramente universais são mais um postulado teórico do que uma possibilidade prática.[23]

Logo, de certa forma, a conclusão de que a fragmentação é o caminho a ser seguido resulta da constatação de que a centralização pode, simplesmente, não ser viável. Keohane e Victor estão entre os que acreditam que os esforços para construir um regime climático único amplo, efetivo e legítimo dificilmente virão a ser bem-sucedidos.[24] E Dani Rodrik afirma que padrões e regulações globais não são apenas impraticáveis, são indesejáveis, porque resultariam em uma governança global baseada no menor denominador comum, em um regime com regras fracas e ineficientes.[25]

Nesse contexto, a ONU ainda tem uma missão importante a cumprir.

Para diversos autores, essa organização e sua Convenção do Clima deveriam servir como um "guarda-chuva" sob o qual diversos esforços experimentais floresceriam e competiriam.[26] Mais do que ela mesma empreender a reação às mudanças climáticas, é provável que a cooperação multilateral seja uma maneira efetiva de guiar e regular as respostas dadas pelas diversas outras iniciativas existentes.[27] Com o tempo, se houver convergência de preferências com relação a essas iniciativas, a Convenção do Clima poderia evoluir na direção de se tornar um regime integrado e abrangente. Porém, na conjuntura atual, tanto a realidade política quanto a necessidade de flexibilidade e de diversidade sugerem que é preferível seguir trabalhando nessa área com um "complexo de regimes", mais frouxo, porém mais efetivo.[28]

Apesar de suas dificuldades de tomar decisões, a ONU cumpriria algumas funções que são mais bem exercidas de forma universal, como definir padrões para relatórios de emissões e instruir os órgãos técnicos, como o IPCC, a reunirem e avaliarem informações.[29] Um regime global é necessário, ainda, para verificar as reduções de emissões dos Estados e para acompanhar sua evolução, nota Giddens. E o lugar lógico para hospedar uma agência com essa atribuição é a ONU, cuja participação pode ser uma garantia de imparcialidade.[30]

Imparcialidade, nesse caso, significa entender que o aquecimento global afeta o mundo inteiro e que a grande maioria dos habitantes do planeta em 2050 viverá nos países atualmente em desenvolvimento, que deverão estar representados de forma adequada. Compreender, ainda, como lembra Stern, que as instituições surgidas em Bretton Woods, na época em que o mundo era dominado pelos vencedores da Segunda Guerra Mundial e muitas nações eram colônias, não são parâmetro para aquelas adequadas ao século XXI, no qual a economia, a população e a estrutura social são muito diferentes.[31]

O desafio é produzir um conjunto de princípios e políticas efetivo, eficiente e equitativo que guie a ação pública de combate às mudanças climáticas. Sem efetividade, defende Stern, sentenciaremos as futuras gerações a viver em um mundo muito arriscado. Sem eficiência, desperdiçaremos recursos e possivelmente minaremos o apoio à ação. Por fim, se essa ação não for equitativa, nos arriscaremos a prejudicar qualquer tentativa de se formar uma coalizão internacional nessa área. Em qualquer processo de cooperação, é importante que os envolvidos sintam que os termos acordados não são injustos.[32] A existência de mecanismos institucionais capazes de assegurar a imparcialidade no estabelecimento e na verificação do cumprimento das metas e dos cronogramas comumente definidos colabora para a percepção de que o sistema é justo, o que contribui para sua efetividade. Como observa Foster, deve ser uma justiça genuína, aplicada não apenas à relação entre a geração atual e as futuras, mas também entre as pessoas hoje existentes no mundo, em suas várias circunstâncias geográficas e econômicas – o que significa que só poderá ser alcançada por meio de duras discussões.[33]

Governança global da sustentabilidade e legitimidade

A legitimidade pode ser definida como a condição de aceitação e justificação de uma regra compartilhada por uma comunidade.[34] A efetividade da governança global da sustentabilidade depende de que suas regras sejam aceitas e postas em prática pelas comunidades do mundo todo – ou seja, depende da legitimidade desse sistema. E como essa governança é exercida por diversas esferas de autoridade, essas precisam ser reconhecidas como legítimas, para que seu poder seja efetivo.

Porém, ao analisar as diferentes esferas de autoridade, vemos que quase todas elas com frequência têm a sua legitimidade questionada.

Vejamos, primeiro, o que ocorre com os poderes públicos. Em processos de definição de normas de caráter puramente intergovernamental, a legitimidade deveria vir naturalmente da responsabilidade e da prestação de contas de cada governo para com seus cidadãos. O mesmo acontece com as burocracias internacionais, que derivariam sua legitimidade dos governos que as nomeiam.[35] Os Estados e seus governos, no entanto, vivem uma crise de legitimidade política, caracterizada por uma distância crescente entre os cidadãos e seus representantes.[36] O grau de confiança entre a população e seus governos caiu a níveis baixíssimos, a ponto de uma ampla maioria não acreditar que seus países são governados de acordo com a vontade das pessoas, o que leva os Estados a terem, em algumas pesquisas, o mais baixo índice de credibilidade entre as diversas instituições.[37]

Essa crise de legitimidade está alicerçada, segundo Manuel Castells, na incapacidade crescente do sistema político ancorado no Estado-nação de representar seus cidadãos na prática efetiva da governança global.[38] Como encomendar o futuro de nossos filhos a governos que são controlados por partidos que operam, em muitos casos, inseridos em uma corrupção sistêmica – como consequência de seu financiamento ilegal –, que dependem completamente da política "da imagem" ou "do escândalo" – fundada no personalismo e na difamação dos adversários –, que estão dirigidos por políticos profissionais que unicamente prestam contas em época de eleições e que se baseiam em burocracias isoladas, tecnologicamente defasadas e geralmente desconectadas da vida geral dos cidadãos?, pergunta ele.[39]

Se a distância entre governantes e cidadãos esvazia a legitimidade do Estado, isso é ainda mais notado quando os Estados agem conjuntamente, no plano internacional, caso em que essa distância tende a aumentar. Por isso, à medida que a autoridade na área ambiental passe de arenas nacionais para internacionais, é de se esperar que a percepção de que os processos de tomada de decisão são insuficientemente democráticos aumente.[40]

A fim de tentar reverter essa percepção, os processos de negociação multilateral têm procurado assegurar maior participação de atores não estatais – caso das diversas Conferências da ONU sobre meio ambiente, nas quais a presença das ONGs tem sido marcante. Nesse sentido, as negociações ambientais até que são notavelmente abertas e transparentes, afirma Steven Bernstein. Informações detalhadas sobre elas costumam estar disponíveis, o que dá mostras de que a governança ambiental não faz feio em importantes critérios de legitimidade democrática, especialmente se comparada com instituições das áreas econômica e de segurança. Claro que isso, como já se observou, pode significar uma eventual troca entre legitimidade e efetividade, uma vez que uma participação mais ampla, seja por um grupo maior de Estados, seja por atores não estatais, pode dificultar o consenso e tornar mais lento o processo de decisão.[41]

Se o Estado soberano – que por definição possui autoridade legítima – e as organizações internacionais – que derivam sua legitimidade do consentimento dos Estados soberanos – são questionados, o que dizer dos atores não estatais?

No Estado, lembra Rodrik, o eleitorado é a fonte última dos mandatos políticos. Se um governante não responde às expectativas e aspirações de seus eleitores, ele é responsabilizado por isso e perde as eleições. Os novos agentes da governança global, entretanto, não estão sujeitos a esse mesmo tipo de "responsabilização eleitoral", o que provoca perguntas inquietantes. A quem deveriam responder? De onde as ONGs ou grandes empresas obtêm seus mandatos? Quem lhes dá poder e lhes policia? Quem garante que a voz e os interesses daqueles que têm menos conexões são ouvidos? A falta de uma relação clara de responsabilidade (*"accountability"*), como bem observa esse autor, é o calcanhar de aquiles da governança global.[42]

Por esse motivo, movimentos que levem a um compartilhamento de responsabilidades entre Estados e setor privado tendem a ser contestados. As parcerias público-privadas institucionalizadas pela Conferência de Joanesburgo de 2002, por exemplo, foram criticadas por privatizar parte das políticas de resposta às mudanças climáticas,[43] o que poderia levar as grandes empresas a ganharem um papel tão central que faria com que outros atores não estatais, e mesmo os estatais, perdessem poder e legitimidade.[44]

Pela mesma razão, sistemas de governança *non-state market-driven* – aqueles que, como vimos, são guiados pelo mercado, e não pelo Estado – tendem a sofrer críticas, o que os obriga a buscar ativamente sua legitimidade para justificar o desenvolvimento de suas políticas e a adoção de medidas visando a implementá-las.[45]

O crescente envolvimento de atores relacionados à indústria e aos negócios na definição de padrões ambientais representa, para alguns, uma privatização da governança global da sustentabilidade.[46] É o caso da ISO 14000, série de normas já mencionada que representa o mais sistemático esforço de criação de princípios e diretrizes de gestão ambiental pelas empresas, que se autorregulariam sem depender da coação externa exercida pelos Estados. Robert Falkner é um dos que acreditam que a elaboração dessas normas foi dominada pela indústria e reflete o interesse das grandes transnacionais.[47] Jennifer Clapp concorda, acrescentando que a legitimidade da ISO de estabelecer padrões globais para o comportamento ambiental pode ser posta em questão, também, porque os países em desenvolvimento não estão tão representados nessa organização como os desenvolvidos – fator que é potencialmente negativo para os primeiros, principalmente se considerarmos que, no processo intergovernamental multilateral, vale o princípio do "um Estado, um voto", o que lhes garante certa voz.[48]

O caráter democrático das ONGs também não é unanimidade. Mesmo Castells, que considera essas organizações os instrumentos mais inovadores, dinâmicos e representativos de agregação dos interesses sociais, lembra que consistem, em última instância, em uma forma de descentralização política, e não em uma espécie alternativa de democracia. Por mais que representem interesses legítimos, é difícil que as ONGs possam se atribuir a expressão do bem comum e regular ou guiar a sociedade em nome de todos.[49]

Finalmente, a destinação de parte da governança global da sustentabilidade às empresas – cuja avaliação no quesito legitimidade alcançou níveis extremamente baixos[50] – provoca muitas dúvidas.

Alguns entendem que, existindo uma pressão cada vez maior em favor da adoção de regulações de proteção ambiental mais severas,[51] as ações do setor privado teriam o objetivo, na verdade, de evitar medidas que não lhe conviessem. Para Clapp, as empresas cultivam a imagem de ser capazes de se autorregular de forma eficiente e responsável, consolidando seus canais de influência e ofertando sua expertise aos Estados. Procuram, ainda, defender suas preferências como sendo mais efetivas em termos de custos, projetando seus próprios interesses como sendo o interesse comum e inserindo, com isso, a sua ideologia e as suas práticas nas estruturas de governança.[52] Por esse raciocínio, o envolvimento das empresas no esforço para responder às ameaças ambientais equivaleria a pôr as raposas para tomar conta do galinheiro. Com isso, elas estariam buscando, apenas, uma regulação *para* os negócios, em vez de uma regulação *dos* negócios.[53]

Caberia, assim, perguntar se os atores privados podem prover uma governança legítima ou se a transnacionalização da governança climática representaria, na realidade, a legitimação dos interesses dos mercados e de seus poderosos atores.[54]

Como observam Bulkeley e Newell, a maneira como o setor privado traça limites ao redor do que deve ser governado, como, por quem e para quem, é muito diferente daquela como os Estados e as organizações internacionais o fazem. A governança privada pode acarretar problemas de transparência, representação e legitimidade. Devemos, por isso, prestar atenção em como a governança ocorre e quem é servido por determinados arranjos.[55] É preciso adotar uma postura crítica a respeito dos sistemas de governança baseados no mercado, procurando evitar que confiram voz desproporcional às grandes empresas em detrimento dos representantes dos Estados e da participação pública.[56]

Logo, tanto a efetividade quanto a legitimidade da governança global da sustentabilidade podem ser questionadas. E, nesse questionamento, há um paradoxo de difícil resolução. Processos mais democráticos de decisão são vistos como mais legítimos. Uma vez que a legitimidade contribui para gerar a submissão voluntária a uma decisão, processos mais legítimos tendem, também, a ser mais efetivos. Porém, no caso das mudanças climáticas, o processo de negociação da ONU tem se mostrado pouco efetivo, como foi notado, embora seja mais democrático – pela ampla participação e necessidade de consenso entre os países – do que outras opções que surgem no âmbito da governança global – por exemplo, a da formação de "clubes" de países que adotem políticas climáticas mais avançadas e as imponham às demais nações. Opções como essa última são vistas como potencialmente mais efetivas, ainda que sejam menos legítimas. No entanto, dependendo dos países que ficarem de fora – caso dos grandes emissores, como a China e os Estados Unidos –, as políticas adotadas por esses clubes também não serão efetivas.

Essa situação paradoxal se estende para a própria democracia e sua relação com a globalização e com a mudança do clima. A globalização contribuiu para espalhar a democracia pelo mundo. Também colaborou, entretanto, para a ascensão de novos atores que, como se sabe, nem sempre têm a sua autoridade baseada na legitimidade democrática. Ou seja, a globalização, ao mesmo tempo que difunde a democracia, a condiciona à vontade desses outros atores. Paradoxalmente, também, percebe-se que nem sempre as nações mais democráticas são aquelas que apresentam ações mais efetivas para o combate às mudanças climáticas. Como notam Viola e outros autores, apesar de manter suas tendências autoritárias na esfera política, a China assimilou aceleradamente a ameaça climática e desde 2008 a traduz em políticas significativas de descarbonização da economia. Os Estados Unidos, uma das sociedades mais livres do planeta, são conservadores em termos de políticas climáticas. E a União Europeia, com grande tradição democrática, demonstra um claro compromisso com as políticas de baixo carbono.[57]

Como resolver esses paradoxos e assegurar que as políticas climáticas sejam legítimas e efetivas e que globalização, democracia e combate às mudanças climáticas andem juntas? É uma questão essencial que a sociedade global ainda não parece capaz de responder.

O dilema do crescimento sem fim

Mitos tecnológicos – descolamento X consumismo

Quando analisamos o papel do Estado na promoção da sustentabilidade, ficou claro que a inovação depende tanto do "puxão" das forças de mercado quanto do "empurrão" das políticas tecnológicas ativas pelos governos. O puxão do mercado viria como resposta à precificação do carbono ou a regulações que imponham determinados padrões. Quando o custo de emitir gases de efeito estufa começar a aumentar, as empresas perceberão que terão que encontrar novas tecnologias para se adequar ao novo contexto. Porém, ainda que esse puxão ocorra, é preciso uma política tecnológica ativa, porque o mercado, deixado apenas por sua própria conta, não irá promover a pesquisa e o desenvolvimento no grau necessário à invenção das tecnologias radicalmente novas, sem as quais dificilmente se conseguirá deter as mudanças climáticas.[1]

Confiar demais em nossa capacidade de criar novas tecnologias, no entanto, pode ser um erro. Essa confiança se baseia em alguns mitos e os realimenta.

Um deles é o do *technological fix*, que pode ser traduzido por "conserto" tecnológico, ou, melhor ainda, "jeitinho" tecnológico, segundo o qual a maioria dos problemas ecológicos pode ser resolvida por meio de inovações.[2] Esse mito leva a apostar que o progresso trará tecnologias livres de poluição, novos remédios para os danos ambientais e a descoberta de recursos naturais.[3]

Ligado a essa ideia está o chamado "mito dos engenheiros" que nutre a crença de que, uma vez que os inventores as tenham criado, novas tecnologias mais baratas podem começar a funcionar rapidamente – uma perpectiva excessivamente otimista sobre a velocidade de difusão das inovações. Esse mito, lembra Victor, oculta o vasto conjunto de fatores que determina o grau de velocidade em que novas tecnologias realmente entram em funcionamento e leva a uma obsessão por inventá-las. Ignora também os importantes desafios políticos que envolvem os testes de campo e o lento, paciente, processo de começar a empregar essas tecnologias.[4]

É difícil acreditar que uma nova forma de energia, por mais promissora que seja, possa ser identificada, desenvolvida e adaptada a todos os usos nos quais teríamos que adotá-la – aquecimento, eletricidade, transporte terrestre, aviação etc. – e então ser universalmente aplicada dentro das próximas poucas décadas. Sucumbir a uma esperança dessa natureza, afirma Monbiot, é tão perigoso quanto ceder ao desespero.[5]

Relacionada a esses mitos está a ideia de que o crescimento econômico contribui para melhorar o meio ambiente.

Para alguns, isso seria comprovado pela existência de uma "Curva de Kuznets ambiental", proposta por Grossman e Krueger em analogia àquela formulada pelo economista Simon Kuznets, que sugeriu haver uma relação de "U" invertido entre o aumento da renda nacional e a diminuição da desigualdade – essa primeiro cresceria, para depois cair com o crescimento econômico.[6]

Pela teoria da Curva de Kuznets ambiental, o mesmo "U" invertido se aplicaria à relação entre poluição e crescimento econômico. A explicação típica para isso é que, nos primeiros estágios de desenvolvimento, as pessoas estão concentradas em preocupações mais básicas, como emprego e renda, e a proteção ambiental não é uma prioridade. À medida que a renda *per capita* aumenta, as pessoas passam a valorizar mais o meio ambiente e pressionam por regulações mais estritas e as empresas começam a investir no controle da poluição. Essa teoria postula, portanto, que a partir de um determinado nível de renda os níveis de poluição começam a se estabilizar e passam a cair, teoricamente, até atingir níveis pré-industriais.[7] Para a maioria dos poluentes, o crescimento econômico nos países pobres leva inicialmente a uma poluição maior – os efeitos de escala prevalecem. Conforme os países enriquecem, a produção gera menos poluição, não só porque governos e poluidores sofrem pressão para melhorar o meio ambiente, mas porque passam a dispor dos meios para fazê-lo – o chamado "efeito técnico". Além disso, o enriquecimento costuma vir acompanhado de uma redução na participação das indústrias sujas na economia, à medida que os países fogem da produção primária para outras mais sofisticadas e, eventualmente, para o setor de serviços – os "efeitos de composição".[8]

Desse modo, algumas pessoas se valem dessa teoria para argumentar que o crescimento econômico, em vez de ameaçar o meio ambiente, contribui para protegê-lo. Apesar disso, há críticas ao trabalho de Grossman e Krueger. Primeiro, porque se limitou a testar apenas um número limitado de poluentes e não considerou outros fatores importantes, como a degradação do solo e a extinção de espécies. Segundo, porque, mesmo para aqueles poluentes que parecem seguir a curva, os pontos de inflexão – aqueles em que o aumento de renda passa a significar menor poluição – são muito altos. Isso significa que, para a maior parte dos países em desenvolvimento, haveria um aumento considerável da poluição até que alguma melhoria começasse a ser notada – o que, sem dúvida, teria efeitos globais negativos em curto e mesmo em médio prazo.[9]

Quando se trata de gases de efeito estufa, a literatura empírica sobre a Curva de Kuznets ambiental produziu resultados inconsistentes até agora, embora estudos mais recentes tendam a mostrar que não há relação entre renda mais elevada e emissões de CO_2 mais baixas.[10] Ao contrário, a maioria das pesquisas indica que as emissões de CO_2 não caem na medida em que os países ficam mais ricos.[11]

No centro dessa teoria e, na realidade, de qualquer defesa da viabilidade de um crescimento perpétuo está a noção, contida nos mitos anteriormente descritos, de que as inovações podem solucionar qualquer problema ambiental ou limitação de recursos com que a humanidade seja confrontada.[12] Noção que leva a mais um mito, que é o do "crescimento verde". Esse consiste em acreditar que a expansão generalizada pode permanecer como objetivo da economia, uma vez que novas tecnologias seriam em teoria capazes de reduzir cada vez mais o uso de materiais, energia e emissões decorrentes da oferta de bens e serviços.[13]

O mito do crescimento verde – sobre o qual estão construídas propostas como a do *Green New Deal*, que tivemos a oportunidade de analisar – entende que o caminho para a sustentabilidade é a desmaterialização da produção, caracterizada pela crescente produtividade dos insumos e a redução dos resíduos descartados.[14] A tendência seria a produção, com o uso cada vez menor de recursos naturais e impactos ambientais menos intensos por unidade de produto, passar por um processo chamado de "descasamento" ou "descolamento" ("*decoupling*").[15]

Esse descolamento, realmente, se constata na prática. A análise dos indicadores que medem de alguma maneira o impacto ambiental – como o uso de fertilizantes ou o consumo de água – mostra que estão aumentando em grau menor do que o crescimento da economia mundial. Porém seguem aumentando, e não diminuindo. Ou seja, a desmaterialização da economia não está ocorrendo em ritmo suficiente para impedir que os impactos ambientais cresçam. Como resumiu Donella Meadows: a situação continua piorando, mas de forma mais lenta.[16]

Em 2011, cada unidade do PIB mundial foi produzida com 23% a menos de emissões de gases de efeito estufa e 21% a menos de materiais do que vinte anos antes. Nesse período, entretanto, a extração total de materiais de superfície terrestre aumentou 41%, e as emissões de CO_2, 39%. Ou seja, apesar desse descasamento relativo, houve um grande aumento absoluto no uso de recursos ecossistêmicos.[17]

A mesma situação se observa na evolução, em diversas economias, da "intensidade-carbono", que é a quantidade de emissões de CO_2 por unidade de produto – normalmente, do PIB. Essa teve queda acentuada a partir dos anos 1980, não apenas entre os países desenvolvidos – Reino Unido e França, por exemplo, tiveram cortes de 50% entre 1980 e 2006 – mas também na China, que, de pior colocada nesse índice em 1980, teve uma descarbonização de 65% no mesmo período.[18]

A má notícia, no entanto, é que esse descolamento não significou redução, ou mesmo estabilização, das emissões. Ao contrário. Embora a quantidade de energia por unidade de produto seja um terço menor hoje do que era em 1970, as emissões de CO_2 resultantes do uso de energias fósseis aumentaram 80% desde aquela década. Mais grave ainda, no final dos anos 2010 elas eram quase 40% superiores às de 1990, ano de referência do Protocolo de Kyoto e, desde 2000, elas vêm crescendo mais de 3% ao ano, tendo se constatado um aumento no uso do carvão, que é o mais nocivo dos combustíveis fósseis, ainda mais prejudicial do que o petróleo e o gás.[19]

Portanto, para se avaliar o descolamento entre crescimento e emissões ou uso de recursos naturais, é preciso distinguir o efeito relativo do absoluto. Pelo descolamento relativo, o uso de recursos e o impacto ambiental declinam em comparação com o PIB. O descolamento absoluto exigiria que os impactos totais decaíssem mesmo com o aumento do PIB. O foco no descolamento relativo ignora o fato inegável de que a inovação tecnológica e as melhorias em eficiência são continuamente sobrepujadas por aumentos no nível da atividade econômica.[20]

Por isso, conclui Veiga, a suposição de que o descolamento relativo permitiria harmonizar crescimento econômico e meio ambiente esquece que a tecnologia não deve ser isolada dos dois outros fatores que mais contribuem para o impacto ambiental das atividades humanas: o tamanho da população e seu nível de afluência. A inovação pode gerar um descolamento relativo, mas é incapaz de também reduzir a pressão absoluta sobre os recursos naturais sempre que seus efeitos se associam ao crescimento da população e do consumo. É a "questão da escala", jargão dos economistas ecológicos para caracterizar esse problema.[21]

Se a eficiência não for suficiente para superar a questão da escala, a sustentabilidade não será alcançada. Em 1990, a intensidade-carbono da economia mundial era de 860 gramas de CO_2 por dólar de produto e a população atingira 5,3 bilhões, com uma renda média de US$ 4.700. Isso fazia com que as emissões globais desse gás fossem de 21,7 bilhões de toneladas. Por que teriam saltado em 2007 para trinta bilhões, se a intensidade-carbono caíra para 760 gramas? Porque a população mundial subira para 6,6 bilhões e a renda *per capita* para US$ 5.900. Desse modo, não basta que o impacto sobre os recursos diminua em relação ao PIB. Com a expansão da economia e da população, esses impactos, mesmo relativamente menores, aumentam em termos absolutos. O dito "crescimento verde" não diminuirá as pressões sobre a biosfera.[22]

Além da questão da escala, o descolamento pode não se traduzir em menor pressão absoluta sobre os recursos naturais por causa do chamado efeito "rebote", "bumerangue" ou "ricochete" (*rebound effect*). A poupança obtida com o ganho de eficiência energética tende a ser empregada no consumo de outros bens e serviços, situação que representaria um "tiro pela culatra".[23]

O efeito rebote opera no nível microeconômico. Ocorre, por exemplo, quando as economias com a conta de luz são gastas de formas que acabam por minar o ganho ambiental.[24] Se você vive em uma casa com bom isolamento térmico, precisa gastar menos energia para manter uma certa temperatura. Mas como suas contas de eletricidade já não são tão altas, você fica tentado a buscar um pouco mais de conforto subindo a temperatura da calefação – o que aumenta seu consumo de energia.[25] Ou você usa o valor economizado para comprar mais aparelhos para a casa, que demandam mais eletricidade.[26] Ou, em outro exemplo, após adquirir um carro mais econômico, você utiliza o valor que deixou de gastar em combustível para comprar uma passagem aérea, o que faz com que a redução das emissões proporcionada pelo veículo mais ecoeficiente seja anulada pelas emissões do voo.[27]

Em um nível macro, o ganho de ecoeficiência pode ser anulado pelo aumento do consumo. Pensando no caso dos automóveis, embora o nível de eficiência energética desses aumente regularmente, também cresce o número de pessoas que possuem um carro e o uso que fazem de seus veículos. Por isso, as emissões de gases de efeito estufa por automóveis continuam a crescer, em vez de cair.[28]

O mito do crescimento verde deve ser encarado, assim, sob a luz do aumento do consumo. E uma vez que, em todos os cantos do mundo, estamos consumindo mais do que nunca,[29] e considerando que a cultura mundial do consumo está sendo ampliada e aprofundada,[30] a perspectiva de um crescimento desse tipo pode se mostrar ilusória.

Para Peter Dauvergne, o "problema do consumo" é um dos principais desafios para a governança ambiental global. Enfrentá-lo envolve muito mais do que simplesmente influenciar o que os consumidores escolhem, usam e descartam. Exige um esforço concentrado em modificar os vetores do sistema – como a publicidade, que condiciona as quantidades, os custos e a distribuição de bens. Por mais que os consumidores possam apresentar preocupação cada vez maior com a sustentabilidade, o consumo sustentável pode estar apenas ajudando a mascarar um sistema global baseado em uma produção insustentável. Produtos verdes e estilos de vida sustentáveis apenas arranhariam a superfície de uma ordem mundial capitalista problemática construída sobre a expansão constante do consumo.[31]

É inegável que o consumismo é um pilar do capitalismo moderno.[32] O aumento do consumo pessoal é um elemento-chave do dinamismo capitalista[33] e parte de uma ação planejada, como mostra esta afirmação de Victor Lebow em 1955, que hoje pode chocar alguns, mas que, na época, foi vista como visionária e progressiva: "Nossa economia enormemente produtiva demanda que façamos do consumo nosso estilo de vida, que convertamos a compra e o uso dos bens em rituais, que procuremos nossa satisfação espiritual, a satisfação do nosso ego, no consumo.(...) Nós precisamos que as coisas sejam consumidas, usadas, substituídas e descartadas a um ritmo cada vez maior".[34]

Se hoje sabemos que esse modelo traz também inúmeras desvantagens, por que temos tanta dificuldade de superá-lo? De certa forma porque, algumas décadas após a afirmação de Lebow, aquele "desejo de manufaturar" se mostrou extremamente bem-sucedido em termos materiais.[35]

O sistema atual, lembra Speth, vincula-se a uma longa história dominada por duas lutas grandes e relacionadas – aquela contra a escassez e aquela para subjugar a natureza. Para vencer essas lutas, criamos uma tecnologia extraordinária e forjamos uma organização da economia e da sociedade capaz de implantar essa tecnologia extensivamente e, se necessário, implacavelmente. Conseguimos dominar a natureza e criar riqueza em um nível muito além daquele que nossos ancestrais poderiam ter imaginado. Esse sistema obteve tamanho sucesso que nos deixou hipnotizados e, até mesmo, viciados nele.[36]

Na verdade, porém, temos vivido como Fausto – que vendeu sua alma ao demônio em troca de alguns anos de poder mágico, para depois arrepender-se do pacto que havia feito. É esse o tipo de barganha, nota Foster, que parece estar na base de nossa civilização atual. Estamos abusando dos recursos naturais da Terra e nos presenteando com um período de onipotência movida por uma tecnologia quase mágica, à custa de um mundo futuro que, com os efeitos do aquecimento global que se anuncia, pode vir a se passar muito bem por uma imitação do inferno.[37]

O consumo, que está na base desse sistema, é menos contestado do que merece por ser muitas vezes identificado com as conquistas do modelo a que está associado. O exagero e o desperdício, observa Loperena Rota, ainda não são vistos como uma forma de agressão a toda a sociedade. O comportamento consumista não é combatido como se deveria porque fomos capturados em uma economia que depende do consumo abundante para sobreviver. Caímos nessa armadilha.[38]

Capitalismo X sustentabilidade

O capitalismo está, portanto, construído sobre o consumo, dependendo estruturalmente do crescimento econômico contínuo.[39] Essa é uma orientação inerente a esse sistema. Sua dinâmica se baseia em acumular lucros, investi-los e, assim, fazer crescer a economia, normalmente a taxas exponenciais. O mantra tradicional das empresas, "mais é melhor", vincula-se àquele do modelo econômico dominante, "aumentar o PIB".[40] Isso faz com que o capitalismo possa ser visto como uma máquina cujo produto primário é o crescimento econômico – o capitalismo, não importa quais sejam seus defeitos, afirma Speth, é muito bom em gerar crescimento.[41]

A aceleração do crescimento econômico a partir da Revolução Industrial comprova essa característica. Entre 1820 e 2000 a população mundial aumentou cinco vezes e o produto mundial bruto aumentou 55 vezes – uma divergência muito maior entre esses dois indicadores do que a ocorrida em qualquer outro momento da história.[42]

Outra característica do capitalismo é seu enfoque no curto prazo. Esse sistema, avalia Foster, é perfeitamente adaptado ao fato de que a natureza do nosso próprio conhecimento é de curto prazo. Ele propicia respostas dinâmicas a essa realidade, residindo a sua força na maneira flexível como uma diversidade de atores reage competitivamente – por meio da oferta de produtos e serviços – àquilo que acredita, com ótima taxa de acerto, ser o que o futuro próximo irá demandar. Ou seja, esse tipo de foco não é um mau hábito curável do capitalismo, mas seu habitat natural e inevitável. Os empreendedores são bem-sucedidos ao se dirigir a um horizonte em movimento de oportunidades de curto prazo – horizonte que, à medida que avança, nos leva a um futuro indeterminado sobre o qual vamos aprendendo apenas em tempo de lidar com ele.[43]

Porém, se por um lado conta com essa imensa energia criativa, o capitalismo, ao necessitar e promover a expansão incessante, acaba oprimindo os ecossistemas planetários.[44] Esse sistema foi tão bem-sucedido em responder ao desafio de gerar riquezas que, agora, as fundações biológicas da nossa civilização estão em risco.[45]

Risco que vem sendo apontado há algum tempo pelos economistas ecológicos, que argumentam que o fato de a economia estar contida na natureza impõe restrições à sua expansão. Não pode haver crescimento sem fim em um mundo de recursos finitos. Herman Daly, por exemplo, alerta para a necessidade de se introduzir na teoria econômica o conceito de "transumo" ("*troughput*"), que seria o fluxo, através da economia, de matérias-primas e energia retirados do meio ambiente para que esses insumos (*inputs*) sejam transformados em produtos (*outputs*), retornando ao meio ambiente na forma de resíduos. Para que a escala da economia fosse considerada sustentável, esse fluxo teria que se manter dentro dos limites naturais dos ecossistemas de absorver resíduos e regenerar recursos.[46]

Segundo ele, o desenvolvimento da economia deveria se dar dentro de uma condição estacionária (*steady state*), em equilíbrio dinâmico com a biosfera que a sustenta, na qual o capital natural – entendido como o potencial de fornecimento de recursos naturais e de serviços ambientais – teria que permanecer intacto. A ideia de se manterem constantes os estoques de capital natural corresponde à visão comumente chamada de "sustentabilidade forte", que se contrapõe à dos economistas neoclássicos, conhecida como "sustentabilidade fraca", segundo a qual o capital produzido pelo homem é capaz de substituir todo tipo de capital natural.[47]

Em 1972, o livro *Os limites do crescimento*[48] apresentou os resultados de um estudo encomendado pelo Clube de Roma[49] – grupo internacional informal de empresários, políticos e cientistas – sobre as consequências em longo prazo do crescimento.[50] Esse estudo, levado adiante por um time de pesquisadores do Massachusetts Institute of Technology (MIT), usou um modelo de computador para prever tendências em relação a população, produção de alimentos, produção industrial, poluição e consumo de recursos não renováveis.[51] Sua conclusão foi que as restrições ecológicas globais, associadas ao uso de recursos e às emissões, acabariam levando a humanidade a dedicar muito capital e mão de obra para superá-las, possivelmente até o ponto em que a qualidade de vida declinaria em algum momento do século XXI.[52]

O tom da obra, ainda assim, era otimista, porque ressaltava que seria possível reduzir o dano causado pela aproximação dos limites ecológicos planetários ou por sua transgressão – *"overshooting"*, na expressão em inglês usada pelos autores – se fossem tomadas medidas a tempo. Apesar disso, na época em que o livro foi publicado, os resultados do estudo foram considerados controversos e seus autores foram acusados de apresentar previsões catastróficas.[53]

O fato é que aquele estudo estimou que limites planetários seriam extrapolados, o que é consistente com os cálculos atuais da pegada ecológica.[54] Vinte anos depois, os mesmos autores fizeram uma revisão do trabalho original. Nesse livro, defendiam que a humanidade já havia ultrapassado a "capacidade de carga" da Terra – o que foi refletido no título da obra: *Além dos limites (Beyond the Limits)*.[55]

Questionar o crescimento corresponde, portanto, a questionar o capitalismo.[56] Ao abominar a noção de limites, focar no curto prazo, celebrar o excesso, visar às coisas materiais e não possuir conectividade com o mundo natural, esse sistema se choca com a sustentabilidade, que trabalha com limites, tem relação com o longo prazo, visa ao equilíbrio e demanda um reengajamento com o mundo natural, adverte Porrit.[57]

Na mesma linha, questionar a globalização faz sentido, já que essa se relaciona diretamente com a expansão do sistema capitalista.

Pudemos estudar algumas hipóteses específicas que justificariam julgar a globalização contrária à sustentabilidade – como a do chamado "vazamento de carbono" ou a da criação de "refúgios da poluição" –, todas elas, entretanto, mais ou menos inconsistentes. A principal razão pela qual a globalização pode ser considerada incompatível com a sustentabilidade, na verdade, é porque também ela tem por base promover o contínuo crescimento econômico e serve a ele.[58] É abastecida pela busca constante de novos mercados e novas fontes mais baratas de recursos e de trabalho. O coração ideológico do modelo, lembra Speth, está no livre comércio acompanhado da desregulamentação da atividade empresarial, com o objetivo de remover obstáculos a fim de expandir a atividade corporativa.[59]

Esse modelo, como comentado, levou a um dos mais marcantes períodos de prosperidade da história. Após o fim do colonialismo, explica Jeffrey Sachs, alguns países optaram por desenvolver políticas comerciais abertas, enquanto a maior parte optou pelo protecionismo. Não há indício de que o protecionismo comercial ou a ausência de empresas transnacionais tenha contribuído para acabar com a pobreza. Ao contrário, as economias abertas deixaram as fechadas claramente para trás. No começo da década de 1990, quase todos os países em desenvolvimento optaram por suprimir as barreiras ao comércio que haviam vigorado por décadas e, desde então, a globalização reduziu o número de pessoas que viviam em condições de extrema pobreza na Índia em duzentos milhões, e na China, em trezentos milhões. Os países com índices mais altos de investimentos externos diretos por habitante nas últimas décadas são, também, aqueles com taxas de crescimento econômico e PIB *per capita* mais altos. E os problemas de algumas regiões, como a África, não se devem à exploração por investidores mundiais, mas a seu relativo isolamento econômico – à sua "condição de continente em grande medida ignorado pelas forças da globalização".[60]

É certo que a crise iniciada em 2008 mostrou que a globalização precisa ser governada e que a presença do Estado por meio da regulação e da adoção de incentivos corretos é mais ou menos proveitosa, caso a caso, mas quase nunca desnecessária. Mesmo Adam Smith, apesar de sua crença de que a ampliação do progresso econômico para todos os povos seria acelerada pelo livre comércio mundial – o que hoje chamaríamos de "globalização", ainda que, como vimos, essa tenha um componente tecnológico que a diferencia de qualquer período anterior –, compreendia a sua precariedade e os seus riscos.[61]

Porém, se a mensagem não é que a abertura irrestrita e a desregulação desenfreada são o caminho para a prosperidade, o fato é que fechar completamente as fronteiras ao fluxo de comércio e investimentos não foi receita para o sucesso de nenhum país até hoje. Após a Segunda Guerra Mundial, a existência de um sistema de comércio mundial relativamente livre ampliou o mercado global e impulsionou o crescimento econômico.[62] Entre 1950 e o final dos anos 2010, em termos de volume, o comércio internacional cresceu 32 vezes e a parcela do PIB mundial que ele representa aumentou de 5,5% para 21%.

Como seria de se esperar, no entanto, o aumento no nível da atividade econômica causado pela abertura comercial levou a um inevitável uso crescente de energia, elevando os níveis de emissões de gases de efeito estufa.[63] Trata-se, assim, de um efeito de escala: por sua própria natureza, a globalização expande a produção e, consequentemente, a poluição.

Desse modo, enquanto o crescimento econômico poderia, a princípio, ser visto como algo positivo, acarreta efeitos ambientais negativos que devem ser considerados.[64] A relação entre globalização e sustentabilidade é marcada pelo mesmo dilema enfrentado por aquela entre crescimento e desenvolvimento sustentável. Vivemos em um mundo onde o crescimento econômico é geralmente visto como benéfico, porém, lembra Speth, acontece com base em sinais de mercado radicalmente errados, com preços que não incluem os custos ambientais ou refletem as necessidades das futuras gerações, sem que haja "mão invisível" ou mecanismos adequados para corrigir as tendências destrutivas. Isso põe economia e meio ambiente em rota de colisão.[65] O crescimento econômico indiscriminado, que para muitos é a cura para todos os males do mundo, na verdade está na raiz das dificuldades ambientais atuais.[66] E a globalização, por alguns elogiada como a solução para os problemas mundiais, como o alívio da pobreza, é por outros demonizada como acelerador de tudo o que há de insustentável sob o capitalismo.[67]

Superar esse dilema se torna ainda mais complicado na medida em que ainda há tanta desigualdade no mundo. Sem um forte crescimento econômico, será extremamente difícil que os países em desenvolvimento continuem deixando a miséria para trás. Como defende Stern, não devemos responder à mudança climática arruinando as perspectivas dos mais pobres. Obter apoio para as ações necessárias dizendo às pessoas que elas têm que escolher entre desenvolvimento e responsabilidade ambiental seria não apenas irrealista, mas também eticamente questionável e politicamente tão destrutivo que levaria essas ações a fracassarem.[68]

A conclusão realista de que é preciso conciliar politicamente o imperativo ambiental com a superação da pobreza por meio do crescimento já era admitida no relatório "Nosso futuro comum" – aquele que, como foi dito, consolidou o conceito mais difundido de desenvolvimento sustentável. Ele afirma, em seu parágrafo 49, que "longe de requerer a cessação do crescimento econômico, reconhece-se que os problemas da pobreza e do subdesenvolvimento não podem ser solucionados a menos que se tenha uma nova era de crescimento, na qual os países em desenvolvimento desempenhem um papel principal e colham grandes benefícios".[69]

A questão é que, dentro do modelo atual, mais crescimento equivale a mais consumo, sendo a redução da desigualdade vista, quase sempre, como a melhoria das condições materiais de vida das camadas mais pobres da população.

Essa visão tem sérias consequências dentro de um contexto de população global e consumo *per capita* crescentes. A extração global de recursos aumentou oito vezes ao longo do século XX. E, entre 1980 e 2005, passou de 35 bilhões para 60 bilhões de toneladas anuais, alcançando uma média de nove toneladas por habitante. No entanto, esses recursos são distribuídos de forma desigual: um indiano, por exemplo, usa quatro toneladas anuais, enquanto um canadense usa 25[70] – situação que faz com que os 20% mais ricos da população mundial sejam responsáveis por 60% das emissões globais.[71]

Ora, 95% do aumento populacional que deve levar o mundo a atingir aproximadamente nove bilhões de habitantes em 2050 ocorrerão em países em desenvolvimento, como Indonésia, Índia e China.[72] Estima-se que, naquele mesmo ano, serão necessários recursos de cinco planetas Terra para que os povos dessas nações emergentes vivam como os norte-americanos de hoje – aliás, se o mundo todo passasse a consumir recursos com a mesma intensidade dos Estados Unidos, em duas décadas um sem-número de metais, como cobre, estanho, prata e zinco, estariam exauridos.[73] Até 2030, a classe média mundial deverá ter triplicado – com os efeitos esperados sobre o consumo de produtos como carros e eletrodomésticos. É muito difícil, lembra Dauvergne, alterar as escolhas ambientais dos consumidores de forma significativa e rápida o suficiente para evitar o efeito global desse crescimento.[74]

A inviabilidade de uma situação em que o uso de recursos se nivele por cima parece evidente. Ao contrário, será preciso diminuir o consumo das populações mais abastadas, para que o nível médio de recursos materiais usados pelos habitantes do planeta caia para aproximadamente seis toneladas anuais *per capita*.[75]

Por isso, afirma Abramovay, de nada adianta elevar a renda dos mais pobres sem diminuir a desigualdade no uso de recursos materiais e da energia e nas emissões. Na ausência de limites – que realmente se apliquem aos segmentos de maior renda –, será impossível a convivência entre o avanço no combate à pobreza e a manutenção dos serviços ecossistêmicos dos quais dependem as sociedades humanas.[76]

Para ele, a questão central, deixada de lado pela estratégia atual de enfrentamento dos problemas socioambientais – que consiste em ampliar a luta contra a pobreza e melhorar a ecoeficiência e a responsabilidade social corporativa –, refere-se ao próprio sentido da vida econômica: "Produzir – e produzir cada vez mais – para quê?"[77] Apesar da importância estratégica da economia verde, ela não afasta o desafio de repensar os padrões de consumo, os estilos de vida e a própria posição do crescimento econômico como objetivo autônomo das sociedades contemporâneas. Inovação e limite são duas palavras-chave da economia verde.[78] Fazer melhor, ambição central dessa economia, é crucial, embora insuficiente. A grande contradição de nosso tempo, em função da qual é necessário ir muito além da economia verde, é saber se vai dar tempo de fazer menos.[79]

Limitar o crescimento não significa limitar o desenvolvimento. Esse último, para Daly, deve ser entendido como realização de potenciais e evolução na direção de um sistema melhorado, mas não maior – com o aperfeiçoamento dos bens e serviços fornecidos pela economia. O desenvolvimento sustentável deveria ser entendido como "desenvolvimento sem crescimento" – a melhoria qualitativa de nossa competência de satisfazer a desejos e necessidades sem aumento quantitativo do que ele chama de "transumo" além da capacidade do meio ambiente de suportá-lo.[80]

Apesar dessa possibilidade, a disparidade entre a situação econômica das sociedades pobres e emergentes e a de algumas dezenas de sociedades mais avançadas sugere um mundo que exigirá, simultaneamente, o crescimento e o decrescimento. Nas primeiras, o desafio é a qualidade de seu crescimento. Nas segundas, seria até possível imaginar planos de transição rumo a uma condição estável, em que o crescimento econômico não fosse mais exigido[81] – um modelo que assegure prosperidade sem crescimento para nações nas quais as necessidades de subsistência estão amplamente satisfeitas e a intensificação do consumo pouco acrescenta ao conforto material, como discutido por Tim Jackson.[82]

Para Edgar Morin, enquanto no restante do mundo seriam adotados crescimentos diferenciados, segundo as necessidades vitais e urgentes, os países ricos deveriam combinar os crescimentos necessários com os decrescimentos não menos necessários. Crescimento e decrescimento devem conviver simultaneamente dentro de cada sociedade. Por um lado, argumenta ele, será preciso fazer crescer os serviços, as energias renováveis, os transportes públicos e a economia social e solidária, entre outros. Por outro, será necessário fazer decrescer as intoxicações consumistas, a produção de objetos descartáveis e não recicláveis, o tráfego de automóveis particulares e o transporte rodoviário de mercadorias – sendo necessário identificar, nesse movimento de "decrescimento seletivo", quais setores precisam encolher e em que condições.[83]

O dilema do crescimento é que, sob as condições presentes, o declínio no consumo leva a mais desemprego e a uma espiral recessiva, porém seu aumento, nas condições atuais, é insustentável, porque gera crescentes custos ambientais, que contribuem para profundas disparidades no bem-estar social.[84] Para escapar a esse dilema, conclui Veiga, será preciso romper mentalmente com uma macroeconomia centrada no aumento ininterrupto do consumo, já que um continuísmo pretensamente esverdeado pela ecoeficiência jamais poderá deter a pressão sobre os recursos naturais. Alcançar a sustentabilidade demanda uma macroeconomia – que, infelizmente, ainda não existe – capaz de reconhecer os sérios limites naturais à expansão das atividades econômicas e fugir à lógica do consumismo.[85] Capaz de responder como um sistema econômico de crescimento contínuo pode caber em um sistema ecológico finito.[86]

O PIB em questão

Superar o modelo atual demanda, ainda, outros tipos de indicadores macroeconômicos. Os resultados de nossas mensurações afetam nossa forma de agir e se nossas medidas são imperfeitas, as decisões delas decorrentes podem ser distorcidas.[87] Se quisermos levar adiante a transição para uma economia verde, devemos identificar e usar referências adequadas.[88]

Isso leva o PIB a ser muito contestado, o que gera inúmeros outros índices, como o Indicador de Progresso Genuíno[89], o Índice de Poupanças Líquidas Ajustadas do Banco Mundial, a Medida de Bem-Estar Econômico de Nordhaus e Tobin, o Índice de Bem-Estar Econômico Sustentável, de Daly e Cobb,[90] o Índice de Felicidade Interna Bruta[91] e, principalmente, o Índice de Desenvolvimento Humano (IDH) do Pnud – que avalia o progresso com base em três dimensões: renda, educação e saúde.[92]

Uma das iniciativas mais recentes nesse sentido foi a criação, pelo governo francês, de uma comissão para analisar a melhor forma de medição da performance econômica e do progresso social, que ficou conhecida pelo nome dos professores que a coordenaram – Joseph Stiglitz, Amartya Sen e Jean-Paul Fitoussi.[93]

O relatório final do estudo promovido pela Comissão Stiglitz-Sen-Fitoussi foi publicado em setembro de 2009.[94] Nele, concluiu-se que já era hora de deixar de avaliar o progresso social apenas mensurando a produção econômica da sociedade e de passar a devotar mais atenção a medir o bem-estar das pessoas. Bem-estar não na concepção atualmente predominante, que o reduz à dimensão do conforto material, mas no sentido do que Hessel e Morin chamam de "bem-viver", que significa qualidade de vida, e não quantidade de bens.[95] Isso está em sintonia com estudos que constatam, em diversas sociedades, que o crescimento econômico contribui apenas até um certo ponto para a percepção de melhoria na qualidade de vida pessoal e coletiva, a partir do qual esta deixa de aumentar ou passa até a declinar.[96] Algo que provavelmente se explica pela sensação de que, atendidas as necessidades básicas, o consumismo não traz mais felicidade, mas apenas a frustração de termos desejos permanentemente insatisfeitos – "a insaciabilidade das necessidades incessantemente novas", nas palavras de Morin.[97]

A adequação do PIB como medida de bem-estar, assim como da sustentabilidade econômica, social e ambiental, foi posta em dúvida por essa Comissão, que apontou várias distorções desse indicador.[98] Entre elas está a de não considerar, por estar "fora do mercado", atividades que são economicamente importantes. É o caso dos serviços fornecidos pelo Estado, como a segurança, a saúde e a educação. Esses tendem a ser de larga escala, variam muito em qualidade de país para país e, embora façam uma grande diferença na vida dos cidadãos, não são mensurados adequadamente. É o caso, também, de trabalhos realizados pelos donos ou donas de casa – como cuidar das crianças ou outras atividades domésticas –, que não são reconhecidos pelas medições oficiais de renda e produção.

Outra distorção é medir de forma positiva alguns fenômenos que têm impactos negativos no bem-estar das pessoas. Grandes desastres – como uma avalanche ou um acidente aéreo – movimentam a economia, uma vez que demandam reparações e reposição de bens. Congestionamentos de trânsito podem aumentar os níveis de produção, devido ao maior uso de combustíveis. Mas, claramente, nenhum desses eventos melhora a qualidade de vida.

Para fugir a distorções como essas, a Comissão Stiglitz-Sen-Fitoussi sugere substituir o PIB por um indicador que, em vez de focar somente na produção, se baseie na renda real disponível por domicílio. Porém seria importante ir além da simples mensuração dessa renda. Será imprescindível, também, como apontam Veiga e Issberner, que se encontrem formas de medir a qualidade de vida e a sustentabilidade ambiental. Para isso, será preciso criar medidas subjetivas de bem-estar – as avaliações que as próprias pessoas fazem de suas vidas e suas prioridades –, assim como formas de se mensurarem condições objetivas, como saúde, educação, voz política, conexões sociais, segurança e condições ambientais.[99] Medidas capazes de avaliar a prosperidade, entendida como "nossa capacidade de florescer como seres humanos dentro dos limites de um planeta finito"[100], em linha com a ideia de Amartya Sen de que o desenvolvimento deve ser visto como um processo de expansão das liberdades que as pessoas desfrutam – sendo essas entendidas como "capacidades", ligadas à aptidão real de uma pessoa para fazer diferentes coisas que ela valoriza.[101]

A sustentabilidade estaria, desse modo, relacionada à qualidade de vida em seu sentido mais amplo possível.[102] Se as liberdades que desfrutamos são tão ou mais importantes do que a nossa riqueza e a satisfação de nossas necessidades, afirma Sen, então a ideia de desenvolvimento sustentável tem de ser reformulada para que este passe a ser entendido – mais amplamente do que na conhecida definição do Relatório Brundtland – como a preservação e, quando possível, a expansão das liberdades e capacidades substantivas das pessoas de hoje sem comprometer a capacidade das gerações futuras de desfrutar liberdades semelhantes ou maiores.[103]

Claro, determinar medidas para esse tipo de desenvolvimento não é algo simples. A busca da sustentabilidade já se beneficiaria, e muito, de um indicador que levasse em conta os danos causados ao meio ambiente pelo crescimento econômico sem limites.

O PIB, lembremos, é um indicador das transações de produtos e serviços que, totalizadas em dado período, correspondem à riqueza gerada. Nesse tipo de aferição, os estoques de capital físico – como máquinas e equipamentos – são depreciados, mas isso não ocorre com o chamado capital natural.[104] Porém, como nota Jackson, na busca de uma boa vida imediata, podemos estar desgastando sistematicamente os pilares do bem-estar do amanhã.[105] Por não levarem em conta se as atividades de produção estariam drenando recursos naturais e acabando com a habilidade dos ecossistemas de fornecerem benefícios, indicadores como o PIB proporcionam uma imagem distorcida do desempenho econômico.[106] Fossem esses indicadores fundados em variações de estoques, e não de fluxos, catástrofes ecológicas, por exemplo, representariam uma depreciação do capital natural, e não um aumento da atividade econômica.

Quando levamos isso em conta, percebemos que algumas nações, mesmo quando melhoram seu bem-estar presente, podem estar afetando sua capacidade futura de manter a qualidade de vida de sua população. Quando um país enriquece por meio da expansão de suas exportações de recursos naturais ou de mercadorias que usem esses recursos para ser produzidas, se isso estiver sendo feito de forma pouco sustentável, o país estará diminuindo sua riqueza no longo prazo. Se um país derruba todas as suas florestas de uma só vez para vender a madeira no mercado internacional, isso provocará um aumento extraordinário do seu PIB, porém esse crescimento terá ocorrido à custa da perda de seu patrimônio e da depredação de seu capital natural, nota Eduardo Giannetti.[107]

Em casos como esse, poderá ocorrer, na expressão adotada por Daly, um "crescimento antieconômico", no qual a expansão levaria a um maior aumento dos custos relacionados à poluição e ao esgotamento de recursos do que dos benefícios trazidos por essa produção adicional.[108] Logo, dependendo da contabilidade que se faça, é possível que se chegue a uma conclusão diferente sobre os efeitos do comércio internacional sobre a qualidade de vida em algumas nações. O objetivo de maximizar o bem-estar de curto prazo por meio do livre comércio poderia, em alguns casos, estar em conflito com o objetivo da sustentabilidade em longo prazo.[109]

Esse mesmo raciocínio se aplica à globalização como um todo. Mudar a maneira de medir o progresso contribuiria para tornar mais clara a relação entre sustentabilidade e globalização. Ainda que essa última possa trazer melhorias imediatas nas condições materiais de vida da população mundial, caso essas melhorias estejam fundadas no aumento incessante do crescimento e do consumo, que leve a exaurir os recursos do planeta, será impossível sustentá-las por muito tempo. Esse é, assim, o grande conflito entre globalização e sustentabilidade. Uma globalização com outras características, baseada em um conjunto diferente de valores, é necessária.

Conclusão

Havia chegado o último dia do curso. Aquela sua primeira turma se mostrara, afinal, bem interessada – o que ele creditava mais à atenção que despertavam, naquela época, os temas relacionados à sua matéria do que à sua capacidade de envolver os alunos.

Ele entra na sala de aula, caminha até a velha mesa sobre o estrado de madeira, pousa sua pasta e, sem dizer nada, se dirige até a lousa. Pega um toco de giz branco e começa a escrever.

> "Havia uma estranha calmaria. Os pássaros, por exemplo –
> para onde eles haviam ido?"

Volta-se para a turma, sondando com o olhar alguns rostos intrigados, outros indiferentes. Àquela altura, os alunos já se haviam habituado a seu estilo. Então, começa a falar.

Já tivemos a oportunidade de mencionar o livro *Primavera silenciosa*, de Rachel Carson, bióloga marinha e zoóloga estadunidense, que fala da contaminação do planeta por pesticidas e é considerado um dos precursores do movimento ecologista. Na fábula por ela narrada no início do livro, uma praga – os pesticidas, e o que ela faz é narrar desastres de fato ocorridos em várias localidades, concentrando-os em um só lugar – toma conta de uma aldeia antes idílica, afetando a vegetação, os animais da granja e as pessoas. A maioria dos pássaros havia sumido e os poucos que se viam estavam moribundos. Não se ouvia nenhum pio – daí a primavera silenciosa.

Chegou a hora, então, de revelar quem é nosso adversário na luta que imaginamos no início deste ano.

Vira as costas para a turma e anda novamente até a lousa. Em sua jovem e ainda entusiasmada mente – e talvez só nela – ouve-se o rufar dos tambores da revelação. Pega o giz e escreve uma nova citação:

> "Nenhuma bruxaria, nenhuma ação inimiga havia silenciado o renascimento de
> novas vidas nesse mundo ferido. As pessoas haviam feito aquilo elas mesmas."

Durante este ano – recomeçou ele, caminhando lentamente na direção do fundo da sala de aula – aprendemos que estamos perdendo a briga e procuramos entender o repertório de golpes de que dispomos para tentar vencê-la. Mas por que, apesar de sabermos como virar o combate a nosso favor, seguimos encurralados? Por que não esboçamos uma reação à altura?

Não reagimos porque somos nosso próprio oponente. É esse o surpreendente paradoxo com o qual não sabemos lidar. Atordoados, seguimos contra as cordas.

* * *

A guerra contra a inércia

A luta pela sustentabilidade mundial envolve mudanças que nos afetam profundamente. Ao nos alistar na "campanha" contra o aquecimento global, por exemplo, estaremos combatendo não apenas as companhias de petróleo, as empresas aéreas ou os governos dos países emissores. Essa é, lembra Monbiot, uma campanha estranha. Diferentemente da maior parte dos protestos públicos que a precederam, não é um movimento pela abundância, mas pela austeridade. É uma campanha não por mais liberdade, mas por menos. O mais estranho de tudo é que é uma campanha não apenas contra outras pessoas, mas também contra nós mesmos.[1]

Sabemos dos danos causados pelo modelo baseado no consumo em massa, mas nele nos acomodamos. Custa-nos renegá-lo. O consumismo passou a ser nossa religião, havendo pouca disposição de trocar seus valores de conforto, conveniência e baixos preços por uma melhor performance ambiental e social. Por isso, nota Porrit, lamentavelmente, os defensores do capitalismo contemporâneo podem de forma justificada alegar estarem muito mais alinhados com a natureza humana do que o estão os preceptores da sustentabilidade.[2]

O que levou Al Gore a afirmar que a crise climática é uma verdade inconveniente é que essa significa que precisaremos mudar nossa maneira de viver.[3] A maioria de nós sabe, em nosso íntimo, que precisamos tomar providências para evitá-la, mas poucos estamos dispostos a reduzir o consumo de energia derivada de combustíveis fósseis que usamos para aquecer ou esfriar nossas casas e impulsionar nossos carros, acusa Lovelock. A maioria de nós espera uma vida boa no futuro imediato e prefere evitar pensamentos pouco prazerosos sobre o porvir.[4] O temor de que a economia de baixo carbono represente privações universais faz com que seja vista com receio tanto pelo mundo desenvolvido, que já desfruta de um alto conforto e quer mantê-lo, quanto pelo resto do mundo, que deseja ter acesso ao mesmo.[5]

Esse desejo faz com que a economia verde, ainda que possa contribuir, e muito, para melhorar a situação atual, não seja capaz de deter as mudanças climáticas se não vier acompanhada de uma redução drástica nos níveis de consumo. Continuaremos a nos enganar, podendo até mudar nosso comportamento, mas fazendo o mesmo tipo de coisas, indo ao supermercado em automóveis 4x4 híbridos para comprar cenouras orgânicas, achando de alguma forma que somos parte da solução, em vez de parte do problema.[6] Como afirma Monbiot: "Sim, é verdade que eles reciclam suas garrafas e compram velas feitas a mão, carne orgânica e vegetais produzidos localmente. Isso lhes permite sentir que estão do lado dos anjos, sem ser obrigados a fazer qualquer mudança significativa na forma como vivem. Mas tão pronto lhes é pedido que tomem uma decisão que se intrometa na qualidade ou quantidade de suas vidas, a preocupação deles sobre o estado do planeta misteriosamente se evapora. Se a biosfera for destruída, ela o será por pessoas cosmopolitas bacanas e bem-intencionadas, que apoiam a causa do corte de emissões, mas não mudarão nem um pouquinho o seu estilo de vida."[7]

Quando se trata de assuntos de importância moral, nota Barnhizer, falar é mais fácil do que fazer – usando as expressões em inglês: nós frequentemente *"talk the talk"*, mas raramente *"walk the walk"*. E embora essa incoerência seja em parte uma falha individual nossa, ela é, ainda mais, resultado de poderosas forças que operam dentro de nossa cultura. Essas forças se valem de uma combinação de ignorância, ganância, preguiça e de uma inundação de propaganda consumista para impedir que surjam a clareza da agenda e a vontade política essenciais para mudar o sistema. Essa falta de vontade política, aliada à extraordinária complexidade da sustentabilidade e ao fato de que essa última não se encaixa na forma como pensamos e nos organizamos, pode torná-la um "sonho impossível", já que, para Barnhizer, as soluções sugeridas para alcançá-la frequentemente falham em entender a realidade e dependem de alterações fundamentais no comportamento institucional e pessoal do tipo que, simplesmente, não irão ocorrer.[8]

Deixar para trás a cultura do consumo, em uma transição que poderia culminar, em alguns países, em um processo de desenvolvimento sem crescimento, exigiria um verdadeiro choque de altruísmo, algo que, para Herman Daly, equivaleria a "uma mudança de coração, uma renovação da mente e uma dose saudável de penitência". Três evocações ligadas à religiosidade que Daly usa de propósito, por considerar que mudança tão profunda no rumo das sociedades contemporâneas teria que ser, essencialmente, religiosa, explica Veiga.[9] Mudança em uma escala que só pode ser alcançada com a ascensão de uma nova consciência, porque apenas uma transformação fundamental no caráter humano, da preponderância do modo "ter" para um modo "ser" de existência, poderia nos salvar.[10]

Nessa linha, as práticas de responsabilidade ecológica poderiam ter uma finalidade existencial semelhante à das religiosas, argumenta Foster. Essa visão – que ele denomina de "sustentabilidade profunda" – poderia conferir um sentido diferente a todas as atividades e todos os compromissos que estão crescentemente – e necessariamente – tornando-se uma parte aceita de nossas vidas, como a reciclagem, a preocupação com as fontes dos alimentos e a economia de energia, ações individuais em pequena escala que, em conjunto, poderiam vir a constituir um quadro pragmático e leigo de "práticas espirituais". Essas seriam, nesse aspecto, parecidas com o que as preces diárias e os ritos das religiões institucionais costumam ser: algo que muitas pessoas às vezes fazem sem pensar, por hábito ou porque isso é delas esperado, mas que, assim mesmo, regularmente as coloca em contato com seus mais íntimos "eus". Da mesma forma, nossas práticas parciais e normalmente esporádicas de responsabilidade ecológica poderiam ser vistas como uma maneira de manter contato rotineiro com a razão de ser mais profunda de nossas vidas, encontrando, na causa unificadora de salvarmos o futuro de nós mesmos, o propósito que nos ajudará a escapar da falta de sentido que hoje nos leva a pô-lo em perigo.[11]

A concretização dessa visão, entretanto, exige renúncias às quais a maioria de nós ainda não parece disposta. Uma situação que mostra como as pessoas evitam se sacrificar é aquela conhecida como NIMBY – iniciais da frase em inglês *"not in my backyard"*, ou seja, "não no meu jardim". Lembra a famosa oração de santo Agostinho quando jovem: "Deus, faça-me casto, mas não agora." A nova versão, observa Foster, é "Sim, vamos buscar a sustentabilidade, mas não aqui, com uma dúzia de imensas turbinas de energia eólica no meu horizonte, afetando o preço dos terrenos no lugar onde eu moro."[12]

Ao se apresentar como uma barganha entre o bem-estar presente e aquele das futuras gerações, a sustentabilidade resulta, sempre, em uma decisão prática: precisamos fazer algo determinado, que está fora da zona de conforto de nosso estilo de vida, em vez daquilo que estamos fazendo agora. Mas, ao contemplar aquilo que precisamos fazer, não temos muito bem como distingui-lo de alguma outra ação que, ainda que parecida, representaria um sacrifício um pouco menor – e optamos por essa outra ação.

Não é para menos, justifica Foster, que agimos assim e permanecemos apegados a nossos hábitos e padrões de vida. Materialmente, alcançamos uma situação melhor, para uma proporção muito maior dos seres humanos, do que em qualquer outro período anterior da história. Somos em média mais bem alimentados, vestidos e cuidados do que qualquer geração anterior. Claro que há também uma série de aspectos negativos – psicológicos, sociais e ecológicos –, mas os pontos positivos são reais também. O desenvolvimento sustentável tem tudo a ver com balancear essas duas realidades.

Conseguir esse equilíbrio não depende, porém, de um exercício racional, mas sim de uma contenda que envolve a relutância de abandonar os confortos do presente, culpa por essa relutância, desalento pelo dano ambiental já causado e apreensão quanto ao futuro. Encontrar esse equilíbrio, nota ele, é algo complexo e conflituoso, assolado, como costuma acontecer nesses casos, pela tendência humana a tentar ter as duas coisas ao mesmo tempo.[13]

Nessa negociação com as nossas próprias consciências, quanto mais hesitamos e fazemos corpo mole, sem atacar as causas da crise socioambiental, mais nosso prazo se torna apertado e mais a crise parece real e exigente. A nossa tendência a escolher sempre aquele caminho um pouco mais fácil torna o problema cada vez mais grave e as soluções cada dia mais difíceis, fazendo com que o próprio objetivo a ser atingido recue à medida que avançamos na direção dele, de maneira que temos cada vez menos perspectivas de alcançá-lo – o que provoca a impressão de que nunca se chegará lá. Por isso, segundo Foster, o que estamos fazendo é perseguir uma "miragem de sustentabilidade" – um horizonte de metas que estaríamos sempre a um passo de alcançar e que, na verdade, constantemente se apresentariam de maneira que, por sua dificuldade, tacitamente, autorizaria o nosso fracasso.

A solução sugerida por Foster, como acabamos de mencionar, é que a sustentabilidade passe a ser encarada como aquilo que dá propósito à nossa existência. Essa visão permitiria superar a barganha atual, sempre sujeita a compensações feitas, de má-fé, em nosso próprio interesse. Nela, por exemplo, em vez de entender as metas de cortes de emissões como um ponto de equilíbrio entre as necessidades intergeracionais – cortes pequenos demais trazem danos para o futuro, cortes grandes demais podem castigar o presente desnecessariamente –, essas passariam a ser vistas, de forma mais ampla, como "qualquer quantidade que seja necessária" para cumprir a missão de deter as mudanças climáticas. O que deveria nos impedir de fazer a aposta arriscada de pôr em risco a vida no planeta em troca de benefícios presentes não é apenas a nossa obrigação ética para com a população futura, mas nosso desejo de que nossas vidas não sejam esvaziadas de sentido.[14]

Os problemas de hoje não poderão, assim, ser solucionados com a nossa forma atual de pensar, afirma Speth. Porém mudar mentalidades costuma ser um processo lento e complicado.[15] Converter os seres humanos nas criaturas sábias e abnegadas capazes de construir e operar um sistema que incorpore a sustentabilidade, mesmo se fosse possível – Barnhizer, por exemplo, acredita não ser –, é um processo que levaria muitas gerações para se completar. E nosso prazo está se esgotando.[16]

Para reagir a tempo, teríamos que superar a inércia, definida não em termos físicos, mas como "a resistência das pessoas à mudança", que é a maior força na Terra. Para Esty e Winston, iniciativas ambientais sempre pedem às pessoas que saiam de sua zona de conforto e levá-las a uma nova forma de pensar não acontecerá sem um saudável empurrão.[17]

Qual seria esse possível empurrão?

Nossa tendência a focar no curto prazo e o fato de as condições ambientais presentes parecerem relativamente normais – cada vez menos normais, é verdade – dificultam a mobilização política necessária para agir a tempo de evitar as consequências de nossas ações passadas ou, ao menos, de mitigá-las significativamente. Quando as condições se agravarem e tivermos que nos mobilizar, será tarde demais e nenhuma ação será mais suficiente – *"too little, too late"*, como crê Barnhizer.[18]

A urgência de se iniciar uma mobilização para conter as mudanças climáticas equivale, entretanto, àquela verificada em tempos de guerra. Como defende Lovelock, estamos, em muitos sentidos, em combate contra Gaia e, para que nossa civilização sobreviva intacta, precisamos firmar a paz. Não é certo que conseguiremos atuar com a velocidade requerida para organizar uma defesa eficaz e pode ser que, durante um tempo, essa guerra demande a imposição de restrições, racionamentos, contribuições individuais obrigatórias e, quem sabe, a perda de algumas liberdades.[19]

A situação não se assemelha, porém, à de outras guerras. Como exemplifica Foster, o hitlerismo já era considerado uma ameaça na Europa no final da década de 1930 e quando a guerra irrompeu ficou perfeitamente claro para a maioria das pessoas, ao menos na Grã-Bretanha, o que uma derrota significaria não apenas para suas liberdades, mas também para seus confortáveis hábitos do dia a dia. Não há analogia dessa situação com a do aquecimento global. Embora as pessoas já comecem a ficar atentas para a instabilidade do clima e a degradação ambiental, esses problemas tendem a evoluir mais lentamente e parecem pedir uma reação igualmente gradual, em vez de uma alteração brusca de rumo. Diferentemente de uma guerra, as pessoas ainda veem as mudanças climáticas como um problema de longo prazo, que dificilmente irá afetá-las.[20]

O que poderia nos levar a modificar bruscamente nossa direção? É triste, mas talvez apenas um evento cataclísmico, que nos leve a experimentar um grau elevado de crise ou colapso, seja capaz de provocar uma mudança radical na atitude das pessoas e, especialmente, dos tomadores de decisões.[21] Na área climática, esse cenário – que equivaleria ao ataque japonês a Pearl Harbor, que mudou a postura dos Estados Unidos e levou esse país a entrar na Segunda Guerra Mundial – poderia ser provocado pela quebra da camada de gelo da Antártica ocidental, causando uma rápida elevação dos oceanos, ou pelo derretimento do *permafrost* siberiano – hipóteses que chegamos a comentar anteriormente.[22]

A possibilidade real de que catástrofes como essas se produzam, aliada a todas as dificuldades em se mudar rápida e radicalmente o comportamento das pessoas e instituições, justifica procurar respostas ao pior cenário possível. Busca que leva a duas formas distintas de reação: geoengenharia e adaptação.

Geoengenharia e adaptação

A geoengenharia pode ser definida como a manipulação deliberada em larga escala do ambiente planetário para tentar neutralizar as mudanças climáticas causadas pelos seres humanos.[23]

Seus métodos podem ser divididos em duas categorias básicas. A primeira abrange técnicas de remoção de CO_2, que procuram reduzir as concentrações desse gás na atmosfera, diminuindo o efeito estufa. Abrangem processos químicos, físicos ou biológicos. É o caso da fertilização dos oceanos com sulfato de ferro para estimular a proliferação do fitoplâncton – conjunto de organismos aquáticos microscópicos, como as algas unicelulares, capazes de fazer a fotossíntese, capturando dióxido de carbono e liberando oxigênio na atmosfera. Outro exemplo, mais propriamente associado à ideia de "engenharia", é a utilização de tecnologias de captura e armazenamento de carbono – na denominação em inglês, "*Carbon Capture and Storage*" (CCS) – por meio das quais o ar seria depurado a fim de separar o CO_2 em algum momento do processo de combustão e depositá-lo no fundo dos oceanos ou em poços esgotados de petróleo ou gás natural.

A captura de carbono poderia ser realizada diretamente nas indústrias ou nas usinas termelétricas, que emitem toneladas de CO_2 todos os dias. Claro que a eletricidade gerada usando essas tecnologias será sempre mais cara do que aquela que não as utilizar. Em alguns casos – como no do carvão, que, como comentado, além de ser extremamente poluente, é muito barato – pode ser que compense manter o uso do combustível fóssil, mesmo em um contexto no qual o carbono passe a ser precificado. Assim, a viabilização dessas tecnologias dependerá da adoção de fortes estruturas de incentivo ao seu uso.[24]

Técnicas de captura e armazenamento do carbono atacam diretamente a causa do aquecimento global, que é o aumento das concentrações de CO_2 – o que torna sua eficácia relativamente certa. O problema, no entanto, é que essas não têm a capacidade de reduzir rapidamente a temperatura do planeta.

Por isso, caso haja uma aceleração das mudanças climáticas, outra categoria de geoengenharia ganharia força. Trata-se da chamada "gestão da radiação solar", que poderia baixar mais velozmente as temperaturas globais. Essa se vale, normalmente, de técnicas que procuram seja desviar a luz solar de volta para o espaço antes que alcance a superfície terrestre, seja aumentar a capacidade do planeta de refleti-la, influindo sobre o albedo – que, como já mencionado, é a relação entre a radiação solar refletida ou dispersada pela Terra e o total que nela incide. Isso produziria um efeito de resfriamento que compensaria o aquecimento provocado pelos gases de efeito estufa.[25]

Essa segunda categoria da geoengenharia abrange algumas propostas mais simples, como pintar os telhados de branco ou produzir nuvens sobre os oceanos. Envolve também, entretanto, soluções que parecem saídas da ficção científica. Propõe-se, por exemplo, o lançamento de partículas refletoras – como os aerossóis de sulfato – na estratosfera, a fim de aumentar artificialmente o albedo terrestre, simulando o efeito que as grandes erupções vulcânicas têm sobre o clima. Outros projetos, ainda mais ambiciosos, preveem a colocação em órbita de escudos refletores capazes de desviar parte da luz solar.[26]

Soluções mirabolantes desse tipo tenderão a ser seriamente consideradas em caso de agravamento da crise climática. Elas não são capazes, porém, de resolver outros problemas resultantes do aumento na concentração de CO_2, como a acidificação dos oceanos.[27] Podem, ainda, ter um efeito desestimulante, já que só de saber que a geoengenharia existe como opção, alguns governos podem se sentir menos pressionados a adotar políticas imediatas de corte de emissões.[28] Além disso, os efeitos colaterais incertos da geoengenharia a tornam não apenas polêmica, mas também muito arriscada.[29]

Seu potencial de causar sérios danos ambientais faz com que a implementação de alguns métodos mais radicais de geoengenharia deva ser objeto de discussão envolvendo toda a comunidade internacional. Como notam Victor e outros autores, é concebível que, em um futuro próximo, uma nação perceba que o aquecimento global é tão prejudicial a seus próprios interesses que decida, em um momento de desespero, adotar individualmente a geoengenharia, sem consultar o resto do planeta. Um projeto unilateral de geoengenharia poderia, no entanto, impor altos custos a outros países – como modificações nos padrões de precipitação e nos fluxos dos rios ou impactos adversos sobre a agricultura, a pesca marítima e o turismo –, deslegitimando essa ação. Por isso, a aplicação da geoengenharia deveria obedecer a regras desenvolvidas coletivamente, de forma cuidadosa, por meio do consenso – o que, como se sabe, teria o efeito negativo de tornar o processo mais lento, podendo atrasar a adoção dessas medidas.

A implementação desses métodos pela iniciativa privada também não é uma hipótese que possa ser descartada. Os mesmos autores comentam que, apesar de soar como enredo de filmes de James Bond, geoengenheiros do setor privado podem muito bem tentar colocar essas soluções em prática por sua própria conta. Embora os governos sejam os atores mais prováveis nesse campo, já há empresas realizando, por exemplo, experimentos de fertilização do oceano, na esperança de sequestrar CO_2 e obter créditos de carbono. A legitimidade das ações que procurem se valer da geoengenharia para obter lucros, considerando-se os riscos que podem acarretar para o planeta, certamente também poderá ser posta em dúvida. Para evitar tais cenários e estabelecer as regras que deverão reger o uso dessas tecnologias para o bem de todos, concluem eles, uma agenda internacional, cooperativa, de pesquisa é essencial.[30]

Por último, como não podemos ter certeza de que as soluções relacionadas à geoengenharia funcionarão, devemos desde já começar a investir na chamada "adaptação" – conceito que se refere às respostas para diminuir os impactos negativos das mudanças climáticas, por meio do aumento da habilidade das pessoas ou dos ecossistemas de lidarem com essas mudanças.[31]

Lovelock é um dos que acreditam que os seres humanos ainda não são suficientemente inteligentes para lidar com a crise ambiental que se aproxima e teme que direcionem seus esforços para tentar combater o aquecimento global em vez de procurarem se adaptar e sobreviver no novo mundo quente. Para ele, enquanto não soubermos como curar esse aquecimento, deveríamos nos dedicar à adaptação – que deveria ser vista ao menos como tão importante quanto as tentativas de se reduzirem as emissões de gases de efeito estufa.[32]

Sem dúvida, algum grau de adaptação será necessário, principalmente se considerarmos a magnitude do desafio que o combate às mudanças climáticas representa e o pouco tempo que temos para agir. E a adaptação será mais complicada nos países pobres, que, como foi dito, são mais suscetíveis a sofrer com essas mudanças. Além de alguns desses países terem características geográficas que os tornam mais vulneráveis, a falta de dinheiro e de acesso à tecnologia dificulta sua adaptação ao aquecimento global tanto quanto impede que diminuam suas emissões. São esses países, também, que a esta altura sentem de forma mais acentuada os impactos climáticos que já começaram a ocorrer – constatação que nos obriga a ir além das estratégias de adaptação, estabelecendo mecanismos para lidar com perdas e danos, como aquele criado na COP-19 da Convenção do Clima.

A maior parte das inovações ocorre nos países desenvolvidos e as empresas privadas desses países são as principais detentoras da propriedade intelectual relacionada às novas tecnologias limpas. Essas terão que ser transferidas aos países em desenvolvimento e tornadas acessíveis. Será preciso assegurar que os destinatários das tecnologias importadas tenham a capacidade de instalá-las, operá-las, mantê-las e repará-las. Será, ainda, importante que consigam produzir versões mais baratas dessas tecnologias e sejam capazes de adaptá-las às circunstâncias e ao mercado doméstico. Adicionalmente, o financiamento inadequado tem sido consistentemente identificado por países em desenvolvimento como o principal obstáculo para a rápida adoção de tecnologias limpas.[33] Sem esse financiamento, portanto, nem haverá mitigação – que, nesse contexto, corresponde ao corte de emissões – nem adaptação das nações mais pobres às mudanças climáticas.

Assim, no plano mundial, tanto a mitigação quanto a adaptação dependem de um esforço coletivo pela transferência de tecnologia e de recursos para os países mais pobres. Esse esforço, por sua vez, depende da cooperação internacional. Não estamos falando, como nota Stern, de uma cooperação qualquer. Trata-se de uma ação concertada ao redor do mundo, fundada em um espírito de internacionalismo, dependência mútua e destino compartilhado, que não tem precedente.[34] E essa ação, como iremos constatar, é beneficiada pela globalização.

Por uma globalização diferente

O grande paradoxo da relação entre globalização e sustentabilidade é que, ao mesmo tempo que a globalização pode ser vista como uma ameaça à preservação dos recursos planetários, uma vez que se vincula a um modelo de crescimento sem fim, ela pode ser, também, uma das maiores armas à disposição da humanidade para a promoção do desenvolvimento sustentável.

É possível afirmar, com razoável certeza, que o capitalismo como o conhecemos hoje é incompatível com qualquer coisa mesmo vagamente semelhante à sustentabilidade, conclui Porrit. O atual modelo simplesmente não nos proporciona o que precisamos: um mundo onde nove bilhões de pessoas possam conviver com os limites naturais da terra de forma equitativa e saudável.[35]

Apesar disso, acreditar no fim do capitalismo ou da globalização como solução para os problemas ambientais não parece algo razoável. Por muito tempo, lembra Foster, algumas pessoas esperaram que o despertar da consciência ambiental pudesse significar o fim desse sistema que gerou a crise ecológica. Essa tem sido a lógica política implícita, e frequentemente explícita, da campanha ambientalista. Porém, a derrubada ou a abdicação voluntária do capitalismo por razões ambientais nunca foi nem remotamente provável.[36]

O que é possível, sim, é reinventar a globalização e o capitalismo sobre o qual essa se funda, para que seus efeitos positivos prevaleçam. É preciso, como defende Porrit, um "capitalismo como se o mundo importasse", um sistema alternativo capaz de preservar o dinamismo, a criatividade, a inovação e a fome por progresso que fizeram do capitalismo uma das mais formidáveis forças da história e, ao mesmo tempo, de se manter dentro dos limites biofísicos do planeta.[37]

Essa talvez seja "a" questão fundamental enfrentada pela sociedade contemporânea, segundo Speth: como alterar o "manual de instruções" hoje utilizado para operar a economia mundial de forma que a atividade econômica seja capaz de proteger e restaurar o mundo natural?[38]

A resposta passará, provavelmente, por um processo que o economista Joseph Schumpeter chamou de "destruição criativa". Esse depende muito de dois atores: os governos, uma vez que políticas industriais e tecnológicas serão essenciais para criar novas atividades econômicas que substituam outras mais antigas, menos sustentáveis,[39] e os empreendedores, cujas características – gosto pelo risco que é preciso para pôr ideias em prática, convicção forte o suficiente para assegurar os recursos e o apoio necessários para bancar esse risco – os tornam agentes da inovação.[40]

Esse processo pode ser acelerado pela globalização por diversos motivos. Primeiro, porque essa permite que o conhecimento se propague mais veloz e facilmente, o que a torna crucial para o desenvolvimento e a difusão das tecnologias verdes. Ela pode, ainda, ajudar os produtos ambientalmente mais amigáveis a atingirem mais consumidores, de forma mais rápida e com melhor eficiência.[41]

Como nota Ghemawat, se cada um dos países tivesse que tentar descobrir por sua própria conta como melhorar seu padrão de vida e ao mesmo tempo proteger o planeta, as respostas seriam bem mais difíceis e demorariam muito mais para ser encontradas. Além disso, não dá para imaginar um único problema ambiental mundial no qual a reação correta seja restringir as interações com outros países. A solução não é fechar as fronteiras em nome da proteção ambiental. Precisamos de mais cooperação intergovernamental, e não menos.[42]

Nesse caso, quanto mais globalização, melhor. Por meio do comércio internacional – estima-se que 75% de todas as transferências internacionais de tecnologia decorram do comércio[43] –, os países em desenvolvimento podem ter acesso a inovações surgidas nos países desenvolvidos. Algumas medidas comerciais contribuiriam para acelerar a transição para uma economia verde. Essa seria beneficiada, por exemplo, pela eliminação de barreiras à entrada de produtos de baixo carbono e de insumos para processos baseados em tecnologias limpas.[44] A Rodada Doha de liberalização comercial no âmbito da OMC chegou a discutir a eliminação das barreiras alfandegárias e não alfandegárias a bens e serviços ambientais, que permitiria reduzir o preço desses produtos e serviços, facilitando a sua adoção, além de servir de incentivo para que sua produção e exportação se expandissem.[45]

Além disso, como se pôde perceber, a superação da crise ambiental exige a afirmação de uma nova mentalidade, capaz de entender que o consumismo sem freios é incompatível com os limites do planeta. Pois bem, a globalização pode ser útil para que essa consciência se espalhe.

As sociedades do passado, lembra Diamond, não tinham arqueologia nem televisão. Quando os habitantes da ilha de Páscoa estavam ocupados desmatando suas terras, não tinham como saber que, naquela mesma época, outros povos estavam entrando em declínio em outras partes do planeta e que outras civilizações haviam sofrido colapsos séculos antes pelos mesmos motivos. Hoje, nossas TVs, rádios e jornais – isso sem falar na internet – nos contam, pouco tempo depois, o que aconteceu em países distantes e nossos livros e documentários mostram o que ocorreu nas sociedades do passado que se extinguiram. Portanto, temos a oportunidade, que nenhuma sociedade do passado desfrutou nesse grau, de aprender com os erros de gente distante de nós no espaço e no tempo.[46]

Essa oportunidade pode nos levar a perceber de forma imediata quais as consequências de se extrapolarem os limites do planeta, na medida em que assistimos, praticamente ao vivo, por exemplo, aos desastres resultantes das mudanças do clima em diversas partes do planeta.

Nosso desafio é inédito, mas nossas ferramentas para lidar com ele também o são. Se, nas palavras de Foster, os seres humanos nunca tiveram que enfrentar, nem remotamente, uma exigência como esta – a necessidade de usar sua visão e capacidade de cooperação, no mundo todo, em um processo de ação conjunta no qual a sabedoria e a responsabilidade devem triunfar ante a ignorância e o egoísmo –, as comunicações modernas também são estonteantemente sem precedentes. Os eventos e as perspectivas podem ser levados às casas das pessoas do mundo inteiro, por meio de suas televisões e computadores, de uma maneira nunca antes possível. A guerra climática que está sendo declarada é perigosa, mas, desde que pessoas suficientes acordem para ela em tempo – algo que se torna mais viável graças à interdependência em que vivemos hoje –, ainda há esperanças.[47]

Vimos como a revolução tecnológica alterou completamente o funcionamento das empresas, levando-as a novas formas de produção e comercialização. Vimos, ainda, que teve efeitos também sobre a sociedade, permitindo que a insatisfação popular se manifestasse de maneira inédita, organizando-se por meio de ferramentas que antes não existiam – como as redes sociais – nas chamadas "wiki-revoluções" e outras revoltas que expressaram o descontentamento com a situação política ou econômica de determinados países. O que precisamos agora é utilizar essas mesmas ferramentas para expressar nossa indignação pela insustentabilidade atual, iniciando um movimento mundial por mudanças. A internet pode ser o meio pelo qual indivíduos e grupos comprometidos com um futuro sustentável se conectam e ampliam a sua força para debater e perseguir os sonhos de um mundo melhor, como prega Al Gore. Mais ainda, pode ser a "praça pública", amplamente acessível, que nos permita discutir e decidir coletivamente que estratégias e soluções adotar, revitalizando a democracia.[48]

Para Morin, a globalização, com suas diversas crises interligadas, pode ser considerada a pior coisa a ter acontecido para a humanidade. Mas também pode ser vista como a melhor. O aumento da interdependência e as ameaças compartilhadas por todos nós criaram uma comunidade de destino para a humanidade, permitindo que visualizemos a Terra como pátria sem que ela negue as pátrias existentes mas, ao contrário, as englobe e as proteja. A globalização traz consigo perigos inacreditáveis, mas também oportunidades extraordinárias. Traz a probabilidade de catástrofe, porém traz também "a improvável, mas possível, esperança".[49]

A globalização contribui para que aprendamos com os erros cometidos em outras partes do mundo, hoje e no passado, e presenciemos as consequências que esses erros já começam a provocar, em vários lugares, no presente. Ela pode facilitar a propagação não apenas das tecnologias verdes e dos produtos e serviços nelas baseados, mas também de uma nova consciência. Uma globalização diferente, que respeite os limites do planeta e se baseie na solidariedade entre os povos, pode ser nossa principal arma para combater as mudanças climáticas e os demais problemas ambientais que afligem nossa civilização.

Promovendo o círculo virtuoso da sustentabilidade

Vivemos uma situação insustentável. As grandes crises enfrentadas pela sociedade global – as financeiras e a ambiental – resultam, em grande parte, de incentivos perversos. Superá-las depende de reverter esses incentivos e criar outros, voltados para estimular a visão de longo prazo e a preocupação com a sustentabilidade, tanto econômica quanto socioambiental, de todas as atividades humanas.

Se a globalização tem muito a aportar para o combate aos problemas ambientais, a globalização jurídica tem ainda mais. A proliferação de regras e instituições transnacionais e internacionais pode nos ajudar a evitar que os diversos limites do planeta que estamos próximos de ultrapassar sejam extrapolados, com consequências imprevisíveis para a humanidade. Para isso, como pudemos analisar, há uma série de instrumentos que nos permitiriam medir e cobrar pelo custo socioambiental de nossas atividades, inibindo a poluição e o uso excessivo de recursos. Esses instrumentos podem ser aplicados não apenas no combate à mudança climática – muitas vezes aqui utilizada como exemplo –, mas aos demais limites ameaçados, como a escassez de água e a perda de biodiversidade. Os impactos socioambientais de nossas atividades devem ser mensurados e precificados, em todas essas áreas.

No caso do aquecimento global, um grande acordo mundial que impusesse um tributo sobre o carbono ou limitasse as emissões seria muito positivo. Maior cooperação internacional ajudaria na transferência de tecnologias verdes entre nações, na queda de barreiras ao comércio de produtos de baixo carbono, no auxílio financeiro aos países em desenvolvimento para a mitigação de suas emissões e para a adaptação a alguns efeitos da mudança do clima que dificilmente conseguiremos evitar.

Porém, como sabemos, as características das negociações intergovernamentais podem torná-las lentas e, muitas vezes, ineficientes. Não podemos apostar apenas nelas.

Não há uma solução milagrosa ou uma instituição única capaz de reverter nossa complexa situação atual.[50] Alcançar a sustentabilidade dependerá da ação de uma série de atores, públicos e privados, em diversos planos. Nenhum deles – empresas, governos, sociedade civil ou indivíduos – será capaz de resolver, por sua própria conta, nossos problemas. E, pior, nenhum deles parece ter a motivação suficiente para iniciar, sozinho, a transformação necessária. Todos esses atores têm um papel na promoção da sustentabilidade e, ao mesmo tempo, todos eles precisam ser estimulados e pressionados a adotar práticas mais sustentáveis. Todos eles se influenciam mutuamente e podem contribuir para a formação e a aceleração de um círculo virtuoso da sustentabilidade.

As empresas, com seu extraordinário poder de ação, têm uma enorme contribuição a dar[51] – razão pela qual enfatizamos aqui a importância da ação transnacional para a promoção da sustentabilidade. Porém essas, como vimos, precisam passar por um processo de transformação, para que seu DNA de "máquinas externalizadoras" seja alterado. Esse processo dependerá de pressões dos Estados, da sociedade civil e dos indivíduos, assim como das próprias empresas.

Os Estados devem usar o seu poder regulador e indutor para tentar tornar as empresas mais sustentáveis. Quem desfruta de um mandato democrático são os poderes públicos, e estes devem dele se valer para intervir e direcionar as forças do mercado.[52] Como observa Barnhizer, a única forma de mudar o comportamento referente à tomada de decisões dentro de uma cultura em que cada um se preocupa em cuidar apenas de seus próprios interesses é usar leis "de verdade" para alterar os termos dessa cultura – leis cuja efetividade seja assegurada pela existência de mecanismos de investigação, monitoramento e sanção em caso de descumprimento, para que não fiquem apenas no campo das nobres intenções. E a essas leis deve se somar a utilização de uma variedade de incentivos positivos e negativos, "cenouras" e "bastões".[53]

Os Estados precisam, portanto, agir. Agir para, entre outras finalidades, assegurar que, além do interesse de curto prazo das empresas e de seus acionistas, o interesse geral da sociedade – categoria na qual a sustentabilidade se enquadra – seja levado em conta. Precisamos de Estados líderes, capazes de conduzir a sociedade na direção da sustentabilidade.

Sabemos, no entanto, que os Estados têm dificuldades de se contrapor aos interesses das empresas. Como pudemos constatar, a globalização aumentou a capacidade do setor privado de influenciar os governos ou até de mantê-los reféns.[54] Sabemos, também, que o interesse dos Estados acaba se confundindo com o das empresas, que podem moldar o processo político por meio de *lobbies* e contribuições de campanha.[55] Como se perguntam Sachs, Lopes e Dowbor, como podemos ter mecanismos reguladores que funcionem, se é o dinheiro das corporações a serem reguladas que elege os reguladores?[56] Isso sem falar nos demais atores que influenciam as decisões dos Estados, como as ONGs, o que contribui para que o interesse nacional seja uma noção cada vez mais imprecisa.[57]

Temos, então, uma situação contraditória. Embora os Estados devessem ser a maior garantia de que a visão de longo prazo prevalecerá, boa parte dos governos é formada por políticos cujas perspectivas estão limitadas a seu tempo de mandato e sua possibilidade de reeleição. E essa última depende, em grande parte, do apoio das empresas que, por isso mesmo, não costumam ter seus interesses contrariados pelos políticos – esses, adverte Speth, dificilmente vão querer morder a mão que os alimenta.[58]

Por outro lado, há empresas que já entenderam que a sustentabilidade é uma tendência. Como observa Stern, em vários aspectos, essas *first movers* têm se colocado à frente do governo, preocupando-se com riscos e oportunidades em longo prazo, realizando investimentos e tomando decisões que ultrapassam décadas.[59] Essas empresas também têm força e poderiam exercer pressão sobre os Estados a fim de que adotem regulações e incentivos que favoreçam as práticas sustentáveis.

Haverá, certamente, políticos interessados em receber o apoio dessas empresas, sendo possível que dessa confluência de interesses nasça uma ação conjunta entre governos e empresários esclarecidos. Para que comece a se movimentar mais rapidamente, o círculo virtuoso da sustentabilidade depende de uma coalizão entre empresas transformadoras e políticos com visão de longo prazo, contra aquelas que ainda não incorporaram a sustentabilidade em suas agendas e os políticos por elas financiados. E, para que a balança penda para o lado do primeiro grupo, mais empresas e mais políticos terão que aderir a essa coalizão.

A inovação é um elemento importante para a facilitação desse processo. As empresas transnacionais são o ambiente natural para o desenvolvimento de novas tecnologias. Como explica Sachs, possuem departamentos de pesquisa internos e levam a cabo operações logísticas e organizacionais que são superiores a praticamente as de qualquer organização pública existente – em suma, sabem como trabalhar quando recebem incentivos para fazê-lo corretamente.[60] Esses incentivos, no entanto, têm que existir e devem ser proporcionados pelos Estados, que precisam não apenas investir diretamente em pesquisa básica, mas também criar a regulação e os mecanismos de mercado que façam com que todos os atores econômicos se sintam compelidos a adotar tecnologias verdes.

Há, na verdade, uma convergência de interesses entre empresas inovadoras e políticos que desejam adotar medidas favoráveis à sustentabilidade. Fornecedores de tecnologias de baixo carbono, por exemplo, procuram apoio dos políticos para ampliar seus mercados e políticos buscam soluções tecnológicas, uma vez que essas enfrentam bem menos resistências do que qualquer intervenção de caráter mais estrutural. Novas tecnologias tornam politicamente mais palatáveis os custos e o esforço de se implementarem regulações ambientais mais rígidas. Uma vez que os governos se convencem de que esses custos serão administráveis, fica mais fácil conseguir apoio internamente. Além disso, ao comprovar a viabilidade da nova tecnologia, esses mesmos governos ficam mais confiantes de que outras nações adotarão medidas semelhantes. No plano internacional, medidas que sejam beneficiadas por tecnologias que já provaram sua viabilidade têm maior probabilidade de ser difundidas. Ao poder se referir a outros lugares onde essas foram adotadas, os políticos dos demais países conseguem legitimar suas iniciativas com menos dificuldades do que teriam se não pudessem se referir a casos anteriores de sucesso.[61] Assim, o investimento em inovação também ajuda a promover o círculo virtuoso da sustentabilidade.

Por fim, há o papel das pessoas. A sociedade civil e os indivíduos podem contribuir para que o equilíbrio de poder penda para o lado de uma coalizão pela sustentabilidade. Como bem lembra Diamond, ao criticar as empresas parecemos ignorar a responsabilidade final do público por criar as condições que permitem que um negócio lucre ainda que traga prejuízos para esse mesmo público. Em longo prazo, são as pessoas que têm o poder de tornar não lucrativas e ilegais as práticas ambientalmente destrutivas e tornar as práticas sustentáveis lucrativas. As empresas, nota ele, mudam sempre que o público passa a esperar e exigir delas um comportamento diferente, recompensando-as quando adotam o comportamento que delas se espera e tornando as coisas difíceis para aquelas que não o façam. No futuro, assim como no passado, mudanças na atitude das pessoas serão essenciais para que ocorram mudanças nas práticas das empresas.[62]

Com o tempo e o agravamento das condições ambientais, mais empresas passarão a perceber que, se não alterarem suas práticas, seus próprios negócios estarão em jogo. Notarão, ainda, que esse novo cenário pode lhes trazer benefícios, pois seu alinhamento com as expectativas de um público cada dia mais socioambientalmente consciente e exigente por produtos e serviços diferenciados deverá se tornar uma importante vantagem competitiva.

A partir daí, essas novas empresas sustentáveis se juntarão às *first movers* e passarão, também, a exigir que as políticas por elas adotadas se estendam a seus setores, pressionando os governos e realimentando, com isso, o círculo virtuoso da sustentabilidade.

As pessoas podem, ainda, pressionar os Estados para que assumam a sua importante função de regular e induzir a atividade econômica a fim de que essa se torne mais sustentável. Em boa parte do mundo, isso pode ser feito por meio do instrumento democrático do voto.

No entanto, os políticos relutam em questionar o paradigma atual de progresso baseado no aumento incessante do consumo, até porque, como menciona Porrit, pesquisa após pesquisa mostra que a maioria das pessoas está satisfeita com esse modelo e eleição após eleição ensina que apenas uma minoria apoia os partidos que se propõem a confrontá-lo.[63] O povo, na realidade, não tem mostrado disposição para maiores sacrifícios, nem vontade de apoiar líderes e programas capazes de enfrentar os desafios socioambientais.[64]

Em um prazo mais longo, a educação pode ser uma arma fundamental para reverter esse quadro, se for usada para aumentar a conscientização da população a respeito dos problemas ambientais e da necessidade de agir contra eles. Isso gerará não apenas consumidores esclarecidos, que serão agentes de mudança ao forçar as empresas a se comprometerem com melhores práticas, mas também eleitores conscientes, que fariam com que a balança passasse a pender para o lado dos políticos mais comprometidos com o desenvolvimento sustentável. Educar para uma nova mentalidade é mais uma contribuição que um Estado líder daria para o círculo virtuoso da sustentabilidade.

Não havendo hoje real pressão dos eleitores, torna-se cada vez mais improvável que poder político suficiente seja mobilizado no tempo necessário. A situação, assim, se perpetua na forma temida por Monbiot: os políticos já perceberam que queremos metas mais duras, mas desejamos também que essas metas não sejam atingidas. Eles sabem que resmungaremos sobre seu fracasso em deter as mudanças climáticas, mas que não ocuparemos as ruas por isso. Eles sabem que ninguém nunca se revoltou pela austeridade. Sabem que, dentro da cabeça de seus eleitores, há uma voz baixa, mas insistente, pedindo-lhes tanto para tentar como para fracassar. Os governantes, alerta ele, não têm interesse em desafiar as nossas ilusões. Se as aspirações deles divergirem muito das nossas, eles perderão eleições. Eles não agirão enquanto não mostrarmos para eles que nós mudamos.[65]

Nesse sentido, como imagina Foster, o ideal da sustentabilidade pode acabar funcionando como um "cavalo de Troia", como um conjunto de premissas impraticáveis e delirantes e um instrumento cínico de retórica que permite que os políticos escondam suas falhas louvando da boca para fora uma visão exuberante do desenvolvimento sustentável enquanto desviam a atenção de seu verdadeiro comportamento, de suas agendas e de seu fracasso em obter transformações efetivas.[66]

Isso leva alguns a defenderem outras formas de abordar a promoção da sustentabilidade e o combate às mudanças climáticas.

Para Sukhdev, insiste-se muito em mudanças de direção no nível "macro", porém essas só ocorrerão se forem construídas pelo esforço cumulativo de diversas entidades – principalmente aquelas do setor privado – a partir do nível "micro", a fim de corrigir as falhas de mercado e avançar rumo à economia verde.[67]

Prins, por sua vez, crê que o aquecimento global não deve ser visto como um problema que pode ser "resolvido", mas sim como uma questão que teremos que administrar, podendo fazê-lo de uma maneira melhor ou pior. Ele argumenta que a ideia de reunir diversos temas sob o guarda-chuva das negociações climáticas não é conveniente, porque a redução de emissões poderia ocorrer mais eficazmente como resultado subsidiário de outras medidas que têm racionalidade própria, como a redução do desmatamento, a melhoria da qualidade do ar ou o desenvolvimento de energias renováveis. Esses temas deveriam, assim, ser tratados em separado, evitando que impasses na negociação relacionada a um deles acabem travando todos os demais.[68]

Barnhizer acredita ser preciso abandonar a retórica da sustentabilidade e adotar novas estratégias realistas baseadas em pontos-chave de alavancagem – estratégias simples e honestas com as quais possamos nos comprometer e que as pessoas comuns possam entender e implementar dentro das restrições existentes. Deve-se aceitar o clichê de que a política é, de fato, a arte do possível, sendo importante que nos concentremos nas "pequenas vitórias", que podem ser alcançadas em um período relativamente curto de tempo, monitorando as condições e criando proteções que permitam que nos adaptemos às piores consequências, em vez de tentar antecipar uma vasta remodelagem das instituições existentes e de modificações fundamentais no comportamento humano.[69] Até porque a pouca disposição das pessoas de mudar indica que devemos promover as alterações necessárias da forma menos dolorosa possível.[70]

Vivemos em uma sociedade global. Comentamos como a globalização, a revolução tecnológica e a globalização jurídica se combinam para nos levar a um novo paradigma, caracterizado pelo surgimento de instituições que vão além das fronteiras do Estado nacional. Pudemos, aqui, analisar diversos instrumentos que permitiriam alavancar as práticas sustentáveis – certificações ambientais, investimentos socialmente responsáveis, impostos sobre o carbono, investimentos em inovação, entre outros. Alguns são públicos, outros, privados, alguns são domésticos, outros, internacionais, muitos deles são transnacionais. Juntos, esses instrumentos compõem uma governança que, ao menos na área ambiental, é fragmentada e descentralizada. Esse não é um aspecto necessariamente negativo. Ao contrário, a existência de diversos meios de se promover a sustentabilidade, desde que haja sinergia entre eles, pode se mostrar ainda mais efetiva do que uma governança centralizada. E, certamente, mais realista.

Entender que algum grau de mudança no clima é, a esta altura, inevitável não deve ser visto como motivo para jogar a toalha. Ao contrário. A falsa crença de que o problema pode ser resolvido a qualquer momento é que poderia levar a uma passividade perigosa. Saber que não há solução mágica e que nossa opção mais viável é um conjunto de diversas ações deve ser motivo para começar a agir imediatamente. Inovações terão que surgir, novos mecanismos terão que ser inventados. O importante, porém, é entender que diversas engrenagens precisarão, certamente, ser postas em movimento. E que isso tem que ser feito agora.

A humanidade conseguiu, com seu engenho e sua arte, prolongar a expectativa de vida de boa parte das pessoas até idades antes inimagináveis. Talvez isso nos dê a impressão de que temos muitos anos pela frente, e de que sempre há tempo para mudar. Esses mesmos engenho e arte aceleraram nosso cotidiano, e as horas passam voando. É nesse ritmo que estamos destruindo o meio ambiente. Ironicamente, nossa longevidade permitirá que muitos de nós presenciemos as consequências dessa destruição acelerada e de nossa incapacidade de governar a nossa relação com o planeta.

Não há tempo a perder. Precisamos de uma governança global que seja inteligente. Que entenda que o possível, neste momento, é procurar despertar o máximo de atores e fazer uso de todos os instrumentos disponíveis. Precisaremos acionar todos eles. Essa constatação nada tem de pouco ambiciosa. O desafio de identificar e pôr em prática uma infinidade de mecanismos que induzam à adoção de práticas sustentáveis é grandioso. E a soma de todas essas ações pode, sim, ter um efeito poderoso, acelerando fortemente o círculo virtuoso da sustentabilidade, a fim de tirar a humanidade das cordas e permitir que ela vença a maior luta que enfrentou até hoje.

Epílogo

As horas se arrastavam, enquanto ele sentia que sua vida lhe escapava com rapidez.

Havia perdido a noção exata de quanto tempo se passara desde o momento em que a avalanche de terra atingira o chalé. Tentou dormir depois que a tempestade se iniciara. A intensidade dos trovões o impediu. Havia se levantado da cama e caminhava na direção da janela do quarto para entender melhor o que estava acontecendo, quando tudo desabou ao seu redor.

Tinha ficado confinado em um espaço mínimo, menos de um metro entre os escombros e a única parede do quarto que havia resistido ao impacto. Sabia que sua salvação pouco dependia dele, mas não deixaria de tentar tudo que estivesse ao seu alcance. Gritava de vez em quando por socorro, com toda a força, porém não ouvia qualquer som por perto que alimentasse as suas esperanças de ser resgatado.

Será que era assim que terminaria? – pensou ele. Sentia agora que tinha tanto por fazer. Tanto que poderia ter feito antes. Tinha estragado muita coisa, mas deu-se conta de que, se lhe dessem chance, havia muito que ainda podia consertar. Sentado no chão, cabisbaixo, lembrou-se das inúmeras aulas em que alertara para o perigo que as contínuas agressões ao meio ambiente representavam para a humanidade. O risco de que nossos erros se voltassem contra nós. A sociedade global nunca chegara a se organizar de forma inteligente e eficiente para combater a crise socioambiental. O círculo virtuoso da sustentabilidade havia sido posto em movimento, é verdade, mas de forma tímida, incapaz de deter as mudanças climáticas e de impedir que outros importantes limites do planeta fossem extrapolados. Os problemas, agravados pouco a pouco, nos pareciam naturais – não nos lembrávamos mais de ter havido um tempo em que esses não eram tão sérios. Ele mesmo sentia-se um pouco culpado. Ainda que aparentemente tivesse feito a sua parte durante todos aqueles anos debatendo essas questões, sabia que, no fundo, havia se acomodado.

A luz entrava através do entulho por algumas frestas. Já sentia o calor e a umidade do dia, o short do pijama marcado de suor como se ele tivesse acabado de se exercitar. Ficou de pé, para esticar um pouco as pernas. Encostado contra a parede, lembrou-se da frase com que abrira o seu curso durante todos aqueles anos. Ergueu então os braços, como se levantasse a guarda, para em seguida explodir em uma mistura de riso e de choro.

* * *

Olhava desatenta pela janela enquanto seu marido narrava em detalhes a última discussão que tivera com o vizinho que vinha fazendo uma obra no andar de cima. Tema que, nos últimos meses, tinha sido recorrente e que, na opinião dela, se transformara em quase obsessão. Mais uma obsessão. A velhice, definitivamente, não havia caído bem nele.

O vidro os isolava do barulho do congestionamento na rua em frente. Até quando iríamos suportar isso? – era o que ela pensava enquanto tomava um café expresso, balançando de vez em quando a cabeça para que o marido não percebesse que o pensamento dela estava longe. Congestionamentos, poluição, consumismo desenfreado, descontentamento generalizado. Vidas vazias.

Olhou ao seu redor, notando mais ao fundo do salão da padaria uma moça que ouvia música e parecia ter acabado de sair da academia de ginástica e, perto dela, um homem de terno e gravata escuros, cara de executivo, falando por telefone. Na mesa ao lado, um rapaz lia o jornal.

Estava na hora de publicar um novo romance e já tinha algumas ideias, mas não queria que o próximo livro, como os anteriores, se limitasse a contar uma boa história. Queria significado. Queria escrever algo que questionasse aquele modelo absurdo de sociedade que, ao perseguir o excesso, caminhava para o abismo.

Virou-se e pôde ver a manchete do jornal que o rapaz estava lendo, nova queda das bolsas de valores, a crise financeira se arrastava sem fim. Um pouco mais abaixo, ilustrado por uma óbvia foto de chaminés de fábrica soltando fumaça, outro título dizia que o ano passado havia sido o mais quente nas últimas décadas.

Sustentabilidade. Esse era o tema que ela queria que servisse de pano de fundo para sua nova história. O rapaz deitou o jornal sobre a mesa para tomar um gole de café e ela não conseguiu desviar o olhar a tempo.

Sustentabilidade. Por que não? Entendida de forma ampla, a ideia mais importante que surgira nas últimas décadas. O significado que podemos dar a nossas vidas, para tentar construir um futuro melhor ou, ao menos, evitar o pior.

Pensou que poderia escrever sobre um professor especializado no assunto, aproveitando o seu dia a dia e as suas aulas para introduzir as principais discussões sobre aquele tema. Alguém que resumisse, em sua própria vida, os erros e acertos de nossa civilização. Alguém que soubesse o que fazer, mas que, mesmo assim, não conseguisse fazer o suficiente para escapar da armadilha que, a cada ano, estávamos criando para nós mesmos. E que sofreria na pele, em algum momento, as consequências da nossa insustentável maneira de viver.

O personagem poderia ser alguém parecido com aquele rapaz do jornal, com seu blazer com cotoveleiras. Só não sabia muito bem como a história terminaria. Atingido pela desgraça, estaria ele condenado ao fim ou sobreviveria e teria tempo de se redimir de seus erros?

Não tinha ideia. Ainda precisaria decidir. O futuro dele estava por ser escrito por ela. Nosso futuro está por ser escrito por nós.

Agradecimentos

Este livro é resultado de um longo processo de pesquisa e reflexão, e gostaria primeiro de agradecer a todos aqueles que contribuíram para este percurso por meio de seus livros, artigos, aulas ou palestras. Meu reconhecimento, em especial, a todos os autores aqui citados, por seu importante papel na luta pela sustentabilidade. Espero que este livro sirva de inspiração para outros, como todas essas obras serviram de inspiração para mim.

Vencer esse percurso só foi possível graças à ajuda de algumas pessoas e instituições. Agradeço à Fundação Coordenação de Aperfeiçoamento de Pessoal de Nível Superior (CAPES) e à Fundação Carolina a bolsa de estudos concedida para minha pesquisa de pós-doutorado na Espanha, na IESE Business School. Obrigado também aos professores, pesquisadores e funcionários do IESE, particularmente ao professor Joan Enric Ricart, que gentilmente me recebeu naquela instituição.

Agradeço a Eduardo Viola, Fábio Barbosa, Guilherme Leal, José Eli da Veiga e Oded Grajew pela disposição de lerem antecipadamente o livro – o que não significa que dividam comigo qualquer responsabilidade por eventuais imprecisões que este possa apresentar – e por seus comentários. Obrigado às equipes da Paz e Terra, pelo cuidado com a edição da obra, e do Planeta Sustentável, pela parceria na divulgação de sua mensagem.

Sou grato, ainda, a meus sócios e todos os demais colegas do Nogueira, Elias, Laskowski e Matias Advogados, pelo apoio e, principalmente, pelo compromisso e engajamento em transformar o nosso escritório em uma empresa transformadora, por meio do projeto NELM Sustentável.

Agradeço, por fim, a meus amigos e a toda a minha família, especialmente à minha mulher, Mari, o incentivo e a compreensão durante o período de pesquisa e redação deste livro, e a meus filhos Felipe e Henrique, me desculpando pelo tempo que isso roubou de meu convívio com eles – com o que, sem dúvida, quem mais perdeu fui eu – e esperando que, no futuro, eles me digam que valeu a pena.

Glossário

AIG – American International Group
Brics – grupo que reúne Brasil, Rússia, China e África do Sul
Ceres – Coalition of Environmentally Responsible Economies
CCI – Câmara de Comércio Internacional
CDS – Comissão para o Desenvolvimento Sustentável da ONU
CDP – Carbon Disclosure Project
CO_2e – dióxido de carbono (ou gás carbônico) equivalente
Ecosoc – Economic and Social Council (Conselho Econômico e Social da ONU)
FAO – Food and Agriculture Organization of the United Nations – Organização das Nações Unidas para a Alimentação e a Agricultura
FLO – Fairtrade Labelling Organizations International
FMI – Fundo Monetário Internacional
FSC – Forest Stewardship Council
GATT – General Agreement on Tariffs and Trade (Acordo Geral sobre Tarifas e Comércio)
GRI – Global Reporting Initiative
IFC – International Finance Corporation
IPCC – International Panel on Climate Change (Painel Intergovernamental sobre Mudanças Climáticas)
ISO – International Organization for Standardization
Leed – Leadership in Energy and Environmental Design
MDL – Mecanismo de Desenvolvimento Limpo
MEA – *multilateral environmental agreement* (acordo ambiental multilateral)
OCDE – Organização para a Cooperação e o Desenvolvimento Econômico
OIT – Organização Internacional do Trabalho
OMC – Organização Mundial do Comércio
ONU – Organização das Nações Unidas
PNUD – Programa das Nações Unidas para o Desenvolvimento
Pnuma – Programa das Nações Unidas para o Meio Ambiente
PIB – Produto Interno Bruto
Redd – Redução de Emissões por Desmatamento e Degradação

UE – União Europeia
UNECE – United Nations Economic Comission for Europe (Comissão Econômica das Nações Unidas para a Europa)
Unido – Organização das Nações Unidas para o Desenvolvimento Industrial
WBCSD – World Business Council for Sustainable Development
WRI – World Resources Institute

Notas

A crise ambiental

1. Robert Keohane, David G. Victor, The Regime Complex for Climate Change, p. 10.
2. Ver José Antonio Puppim de Oliveira, *Empresas na sociedade*, p. 34.
3. Ibidem.
4. Garrett Hardin, The Tragedy of the Commons, p. 1.243-1.248.
5. Ver José Antonio Puppim de Oliveira, *Empresas na sociedade*, p. 32, 226.
6. Adriano Murgel Branco, Márcio Henrique Bernardes Martins, *Desenvolvimento sustentável na gestão de serviços públicos*, p. 52-53.
7. Jared Diamond, *Colapso*, p. 512.
8. Ver Elinor Ostrom, Institutions and the Environment, p. 34.
9. Adriano Murgel Branco, Márcio Henrique Bernardes Martins, *Desenvolvimento sustentável na gestão de serviços públicos*, p. 52-53.
10. José Antonio Puppim de Oliveira, *Empresas na sociedade*, p. 226.
11. Robert Keohane, David G. Victor, The Regime Complex for Climate Change, p. 10.
12. Ibidem.
13. José Antonio Puppim de Oliveira, *Empresas na sociedade*, p. 32.
14. Ver Elinor Ostrom, Institutions and the Environment, p. 27.
15. José Antonio Puppim de Oliveira, *Empresas na sociedade*, p. 34.
16. Ver Elinor Ostrom, Institutions and the Environment, p. 27.
17. Robert Keohane, David G. Victor, The Regime Complex for Climate Change, p. 11.
18. Martin O'Connor, *Is Capitalism Sustainable?*, p. 3 (cita David Ricardo, *On the Principles of Political Economy and Taxation*).
19. Ver <http://www.maweb.org>.
20. Ver <http://www.footprintnetwork.org/>.
21. Lester R. Brown, *World on the Edge*, p. 7.
22. Ver Yayo Herrero, Fernando Cembranos, Marta Pascual (coords.), *Cambiar las gafas para mirar el mundo*, p. 28.
23. WWF, *Living Planet Report 2012*.
24. Lester R. Brown, *World on the Edge*, p. 7.
25. Yayo Herrero, Fernando Cembranos, Marta Pascual (coords.), *Cambiar las gafas para mirar el mundo*, p. 52.
26. Blue Planet Prize Laureates, *et al*. Environment and Development Challenges, p. 6.
27. Yayo Herrero, Fernando Cembranos, Marta Pascual (coords.), *Cambiar las gafas para mirar el mundo*, p. 52.
28. Jeremy Rifkin, *La economia del hidrógeno*, p. 77.
29. Yayo Herrero, Fernando Cembranos, Marta Pascual (coords.), *Cambiar las gafas para mirar el mundo*, p. 51-52.
30. Herman E. Daly, Joshua Farley, *Ecological economics*, p. 70.
31. Georgescu-Roegen, Nicholas, *O decrescimento*.
32. Ibidem, p. 53.

33. James Lovelock, *The Vanishing Face of Gaia*. Location: 2973.
34. Ibidem. Location: 2973.
35. Idem, *La venganza de la Tierra*, p. 38-39.
36. Idem, *La venganza de la Tierra*, p. 44.
37. Ibidem, p. 211.
38. Ibidem, The Earth is about to catch a morbid fever that may last as long as 100,000 years.
39. Idem, *La venganza de la Tierra*, p. 39-40, 213.
40. Ver "'Gaia' scientist James Lovelock: I was 'alarmist' about climate change", NBCNews, 23 abr. 2012. Disponível em: <http://worldnews.nbcnews.com/_news/2012/04/23/11144098-gaia-scientist-james-lovelock-i-was-alarmist-about-climate-change?lite>. Acesso em: 15 mai. 2013.
41. Rachel Carson, *Silent Spring*, p. 16.
42. Ver Johan Rockström *et al.*, Planetary Boundaries.
43. Ver Jeremy Rifkin, *La economia del hidrógeno*, p. 378.
44. Ver Johan Rockström *et al.*, Planetary Boundaries.
45. Ibidem.
46. Ibidem.
47. James Gustave Speth, *The Bridge at the Edge of the World*, p. 74; Johan Rockström *et al.*, Planetary Boundaries.
48. Johan Rockström *et al.*, Planetary Boundaries.
49. José Eli da Veiga, *A desgovernança mundial da sustentabilidade*, p. 83; Idem, *O tripé da insustentabilidade*, p. 25.
50. Johan Rockström *et al.*, Planetary Boundaries, ver também Philip J. Vergraft, How Technology Could Contribute to a Sustainable World.
51. Ver Pnuma, *Caminhos para o desenvolvimento sustentável e a erradicação da pobreza*. Disponível em: <www.pnuma.org.br/admin/publicacoes/texto/1101-greeneconomysynthesis_PT_online>. Adf. Acesso em: 28 de abril. 2012.
52. Andrew W. Savitz, *A empresa sustentável*, p. 247.
53. William R. Blackburn, *The Sustainability Handbook*, p. 586.
54. Nicholas Stern, *The Global Deal*, p. 56.
55. Blue Planet Prize Laureates, *et al.* Environment and Development Challenges, p. 10.
56. William R. Blackburn, *The Sustainability Handbook*, p. 585.
57. Blue Planet Prize Laureates, Environment and Development Challenges, p. 10.
58. Lester R. Brown, Draining our Future, p. 16.
59. William R. Blackburn, *The Sustainability Handbook*, p. 585.
60. Lester R. Brown, Draining our Future, p. 21.
61. Philippe de Woot, *Should Prometheus be Bound?*, p. 62.
62. William R. Blackburn, *The Sustainability Handbook*, p. 586.
63. Jared Diamond, *Colapso*, p. 586.
64. Philippe de Woot, *Should Prometheus be Bound?*, p. 61.
65. Lester R. Brown, Draining our Future, p. 20, 17.
66. Idem, *Plano B 4.0*, p. 25.
67. Idem, *World on the Edge*, p. 33.
68. Idem, Draining our Future, p. 18.
69. William R. Blackburn, *The Sustainability Handbook*, p. 583.
70. Johan Rockström *et al.*, Planetary Boundaries.
71. Jared Diamond, *Colapso*, p. 582.
72. Ver <http://www.teebweb.org/>.
73. Robert Costanza, *et al.* The value of the world's ecosystem services and natural capital. *Nature*, p. 253-260.

74. Ver James Gustave Speth, *The Bridge at the Edge of the World*, p. 1.
75. Adam Werbach, *Estratégia para sustentabilidade*, p. 55; ver também William R. Blackburn, *The Sustainability Handbook*, p. 583.
76. Jared Diamond, *Colapso*, p. 582.
77. Ibidem.
78. Ver Xico Graziano, Agenda Azul, p. A2.
79. Lester R. Brown, Eroding Futures, p. 26.
80. Xico Graziano, Agenda Azul, p. A2.
81. Lester R. Brown, Eroding Futures, p. 26.
82. James Gustave Speth, *The Bridge at the Edge of the World*, p. 1.
83. Elizabeth R. DeSombre, Global Environmental Institutions, p. 1.
84. Johan Rockström *et al.*, Planetary Boundaries.
85. Ver <http://www.maweb.org>.
86. William R. Blackburn, *The Sustainability Handbook*, p. 584.
87. Johan Rockström *et al.*, Planetary Boundaries.
88. James Gustave Speth, *The Bridge at the Edge of the World*, p. 1.
89. WWF, *Living Planet Report 2012*.
90. William R. Blackburn, *The Sustainability Handbook*, p. 585.
91. Élisabeth Laville, *A empresa verde*, p. 79.
92. Jared Diamond, *Colapso*, p. 583.
93. George Monbiot, *Heat*, p. 647.
94. José Antonio Puppim de Oliveira, *Empresas na sociedade*, p. 39.
95. Ver Adam Werbach, *Estratégia para sustentabilidade*, p. 42.
96. Segundo relatório da FAO de 2006. Ver Élisabeth Laville, *A empresa verde*, p. 79.
97. Andrew W. Savitz, *A empresa sustentável*, p. 2.
98. Ver Élisabeth Laville, *A empresa verde*, p. 80.
99. Jared Diamond, *Colapso*, p. 572.
100. Ver Élisabeth Laville, *A empresa verde*, p. 80.
101. Jared Diamond, *Colapso*, p. 584.
102. Ibidem, p. 585.
103. Ver Johan Rockström *et al.*, Planetary Boundaries.
104. Jared Diamond, *Colapso*, p. 584.
105. Johan Rockström *et al.*, Planetary Boundaries.

Mudanças climáticas

1. Adam Werbach, *Estratégia para sustentabilidade*, p. 60.
2. Ver Joseph E. Stiglitz, Aaron S. Edlin, J. Bradford de Long (ed.), *The Economists' Voice*, p. 3.
3. Annemarie van Zeijl-Rozema, Ron Cörvers, René Kemp, Pim Martens, Governance for Sustainable Development, p. 414.
4. Nicholas Stern, *The Global Deal*, p. 32.
5. Ibidem, p. 33.
6. George Monbiot, *Heat*, p. 535.
7. Ibidem. Location, p. 526.
8. Ver José Antonio Puppim de Oliveira, *Empresas na sociedade*, p. 238; ver Adam Werbach, *Estratégia para sustentabilidade*, p. 60.
9. Ver José Antonio Puppim de Oliveira, *Empresas na sociedade*, p. 230.

10. David G. Victor, M. G. Morgan, Jay Apt, John Steinbruner, Katharine Ricke, The Geoengineering Option, p. 64-76.
11. David G. Victor, *Global Warming Gridlock*. Location: 553.
12. Nicholas Stern, *The Global Deal*, p. 8.
13. Ver Summary for Policymakers, p. 9. Intergovernmental Panel on Climate Change (IPCC). Working Group I. *Climate Change 2013*, 2013. Disponível em: <http://www.ipcc.ch/report/ar5/wg1/#.UlbwZaJweSo >. Acesso em: 10 out. 2013.
14. Blue Planet Prize Laureates, Environment and Development Challenges, p. 4.
15. George Monbiot, *Heat*. Location: 526; Nicholas Stern, *The Global Deal*, p. 23.
16. Ver Summary for Policymakers, p. 3. Intergovernmental Panel on Climate Change (IPCC). Working Group I. *Climate Change 2013*. 2013. Disponível em: <http://www.ipcc.ch/report/ar5/wg1/#.UlbwZaJweSo >. Acesso em: 10 out. 2013.
17. George Monbiot, *Heat*. Location: 526.
18. Nicholas Stern, *The Global Deal*, p. 32.
19. IPCC, *Climate Change 2007*. Disponível em: <http://www.ipcc.ch/publications_and_data/publications_ipcc_fourth_assesment_report_wg1_report_the_physical_science_basis.htm>. Acesso em 12 mai. 2012.
20. "Os cinco erros apontados no relatório do IPCC", *site* estadao.com.br/Planeta, 21 de janeiro de 2010. Disponível em: < http://www.estadao.com.br/noticias/vidae,os-cinco-erros-apontados-no-relatorio-do-ipcc,499336,0.htm>. Acesso em: 5 jul. 2013.
21. John Cook *et al.*, Quantifying the consensus on anthropogenic global warming in the scientific literature; Washington Novaes, Lógica financeira contra lógica de sobrevivência, p. A2.
22. Intergovernmental Panel on Climate Change (IPCC). Working Group I. *Climate Change 2013*: The Physical Science Basis. 2013. Disponível em: <http://www.ipcc.ch/report/ar5/wg1/#.UlbwZaJweSo >. Acesso em: 10 out. 2013.
23. José Antonio Puppim de Oliveira, *Empresas na sociedade*, p. 232.
24. Department of Economic and Social Affairs, *World Economic and Social Survey 2011*, p. viii.
25. Jeremy Rifkin, *La economia del hidrógeno*, p. 465; ver também FAO, *Livestock's Long Shadow*, 2006. Disponível em: <ftp.org/docrep/fao/010/a0701e/AO701E00.pdf>.
26. Adam Werbach, *Estratégia para sustentabilidade*, p. 60.
27. Nicholas Stern, *The Global Deal*, p. 23.
28. Blue Planet Prize Laureates, *et al*. Environment and Development Challenges, p. 2
29. Ver Heat-Trapping Gas Passes Milestone, Raising Fears. *The New York Times*, Disponível em: <http://www.nytimes.com/2013/05/11/science/earth/carbon-dioxide-level-passes-long-feared-milestone.html?pagewanted=all&_r=0>. Acesso em: 15 mai. 2013.
30. Nicholas Stern, *The Global Deal*, p. 150.
31. Blue Planet Prize Laureates, *et al*. Environment and Development Challenges, p. 2
32. Nicholas Stern, *The Global Deal*, p. 27.
33. Ver Summary for Policymakers, p. 3. Intergovernmental Panel on Climate Change (IPCC). Working Group I. *Climate Change 2013*. 2013. Disponível em: <http://www.ipcc.ch/report/ar5/wg1/#.UlbwZaJweSo >. Acesso em: 10 out. 2013.
34. Blue Planet Prize Laureates, Environment and Development Challenges, *et al.*, p. 7.
35. Nicholas Stern, *The Global Deal*, p. 150.
36. George Monbiot, *Heat*. Location: 774.
37. Nicholas Stern, *The Global Deal*, p. 26.
38. Ibidem, p. 31.
39. Ibidem, p. 152.
40. Blue Planet Prize Laureates, *et al*. Environment and Development Challenges, p. 2.
41. Nicholas Stern, *The Global Deal*, p. 152.

42. Ibidem, p. 9.
43. Ver George Monbiot, *Heat*. Location: 122.
44. James Lovelock, *The Vanishing Face of Gaia*. Location: 1028.
45. Ver George Monbiot, *Heat*. Location: 154.
46. Ibidem. Location: 154.
47. Lester R. Brown, *World on the Edge*, p. 6, 52, 54.
48. Ver Summary for Policymakers, p. 5. Intergovernmental Panel on Climate Change (IPCC). Working Group I. *Climate Change 2013*. 2013. Disponível em: <http://www.ipcc.ch/report/ar5/wg1/#.UlbwZaJweSo >. Acesso em: 10 out. 2013.
49. George Monbiot, *Heat*. Location: 571.
50. David G. Victor, M. G. Morgan, Jay Apt, John Steinbruner, Katharine Ricke, The Geoengineering Option, p. 64-76.
51. Ver Summary for Policymakers, p. 5. Intergovernmental Panel on Climate Change (IPCC). Working Group I. *Climate Change 2013*. 2013. Disponível em: <http://www.ipcc.ch/report/ar5/wg1/#.UlbwZaJweSo >. Acesso em: 10 out. 2013. Ver também <http://www.washingtonpost.com/blogs/wonkblog/wp/2013/09/27/the-worlds-top-climate-scientists-explain-how-to-avoid-drastic-global-warming-its-not-easy/>. Acesso em: 10 out. 2013.
52. George Monbiot, *Heat*. Location: 622.
53. Claudio, Angelo. Cadê o apocalipse?. Disponível em: <http://revistaepoca.globo.com/ideias/noticia/2013/05/cade-o-apocalipse.html>. Acesso em: 7 jul. 2013.
54. Lester R. Brown, *World on the Edge*, p. 6, 49.
55. Anthony Giddens, *A política da mudança climática*, p. 222.
56. George Monbiot, *Heat*. Location: 850.
57. Harriet Bulkeley, Peter Newell, *Governing Climate Change*, p. 47.
58. Lester R. Brown, *World on the Edge*, p. 49.
59. George Monbiot, *Heat*. Location: 619.
60. Nicholas Stern, *The Global Deal*, p. 2.
61. George Monbiot, *Heat*. Location: 850.
62. Nicholas Stern, *The Global Deal*, p. 4.
63. Department of Economic and Social Affairs, *World Economic and Social Survey 2011*, p. xviii.
64. Nicholas Stern, *The Global Deal*, p. 28.
65. Ver Jeremy Rifkin, *La civilización empática*, p. 470.
66. Sérgio Abranches, Agenda climática, sustentabilidade e desafio competitivo, p. 21.
67. Department of Economic and Social Affairs, *World Economic and Social Survey 2011*, p. xviii.
68. Sérgio Abranches, Agenda climática, sustentabilidade e desafio competitivo, p. 31.
69. Ver Força do Haiyan faz Sandy e Katrina parecerem brisas. *Estadão on line*, 10 nov. 2013. Disponível em: <http://www.estadao.com.br/noticias/impresso,forca-do-haiyan--faz-sandy-e-katrina--parecerem-brisas-,1095020,0.htm>. Acesso em: 28 nov. 2013. Ver também ONU pede ajuda urgente para filipinos após tufão. *Veja on line*. 27 nov. 2013. Disponível em: <http://veja.abril.com.br/noticia/internacional/onu-pede-por-ajuda-urgente-a-agricultores-filipinos-apos-tufao>. Acesso em: 28 nov. 2013.
70. Nicholas Stern, *The Global Deal*, p. 30.
71. Jeremy Rifkin, *La civilización empática*, p. 470.
72. David G. Victor, M. G. Morgan, Jay Apt, John Steinbruner, Katharine Ricke, The Geoengineering Option, p. 64-76.
73. Jeremy Rifkin, *La civilización empática*, p. 470.
74. Ver Alexandre Mansur, O Ártico está despejando metano e gás carbônico na atmosfera.
75. Lester R. Brown, *Plano B 4.0*, p. 20.
76. Idem, *World on the Edge*, p. x, 10.
77. James Lovelock, *The Vanishing Face of Gaia*. Locations: 991, 361.
78. Jared Diamond, *Colapso*.

79. Ibidem, p. 595-596.
80. Blue Planet Prize Laureates, *et al.* Environment and Development Challenges, p. 10.
81. Lester R. Brown, *World on the Edge*, p. 12.
82. Jared Diamond, *Colapso*, p. 596.
83. Blue Planet Prize Laureates, *et al.* Environment and Development Challenges, p. 10.
84. Jared Diamond, *Colapso*, p. 596.
85. Desmond Tutu, citado por Nicholas Stern, *The Global Deal*, p. 69.
86. Jared Diamond, *Colapso*, p. 620.
87. Lester R. Brown, *World on the Edge*, p. 55.
88. Ver Yayo Herrero, Fernando Cembranos, Marta Pascual (coords.), *Cambiar las gafas para mirar el mundo*, p. 35.
89. Department of Economic and Social Affairs, *World Economic and Social Survey 2011*, p. viii.
90. Nico Schrijver, *The Evolution of Sustainable Development in International Law*, p. 26.
91. Jeffrey Sachs, *El fin de la pobreza*, p. 404.

A crise financeira

1. Ver Joseph E. Stiglitz, *Freefall*, p. 4.
2. Ibidem, p. xiv.
3. Eric Helleiner, Understanding the 2007-2008 Global Financial Crisis, p. 68.
4. Alan Greenspan. *O mapa e o território*. Location: 672.
5. Kyla Tienhaara, A Tale of Two Crises, p. 197.
6. Eric Helleiner, Understanding the 2007-2008 Global Financial Crisis, p. 79.
7. Joseph E. Stiglitz, *Freefall*, p. 20.
8. Martin Wolf, *Fixing Global Finance*, p. 201.
9. Eric Helleiner, Understanding the 2007-2008 Global Financial Crisis, p. 79.
10. Joseph E. Stiglitz, *Freefall*, p. 2, 20-21.
11. Martin Wolf, *Fixing Global Finance*, p. 207, 202, 199.
12. Joseph E. Stiglitz, *Freefall*, p. 163.
13. Ibidem, p. 163.
14. Ibidem, p. 83.
15. Frederic S. Mishkin, Over the Cliff, p. 67.
16. Paul Krugman, *El retorno de la economía de la depresión y la crisis actual*, p. 170, 173, 202; ver também Alan Greenspan, *O mapa e o território*. Location: 688, 699.
17. Alan Greenspan, *O mapa e o território*.Location: 711.
18. Eric Helleiner, Understanding the 2007-2008 Global Financial Crisis, p. 71-72.
19. Martin Wolf, *Fixing Global Finance*, p. 203.
20. Citado em Martin Wolf, *Fixing Global Finance*, p. 204.
21. Ver Joseph E. Stiglitz, *Freefall*, p. 160.
22. Martin Wolf, *Fixing Global* Finance, p. 200.
23. Frederic S. Mishkin, Over the Cliff, p. 49-70.
24. Joseph E. Stiglitz, *Freefall*, p. 172.
25. Ver Eric Helleiner, Understanding the 2007-2008 Global Financial Crisis, p. 70.
26. Citado por Joseph E. Stiglitz, *Freefall*, p. 169.
27. Joseph E. Stiglitz, *Freefall*, p. 3.
28. Ibidem, p. 21.
29. Eric Helleiner, Understanding the 2007-2008 Global Financial Crisis, p. 69.
30. Paul Krugman, *El retorno de la economía de la depresión y la crisis actual*, p. 157, 177.
31. Joseph E. Stiglitz, *Freefall*, p. 79.

32. Martin Wolf, *Fixing Global Finance*, p. 202.
33. Eric Helleiner, Understanding the 2007-2008 Global Financial Crisis, p. 70.
34. Joseph E. Stiglitz, *Freefall*, p. 78.
35. Ibidem, p. 88.
36. Alan Greenspan, *O mapa e o território*. Location: 1948.
37. Ver Joseph E. Stiglitz, *Freefall*, p. 7; Paul Krugman, *El retorno de la economía de la depresión y la crisis actual*, p. 159.
38. Joseph E. Stiglitz, *Freefall*, p. 92.
39. Paul Krugman, The Madoff Economy, p. A45.
40. Joseph E. Stiglitz, *Freefall*, p. 80.
41. Ibidem, p. 152, 13.
42. Ibidem, p. 158, 156.
43. Frederic S. Mishkin, Over the Cliff, p. 66.
44. Alan Greenspan, *O mapa e o território*. Location: 1883, 4576.
45. Joseph E. Stiglitz, *Freefall*, p. xviii, 155.
46. Ver Philippe de Woot, *Should Prometheus be Bound?*, p. 93.
47. Joseph E. Stiglitz, *La crisis económica global*, p. 16.
48. Idem, *Freefall*, p. 7.
49. Paul Krugman, The Madoff Economy, p. A45.
50. Nancy Birdsall, Francis Fukuyama, The Post-Washington Consensus, p. 45-53.
51. Joseph E. Stiglitz, Moving Beyond Market Fundamentalism to a More Balanced Economy, p. 345.
52. Ibidem.
53. Joseph E. Stiglitz, *Freefall*, p. xi, 90.
54. André Lara Resende, Os rumos do capitalismo, p. 11.
55. Eric Helleiner, Understanding the 2007-2008 Global Financial Crisis, p. 67-87, 77.
56. Martin Wolf, *Fixing Global Finance*, p. 213.
57. Joseph E. Stiglitz, *Freefall*, p. 7, 9.
58. Kyla Tienhaara, A Tale of Two Crises, p. 199.
59. André Lara Resende, Os rumos do capitalismo, p. 12.
60. Kyla Tienhaara, A Tale of Two Crises, p. 199.
61. André Lara Resende, Os rumos do capitalismo, p. 12.
62. Paul Hawken, Amory Lovins, L. Hunter Lovins, *Capitalismo natural*, p. 2-3.
63. Thomas L. Friedman, The inflection is near?, p. WK14.
64. Lester R. Brown, *World on the Edge*, p. xi.

Sustentabilidade e globalização

1. Duncan French, The Role of the State and International Organizations in Reconciling Sustainable Development and Globalization, p. 135.
2. José Eli da Veiga, *Sustentabilidade*, p. 11; Idem, *Desenvolvimento sustentável*, p. 163.
3. Adriano Murgel Branco, Márcio Henrique Bernardes Martins, *Desenvolvimento sustentável na gestão de serviços públicos*, p. 43.
4. José Eli da Veiga, *Sustentabilidade*, p. 11.
5. Ver Yayo Herrero, Fernando Cembranos, Marta Pascual (coords.), *Cambiar las gafas para mirar el mundo*, p. 67.
6. Adriano Murgel Branco, Márcio Henrique Bernardes Martins, *Desenvolvimento sustentável na gestão de serviços públicos*, p. 44, 46.

7. Jonathon Porrit, *Capitalism as if the world matters*, p. 33.
8. Ignacy Sachs, *Caminhos para o desenvolvimento sustentável*. Citado por José Eli da Veiga, *Desenvolvimento sustentável*, p. 189.
9. Adriano Murgel Branco, Márcio Henrique Bernardes Martins, *Desenvolvimento sustentável na gestão de serviços públicos*, p. 45.
10. Helder Queiroz Pinto Jr., Sustentabilidade na indústria de petróleo e gás, p. 87.
11. Anthony Giddens, *A política da mudança climática*, p. 88, 89, 95.
12. Helder Queiroz Pinto Jr., Sustentabilidade na indústria de petróleo e gás, p. 87.
13. Ibidem.
14. Ver Adam Werbach, *Estratégia para sustentabilidade*, p. 166.
15. Ver Gesner Oliveira, Marcelo Morgado, Sustentabilidade e estratégia empresarial no Brasil, p. 142.
16. Élisabeth Laville, *A empresa verde*, p. 23.
17. José Eli da Veiga, *Desenvolvimento sustentável*, p. 187.
18. Ignacy Sachs, *Caminhos para o desenvolvimento sustentável*.
19. Ver José Eli da Veiga, *Desenvolvimento sustentável*, p. 113, 190-191.
20. World Commission on Environment and Development, *Report of the World Commission on Environment and Development*.
21. Joan Enric Ricart et al., *La empresa sostenible*, p. 21-22.
22. Ibidem, p. 19-20.
23. Anthony Giddens, *A política da mudança climática*, p. 88.
24. José Eli da Veiga, *Sustentabilidade*, p. 12; Idem, *Desenvolvimento sustentável*, p. 196.
25. Ver Adam Werbach, *Estratégia para sustentabilidade*, p. 8.
26. David G. Victor, Recovering Sustainable Development, p. 91-103.
27. Ver José Eli da Veiga, *Desenvolvimento sustentável*, p. 164, em que cita Marcos Nobre, Maurício Amazonas, *Desenvolvimento sustentável*. Brasília: Ed. Ibama, 2002.
28. José Eli da Veiga, *Desenvolvimento sustentável*, p. 14; Idem, *Sustentabilidade*, p. 12.
29. Idem, O nexo socioeconômico da agenda global, p. 41-42.
30. Ver Peter M. Haas, Promoting Knowledge Based International Governance for Sustainable Development, p. xxiii.
31. Pankaj Ghemawat, *World 3.0*, p. 10.
32. Robert O. Keohane, Joseph Nye, *Power and Interdependence*, p. 8.
33. Karl W. Deutsch, *The Analysis of International Relations*, p. 158.
34. David Held, *Democracy and the Global Order*, p. 15-16, 20.
35. Robert Keohane, Governance in a Partially Globalized World, p. 325.
36. Ver Martin Wolf, Will Globalization Survive?, p. 2-3.
37. Niall Ferguson, Sinking Globalization, p. 64-77.
38. Ver Martin Wolf, Will Globalization Survive?, p. 2.
39. Joseph E. Stiglitz, *Globalization and its Discontents*, p. 9.
40. Manuel Castells, Global Governance and Global Politics, p. 14.
41. Idem, *La Galaxia Internet*, p. 188, 160.
42. Ibidem, p. 163.
43. Ibidem.
44. Ver Manuel Castells, La wikirrevolución del jazmín. Disponível em: <www.lavanguardia.com/opinion/articulos/20110129/54107291983/la-wikirevolucion-del-jazmin.html>. Acesso em: 03 fev. 2013. Ver também conferência apresentada por Castells em 4 de março de 2011 na Northwestern University: "WikiLeaks to Wiki-Revolutions: Internet and the Culture of Freedom". Disponível em: <http://www.youtube.com/watch?feature=player_embedded&v=0Y_4_jc-YPA>. Acesso em: 03 fev. 2013.
45. Ver <http://en.wikipedia.org/wiki/Twitter; http://en.wikipedia.org/wiki/Facebook>.
46. Manuel Castells, La wikirrevolución del jazmín.

47. Idem, *La Galaxia Internet*, p. 188.
48. Albert Gore, *O futuro*, p. xxvi.

Efeitos da globalização sobre o Estado e a sustentabilidade

1. Ver, por exemplo, Paul Hirst, Grahame Thompson, *Globalization in Question*.
2. Thomas Friedman, *O mundo é plano*.
3. Pankaj Ghemawat, *World 3.0*, p. 10, 23, 25, 29, 30, 32.
4. Roger C. Altman, Globalization in Retreat, p. 2-7.
5. Dani Rodrik, *The Globalization Paradox*.
6. Nancy Birdsall, Francis Fukuyama, The Post-Washington Consensus, p. 45-53.
7. Roger C. Altman, Globalization in Retreat, p. 2-7.
8. Ver O futuro da humanidade, entrevista de Edgar Morin para o *Le Monde Diplomatique Brasil* em 4 dez. 2012. Disponível em: <http://www.diplomatique.org.br/artigo.php?id=1324>. Acesso em: 12 mar. 2013.
9. Nancy Birdsall, Francis Fukuyama, The Post-Washington Consensus, p. 45-53.
10. Para uma descrição detalhada dessas ideias, ver Eduardo Felipe P. Matias, *A humanidade e suas fronteiras*.
11. Ibidem, p. 129.
12. Dani Rodrik, *The Globalization Paradox*, p. 193, 192.
13. Alan Greenspan, *O mapa e o território*. Location: 4968, 172, 460, 688.
14. Thomas L. Friedman, *The Lexus and the Olive Tree*.
15. Dani Rodrik, *The Globalization Paradox*, p. 189-190, 200-201.
16. Alberto Martinelli, Atle Midttun, Globalization and Governance for Sustainability, p. 8.
17. Rawi Abdelal, Adam Segal, Has Globalization Passed its Peak?, p. 103-114.
18. Ibidem.
19. M. Benjamin Eichenberg, Greenhouse gas regulation and border tax adjustments, p. 294; ver também Martin Janicke, Klaus Jacob, Lead Markets for Environmental Innovations.
20. Nicholas Stern, *The Global Deal*, p. 159.
21. World Trade Organization and United Nations Envirnomental Program, *Trade and Climate Change*, p. xii.
22. Ver: <http://www.onu.org.br/rio20/img/2012/01/rio92.pdf>. Acesso em: 2 nov. 2012.
23. M. Benjamin Eichenberg, Greenhouse gas regulation and border tax adjustments, p. 294.
24. Martin Wolf, *Why Globalization Works*, p. 191-192.
25. Ibidem. Mesma página.
26. Jagdish N. Bhagwati, *In Defense of Globalization*, p. 148-150.
27. Ibidem, p. 148-150; ver também Michael W. Doyle, Rachel I. Massey, Intergovernmental organizations and the environment, p. 420.
28. M. Benjamin Eichenberg, Greenhouse gas regulation and border tax adjustments, p. 295.
29. Ibidem, p. 297.
30. Martin Janicke, Klaus Jacob, Lead Markets for Environmental Innovations, p. 29-46.
31. Ibidem.
32. Jagdish N. Bhagwati, *In Defense of Globalization*, p. 148-150.
33. Ver Pankaj Ghemawat, *World 3.0*, p. 119.
34. Martin Wolf, *Why Globalization Works*, p. 191-192.
35. Ibidem.
36. Martin Janicke, Klaus Jacob, Lead Markets for Environmental Innovations, p. 29-46.
37. Javier Carrillo-Hermosilla, Pablo del Río González, Totti Könnölä, *Eco-innovation*, p. 66.

38. Pankaj Ghemawat, *World 3.0*, p. 118.
39. Jagdish N. Bhagwati, *In Defense of Globalization*, p. 148-150.
40. Ver Michael W. Doyle, Rachel I. Massey, Intergovernmental organizations and the environment, p. 420.
41. Frank Biermann, Philipp Pattberg, Harro van Asselt, Fariborz Zelli, The Fragmentation of Global Governance Architectures, p. 14-40.
42. Michael W. Doyle, Rachel I. Massey, Intergovernmental organizations and the environment, p. 419.
43. Ver Jonathon Porrit, *Capitalism as if the world matters*, p. 30.
44. Ibidem, p. 306.
45. Martin Wolf, *Why Globalization Works*, p. 194.
46. Pankaj Ghemawat, *World 3.0*, p. 131.
47. Ibidem.
48. World Trade Organization and United Nations Environmental Program, *Trade and Climate Change*, p. xiii.
49. Ver Pankaj Ghemawat, *World 3.0*, p. 115.
50. Ibidem.
51. Em 2006. World Trade Organization and United Nations Envirnomental Program. *Trade and Climate Change*, p. xiii.
52. Samuel Barkin, The Counterintuitive Relationship between Globalization and Climate Change, p. 8-13.
53. Pankaj Ghemawat, *World 3.0*, p. 116.
54. World Trade Organization and United Nations Envirnomental Program, *Trade and Climate Change*, p. xiii.
55. Pankaj Ghemawat, *World 3.0*, p. 115.
56. Martin Wolf, *Why Globalization Works*, p. 190; ver também World Trade Organization and United Nations Envirnomental Program, *Trade and Climate Change*: WTO UNEP Report, p. xiii.

Governança global da sustentabilidade

1. Frank Biermann, Philipp Pattberg, Global Environmental Governance Revisited, p. 1.
2. James N. Rosenau, Governance in a New Global Order, p. 71.
3. Idem, Governing the Ungovernable, p. 73.
4. Ver Harriet Bulkeley, Peter Newell, *Governing Climate Change*, p. 11.
5. James N. Rosenau, Governance in a New Global Order, p. 71.
6. Idem, Governing the Ungovernable, p. 94.
7. Liliana B. Andonova, Michele M. Betsill, Harriet Bulkeley, Transnational Climate Governance, p. 52-73.
8. James N. Rosenau, Governance in a New Global Order, p. 71.
9. Ver Robert Gilpin, A Realist Perspective on International Governance, p. 240.
10. Ver Hedley Bull, *The Anarchical Society*, p. 246.
11. Ver Jürgen Habermas, La constellation postnationale et l'avenir de la démocratie, p. 61.
12. Ver Eduardo Viola, Matías Franchini, Thaís Lemos Ribeiro, *Sistema internacional de hegemonia conservadora*, p. 160-161.
13. Ibidem, p. 164.
14. Chukwumerije Okereke, Harriet Bulkeley, Heike Schroeder, Conceptualizing Climate Governance Beyond the International Regime, p. 58-78.

15. Ver Eduardo Viola, Matías Franchini, Thaís Lemos Ribeiro, *Sistema internacional de hegemonia conservadora*, p. 163.
16. Harriet Bulkeley, Susanne C. Moser, Responding to Climate Change, p. 1-10.
17. Philipp Pattberg, Johannes Stripple, Beyond the Public and Private Divide, p. 369, 373.
18. James N. Rosenau, Governance in a New Global Order, p. 72.
19. David L. Levy, Peter J. Newell (eds.). *The Business of Global Environmental Governance*, p. 3-7.
20. Chukwumerije Okereke, Harriet Bulkeley, Heike Schroeder, Conceptualizing Climate Governance Beyond the International Regime, p. 58-78.
21. Ver Chukwumerije Okereke, Harriet Bulkeley, Heike Schroeder, Conceptualizing Climate Governance Beyond the International Regime, p. 58-78.
22. Richard Falk, *On Humane Governance*, p. 85.
23. Ver Chukwumerije Okereke, Harriet Bulkeley, Heike Schroeder, Conceptualizing Climate Governance Beyond the International Regime, p. 58-78.
24. Harriet Bulkeley, Peter Newell, *Governing Climate Change*, p. 69.
25. Saskia Sassen, *Losing Control?*, p. 29.
26. Chukwumerije Okereke, Harriet Bulkeley, Heike Schroeder, Conceptualizing Climate Governance Beyond the International Regime, p. 58-78.
27. David L. Levy, Peter J. Newell (eds.). *The Business of Global Environmental Governance*, p. 3-7.
28. Peter J. Newell, Business and International Environmental Governance, p. 24.
29. Philipp Pattberg, Johannes Stripple, Beyond the Public and Private Divide, p. 369.
30. Chukwumerije Okereke, Harriet Bulkeley, Heike Schroeder, Conceptualizing Climate Governance Beyond the International Regime, p. 58-78.
31. Philipp Pattberg, Johannes Stripple, Beyond the Public and Private Divide, p. 369.
32. Kate O'Neill, *The Environment and International Relations*, p. 2, 6.
33. Chukwumerije Okereke, Harriet Bulkeley, Heike Schroeder, Conceptualizing Climate Governance Beyond the International Regime, p. 58-78.
34. Philipp Pattberg, Johannes Stripple, Beyond the Public and Private Divide, p. 369.
35. Ver Steffen Bauer, Steinar Andresen, Frank Biermann, International Bureaucracies, p. 27-44.
36. Adil Najam, Ioli Christopoulou, William R. Moomaw, The Emergent "System" of Global Environmental Governance, p. 23-35.
37. Anne-Marie Slaughter, The Real New World Order, p. 184-185.
38. Philipp Pattberg, Johannes Stripple, Beyond the Public and Private Divide, p. 380.
39. Karin Bäckstrand, Accountability of Networked Climate Governance, p. 74-102.
40. Harriet Bulkeley, Peter Newell, *Governing Climate Change*, p. 62-63.
41. David L. Levy, Peter Newell (eds.), *The Business of Global Environmental Governance*, p. 343.
42. Adil Najam, Ioli Christopoulou, William R. Moomaw, The Emergent "System" of Global Environmental Governance, p. 23-35.
43. Philipp Pattberg, Johannes Stripple, Beyond the Public and Private Divide, p. 374.
44. Steven Bernstein, Benjamin Cashore, Can non-state global governance be legitimate?, p. 348.
45. Ibidem, p. 349, 348.
46. Ricardo Abramovay, *Muito além da economia verde*, p. 150.
47. Peter M. Haas, Addressing the Global Governance Deficit, p. 1-15.
48. David L. Levy, Peter J. Newell (eds.). *The Business of Global Environmental Governance*, p. 2.
49. Ver Philipp Pattberg, Transnational Environmental Regimes, p. 99.

O papel das ONGs na promoção da sustentabilidade

1. L. David Brown, Sanjeev Khagram, Mark H. Moore, Peter Frumkin, Globalization, NGOs, and Multisectoral Relations, p. 275.
2. Mary Kaldor, Transnational civil society, p. 210.
3. Ver Paul Wapner, The transnational politics of environmental NGOs, p. 89.
4. Édis Milaré, Flávia Tavares Rocha Loures, O papel do Terceiro Setor na proteção jurídica do meio ambiente, p. 96-122.
5. Ver Eric Hobsbawm, *A era dos extremos*, 1914-1991, p. 419.
6. Manuel Castells, *La Galaxia Internet*, p. 164.
7. Élisabeth Laville, *A empresa verde*, p. 92; ver também Manuel Castells, *La Galaxia Internet*, p. 310.
8. <http://www.greenpeace.org/>.
9. <http://www.wwf.org/>.
10. Anthony Giddens, *A política da mudança climática*, p. 152.
11. Guido Fernando Silva Soares, As ONGs e o direito internacional do meio ambiente, p. 48.
12. Paul Wapner, The transnational politics of environmental NGOs, p. 92-93.
13. Édis Milaré, Flávia Tavares Rocha Loures, O papel do Terceiro Setor na proteção jurídica do meio ambiente, p. 96.
14. Ver Guido Fernandes Silva Soares, As ONGs e o direito internacional do meio ambiente, p. 57 e seguintes.
15. Adil Najam, Ioli Christopoulou, Willim R. Moomaw, The Emergent "System" of Global Environmental Governance, p. 23-35.
16. Paul Wapner, The transnational politics of environmental NGOs, p. 95-96.
17. Ibidem, p. 100.
18. Kees Bastmeijer, Jonathan Verschuuren, NGO-business collaborations and the law, p. 316.
19. Paul Wapner, The transnational politics of environmental NGOs, p. 103.
20. Ibidem, p. 96.
21. Ibidem, p. 100.
22. Hildy Teegen, Johnathan Doh, Sushil Vachani, The Importance of Nongovernmental Organizations (NGOs) in Global Governance and Value Creation, p. 473.
23. Kees Bastmeijer, Jonathan Verschuuren, NGO-business collaborations and the law, p. 323.
24. Ibidem, p. 321.
25. Anthony Giddens, *A política da mudança climática*, p. 158.
26. José Antonio Puppim de Oliveira, *Empresas na sociedade*, p. 227.
27. Paul Wapner, The transnational politics of environmental NGOs, p. 96.
28. <http://www.sierraclub.org/>.
29. <http://www.worldwatch.org/>.
30. <http://www.climatenetwork.org/>.
31. Asher Alkoby, Global Networks and International Environmental Lawmaking, p. 389.
32. Adil Najam, Ioli Christopoulou, William R. Moomaw, The Emergent "System" of Global Environmental Governance, p. 23-35.
33. <http://www.ciel.org/>.
34. Asher Alkoby, Global Networks and International Environmental Lawmaking, p. 389-390.
35. Hildy Teegen, Jonathan P. Doh, Sushil Vachani, The Importance of Nongovernmental Organizations (NGOs) in Global Governance and Value Creation, p. 473.
36. Paul Wapner, The transnational politics of environmental NGOs, p. 94.
37. Anthony Giddens, *A política da mudança climática*, p. 152.
38. Kees Bastmeijer, Jonathan Verschuuren, NGO-business collaborations and the law, p. 321, 326.

Entendendo o papel das empresas

1. Ver Pavan Sukhdev, *Corporation 2020*, p. 252.
2. Ver Harriet Bulkeley, Peter Newell, *Governing Climate Change*, p. 2.
3. James Gustave Speth, *The Bridge at the Edge of the World*, p. 170.
4. Pavan Sukhdev, *Corporation 2020*. Location: 1739; ver também C2ES – The Center for Climate and Energy Solutions. Global Anthropogenic GHG Emissions by Sector. Disponível em: <http://www.c2es.org/facts-figures/international-emissions/sector>. Acesso em: 22 jul. 2013.
5. David L. Levy, Peter Newell (eds.), *The Business of Global Environmental Governance*, p. 1.
6. Élisabeth Laville, *A empresa verde*, p. 156.
7. James Gustave Speth, *The Bridge at the Edge of the World*, p. 165.
8. Ver David V. J. Bell,. The Role of Government in Advancing Corporate Sustainability, p. 1-2.
9. Pavan Sukhdev, *Corporation 2020*. Location: 353.
10. Ver Andrew W. Savitz, *A empresa sustentável*, p. 61.
11. Peter Lehner, Changing Markets to Address Climate Change, p. 385.
12. Patrick Bernhagen, Business and International Environmental Agreements, p. 78-110.
13. Peter J. Newell, Business and International Environmental Governance, p. 24.
14. Ver <http://www.iccwbo.org/>.
15. Ver <http://www.wbcsd.org/>.
16. Asher Alkoby, Global Networks and International Environmental Lawmaking, p. 392.
17. James Gustave Speth, *The Bridge at the Edge of the World*, p. 11.
18. David L. Levy, Peter Newell (eds.), *The Business of Global Environmental Governance*, p. 1.
19. Élisabeth Laville, *A empresa verde*, p. 136, 156.
20. Philippe de Woot, *Should Prometheus be Bound?*, p. vii, viii, 3.
21. James Gustave Speth, *The Bridge at the Edge of the World*, p. 52-53.
22. Andrew W. Savitz, *A empresa sustentável*, p. 104-105.
23. Pavan Sukhdev, *Corporation 2020*. Location: 1306.
24. James Gustave Speth, *The Bridge at the Edge of the World*, p. 91-92.
25. Wallace Oates, citado por James Gustave Speth, *The Bridge at the Edge of the World*, p. 52-53.
26. Theo Panayotu, citado por James Gustave Speth, *The Bridge at the Edge of the World*, p. 91-92; ver também Eduardo Giannetti, A crise ambiental e a economia de mercado. In: STEINER, Achim et al. *Novo contrato social*, p. 73.
27. James Gustave Speth, *The Bridge at the Edge of the World*, p. 54.
28. Wallace Oates, citado por James Gustave Speth, *The Bridge at the Edge of the World*, p. 52-53.
29. Joel Bakan, *The Corporation*, p. 60-61.
30. Ver Jonathon Porrit, *Capitalism as if the world matters*, p. 121; ver também caso Dodge v. Ford, 1919, em Pavan Sukhdev, *Corporation 2020*. Locations: 598, 631.
31. Joel Bakan, *The Corporation*, p. 60.
32. Patrick Bernhagen, Business and International Environmental Agreements, p. 78-110.
33. Ver David L. Levy, Business and the Evolution of the Climate Regime, p. 73.
34. Ibidem, p. 76-77.
35. Asher Alkoby, Global Networks and International Environmental Lawmaking, p. 391.
36. David L. Levy, Business and the Evolution of the Climate Regime, p. 81-83.
37. Ibidem, p. 78.
38. Robert Falkner, Private Environmental Governance and International Relations, p. 72-87.

Persuadindo as empresas a serem sustentáveis

1. Milton Friedman, *The Social Responsibility of Business is to Increase its Profits*.
2. Ver Andrew W. Savitz, *A empresa sustentável*, p. 100.
3. Ver José Antonio Puppim de Oliveira, *Empresas na sociedade*, p. 67-68.
4. Andrew W. Savitz, *A empresa sustentável*, p. 100.
5. Philippe de Woot, *Should Prometheus be Bound?*, p. 41.
6. Ulrich Steger (ed.), The business of sustainability, p. 3-4.
7. Luis R. Gómez-Mejía, Pascual Berrone, Monica Franco-Santos, *Compensation and Organizational Performance*, p. 242-246.
8. Javier Carrillo-Hermosilla, Pablo del Río González, Totti Könnölä, *Eco-innovation*, p. 14-15.
9. Celso Funcia Lemme, O valor gerado pela sustentabilidade corporativa, p. 45-46.
10. Ver exemplos em Luis R. Gómez-Mejía, Pascual Berrone, Monica Franco-Santos, *Compensation and Organizational Performance*, p. 242.
11. Adam Werbach, *Estratégia para sustentabilidade*, p. 108.
12. Robert G. Eccles, Ioannis Ioannou, George Serafeim, The Impact of a Corporate Culture of Sustainability on Corporate Behavior and Performance.
13. Ver exemplo em Celso Funcia Lemme, p. 49.
14. Luis R. Gómez-Mejía, Pascual Berrone, Monica Franco-Santos, *Compensation and Organizational Performance*, p. 246.
15. José Antonio Puppim de Oliveira, *Empresas na sociedade*, p. 67-68.
16. Ian Davis, The Biggest Contract. Disponíveis em: <www.economist.com/node/4008642>. Acesso em: 28 jul. 2012.
17. James Gustave Speth, *The Bridge at the Edge of the World*, p. xiii-xiv.
18. Bob Willard, *The Sustainability Advantage*, p. 136.
19. Daniel C. Esty, Andrew S. Winston, *Green to Gold*. Location: 1336.
20. Andrew W. Savitz, *A empresa sustentável*, p. 40.
21. L. Hunter Lovins, Climate Capitalism, p. 750.
22. Stephan Schmidheiny, *Changing Course*. Artigo todo.
23. Andrew W. Savitz, *A empresa sustentável*, p. 41-42.
24. Michael E. Porter, Michael van der Linde, Green and Competitive, p. 122.
25. Andrew W. Savitz, *A empresa sustentável*, p. 41-42.
26. Ver Bob Willard, *The Sustainability Advantage*, p. 5, 7.
27. Fernando Almeida, *Responsabilidade social e meio ambiente*, p. 49.
28. Stephan Schmidheiny, *Changing Course*, p. 10.
29. Andrew W. Savitz, *A empresa sustentável*, p. 42.
30. Bob Willard, *The Sustainability Advantage*, p. 60, 62.
31. Michael E. Porter, Michael van der Linde, Green and Competitive, p. 120.
32. Daniel C. Esty, Andrew S. Winston, *Green to Gold*. Location: 1721.
33. Ver Fernando Almeida, *Responsabilidade social e meio ambiente*, p. 48; ver também Andrew W. Savitz, *A empresa sustentável*, p. 57.
34. Celso Funcia Lemme, O valor gerado pela sustentabilidade corporativa, p. 49.
35. Accenture, A New Era of Sustainability.
36. Daniel C. Esty, Andrew S. Winston, *Green to Gold*. Locations: 1407, 1417.
37. Ibidem. Locations: 1407, 4792.
38. Karl-Henrik Robert, citado por Bob Willard, *The Sustainability Advantage*, p. 108.
39. Andrew W. Savitz, *A empresa sustentável*, p. 57.
40. Daniel C. Esty, Andrew S. Winston, *Green to Gold*. Location: 386, 4651, 3702.
41. Bob Willard, *The Sustainability Advantage*, p. 126.
42. Ver Daniel C. Esty, Andrew S. Winston, *Green to Gold*. Location: 326.

43. Bob Willard, *The Sustainability Advantage*, p. 100.
44. Michael E. Porter, Michael van der Linde, Green and Competitive, p. 127.
45. Bob Willard, *The Sustainability Advantage*, p. 111.
46. Andrew W. Savitz, *A empresa sustentável*, p. 41-42; Celso Funcia Lemme, O valor gerado pela sustentabilidade corporativa, p. 54.
47. José Antonio Puppim de Oliveira, *Empresas na sociedade*, p. 128.
48. Élisabeth Laville, *A empresa verde*, p. 279, 281.
49. Bob Willard, *The Sustainability Advantage*, p. 16.
50. Élisabeth Laville, *A empresa verde*, p. 312-313.
51. Ibidem.
52. Bob Willard, *The Sustainability Advantage*, p. 143.
53. Élisabeth Laville, *A empresa verde*, p. 300, 315.
54. Daniel C. Esty, Andrew S. Winston, *Green to Gold*. Location: 3430.
55. Citado por Istemi Demirag (eds.). *Corporate social responsibility, accountability and governance*, p. 355.
56. Celso Funcia Lemme, O valor gerado pela sustentabilidade corporativa, p. 54.
57. Ver exemplo em Daniel C. Esty, Andrew S. Winston, *Green to Gold*. Location: 1536.
58. Adam Werbach, *Estratégia para sustentabilidade*, p. 118.
59. Ver exemplo em Andrew W. Savitz, *A empresa sustentável*, p. 42, 44.
60. Adam Werbach, *Estratégia para sustentabilidade*, p. 117, 118.
61. Ibidem, p. 95, 122.
62. Ibidem, p. 123.
63. Daniel Arenas, Jérémie Fosse, Emily Huc, *El giro hacia la empresa verde*, p. 31-32.
64. Bob Willard, *The Sustainability Advantage*, p. 21, 139.
65. Claudia Kruse, Stefan Lundbergh, The Governance of Corporate Sustainability, p. 46-47.
66. Pesquisa de 2010 da McKinsey citada em Dominic Barton, Capitalism for the Long Term, p. 89.
67. Accenture, A New Era of Sustainability. Disponível em: <http://www.unglobalCompact.org/docs/news_events/8.1/UNGC_Acenture_CEO_Study_2010.pdf>. Acesso em: 31 jul. 2012.
68. Ver David L. Levy, Peter J. Newell (ed.), *The Business of Global Environmental Governance*, p. 93.
69. Ver Adam Werbach, *Estratégia para sustentabilidade*, p. 8.
70. James Gustave Speth, *The Bridge at the Edge of the World*, p. 174.

Pressionando as empresas a serem sustentáveis

1. Ver Jonathon Porrit, *Capitalism as if the world matters*, p. 92.
2. Bob Willard, *The Sustainability Advantage*, p. 4.
3. Daniel C. Esty, Andrew S. Winston, *Green to Gold*. Location: 1523.
4. Bob Willard, *The Sustainability Advantage*, p. 4.
5. Andrew W. Savitz, *A empresa sustentável*, p. 105.
6. Sérgio Abranches, Agenda climática, sustentabilidade e desafio competitivo, p. 16.
7. Ibidem, p. 19-21.
8. Gö Broman, John Holmberg, Karl-Henrik Robèrt, Simplicity without Reduction, p. 21.
9. Karl-Henrik Robert, citado por Bob Willard, *The Sustainability Advantage*, p. 108.
10. L. Hunter Lovins, Climate Capitalism, p. 774.
11. Ver David A. Lubin, Daniel C. Esty, The Sustainability Imperative, p. 44.
12. Daniel C. Esty, Andrew S. Winston, *Green to Gold*. Location: 4560.
13. Élisabeth Laville, *A empresa verde*, p. 136.

14. Harriet Bulkeley, Peter Newell, *Governing Climate Change*, p. 102.
15. Michael E. Porter, Michael van der Linde, Green and Competitive, p. 130.
16. Sérgio Abranches, Agenda climática, sustentabilidade e desafio competitivo, p. 32-33.
17. David L. Levy, Business and the Evolution of the Climate Regime, p. 77.
18. Charles O. Holliday Jr., Stephan Schmidheiny, Philip Watts, *Walking the Talk*, p. 249.
19. Ver "The Bali Communiqué on Climate Change", citado em Harriet Bulkeley, Peter Newell, *Governing Climate Change*, p. 93.
20. Bob Willard, *The Sustainability Advantage*, p. 110.
21. Daniel C. Esty, Andrew S. Winston, *Green to Gold*. Location: 2001.
22. Jonathon Porrit, *Capitalism as if the world matters*, p. 264-265.
23. Ver Harriet Bulkeley, Peter Newell, *Governing Climate Change*, p. 93.
24. Hazel Henderson, Transnational Corporations and Global Citizenship, p. 1.252.
25. Sérgio Abranches, Agenda climática, sustentabilidade e desafio competitivo, p. 32-33.
26. Bob Willard, *The Sustainability Advantage*, p. 110, 151-153.
27. John Elkington, *Cannibals with Forks*, p. 2.
28. Ver Bob Willard, *The Sustainability Advantage*, p.108.
29. Élisabeth Laville, *A empresa verde*, p. 144.
30. James Gustave Speth, *The Bridge at the Edge of the World*, p. 176.
31. Daniel C. Esty, Andrew S. Winston, *Green to Gold*. Location: 1615.
32. Ibidem. Location: 283.
33. Ver <https://www.cdproject.net/>.
34. Daniel C. Esty, Andrew S. Winston, *Green to Gold*. Location: 1589.
35. Philipp Pattberg, Johannes Stripple, Beyond the Public and Private Divide, p. 383.
36. Ver <https://www.cdproject.net/en-US/Programmes/Pages/Sig-Investor-List.aspx>.
37. L. Hunter Lovins, Climate Capitalism: The Business Case for Climate Protection, p. 751.
38. Ver <http://www.ghgprotocol.org/>.
39. Daniel C. Esty, Andrew S. Winston, *Green to Gold*. Locations: 703, 1608.
40. Daniel Arenas, Jérémie Fosse, Emily Huc, *El giro hacia la empresa verde*, p. 35.
41. Michael P. Vandenbergh, The New Wal-Mart Effect, p. 913.
42. David V. J. Bell,. The Role of Government in Advancing Corporate Sustainability, p. 4-5; Harriet Bulkeley, Peter Newell, *Governing Climate Change*, p. 102.
43. Michael P. Vandenbergh, The New Wal-Mart Effect, p. 956.
44. Élisabeth Laville, *A empresa verde*, p. 258-259.
45. L. Hunter Lovins, Climate Capitalism, p. 736, 756.
46. John Elkington, Pamela Hartigan, *The power of unreasonable people*, p. 164.
47. L. Hunter Lovins, Climate Capitalism, p. 755.
48. Daniel C. Esty, Andrew S. Winston, *Green to Gold*. Location: 1434.
49. Michael P. Vandenbergh, The New Wal-Mart Effect, p. 925, 945-946.
50. Ibidem, p. 914.
51. Ibidem, p. 924.
52. Ibidem, p. 917.
53. Ver Eduardo Felipe P. Matias, *A humanidade e suas fronteiras*, p. 246.

Instrumentos privados de promoção da sustentabilidade

1. <http://www.ceres.org/>.
2. <http://www.iccwbo.org/Advocacy-Codes-and-Rules/Document-centre/2000/The-Business-Charter-for-Sustainable-Development/>.
3. <http://www.ceres.org/about-us/our-history/ceres-principles>.

4. <http://www.iccwbo.org/Advocacy-Codes-and-Rules/Document-centre/2000/The-Business-Charter-for-Sustainable-Development/>.
5. Élisabeth Laville, *A empresa verde*, p. 112.
6. David Barnhizer, Waking from sustainability's "impossible dream", p. 688.
7. Élisabeth Laville, *A empresa verde*, p. 362.
8. Adam Werbach, *Estratégia para sustentabilidade*, p. 109.
9. R. Edward Freeman, *Strategic Management*, p. 25.
10. José Antonio Puppim de Oliveira, *Empresas na sociedade*, p. 179, 188.
11. Élisabeth Laville, *A empresa verde*, p. 361, 367.
12. <https://www.globalreporting.org/>.
13. Élisabeth Laville, *A empresa verde*, p. 101.
14. Ver José Antonio Puppim de Oliveira, *Empresas na sociedade*, p. 179-191.
15. Fernando Almeida, *Responsabilidade social e meio ambiente*, p. 48.
16. José Antonio Puppim de Oliveira, *Empresas na sociedade*, p. 190.
17. Adam Werbach, *Estratégia para sustentabilidade*, p. 109.
18. Ver Élisabeth Laville, *A empresa verde*, p. 366.
19. Citada por José Antonio Puppim de Oliveira, *Empresas na sociedade*, p. 157.
20. Ibidem, p. 157-158.
21. Ver <http://www.iso.org/>.
22. Ver <http://www.iso.org/iso/home/standards/management-standards/iso14000.htm>.
23. Ver <http://www.iso.org/iso/home/standards/iso26000.htm>.
24. José Antonio Puppim de Oliveira, *Empresas na sociedade*, p. 164.
25. Ver <http://www.accountability.org/standards/index.html>.
26. José Antonio Puppim de Oliveira, *Empresas na sociedade*, p. 161.
27. Élisabeth Laville, *A empresa verde*, p. 108.
28. Ver <http://www.sa-intl.org/>.
29. José Antonio Puppim de Oliveira, *Empresas na sociedade*, p. 161-162.
30. Élisabeth Laville, *A empresa verde*, p. 106.
31. Ver <http://www.naturalstep.org/>.
32. Gö Broman, John Holmberg, Karl-Henrik Robèrt, Simplicity without Reduction, p. 14.
33. John Holmberg, Karl-Henrik Robèrt, Backcasting from non-overlapping sustainability principles, p. 291-308.
34. Ver <http://c2ccertified.org/>.
35. Ver <http://www.fsc.org/>.
36. Ver <http://www.msc.org/>.
37. Élisabeth Laville, *A empresa verde*, p. 80-81.
38. Kyla Tienhaara, A Tale of Two Crises, p. 200.
39. Ver <http://www.usgbc.org/>.
40. Ver Daniel C. Esty, Andrew S. Winston, *Green to Gold*. Location: 3290.
41. José Antonio Puppim de Oliveira, *Empresas na sociedade*, p. 206-208.
42. Élisabeth Laville, *A empresa verde*, p. 275.
43. Ver <http://www.fairtrade.net/>.
44. José Antonio Puppim de Oliveira, *Empresas na sociedade*, p. 206-208.
45. Ibidem, p. 212.
46. Celso Funcia Lemme, O valor gerado pela sustentabilidade corporativa, p. 57.
47. Élisabeth Laville, *A empresa verde*, p. 113; Celso Funcia Lemme, O valor gerado pela sustentabilidade corporativa, p. 57.
48. José Antonio Puppim de Oliveira, *Empresas na sociedade*, p. 215.
49. Andrew W. Savitz, *A empresa sustentável*, p. 79-80.
50. Ver <http://www.equator-principles.com/>.
51. Fernando Almeida, *Responsabilidade social e meio ambiente*, p. 76-77.

52. José Antonio Puppim de Oliveira, *Empresas na sociedade*, p. 218-219.
53. Ver Michael P. Vandenbergh, The New Wal-Mart Effect, p. 940.
54. <http://www.equator-principles.com/index.php/members-reporting/members-and-reporting>.
55. Celso Funcia Lemme, *O valor gerado pela sustentabilidade corporativa*, p. 43.
56. Andrew W. Savitz, *A empresa sustentável*, p. 247.
57. Ver Michael E. Porter, Mark R. Kramer, Creating Shared Value, p. 62-77.
58. Élisabeth Laville, *A empresa verde*, p. 383.

Transformando as empresas para transformar o mundo

1. Instituto Brasileiro de Governança Corporativa (IBGC), *Código das melhores práticas de governança corporativa*, p. 19.; ver também R. Edward Freeman et al. *Stakeholder Theory*, p. 249.
2. Instituto Brasileiro de Governança Corporativa (IBGC), *Código das melhores práticas de governança corporativa*, p. 19.
3. Ibidem.
4. Ibidem.
5. Instituto Ethos, *Critérios essenciais de responsabilidade social empresarial e seus mecanismos de indução no Brasil*. São Paulo: Instituto Ethos, 2006, p. 8.
6. Ver R. Edward Freeman et al., *Stakeholder Theory*, p. 251.
7. Ver Charles O. Holliday Jr., Stephan Schmidheiny, Philip Watts, *Walking the Talk*, p. 103.
8. José Antonio Puppim de Oliveira, *Empresas na sociedade*, p. 66.
9. Ver Élisabeth Laville, *A empresa verde*, p. 141-151; ver também *slides* da palestra de Laville na Conferência Internacional de 2012 do Instituto Ethos: The relationship between business and civil society in the new economy. Disponível em: <http://www.slideshare.net/institutoethos/elizabeth-laville>. Acesso em: 19 jun. 2013.
10. Jonathon Porrit, *Capitalism as if the world matters*, p. 270.
11. Ver Élisabeth Laville, *A empresa verde*, p. 141-151.
12. Adam Werbach, *Estratégia para sustentabilidade*, p. 8-9.
13. Andrew W. Savitz, *A empresa sustentável*, p. 100.
14. Ian Davis, The Biggest Contract. Disponível em: <http://www.economist.com/node/4008642>. Acesso em: 28 jul. 2012.
15. Ver Claudia Kruse, Stefan Lundbergh, The Governance of Corporate Sustainability, p. 47.
16. Celso Funcia Lemme, *O valor gerado pela sustentabilidade corporativa*, p. 52.
17. Jonathon Porrit, p. 321-322. *Capitalism as if the world matters*.
18. Albert Gore, *O Futuro*. p. xxviii, 38.
19. Celso Funcia Lemme, *O valor gerado pela sustentabilidade corporativa*, p. 40-41.
20. Pavan Sukhdev, *Corporation 2020*. Location: 1847.
21. Andrew W. Savitz, *A empresa sustentável*, p. 4-5.
22. Ver John Elkington, *Cannibals with Forks*.
23. Ver Celso Funcia Lemme, *O valor gerado pela sustentabilidade corporativa*, p. 39.
24. Ver Andrew W. Savitz, *A empresa sustentável*, p. 4-5.
25. Ver Élisabeth Laville, *A empresa verde*, p. 191, 130.
26. Ibidem, p. 356-357.
27. Joan Enric Ricart et al., *La empresa sostenible*, p. 147; ver também Luis R. Gómez-Mejía, Pascual Berrone, Monica Franco-Santos, *Compensation and Organizational Performance*, p. 241.
28. Ibidem, p. 242, 246.

29. Ver exemplos em Claudia Kruse, Stefan Lundbergh, The Governance of Corporate Sustainability, p. 49; Joan Enric Ricart et al., *La empresa sostenible, et al*, p. 146 a 148; Andrew W. Savitz, *A empresa sustentável*, p. 72-73.
30. Claudia Kruse, Stefan Lundbergh, The Governance of Corporate Sustainability, p. 49.
31. Celso Funcia Lemme, O valor gerado pela sustentabilidade corporativa, p. 51-52, 60.
32. Joan Enric Ricart et al., *La empresa sostenible, et al*, p. 147-149.
33. Ver Élisabeth Laville, *A empresa verde*, p. 357.
34. R. Edward Freeman, *Strategic Management*, p. 25, vi.
35. Hazel Henderson, Transnational Corporations and Global Citizenship, p. 1.256.
36. R. Edward Freeman et al., *Stakeholder Theory*, p. 24; Joan Enric Ricart et al., *La empresa sostenible*, p. 105-106.
37. Andrew W. Savitz, *A empresa sustentável*, p. 83-85.
38. Joan Enric Ricart et al., *La empresa sostenible*, p. 105-106.
39. Ver Michael E. Porter, Mark R. Kramer, Creating Shared Value, p. 62-77.
40. José Antonio Puppim de Oliveira, *Empresas na sociedade*, p. 99.
41. Élisabeth Laville, *A empresa verde*, p. 358.
42. Bob Willard, *The Sustainability Advantage*, p. 126.
43. Andrew W. Savitz, *A empresa sustentável*, p. 40; Michael P. Vandenbergh, The New Wal-Mart Effect, p. 946-947.
44. Daniel C. Esty, Andrew S. Winston, *Green to Gold*. Location: 297.
45. Daniel Arenas, Jérémie Fosse, Emily Huc, *El giro hacia la empresa verde*, p.31-32.
46. John Elkington, *Cannibals with Forks*, p. 12.
47. Claudia Kruse, Stefan Lundbergh, The Governance of Corporate Sustainability, p. 48.
48. Andrew W. Savitz, *A empresa sustentável*, p. 83-85.
49. Élisabeth Laville, *A empresa verde*, p. 30.
50. Ver Claudia Kruse, Stefan Lundbergh, The Governance of Corporate Sustainability, p. 48.
51. Élisabeth Laville, *A empresa verde*, p. 352.
52. Claudia Kruse, Stefan Lundbergh, The Governance of Corporate Sustainability, p. 48.
53. Élisabeth Laville, *A empresa verde*, p. 155.
54. Philippe de Woot, *Should Prometheus be Bound?*, p. ix.
55. Ibidem, p. ix, 57.
56. Ideia defendida por Michael Lerner, mencionada em Élisabeth Laville, *A empresa verde*, p. 161.
57. Ver Élisabeth Laville, *A empresa verde*, p. 161-162.
58. Ver Bob Willard, *The Sustainability Advantage*, p. 41.
59. Charles O. Holliday Jr., Stephan Schmidheiny, Philip Watts, *Walking the Talk*, p. 126.
60. Jim Collins e Jerry Porras, citados por Bob Willard, *The Sustainability Advantage*, p. 40.
61. Ver Bob Willard, *The Sustainability Advantage*, p. 42.
62. Joan Enric Ricart et al., *La empresa sostenible*, p. 50.
63. Daniel C. Esty, Andrew S. Winston, *Green to Gold*. Locations: 320, 4702.
64. Élisabeth Laville, *A empresa verde*, p. 157, 384.
65. Joan Enric Ricart et al., *La empresa sostenible*, p. 179.
66. Michael E. Porter, Mark R., Creating Shared Value, p. 62-77.
67. Pavan Sukhdev, *Corporation 2020*: p. 93, 398.
68. <http://www.bcorporation.net/>; <http://www.sistemab.org/>.
69. Pavan Sukhdev, *Corporation 2020*. Location: 5418.
70. Ian Davis, The Biggest Contract. Disponível em: <http://www.economist.com/node/4008642>. Acesso em: 28 jul. 2012.
71. Élisabeth Laville, *A empresa verde*, p. 157.
72. Ibdem, p. 170.
73. Michael E. Porter, Mark R. Kramer, Creating Shared Value, p. 65.
74. Philippe de Woot, *Should Prometheus be Bound?*, p. 55, 98.

Globalização jurídica e sustentabilidade

1. Frances Cairncross, What Makes Environmental Treaties Work?, p. 12-19.
2. Sidney Guerra, *Direito internacional ambiental*, p. 34.
3. Ver Ibidem, p. 30.
4. Fernando Cardozo Fernandes Rei, Kamyla Cunha, Mudanças climáticas globais, p. 489-491.
5. Marcelo Varella, *Direito internacional econômico ambiental,*, p. 24.
6. Ver Flavia Witkowski Frangetto, Flavio Rufino Gazani, *Viabilização jurídica do mecanismo de desenvolvimento limpo (MDL) no Brasil*, p. 34.
7. Marcelo Varella, *Direito internacional econômico ambiental*, p. 60.
8. Marie-Claire Cordonier Segger, The Role of International Forums in the Advancement of Sustainable Development, p. 6.
9. Nicholas Stern, *The Global Deal*, p. 198-199.
10. Marcelo Varella, *Direito internacional econômico ambiental*, p. 24.
11. Ibidem.
12. Achim Steiner, Eleventh Annual Grotius Lecture Series, p. 871.
13. Sidney Guerra, *Direito internacional ambiental*, p. 35.
14. Marcelo Varella, *Direito internacional econômico ambiental*, p. 25, 28.
15. Sidney Guerra, *Direito internacional ambiental*, p. 35.
16. Kate O'Neill, *The Environment and International Relations*, p. 4-5.
17. Ver *The Doha mandate on multilateral environmental agreements (MEAs)*. Disponível em: <http://www.wto.org/english/tratop_e/envir_e/envir_neg_mea_e.htm>. Acesso em: 30 out. 2013.
18. Kate O'Neill, *The Environment and International Relations*, p. 4-5.
19. Frank Biermann, Philipp Pattberg, Harro van Asselt, Fariborz Zelli, The Fragmentation of Global Governance Architectures, p. 14-40.
20. Elizabeth R. DeSombre, *Global Environmental Institutions*, p. 2.
21. Johan Rockström, *et al.*, Planetary Boundaries.
22. Donella Meadows, Jorgen Randers, Dennis Meadows, *Los límites del crecimiento, 30 años después*, p. 293.
23. Ibidem, p. 297-298.
24. Ibidem, p. 305, 307.
25. Ver <http://www.protocolodemontreal.org.br/>.
26. Donella Meadows, Jorgen Randers, Dennis Meadows, *Los límites del crecimiento, 30 años después*, p. 306.
27. Pankaj Ghemawat, *World 3.0*, p. 126.
28. Ibidem, p. 126.
29. Frances Cairncross, What Makes Environmental Treaties Work?, p. 12-19.
30. Ibidem.
31. David G. Victor, *Global Warming Gridlock*. Location: 2724.
32. Frances Cairncross, What Makes Environmental Treaties Work?, p. 12-19.
33. David G. Victor, *Global Warming Gridlock*. Location: 2731.
34. Ver Robert Falkner, The Business of Ozone Layer Protection, p. 105, 130 e 131.
35. Frances Cairncross, What Makes Environmental Treaties Work?, p. 12-19.
36. Robert O. Keohane, David G. Victor, The Regime Complex for Climate Change, p. 13.
37. Alberto Martinelli, Atle Midttun, Globalization and Governance for Sustainability, p. 8.
38. Pankaj Ghemawat, *World 3.0*, p. 126.
39. Frances Cairncross, What Makes Environmental Treaties Work?, p. 12-19.
40. Pankaj Ghemawat, *World 3.0*, p. 126.

41. Donella Meadows, Jorgen Randers, Dennis Meadows, *Los límites del crecimiento, 30 años después*, p. 318.
42. Alberto Martinelli, Atle Midttun, Globalization and Governance for Sustainability, p. 8.
43. John Ruggie, Reconstituting the Global Public Domain, p. 509.
44. Pankaj Ghemawat, *World 3.0*, p. 126.
45. Donella Meadows, Jorgen Randers, Dennis Meadows, *Los límites del crecimiento, 30 años después*, p. 293.
46. Disponível em: <http://www.unece.org/fileadmin/DAM/env/pp/documents/cep43e.pdf>. Acesso em: 26 nov. 2011; ver ratificações em <http://www.unece.org/env/pp/ratification.html>.
47. Ver <http://www.onu.org.br/rio20/img/2012/01/rio92.pdf>.
48. Jeremy Wates, The Aarhus Convention. *JEEPL*, p. 6; ver também Valerio de Oliveira Mazzuoli; Patryck de Araújo Ayala. Cooperação Internacional para a preservação do meio ambiente, p. 297-328,
49. Nico Schrijver, *The Evolution of Sustainable Development in International Law*, p. 30.
50. Gabrielle Marceau; Fabio Morosini, The status of sustainable development in the law of the World Trade Organization. *Arbitragem e comércio internacional*. p. 60.
51. Nico Schrijver, *The Evolution of Sustainable Development in International Law*, p. 24.
52. Ver <http://www.icj-cij.org/>.
53. Marie-Claire Cordonier Segger, The Role of International Forums in the Advancement of Sustainable Development, p. 14.
54. Ver Marcelo Varella, *Direito internacional econômico ambiental*, p. 36.
55. Ver sentença em <http://www.icj-cij.org/docket/files/92/7375.pdf>.
56. Gabrielle Marceau; Fabio Morosini, The status of sustainable development in the law of the World Trade Organization. *Arbitragem e comércio internacional*, p. 66.
57. Ver Marie-Claire Cordonier Segger, The Role of International Forums in the Advancement of Sustainable Development, p. 14.
58. Nico Schrijver, *The Evolution of Sustainable Development in International Law*, p. 21.
59. Ibidem, p. 24, 29.
60. Ibidem, p. 21.
61. Georgette Nacarato Nazo, Toshio Mukai, O direito ambiental no Brasil, p. 96.
62. Mark S. Blodgett, Richard J. Hunter Jr., Hector R. Lozada, A Primer on International Environmental Law, p. 22.
63. Parecer Consultivo sobre "Licitude da ameaça ou do emprego de armas nucleares", *Recueil CIJ* 1996, citado por Marcelo Varella, *Direito internacional econômico ambiental*, p. 120.
64. Ver sentença em <http://www.icj-cij.org/docket/files/135/15877.pdf>.
65. Marisol Anglés Hernández, Fallo de la Corte Internacional de Justicia em Materia Ambiental, evidenciado en el asunto de plantas de celulosa sobre el Río Uruguay. *Anuario Mexicano de Derecho Internacional*, p. 96. Disponível em: < http://www.journals.unam.mx/index.php/amdi/article/view/23597>. Acesso em: 26 nov. 2013; ver também Gabrielle Marceau; Fabio Morosini, The status of sustainable development in the law of the World Trade Organization. *Arbitragem e comércio internacional*. p. 67.
66. Geraldo Eulálio do Nascimento Silva, *Direito ambiental internacional*, p. 20.
67. Disponível em: <http://www.unep.org/Documents.Multilingual/Default.asp?documentid=97&articleid=1503>. Acesso em: 2 nov. 2012.
68. Disponível em: <http://www.onu.org.br/rio20/img/2012/01/rio92.pdf>. Acesso em: 2 nov. 2012.
69. Maria Cristina V. B. Tarrega, Bruno Gomes Oliveira, Responsabilidade corporativa, meio ambiente e desenvolvimento sustentável, p. 375.
70. Sidney Guerra, *Direito internacional ambiental*, p. 82-83.

71. Marie-Claire Cordonier Segger, Ashfaq Khalfan, Markus Gehring, Michelle Toering, Prospects for Principles of International Sustainable Development Law after the WSSD, p. 61.
72. Disponível em: <http://www.onu.org.br/rio20/img/2012/01/rio92.pdf>. Acesso em: 2 nov. 2012.
73. Sidney Guerra, *Direito internacional ambiental*, p. 82.
74. Ver Sidney Guerra, *Direito internacional ambiental*, p. 82.
75. Department of Economic and Social Affairs, *World Economic and Social Survey 2011*, p. xxiv; ver também Maria Cristina V. B. Tarrega, Bruno Gomes Oliveira, Responsabilidade corporativa, meio ambiente e desenvolvimento sustentável, p. 375.
76. Marie-Claire Cordonier Segger, The Role of International Forums in the Advancement of Sustainable Development, p. 12; ver também Maria Cristina V. B. Tarrega, Bruno Gomes Oliveira, Responsabilidade corporativa, meio ambiente e desenvolvimento sustentável, p. 375.
77. Geraldo Eulálio do Nascimento Silva, *Direito ambiental internacional*, p. 20.
78. Maria Cristina V. B. Tarrega, Bruno Gomes Oliveira, Responsabilidade corporativa, meio ambiente e desenvolvimento sustentável, p. 374.
79. Ver Alcindo Gonçalves, José Augusto Fontoura Costa, *Governança global e regimes transnacionais*, p. 91.
80. David G. Victor, Recovering Sustainable Development, p. 91-103.
81. Duncan Brack; Kevin Gray, Multilateral Environmental Agreements and the WTO (Report). Royal Institute of International Affairs e International Institute for Sustainable Development. p. 14. Disponível em: <http://www.chathamhouse.org/sites/default/files/public/General/meas_and_wto.pdf>. Acesso em: 19 nov. 2013.
82. Demetrio Loperena Rota, Atrapados.
83. Ver Amedeo Postiglione, An International Court of the Environment, p. 220.
84. Ibidem, p. 213-214.
85. Eric A. Posner, Climate Change and International Human Rights Litigation, p. 1.925.
86. Ibidem, p. 1.927.
87. Ver Alexander Kiss, The Protection of Wildlife in International Law, p. 74.
88. Eric A. Posner, Climate Change and International Human Rights Litigation, p. 1.931.
89. Parecer Consultivo sobre "Licitude da ameaça ou do emprego de armas nucleares", *Recueil CIJ 1996*, citado por Marcelo Varella, *Direito internacional econômico ambiental*, p. 120.
90. Eric A. Posner, Climate Change and International Human Rights Litigation, p. 1.931.
91. Ibidem, p. 1.944, 1.931.
92. Philippe Sands, Litigating Environmental Disputes, p. 67.
93. Nico Schrijver, *The Evolution of Sustainable Development in International Law*, p. 24.
94. Marie-Claire Cordonier Segger, The Role of International Forums in the Advancement of Sustainable Development, p. 18.
95. Philippe Sands, Litigating Environmental Disputes, p. 67.
96. Amedeo Postiglione, An International Court of the Environment, p. 211.
97. Philippe Sands, Litigating Environmental Disputes, p. 66.
98. Marie-Claire Cordonier Segger, The Role of International Forums in the Advancement of Sustainable Development, p. 14, 18.
99. Marie-Claire Cordonier Segger, Ashfaq Khalfan, Markus Gehring, Michelle Toering, Prospects for Principles of International Sustainable Development Law after the WSSD, p. 54.
100. Convenção Quadro das Nações Unidas sobre a Mudança Climática, artigo 4º, parágrafo 7. Disponível em: < http://unfccc.int/resource/docs/convkp/conveng.pdf>. Acesso em: 3 nov. 2012.

101. David V. J. Bell, The Role of Government in Advancing Corporate Sustainability, p. 3.
102. Flavia Witkowski Frangetto, Flavio Rufino Gazani, *Viabilização jurídica do mecanismo de desenvolvimento limpo (MDL) no Brasil*, p. 38.
103. Anthony Giddens, *A política da mudança climática*, p. 93.
104. Marie-Claire Cordonier Segger, The Role of International Forums in the Advancement of Sustainable Development, p. 11.
105. Ricardo Seitenfus, Fundamentos e desafios do direito internacional do desenvolvimento. Disponível em: <http://www.seitenfus.com.br/arquivos/Fundamentos_Desafios.pdf> Acesso em: 5 nov. 2012.
106. Ibidem.
107. Marcelo Varella, *Direito internacional econômico ambiental*, p. 36.
108. Marie-Claire Cordonier Segger, Ashfaq Khalfan, Markus Gehring, Michelle Toering, Prospects for Principles of International Sustainable Development Law after the WSSD, p. 57.
109. Artigo 3º, parágrafos 1 e 2. Disponível em: < http://unfccc.int/resource/docs/convkp/conveng.pdf>. Acesso em: 3 nov. 2012.
110. Marie-Claire Cordonier Segger, The Role of International Forums in the Advancement of Sustainable Development, p. 11.
111. Harriet Bulkeley, Peter Newell, *Governing Climate Change*, p. 22.
112. Marie-Claire Cordonier Segger, Ashfaq Khalfan, Markus Gehring, Michelle Toering, Prospects for Principles of International Sustainable Development Law after the WSSD, p. 59.
113. Artigo 4º, parágrafos 3 e 7. Disponível em: < http://unfccc.int/resource/docs/convkp/conveng.pdf>. Acesso em: 3 nov. 2012.
114. José Goldenberg, citado em Eduardo Viola, Matías Franchini, Thaís Lemos Ribeiro, *Sistema internacional de hegemonia conservadora*, p. 132.
115. Harriet Bulkeley, Peter Newell, *Governing Climate Change*, p. 37.
116. Anthony Giddens, *A política da mudança climática*, p. 246.
117. Blue Planet Prize Laureates, *et al.* Environment and Development Challenges, p. 5-6.
118. Ver <http://en.wikipedia.org/wiki/List_of_countries_by_carbon_dioxide_emissions>.
119. Nicholas Stern, *The Global Deal*, p. 156, 23.
120. Ibidem, p. 4, 23.
121. José Eli da Veiga, *Sustentabilidade*, p. 89.
122. Nicholas Stern, *The Global Deal*, p. 4, 157, 174.

ONU e sustentabilidade
– O exemplo das negociações climáticas

1. Harriet Bulkeley, Susanne C. Moser, Responding to Climate Change, p. 1-10.
2. Nicholas Stern, *The Global Deal*, p. 13.
3. Keneth J. Arrow, Global Cimate Change. In Joseph E. Stiglitz, Aaron S. Edlin, J. Bradford de Long (eds.), *The Economists' Voice*, p. 17.
4. David G. Victor, *Global Warming Gridlock*. Location: 563.
5. Joseph E. Stiglitz, A New Agenda for Global Warming, p. 23.
6. M. Benjamin Eichenberg, Greenhouse gas regulation and border tax adjustments, p. 286.
7. John Foster, *The Sustainability Mirage*, p. 124.
8. David G. Victor, *Global Warming Gridlock*. Location: 563.
9. M. Benjamin Eichenberg, Greenhouse gas regulation and border tax adjustments, p. 286.

10. José Eli da Veiga, Liz-Rejane Issberner, Decrescer crescendo, p. 128.
11. Elizabeth R. DeSombre, *Global Environmental Institutions*, p. 1.
12. Michael W. Doyle, Rachel I. Massey, Intergovernmental organizations and the environment, p. 423.
13. Ibidem, p. 417.
14. Guido Fernando Silva Soares, *Direito internacional do meio ambiente*, p. 139.
15. Marcelo Varella, *Direito internacional econômico ambiental*, p. 57.
16. Alberto Lafuente, Víctor Viñuales, Ramón Pueyo, Jesús Llaría, Responsabilidad social corporativa y políticas públicas, p. 40.
17. Robert O. Keohane, David G. Victor, The Regime Complex for Climate Change, p. 8.
18. Michael W. Doyle, Rachel I. Massey, Intergovernmental organizations and the environment, p. 423.
19. Frank Biermann, Philipp Pattberg, Harro van Asselt, Fariborz Zelli, The Fragmentation of Global Governance Architectures, p. 14-40.
20. Nicholas Stern, *The Global Deal*, p. 200.
21. Michael W. Doyle, Rachel I. Massey, Intergovernmental organizations and the environment, p. 420.
22. Nicholas Stern, *The Global Deal*, p. 200.
23. Mark S. Blodgett, Richard J. Hunter Jr., Hector R. Lozada, A Primer on International Environmental Law, p. 24.
24. Ver <http://www.earthcharterinaction.org/>.
25. Texto da Carta da Terra disponível em: <http://www.cartadaterrabrasil.org/prt/text.html>. Acesso em: 3 fev. 2013.
26. Ver <http://www.unglobalcompact.org/>.
27. Ver <http://www.un.org/millenniumgoals/>.
28. Ver <http://www.un.org/en/ecosoc/>.
29. Ver <http://sustainabledevelopment.un.org/csd.html>.
30. Ver Elizabeth R. DeSombre, *Global Environmental Institutions*, p. 32; ver também Michael W. Doyle, Rachel I. Massey, Intergovernmental organizations and the environment, p. 415.
31. Ver Elizabeth R. DeSombre, *Global Environmental Institutions*, p. 8-32.
32. Guido Fernando Silva Soares, As ONGs e o direito internacional do meio ambiente, p. 46.
33. Ver Michael W. Doyle, Rachel I. Massey, Intergovernmental organizations and the environment, p. 412.
34. Ver Ibidem; ver <http://www.fao.org/docrep/012/a1404p/a1404p00.pdf>.
35. Ver <http://www.thegef.org/>.
36. Elizabeth R. DeSombre, *Global Environmental Institutions*, p. 156.
37. Guido Fernando Silva Soares, As ONGs e o direito internacional do meio ambiente p. 46.
38. Ver <http://www.unep.org/>.
39. Elizabeth R. DeSombre, *Global Environmental Institutions*, p. 9.
40. Peter M. Haas, Addressing the Global Governance Deficit.
41. Achim Steiner, Eleventh Annual Grotius Lecture Series, p. 872.
42. Elizabeth R. DeSombre, *Global Environmental Institutions*, p. 21.
43. Fernando Cardozo Fernandes Rei, Kamyla Cunha, Mudanças climáticas globais, p. 487-502, p. 489.
44. Ver *Declaration of the United Nations Conference on the Human Environment*. Disponível em: <http://www.unep.org/Documents.Multilingual/Default.asp?documentid=97&articleid=1503>. Acesso em: 5 fev. 2013.
45. World Commission on Environment and Development (United Nations), *Report of the World Commission on Environment and Development*.
46. Elizabeth R. DeSombre, *Global Environmental Institutions*, p. 25-26.

47. Fernando Cardozo Fernandes Rei, Kamyla Cunha, Mudanças climáticas globais, p. 487-502, p. 490-491.
48. Sidney Guerra, *Direito internacional ambiental*, p. 101.
49. Ver <http://sustainabledevelopment.un.org/content/documents/Agenda21.pdf>.
50. Elizabeth R. DeSombre, *Global Environmental Institutions*, p. 25-26.
51. Adriano Murgel Branco, Márcio Henrique Bernardes Martins, *Desenvolvimento sustentável na gestão de serviços públicos*, p. 66.
52. Ver <http://www.cbd.int/>.
53. Ver <http://unfccc.int/>; Ver lista de Estados Partes em: <http://unfccc.int/essential_background/convention/status_of_ratification/items/2631.php>.
54. Ver artigo 2º da Convenção, disponível em: < http://unfccc.int/resource/docs/convkp/conveng.pdf>. Acesso em: 7 nov. 2012.
55. Elizabeth R. DeSombre, *Global Environmental Institutions*, p. 28.
56. Ver comunicado Além da Rio+20. Disponível em: <http://www.onu.org.br/alem-da-rio20-avancando-rumo-a-um-futuro-sustentavel/>. Acesso em: 20 jan. 2013.
57. A/RES/66/288 – The Future we Want. Disponível em: <http://www.un.org/ga/search/view_doc.asp?symbol=A/RES/66/288&Lang=E>. Acesso em: 20 jan. 2013.
58. Ver Eduardo Felipe P. Matias, Tudo mudou, para que tudo continuasse como estava.
59. Ver comentários sobre a Rio+20 no blog do autor: <http://eduardofelipematias.blogspot.com.br/2012/06/rio20-d1.html>. Acesso em: 22 jan. 2013.
60. Ver comunicado Além da Rio+20: Avançando rumo a um futuro sustentável. Disponível em: <http://www.onu.org.br/alem-da-rio20-avancando-rumo-a-um-futuro-sustentavel/>. Acesso em: 20 jan. 2013.
61. Ibidem.
62. Ver Com declaração fraca, compromissos individuais "salvam" a Rio+20. Disponível em: <http://noticias.uol.com.br/meio-ambiente/ultimas-noticias/redacao/2012/06/23/com-declaracao-fraca-compromissos-individuais-salvam-a-rio20.htm>. Acesso em: 20 jan. 2013.
63. Ver art. 7º da UNFCCC. Disponível em: < http://unfccc.int/essential_background/convention/background/items/1349.php>.
64. Flavia Witkowski Frangetto, Flavio Rufino Gazani, *Viabilização jurídica do mecanismo de desenvolvimento limpo (MDL) no Brasil*, p. 23, 25.
65. Robert O. Keohane, David G. Victor, The Regime Complex for Climate Change. p. 5.
66. Cylenne Z. B. Gonçalves, Daniela Stump, Lívia Mariz, Rodrigo P. Angelim, Vivian Calderoni, Yuri Rugai Marinho, Mecanismo de desenvolvimento limpo e considerações sobre o mercado de carbono, p. 83-100.
67. Ver Fernando Cardozo Fernandes Rei, Kamyla Cunha, Mudanças climáticas globais, p. 495; Ver também Flavia Witkowski Frangetto, Flavio Rufino Gazani, *Viabilização jurídica do mecanismo de desenvolvimento limpo (MDL) no Brasil*.
68. Protocolo de Kyoto, art. 12.5. Ver <http://unfccc.int/resource/docs/convkp/kpeng.pdf>.
69. William D. Nordhaus, A Review of the "Stern Review on the Economics of Climate Change", p. 686.
70. Robert O. Keohane, David G. Victor, The Regime Complex for Climate Change, p. 5, 20.
71. Daniel Bodansky, The Copenhagen Climate Change Conference – A Post-Mortem, p. 231.
72. Ibidem, p. 230, 235, 231.
73. Ver <http://unfccc.int/meetings/copenhagen_dec_2009/items/5262.php>.
74. Daniel Bodansky, The Copenhagen Climate Change Conference – A Post-Mortem, p. 231, 240.
75. Tasso Azevedo, A COP19 em Varsóvia: A conferência Moon-Walk. Disponível em: <http://tassoazevedo.blogspot.com.br/2013/11/a-cop19-em-varsovia-conferencia-moon.html>. Acesso em: 28 nov. 2013.

76. Documento disponível em: <http://unfccc.int/files/meetings/warsaw_nov_2013/decisions/application/pdf/cop19_lossanddamage.pdf>. Acesso em: 28 nov. 2013. Demais decisões da COP-19 disponíveis em: http://unfccc.int/2860.php#decisions
77. Tasso Azevedo, A COP19 em Varsóvia: A conferência Moon-Walk. Disponível em: <http://tassoazevedo.blogspot.com.br/2013/11/a-cop19-em-varsovia-conferencia-moon.html>. Acesso em: 28 nov. 2013.
78. Documento disponível em: <http://unfccc.int/files/meetings/warsaw_nov_2013/decisions/application/pdf/cop19_adp.pdf>. Acesso em: 28 nov. 2013.
79. Ver Eduardo Viola, Matías Franchini, Thaís Lemos Ribeiro, *Sistema internacional de hegemonia conservadora*, p. 224.
80. Kate O'Neill, *The Environment and International Relations*, p. 5.
81. David G. Victor, *Global Warming Gridlock*. Locations: 593, 986, 939.
82. Anthony Giddens, Start the World, we Want to Get on, p. 37; Robert O. Keohane, David G. Victor, The Regime Complex for Climate Change, p. 18.
83. David Barnhizer, Waking from sustainability's "impossible dream", p. 690.
84. Disponível em: <http://www.onu.org.br/rio20/img/2012/01/rio92.pdf>. Acesso em: 8 nov. 2012.
85. David G. Victor, Recovering Sustainable Development, p. 91-103.
86. Jon Hovi, Bjart Holtsmark, Cap-and-Trade or Carbon Taxes? The Feasibility of Enforcement and the Effects of Non-Compliance, p. 145, 137.
87. Ibidem, p. 146.
88. David G. Victor, *Global Warming Gridlock*. Locations: 593, 986, 939.
89. James Gustave Speth, *The Bridge at the Edge of the World*, p. 71.
90. David G. Victor, *Global Warming Gridlock*. Location: 5348.
91. Ibidem. Locations: 5011, 432, 1465, 593, 488, 485, 5356.
92. David G. Victor, *Global Warming Gridlock*. Locations: 593, 601.
93. Ver Frank Biermann, Philipp Pattberg, Harro van Asselt, Fariborz Zelli, The Fragmentation of Global Governance Architectures, p. 14-40.
94. Daniel Bodansky, The Copenhagen Climate Change Conference – A Post-Mortem, p. 239.
95. Frank Biermann, Philipp Pattberg, Harro van Asselt, Fariborz Zelli, The Fragmentation of Global Governance Architectures, p. 14-40.
96. David G. Victor, *Global Warming Gridlock*. Location: 5302.
97. Ibidem. Location: 4960, 468.
98. Ibidem. Location: 5063.
99. Ibidem. Location: 939.
100. Frank Biermann, Philipp Pattberg, Harro van Asselt, Fariborz Zelli, The Fragmentation of Global Governance Architectures, p. 14-40.
101. David G. Victor, *Global Warming Gridlock*. Location: 5321.
102. Anthony Giddens, Climate Change Meets Geopolitical Reality in Copenhagen, p. 60.
103. Ver M. Benjamin Eichenberg, Greenhouse gas regulation and border tax adjustments, p. 363.

Comércio internacional e sustentabilidade

1. Ver David Barnhizer, Waking from sustainability's "impossible dream", p. 627.
2. Robert O. Keohane, David G. Victor, The Regime Complex for Climate Change, p. 13; ver também Yan Dong, John Whalley, Carbon, Trade Policy and Carbon Free Trade Areas., p. 1.080; Jon Hovi, Bjart Holtsmark, Cap-and-Trade or Carbon Taxes? The Feasibility of Enforcement and the Effects of Non-Compliance, p. 141.
3. World Trade Organization and United Nations Environmental Program, *Trade and Climate Change*, p. xix.

4. Robert O. Keohane, David G. Victor, The Regime Complex for Climate Change, p. 22.
5. M. Benjamin. Eichenberg, Greenhouse gas regulation and border tax adjustments, p. 363.
6. Robert O. Keohane, David G. Victor, The Regime Complex for Climate Change, p. 22.
7. Ver *The Doha mandate on multilateral environmental agreements (MEAs)*. Disponível em: <http://www.wto.org/english/tratop_e/envir_e/envir_neg_mea_e.htm>. Acesso em: 30 out 2013.
8. Yan Dong, John Whalley, Carbon, Trade Policy and Carbon Free Trade Areas, p. 1.088.
9. Ver M. Benjamin. Eichenberg, Greenhouse gas regulation and border tax adjustments, p. 363.
10. David G. Victor, *Global Warming Gridlock*. Location: 2047.
11. M. Benjamin. Eichenberg, Greenhouse gas regulation and border tax adjustments, p. 354.
12. Robert O. Keohane, David G. Victor, The Regime Complex for Climate Change, p. 22.
13. M. Benjamin. Eichenberg, Greenhouse gas regulation and border tax adjustments, p. 288, 311.
14. Yan Dong, John Whalley, Carbon, Trade Policy and Carbon Free Trade Areas, p. 1091.
15. Ibidem, p. 1.088.
16. M. Benjamin. Eichenberg, Greenhouse gas regulation and border tax adjustments, p. 303.
17. Guido Fernando Silva Soares, *Direito internacional do meio ambiente*, p. 140, 146.
18. Celso Funcia Lemme, O valor gerado pela sustentabilidade corporativa, p. 43.
19. David L. Levy, Peter J. Newell (eds.), *The Business of Global Environmental Governance*, p. 242.
20. Ver <http://www.wto.org/english/thewto_e/whatis_e/tif_e/org6_e.htm>.
21. Duncan, Brack; Kevin, Gray. Multilateral Environmental Agreements and the WTO (Report). Royal Institute of International Affairs e International Institute for Sustainable Development. September 2003. p. 28. Disponível em: <http://www.chathamhouse.org/sites/default/files/public/General/meas_and_wto.pdf>. Acesso em: 19 nov. 2013.
22. Ver Understanding on Rules and Procedures Governing the Settlement of Disputes, disponível em: < http://www.wto.org/english/docs_e/legal_e/28-dsu_e.htm>.
23. Guido Fernando Silva Soares, *Direito internacional do meio ambiente*, p. 140, 160.
24. M. Benjamin Eichenberg, Greenhouse gas regulation and border tax adjustments,p. 288.
25. World Trade Organization and United Nations Envirnomental Program, *Trade and Climate Change*, p. xix.
26. Ver Marrakesh Agreement Establishing the World Trade Organization. Disponível em: <http://www.wto.org/english/res_e/booksp_e/analytic_index_e/wto_agree_01_e.htm>. Acesso em: 28 dez. 2012.
27. Ver <http://www.wto.org/english/tratop_e/envir_e/wrk_committee_e.htm>.
28. Ver GATT 1947, Disponível em: < http://www.wto.org/english/docs_e/legal_e/gatt47_01_e.htm>. Acesso em: 22 jan. 2013.
29. Larissa de Santis, Basso. O comércio internacional como ferramenta regulatória de política ambiental. In: Umberto, Celli Junior; Maristela, Basso; Júnior, Amaral, Alberto do (coordenadores). *Arbitragem e comércio internacional*, p. 442.
30. Ver M. Benjamin Eichenberg, Greenhouse gas regulation and border tax adjustments, p. 317.
31. Ibidem, p. 311.
32. Ibidem, p. 330.
33. Ibidem, p. 341.
34. World Trade Organization and United Nations Envirnomental Program, *Trade and Climate Change*, p. xix.
35. *Panel do caso "Reformulated Gasoline"* – ver M. Benjamin. Eichenberg, Greenhouse gas regulation and border tax adjustments, p. 343.
36. Ver *The Doha mandate on multilateral environmental agreements (MEAs)*. Disponível em: <http://www.wto.org/english/tratop_e/envir_e/envir_neg_mea_e.htm>. Acesso em: 30 out. 2013.

37. World Trade Organization and United Nations Envirnomental Program, *Trade and Climate Change*.
38. Ver Robert O. Keohane, David G. Victor, The Regime Complex for Climate Change, p. 22.
39. World Trade Organization and United Nations Envirnomental Program, *Trade and Climate Change*, p. xix.
40. Jonathan M. Harris, Free Trade or Sustainable Trade? An Ecological Economics Perspective, p. 122.
41. Martin Wolf, *Why Globalization Works*, p. 192.
42. Ver Jagdish N. Bhagwati, *In Defense of Globalization*, p. 155; ver também Guido Fernando Silva Soares, *Direito internacional do meio ambiente*, p. 158.
43. Gonzalo Biggs, Reflections on the WTO and Sustainable Development, p. 12.
44. M. Benjamin Eichenberg, Greenhouse gas regulation and border tax adjustments, p. 310.
45. Jagdish N. Bhagwati, *In Defense of Globalization*, p. 156.
46. M. Benjamin Eichenberg, Greenhouse gas regulation and border tax adjustments, p. 342.
47. Ver Gonzalo Biggs, Reflections on the WTO and Sustainable Development, p. 18.
48. Martin Wolf, *Why Globalization Works*, p. 192.
49. M. Benjamin Eichenberg, Greenhouse gas regulation and border tax adjustments, p. 311; Jagdish N. Bhagwati, *In Defense of Globalization*, p. 155.
50. Gonzalo Biggs, Reflections on the WTO and Sustainable Development, p. 19.
51. Ver Gabrielle, Marceau; Fabio, Morosini. The status of sustainable development in the law of the World Trade Organization. In: Umberto, Celli Junior; Maristela, Basso; Alberto do, Amaral Júnior (coord.). *Arbitragem e comércio internacional*, p. 78, 83.
52. Stephan Schmidheiny, *Changing Course*, p. 74.
53. World Trade Organization and United Nations Envirnomental Program, *Trade and Climate Change*, p. xx.
54. Ibidem, p. xxi.
55. Michael W. Doyle, Rachel I. Massey, Intergovernmental organizations and the environment, p. 423.
56. Peter M. Haas, Addressing the Global Governance Deficit, p. 1-15. Ver também Duncan, Brack; Kevin, Gray. Multilateral Environmental Agreements and the WTO (Report). Royal Institute of International Affairs e International Institute for Sustainable Development. September 2003. p. 35. Disponível em: <http://www.chathamhouse.org/sites/default/files/public/General/meas_and_wto.pdf>. Acesso em: 19 nov. 2013.
57. Joseph Stiglitz, A New Agenda for Global Warming, p. 2.
58. Guido Fernando Silva Soares, *Direito internacional do meio ambiente*, p. 162.

Economia verde e sustentabilidade

1. Kyla Tienhaara, A Tale of Two Crises, p. 203.
2. Ed Miliband, A economia precisa ser sustentável e verde.
3. Kyla Tienhaara, A Tale of Two Crises, p. 197-208, p. 203.
4. Paul Krugman, Uma salvação acessível, p. B8.
5. Nicholas Stern, *Stern Review*. Disponível em: <http://webarchive.nationalarchives.gov.uk/+/http://www.hm-treasury.gov.uk/stern_review_report_htm>. Acesso em: 15 nov. 2012.
6. David G. Victor, *Global Warming Gridlock*.Location: 2739.
7. William D. Nordhaus, A Review of the "Stern Review on the Economics of Climate Change", p. 701.
8. Keneth J. Arrow, Global Cimate Change, p. 13.

9. Nicholas Stern, *The Global Deal*, p. 35.
10. Sérgio Abranches, Agenda climática, sustentabilidade e desafio competitivo, p. 23.
11. Nicholas Stern, *The Global Deal*, p. 54.
12. Ibidem, p. 179.
13. George Monbiot, *Heat*. Location: 1453.
14. Lester R. Brown, *World on the Edge*, p. 15.
15. Nicholas Stern, *The Global Deal*, p. 179.
16. George Monbiot, *Heat*. Location: 1453.
17. Kyla Tienhaara, A Tale of Two Crises, p. 203.
18. José Goldemberg, Salvar os bancos ou o meio ambiente, p. A2.
19. Kyla Tienhaara, A Tale of Two Crises, p. 203.
20. Ver Achim Steiner, Eleventh Annual Grotius Lecture Series, p. 845.
21. Yvo de Boer, citado por Nicholas Stern, *The Global Deal*, p. 137.
22. Department of Economic and Social Affairs, *World Economic and Social Survey 2011*, p. v.
23. International Chamber of Commerce, *ICC Green Economy Roadmap*, p. 10.
24. Programa das Nações Unidas para o Meio Ambiente, *Caminhos para o desenvolvimento sustentável e a erradicação da pobreza*, p. 2.
25. International Chamber of Commerce, *ICC Green Economy Roadmap*, p. 9.
26. Ibidem.
27. Ibidem, p. 10.
28. Programa das Nações Unidas para o Meio Ambiente, *Caminhos para o desenvolvimento sustentável e a erradicação da pobreza*, p. 2.
29. José Goldemberg, Rio+20 – a ausência de uma agenda positiva, p. A2.
30. Anthony Giddens, *A política da mudança climática*, p. 183.
31. Worldwatch Institute, *Toward a Transatlantic Green New Deal*, p. 5.
32. Peter H. Feindt, Richard Cowell, The Recession, Environmental Policy, and Ecological Modernization, p. 198.
33. Anthony Giddens, *A política da mudança climática*, p. 183.
34. United Nations Environment Programme, *Global Green New Deal*: Policy Brief, 2009, p. 3; ver também Achim Steiner, Eleventh Annual Grotius Lecture Series, p. 845.
35. Nicholas Stern, *The Global Deal*, p. 206-207.
36. Paul Krugman, Uma salvação acessível, p. B8.
37. Nicholas Stern, *The Global Deal*, p. 195, 203.
38. Sérgio Abranches, Agenda climática, sustentabilidade e desafio competitivo, p. 33.
39. Nicholas Stern, *The Global Deal*, p. 206-207.
40. Worldwatch Institute, *Toward a Transatlantic Green New Deal*, p. 22.
41. Kyla Tienhaara, A Tale of Two Crises, p. 201.
42. Worldwatch Institute, *Toward a Transatlantic Green New Deal*, p. 22.
43. José Goldemberg, Salvar os bancos ou o meio ambiente, p. A2.
44. Ban Ki-Moon, Al Gore, A promoção do crescimento verde, p. 3.
45. Programa das Nações Unidas para o Meio Ambiente, *Caminhos para o desenvolvimento sustentável e a erradicação da pobreza*, p. 38.
46. Ibidem.
47. Gwyn Prins *et al.*, *The Hartwell Paper*, p. 24.
48. Nancy Birdsall, Francis Fukuyama, The Post-Washington Consensus, p. 45-53.
49. Ver http://www.G-20.org; ver também lista de membros em <http://www.G-20.org/index.php/es/miembros>.
50. Ver G-20 Leaders Statement: The Pittsburgh Summit. September 24-25, 2009, Pittsburgh. Disponível em: <http://www.G-20.utoronto.ca/2009/2009communique0925-br.html>. Acesso em: 16 nov. 2012.
51. José Eli da Veiga, *Sustentabilidade*, p. 90-91.

52. Eduardo Viola, Matías Franchini, Thaís Lemos Ribeiro, *Sistema internacional de hegemonia conservadora*, p. 200.
53. Anthony Giddens, Start the World, we Want to Get on, p. 36.
54. Eduardo Viola, Matías Franchini, Thaís Lemos Ribeiro, *Sistema internacional de hegemonia conservadora*, p. 207.
55. José Eli da Veiga, *Sustentabilidade*, p. 91.
56. Pankaj Ghemawat, *World 3.0*, p. 129.
57. Robert O. Keohane, David G. Victor, The Regime Complex for Climate Change, p. 6.
58. Ver Global Plan for Recovery and Reform. Disponível em: <http://www.G-20.utoronto.ca/2009/2009communique0402-br.html>. Acesso em: 16 nov. 2012.
59. Ver G-20 Leaders Statement. Disponível em: <http://www.G-20.utoronto.ca/2009/2009communique0925-br.html>. Acesso em: 16 nov. 2012.
60. Edward Barbier, Global Governance, p. 3, 6.
61. Peter H. Feindt, Richard Cowell, The Recession, Environmental Policy, and Ecological Modernization, p. 200.
62. Pesquisa do HSBC Global Research, 2009, citada em Worldwatch Institute, *Toward a Transatlantic Green New Deal*, p. 8.
63. Edward Barbier, Global Governance, p. 7.
64. Kyla Tienhaara, A Tale of Two Crises, p. 201.
65. Martin Wolf, Por que o mundo enfrenta o caos quanto ao clima. Disponível em: <www1.folha.uol.com.br/colunas/martimwolf/2013/05/1282993-porque-o-mundo-enfrenta-o-caos-quanto-ao-clima.shtml>. Acesso em: 6 jul. 2013.
66. Thomas L. Friedman, *Hot, Flat, and Crowded*, p. 141.
67. Department of Economic and Social Affairs, *World Economic and Social Survey 2011*, p. vi-viii.
68. Michael Shellenberger, Ted Nordhaus, Jeff Navin, Teryn Norris, Aden van Noppen, Fast, Clean, & Cheap, p. 105.
69. Ricardo Abramovay, Desafios da economia verde, p. 3.
70. Michael Shellenberger, Ted Nordhaus, Jeff Navin, Teryn Norris, Aden van Noppen. Fast, Clean, & Cheap, p. 96.
71. Nicholas Stern, *The Global Deal*, p. 43.
72. Eduardo Viola, Matías Franchini, Thaís Lemos Ribeiro, *Sistema internacional de hegemonia conservadora*, p. 368.
73. Blue Planet Prize Laureates *et al.* Environment and Development Challenges, p. 5.
74. Gwyn Prins *et al.*, *The Hartwell Paper*, p. 32.
75. Ver exemplo em Michael Shellenberger, Ted Nordhaus, Jeff Navin, Teryn Norris, Aden van Noppen. Fast, Clean, & Cheap, p. 101.
76. José Eli da Veiga, Rumo ao baixo carbono, p. A9.
77. Nicholas Stern, *The Global Deal*, p. 196.
78. Ver Eduardo Viola, Matías Franchini, Thaís Lemos Ribeiro, *Sistema internacional de hegemonia conservadora*, p. 234.
79. Nicholas Stern, *The Global Deal*, p. 43.
80. José Goldemberg, Gás de xisto, uma nova revolução energética?, p. A2.
81. David Barnhizer, Waking from sustainability's "impossible dream", p. 650-651.
82. Department of Economic and Social Affairs, *World Economic and Social Survey 2011*, p. x.
83. David Barnhizer, Waking from sustainability's "impossible dream", p. 650-651.
84. Michael Shellenberger, Ted Nordhaus, Jeff Navin, Teryn Norris, Aden van Noppen. Fast, Clean, & Cheap, p. 105-106.
85. Ibidem, p. 105.
86. Department of Economic and Social Affairs, *World Economic and Social Survey 2011*, p. ix.
87. Ibidem, p. ix, xi-xiii.

88. Michael Shellenberger, Ted Nordhaus, Jeff Navin, Teryn Norris, Aden van Noppen, *Fast, Clean, & Cheap*, p. 105.
89. David G. Victor, *Global Warming Gridlock*. Location: 2597.
90. Gwyn Prins et al., *The Hartwell Paper*, p. 12.
91. David G. Victor, *Global Warming Gridlock*. Location: 2616.
92. Michael Shellenberger, Ted Nordhaus, Jeff Navin, Teryn Norris, Aden van Noppen, *Fast, Clean, & Cheap*, p. 95.
93. David G. Victor, *Global Warming Gridlock*. Location: 2615.
94. Ibidem.
95. Department of Economic and Social Affairs, *World Economic and Social Survey 2011*, p. xii
96. Eduardo Viola, Matías Franchini, Thaís Lemos Ribeiro, *Sistema internacional de hegemonia conservadora*, p. 235.
97. David G. Victor, *Global Warming Gridlock*. Location: 2615.
98. Michael Shellenberger, Ted Nordhaus, Jeff Navin, Teryn Norris, Aden van Noppen, *Fast, Clean, & Cheap*, p. 106.
99. David G. Victor, *Global Warming Gridlock*. Location: 2594.
100. Michael Shellenberger, Ted Nordhaus, Jeff Navin, Teryn Norris, Aden van Noppen, *Fast, Clean, & Cheap*, p. 107.
101. Charles O. Holliday Jr., Stephan Schmidheiny, Philip Watts, *Walking the Talk*, p. 249.
102. Peter H. Feindt, Richard Cowell, The Recession, Environmental Policy and Ecological Modernization, p. 193.
103. Department of Economic and Social Affairs, *World Economic and Social Survey 2011*, p. ix-x.
104. Michael Shellenberger, Ted Nordhaus, Jeff Navin, Teryn Norris, Aden van Noppen, *Fast, Clean, & Cheap*, p. 107.
105. Javier Carrillo-Hermosilla, Pablo del Río González, Totti Könnölä, *Eco-innovation*, p. 128.
106. Department of Economic and Social Affairs, *World Economic and Social Survey 2011*, p. ix-x.
107. Worldwatch Institute, *Toward a Transatlantic Green New Deal*, p. 5.
108. International Chamber of Commerce, *ICC Green Economy Roadmap*, p. 10.
109. Daniel van Fleet, Legal Approaches to Promote Technological Solutions to Climate Change, p. 2.
110. Gwyn Prins et al., *The Hartwell Paper*, p. 31.
111. Daniel van Fleet, Legal Approaches to Promote Technological Solutions to Climate Change, p. 2.
112. David G. Victor, *Global Warming Gridlock*. Location: 3340, 3481.
113. Peter Lehner, Changing Markets to Address Climate Change, p. 391-392.
114. Michael Shellenberger, Ted Nordhaus, Jeff Navin, Teryn Norris, Aden van Noppen, *Fast, Clean, & Cheap*, p. 106.
115. Javier Carrillo-Hermosilla, Pablo del Río González, Totti Könnölä, *Eco-innovation*, p. 48.
116. Michael Shellenberger, Ted Nordhaus, Jeff Navin, Teryn Norris, Aden van Noppen, *Fast, Clean, & Cheap*, p. 106.
117. Javier Carrillo-Hermosilla, Pablo del Río González, Totti Könnölä, *Eco-innovation*, p. 48.
118. Robert O. Keohane, David G. Victor, The Regime Complex for Climate Change, p. 13; ver também OCDE, *Développement Durable*, p. 67.
119. Ver Bob Willard, *The Sustainability Advantage*, p. 110.
120. Ver Department of Economic and Social Affairs, *World Economic and Social Survey 2011*, p. xxi.
121. Philippe de Woot, *Should Prometheus be Bound?*, p. 184.
122. Michael E. Porter, Michael van der Linde, Green and Competitive, p. 128.
123. Philippe de Woot, *Should Prometheus be Bound?*, p. 181, 184.
124. Michael Shellenberger, Ted Nordhaus, Jeff Navin, Teryn Norris, Aden van Noppen, *Fast, Clean, & Cheap*, p. 109.
125. David G. Victor, *Global Warming Gridlock*. Location: 3481.

126. Ibidem. Location: 3487.
127. David G. Victor, *Global Warming Gridlock*. Location: 800; ver também Javier Carrillo-Hermosilla, Pablo del Río González, Totti Könnölä, *Eco-innovation*: cuando sostenibilidad y competitividad se dan la mano, p. 114-115.
128. David G. Victor, *Global Warming Gridlock*. Location: 3340, 3481, 3487.
129. David G. Victor, *Global Warming Gridlock*. Location: 771; ver também OCDE, *Développement Durable*, p. 67.
130. Daniel van Fleet, Legal Approaches to Promote Technological Solutions to Climate Change, p. 4; ver também Javier Carrillo-Hermosilla, Pablo del Río González, Totti Könnölä, *Eco-innovation*, p. 114-115.
131. Nicholas Stern, *The Global Deal*, p. 43.
132. Daniel van Fleet, Legal Approaches to Promote Technological Solutions to Climate Change, p. 3.
133. Ibidem, p. 5-6.
134. Ibidem, p. 5-6.
135. Nicholas Stern, *The Global Deal*, p. 173.

Instrumentos públicos para o combate às mudanças climáticas

1. Achim Steiner, Eleventh Annual Grotius Lecture Series, p. 864.
2. Tom Tietenberg, Cap-and-Trade, p. 361; Christina K. Harper, Climate Change and Tax Policy, p. 422.
3. Javier Carrillo-Hermosilla, Pablo del Río González, Totti Könnölä, *Eco-innovation*, p. 104.
4. Tom Tietenberg, Cap-and-Trade, p. 361.
5. Paul Krugman, Building a Green Economy, p. MM34.
6. Ibidem.
7. Daniel van Fleet, Legal Approaches to Promote Technological Solutions to Climate Change, p. 3.
8. Reuven S. Avi-Yonah, David M. Uhlmann, Combating Global Climate Change, p. 29.
9. Harriet Bulkeley, Peter Newell, *Governing Climate Change*, p. 31.
10. Michael Waggoner, How and Why to Tax Carbon, p. 32.
11. Bob Willard, *The Sustainability Advantage*, p. 151-153.
12. Blue Planet Prize Laureates, *et al.* Environment and Development Challenges, p. 5.
13. Achim Steiner, Eleventh Annual Grotius Lecture Series, p. 862.
14. David V. J. Bell, The Role of Government in Advancing Corporate Sustainability, p. 11, 14.
15. Edward Barbier, Global Governance, p. 25.
16. Achim Steiner, Eleventh Annual Grotius Lecture Series, p. 862.
17. Michael Waggoner, How and Why to Tax Carbon, p. 32.
18. Michael Shellenberger, Ted Nordhaus, Jeff Navin, Teryn Norris, Aden van Noppen, Fast, Clean, & Cheap, p. 97.
19. Michele Betsill, Matthew Hoffmann, The Contours of "Cap and Trade", p. 98.
20. Philipp Pattberg, Johannes Stripple, Beyond the Public and Private Divide, p. 374.
21. Michael Shellenberger, Ted Nordhaus, Jeff Navin, Teryn Norris, Aden van Noppen, Fast, Clean, & Cheap, p. 97.
22. Ver Miles Young, Beautifying the Ugly Step-Sister, p. 1.380.
23. Michael Shellenberger, Ted Nordhaus, Jeff Navin, Teryn Norris, Aden van Noppen, Fast, Clean, & Cheap, p. 97.
24. Nicholas Stern, *The Global Deal*, p. 107.

25. Michael Shellenberger, Ted Nordhaus, Jeff Navin, Teryn Norris, Aden van Noppen, Fast, Clean, & Cheap, p. 97.
26. Javier Carrillo-Hermosilla, Pablo del Río González, Totti Könnölä, *Eco-innovation*, p. 106.
27. Tom Tietenberg, Cap-and-Trade, p. 359.
28. Reuven S. Avi-Yonah, David M. Uhlmann, Combating Global Climate Change, p. 5-6.
29. Harriet Bulkeley, Peter Newell, *Governing Climate Change*, p. 31; ver também James Gustave Speth, *The Bridge at the Edge of the World*, p. 94-95.
30. Miles Young, Beautifying the Ugly Step-Sister, p. 1.405.
31. Michele Betsill, Matthew Hoffmann, The Contours of "Cap and Trade", p. 84.
32. Tom Tietenberg, Cap-and-Trade, p. 362.
33. Ver <http://unfccc.int/resource/docs/convkp/kpeng.pdf>.
34. Steven Bernstein, Michele Betsill, Matthew Hoffmann, Matthew Paterson, A Tale of Two Copenhagens, p. 165.
35. Ver <http://ec.europa.eu/clima/policies/ets/index_en.htm>.
36. Michele Betsill, Matthew Hoffmann, The Contours of "Cap and Trade", p. 83.
37. Liliana B. Andonova, Michele Betsill, Harriet Bulkeley, Transnational Climate Governance, p. 52-73.
38. Harriet Bulkeley, Peter Newell, *Governing Climate Change*, p. 95.
39. Philipp Pattberg, Johannes Stripple, Beyond the Public and Private Divide, p. 378.
40. Ver <http://www.nytimes.com/cwire/2011/01/03/03climatewire-chicago-climate-exchange-closes-but-keeps-ey-78598.html?pagewanted=all>. Acesso em: 10 out. 2012.
41. Michele Betsill, Matthew Hoffmann, The Contours of "Cap and Trade", p. 83.
42. Nicholas Stern, *The Global Deal*, p. 160.
43. Steven Bernstein, Michele Betsill, Matthew Hoffmann, Matthew Paterson, A Tale of Two Copenhagens, p. 165.
44. Nicholas Stern, *The Global Deal*, p. 160.
45. Michele Betsill, Matthew Hoffmann, The Contours of "Cap and Trade", p. 83.
46. Miles Young, Beautifying the Ugly Step-Sister, p. 1.399.
47. Harriet Bulkeley, Peter Newell, *Governing Climate Change*, p. 32.
48. Miles Young, Beautifying the Ugly Step-Sister, p. 1.399.
49. Ibidem, p. 1.404.
50. Reuven S. Avi-Yonah, David M. Uhlmann, Combating Global Climate Change, p. 36.
51. Ibidem.
52. Ibidem, p. 37, 41.
53. Ibidem, p. 42.
54. Miles Young, Beautifying the Ugly Step-Sister, p. 1.400.
55. Reuven S. Avi-Yonah, David M. Uhlmann, Combating Global Climate Change, p. 43.
56. Steven Bernstein, Michele Betsill, Matthew Hoffmann, Matthew Paterson, A Tale of Two Copenhagens, p. 169.
57. Miles Young, Beautifying the Ugly Step-Sister, p. 1.406.
58. Christina K. Harper, Climate Change and Tax Policy, p. 458.
59. Michael Waggoner, How and Why to Tax Carbon, p. 33.
60. Ibidem, p. 34.
61. Nicholas Stern, *The Global Deal*, p. 108-109.
62. Eric A. Posner, Cass R. Sunstein, Should Greenhouse Gas Permits Be Allocated on a *Per capita* Basis?, p. 88.
63. Miles Young, Beautifying the Ugly Step-Sister, p. 1.407.
64. Steven Bernstein, Michele Betsill, Matthew Hoffmann, Matthew Paterson, A Tale of Two Copenhagens, p. 165.
65. Miles Young, Beautifying the Ugly Step-Sister, p. 1.410.
66. José Eli da Veiga, *Sustentabilidade*, p. 110.

67. Ver Anthony Giddens, *A política da mudança climática*, p. 188.
68. David V. J. Bell, The Role of Government in Advancing Corporate Sustainability, p. 11, 14.
69. Javier Carrillo-Hermosilla, Pablo del Río González, Totti Könnölä, *Eco-innovation*, p. 106.
70. William D. Nordhaus, Carbon Taxes to Move Toward Fiscal Sustainability, p. 1; Christina K. Harper, Climate Change and Tax Policy, p. 425.
71. Reuven S. Avi-Yonah, David M. Uhlmann, Combating Global Climate Change, p. 31.
72. Miles Young, Beautifying the Ugly Step-Sister, p. 1.391.
73. Nicholas Stern, *The Global Deal*, p. 102.
74. Christina K. Harper, Climate Change and Tax Policy, p. 425.
75. Joseph Stiglitz, A New Agenda for Global Warming, p. 3.
76. Ibidem, p. 411-460; Anthony Giddens, *A política da mudança climática*, p. 188.
77. William D. Nordhaus, Carbon Taxes to Move Toward Fiscal Sustainability, p. 3.
78. Javier Carrillo-Hermosilla, Pablo del Río González, Totti Könnölä, *Eco-innovation*, p. 106.
79. Nicholas Stern, *The Global Deal*, p. 102-103.
80. Miles Young, Beautifying the Ugly Step-Sister, p. 1.380.
81. Juan Arturo Iluminado C. de Castro, Is it a huge mistake?, p. 252.
82. OCDE, *Développement durable*, p. 40.
83. Reuven S. Avi-Yonah, David M. Uhlmann, Combating Global Climate Change, p. 36, 46.
84. Ibidem, p. 38.
85. Nicholas Stern, *The Global Deal*, p. 102.
86. Jon Hovi, Bjart Holtsmark, Cap-and-Trade or Carbon Taxes?, p. 142.
87. William D. Nordhaus, Carbon Taxes to Move Toward Fiscal Sustainability, p. 2.
88. Ver Miles Young, Beautifying the Ugly Step-Sister, p. 1.391; ver também Reuven S. Avi-Yonah, David M. Uhlmann, Combating Global Climate Change, p. 38.
89. William D. Nordhaus, Carbon Taxes to Move Toward Fiscal Sustainability, p. 1.
90. Christina K. Harper, Climate Change and Tax Policy, p. 427.
91. Nicholas Stern, *The Global Deal*, p. 103; Jon Hovi, Bjart Holtsmark, Cap-and-Trade or Carbon Taxes? The Feasibility of Enforcement and the Effects of Non-Compliance, p. 143.
92. Reuven S. Avi-Yonah, David M. Uhlmann, Combating Global Climate Change, p. 32.
93. Jon Hovi, Bjart Holtsmark, Cap-and-Trade or Carbon Taxes? The Feasibility of Enforcement and the Effects of Non-Compliance, p. 140.
94. William D. Nordhaus, Carbon Taxes to Move Toward Fiscal Sustainability, p. 3.
95. Nicholas Stern, *The Global Deal*, p. 102-103.
96. Michael Waggoner, How and Why to Tax Carbon, p. 24.
97. Reuven S. Avi-Yonah, David M. Uhlmann, Combating Global Climate Change, p. 49.
98. David Victor, citado em Jon Hovi, Bjart Holtsmark, Cap-and-Trade or Carbon Taxes?, p. 144.
99. John Foster, *The Sustainability Mirage*, p. 123.
100. George Monbiot, *Heat*. Location: 1324.
101. Ibidem. Location: 1331.
102. Anthony Giddens, *A política da mudança climática*, p. 195; ver também John Foster, *The Sustainability Mirage*, p. 123.
103. John Foster, *The Sustainability Mirage*, p. 123.
104. Anthony Giddens, *A política da mudança climática*, p. 197.
105. George Monbiot, *Heat*. Location: 1355.
106. Anthony Giddens, *A política da mudança climática*, p. 195.
107. George Monbiot, *Heat*. Location: 1341.
108. Ibidem. Location: 1380.
109. Anthony Giddens, *A política da mudança climática*, p. 195.

O Estado líder

1. David V. J. Bell, The Role of Government in Advancing Corporate Sustainability, p. 15.
2. Hazel Henderson, Transnational Corporations and Global Citizenship, p. 1.241.
3. Duncan A. French, The Role of the State and International Organizations in Reconciling Sustainable Development and Globalization, p. 142.
4. Peter Alexis Gourevitch, James J. Shinn, *Political power and corporate control*, p. 3.
5. Ibidem, p. 3, 278.
6. John Elkington, *Cannibals with Forks*, p. 286.
7. Duncan A. French, The Role of the State and International Organizations in Reconciling Sustainable Development and Globalization, p. 142.
8. Nicholas Stern, *The Global Deal*, p. 99.
9. Paul Krugman, Uma salvação acessível, p. B8.
10. Javier Carrillo-Hermosilla, Pablo del Río González, Totti Könnölä, *Eco-innovation*, p. 66.
11. Nicholas Stern, *The Global Deal*, p. 5, 208.
12. Steven Bernstein, Michele Betsill, Matthew Hoffmann, Matthew Paterson, A Tale of Two Copenhagens, p. 166.
13. David V. J. Bell, The Role of Government in Advancing Corporate Sustainability, p. 12.
14. Istemi Demirag (ed.), *Corporate social responsibility, accountability, and governance*, p. 358.
15. Anthony Giddens, *A política da mudança climática*, p. 95-96.
16. David Zylbersztajn, Clarissa David (Org.), *Sustentabilidade e geração de valor*, p. xxii.
17. Ver Programa das Nações Unidas para o Meio Ambiente, *Caminhos para o desenvolvimento sustentável e a erradicação da pobreza*, p. 1.
18. Gwyn Prins *et al.*, *The Hartwell Paper*, p. 32.
19. Ver Eduardo Viola, Matías Franchini, Thaís Lemos Ribeiro, *Sistema internacional de hegemonia conservadora*, p. 207.
20. Anthony Giddens, *A política da mudança climática*, p. 159, 161-163.
21. Nicholas Stern, *The Global Deal*, p. 140.
22. Ver <http://www.c40cities.org/>.
23. Philipp Pattberg, Johannes Stripple, Beyond the Public and Private Divide, p. 379.
24. Citados por David V. J. Bell, The Role of Government in Advancing Corporate Sustainability, p. 10.
25. Ver Martin Janicke, Klaus Jacob, Lead Markets for Environmental Innovations, p. 29-46.
26. David V. J. Bello, The Role of Government in Advancing Corporate Sustainability, p. 10
27. Jared Diamond, *Colapso*, p. 624.
28. Anthony Giddens, *A política da mudança climática*, p. 120.
29. Ignacy Sachs; Carlos Lopes; Ladislau Dowbor, Crises e oportunidades em tempos de mudança, 2010 (atualizado em 2013). Disponível em:<http://dowbor.org/blog/wp-content/uploads/2010/01/13-Crises-e-Oportunidades-atualização-2013.doc>. Acesso em: 1 dez. 2013.
30. John Elkington, Pamela Hartigan, *The power of unreasonable people*, p. 164.
31. Javier Carrillo-Hermosilla, Pablo del Río González, Totti Könnölä, *Eco-innovation*, p. 118.
32. Ibidem, p. 115.
33. Philipp Pattberg, Johannes Stripple, Beyond the Public and Private Divide, p. 379.
34. James Gustave Speth, *The Bridge at the Edge of the World*, p. 105.
35. David Barnhizer, Waking from sustainability's "impossible dream", p. 616.
36. Philippe de Woot, *Should Prometheus be Bound?*, p. 184.
37. David G. Victor, M. G. Morgan, Jay Apt, John Steinbruner, Katharine Ricke, The Geoengineering Option, p. 64-76.

38. Eduardo Viola, Matías Franchini, Thaís Lemos Ribeiro, *Sistema internacional de hegemonia conservadora*, p. 38.
39. World Commission on Environment and Development, *Report of the World Commission on Environment and Development*.

Efetividade e legitimidade da governança global da sustentabilidade

1. Frank Biermann, Philipp Pattberg (eds.), *Global Environmental Governance Reconsidered*, p. 265.
2. Chukwumerije Okereke, Harriet Bulkeley, Heike Schroeder, Conceptualizing Climate Governance Beyond the International Regime, p. 58-78.
3. Robert O. Keohane, David G. Victor, The Regime Complex for Climate Change, p. 1-2.
4. James Rosenau, Governance in a New Global Order, p. 75.
5. Ibidem.
6. Frank Biermann, Philipp Pattberg, *Global Environmental Governance Reconsidered*, p. 274.
7. Harriet Bulkeley, Susanne C. Moser, Responding to Climate Change, p. 1-10.
8. Ver Eduardo Viola, Matías Franchini, Thaís Lemos Ribeiro, *Sistema internacional de hegemonia conservadora*, p. 192.
9. Geoffrey Heal, citado em Harriet Bulkeley, Peter Newell, *Governing Climate Change*, p. 3.
10. Chukwumerije Okereke, Harriet Bulkeley, Heike Schroeder, Conceptualizing Climate Governance Beyond the International Regime, p. 58-78.
11. Anthony Giddens, Start the World, we Want to Get on, p. 37.
12. Steven Bernstein, Michele Betsill, Matthew Hoffmann, Matthew Paterson, A Tale of Two Copenhagens, p. 162, 170.
13. Ibidem, p. 168.
14. Frank Biermann, Philipp Pattberg, Harro van Asselt, Fariborz Zelli, The Fragmentation of Global Governance Architectures, p. 14-40.
15. Philipp Pattberg, Johannes Stripple, Beyond the Public and Private Divide, p. 368.
16. Harriet Bulkeley, Susanne C. Moser, Responding to Climate Change, p. 1-10.
17. Ver Harriet Bulkeley, Susanne C. Moser, Responding to Climate Change, p. 1-10.
18. Peter M. Haas, Addressing the Global Governance Deficit, p. 1-15.
19. Harriet Bulkeley, Susanne C. Moser, Responding to Climate Change, p. 1-10.
20. Peter M. Haas, Addressing the Global Governance Deficit, p. 1-15.
21. Alberto Martinelli, Atle Midttun, Globalization and Governance for Sustainability, p. 13-14.
22. Ver Kate O'Neill, *The Environment and International Relations*, p. 6.
23. Frank Biermann, Philipp Pattberg, Harro van Asselt, Fariborz Zelli, The Fragmentation of Global Governance Architectures, p. 14-40.
24. Robert O. Keohane, David G. Victor, The Regime Complex for Climate Change, p. 1-2.
25. Dani Rodrik, *The Globalization Paradox*, p. 204.
26. David G. Victor, *Global Warming Gridlock*.
27. Steven Bernstein, Michele Betsill, Matthew Hoffmann, Matthew Paterson, A Tale of Two Copenhagens, p. 173.
28. Robert O. Keohane, David G. Victor, The Regime Complex for Climate Change, p. 23, 25.
29. Ibidem.
30. Anthony Giddens, Start the World, we Want to Get on, p. 37.
31. Nicholas Stern, *The Global Deal*, p. 202.
32. Idem, *The Economics of Climate Change*, p. 99, 536.

33. John Foster, *The Sustainability Mirage*, p. 126.
34. Steven Bernstein, Legitimacy in Global Environmental Governance, p. 142.
35. Frank Biermann, Philipp Pattberg (ed.), *Global Environmental Governance Reconsidered*, p. 275.
36. Manuel Castells, Global Governance and Global Politics. The 2004 Ithiel de Sola Pool Lecture, p. 9.
37. Ver Jonathon Porrit, *Capitalism as if the world matters*, p. 307.
38. Manuel Castells, Global Governance and Global Politics. The 2004 Ithiel de Sola Pool Lecture, p. 10.
39. Idem, *La Galaxia Internet*, p. 311.
40. Steven Bernstein, Legitimacy in Global Environmental Governance, p. 139.
41. Ibidem, p. 148, 151, 351.
42. Dani Rodrik, *The Globalization Paradox*, p. 211.
43. Philipp Pattberg, Johannes Stripple, Beyond the Public and Private Divide, p. 380.
44. Isabelle Biagiotti, Emerging Corporate Actors in Environment and Trade Governance, p. 134.
45. Steven Bernstein, Benjamin Cashore, Can non-state global governance be legitimate?, p. 351.
46. Ver Jennifer Clapp, The Privatization of Global Environmental Governance, p. 223-248.
47. Robert Falkner, Private Environmental Governance and International Relations, p. 72-87.
48. Ver Jennifer Clapp, The Privatization of Global Environmental Governance, p. 224-245.
49. Manuel Castells, *La Galaxia Internet*, p. 311.
50. Michael E. Porter, Mark R. Kramer, Creating Shared Value, p. 65.
51. James Gustave Speth, *The Bridge at the Edge of the World*, p. 175.
52. Jennifer Clapp, The Privatization of Global Environmental Governance, p. 228.
53. Ver Peter J. Newell, Business and International Environmental Governance, p. 32, 35.
54. Steven Bernstein, Michele Betsill, Matthew Hoffmann, Matthew Paterson, A Tale of Two Copenhagens, p. 171.
55. Harriet Bulkeley, Peter Newell, *Governing Climate Change*, p. 104.
56. Steven Bernstein, Legitimacy in Global Environmental Governance, p. 165.
57. Eduardo Viola, Matías Franchini, Thaís Lemos Ribeiro, *Sistema internacional de hegemonia conservadora*, p. 39.

O dilema do crescimento sem fim

1. David G. Victor, *Global Warming Gridlock*. Location: 3478, 770.
2. Ver Philip J. Vergraft, How Technology Could Contribute to a Sustainable World, p. 6.
3. Martin O'Connor, *Is Capitalism Sustainable?*, p. 3.
4. David G. Victor, *Global Warming Gridlock*. Location: 617, 1575, 1076.
5. George Monbiot, *Heat*. Location: 4663.
6. Jonathan M. Harris, Free Trade or Sustainable Trade?, p. 125.
7. Kyla Tienhaara, A Tale of Two Crises, p. 204.
8. Ver Michael W. Doyle, Rachel I. Massey, Intergovernmental organizations and the environment, p. 420.
9. Jonathan M. Harris, Free Trade or Sustainable Trade?, p. 125; ver também, Manfred Max-Neef, Economic growth and quality of life, p. 115.
10. World Trade Organization and United Nations Envirnomental Program, *Trade and Climate Change*, p. xii.

11. Ver Michael W. Doyle, Rachel I. Massey, Intergovernmental organizations and the environment, p. 420.
12. Kyla Tienhaara, A Tale of Two Crises, p. 205.
13. Ricardo Abramovay, *Muito além da economia verde*, p. 125.
14. James Gustave Speth, *The Bridge at the Edge of the World*, p. 51.
15. Ver José Eli da Veiga, O nexo socioeconômico da agenda global, p. 31.
16. Ver James Gustave Speth, *The Bridge at the Edge of the World*, p. 51.
17. Ricardo Abramovay, Fazer mais com menos. Disponível em: <http://envolverde.com.br/economia/sustentabilidade-economia/fazer-mais-com-menos/>. Acesso em: 5 mai. 2012.
18. José Eli da Veiga, Liz-Rejane Issberner, Decrescer crescendo, p. 110-111.
19. José Eli da Veiga, *A desgovernança mundial da sustentabilidade*, p. 96 e 97; ver também Tim Jackson, *Prosperidade sem crescimento*, p. 85.
20. Kyla Tienhaara, A Tale of Two Crises, p. 205.
21. José Eli da Veiga, O nexo socioeconômico da agenda global, p. 33; ver também José Eli da Veiga, Liz-Rejane Issberner, Decrescer crescendo, p. 115.
22. José Eli da Veiga, Liz-Rejane Issberner, Decrescer crescendo, p. 115-116.
23. Ver José Eli da Veiga, *A desgovernança mundial da sustentabilidade*, p. 98.
24. James Gustave Speth, *The Bridge at the Edge of the World*, p. 155.
25. George Monbiot, *Heat*. Location: 1644.
26. James Gustave Speth, *The Bridge at the Edge of the World*, p. 155.
27. José Eli da Veiga, Liz-Rejane Issberner, Decrescer crescendo, p. 116.
28. Kyla Tienhaara, A Tale of Two Crises, p. 206.
29. Ver Élisabeth Laville, *A empresa verde*, p. 258-259.
30. Peter Dauvergne, The Problem of Consumption, p. 1-10.
31. Ibidem.
32. James Gustave Speth, *The Bridge at the Edge of the World*, p. 147.
33. André Lara Resende, Os rumos do capitalismo, p. 8-12.
34. Victor Lebow, Price Competition in 1955.
35. Ver Jonathon Porrit, *Capitalism as if the world matters*, p. xx.
36. James Gustave Speth, *The Bridge at the Edge of the World*, p. 236.
37. John Foster, *The Sustainability Mirage*, p. 87.
38. Demetrio Loperena Rota, Atrapados.
39. Kyla Tienhaara, A Tale of Two Crises, p. 204.
40. Pavan Sukhdev, *Corporation 2020*. Location: 288.
41. Ver James Gustave Speth, *The Bridge at the Edge of the World*, p. 6-9, 121.
42. Pankaj Ghemawat, *World 3.0*, p. 9.
43. John Foster, *The Sustainability Mirage*, p. 15.
44. James Gustave Speth, *The Bridge at the Edge of the World*, p. 83.
45. Jonathon Porrit, *Capitalism as if the world matters*, p. xx.
46. Herman E. Daly; Joshua Farley, Ecological economics. p. 6, 426.
47. Herman E. Daly, Sustainable Development. Disponível em: <http://millenniumindicators.un.org/unsd/envaccounting/ceea/archive/Framework/Daly_SD_Def_Priciples_Policies.PDF>. Acesso em: 27 nov. 2013.; ver também Herman E. Daly; Joshua Farley. *Ecological economics*, p. 54.
48. Donella Meadows, Jorgen Randers, Dennis Meadows, William W. Behrens III, *The Limits to Growth*.
49. Ver <http://www.clubofrome.org/>.
50. Donella Meadows, Jorgen Randers, Dennis Meadows, *Los límites del crecimiento, 30 años después*, p. 17.
51. Kyla Tienhaara, A Tale of Two Crises, p. 204.

52. Donella Meadows, Jorgen Randers, Dennis Meadows, *Los límites del crecimiento, 30 años después*, p. 19.
53. Kyla Tienhaara, A Tale of Two Crises, p. 204.
54. Ibidem.
55. Donella Meadows, Jorgen Randers, Dennis Meadows, *Beyond the limits*; ver também Donella Meadows, Jorgen Randers, Dennis Meadows, *Los límites del crecimiento, 30 años después*, p. 19.
56. Ver James Gustave Speth, *The Bridge at the Edge of the World*, p. 121.
57. Jonathon Porrit, *Capitalism as if the world matters*, p. 327.
58. Ver Martin Wolf, *Why Globalization Works*, p. 188-189.
59. Ver James Gustave Speth, *The Bridge at the Edge of the World*, p. 172.
60. Jeffrey Sachs, *El fin de la pobreza*, p. 489-491.
61. Ibidem, p. 484.
62. Jonathan M. Harris, Free Trade or Sustainable Trade? An Ecological Economics Perspective, p. 124.
63. World Trade Organization and United Nations Envirnomental Program, *Trade and Climate Change*: WTO UNEP Report, p. xi.
64. Pankaj Ghemawat, *World 3.0*, p. 118.
65. James Gustave Speth, *The Bridge at the Edge of the World*, p. 57.
66. Blue Planet Prize Laureates, et al. Environment and Development Challenges, p. 3.
67. Jonathon Porrit, *Capitalism as if the world matters*, p. 111.
68. Nicholas Stern, *The Global Deal*, p. 10.
69. World Commission on Environment and Development, *Report of the World Commission on Environment and Development*, 1987.
70. Ricardo Abramovay, *Muito além da economia verde*, p. 20.
71. Harriet Bulkeley, Peter Newell, *Governing Climate Change*, p. 37.
72. Peter Dauvergne, The Problem of Consumption, p. 1-10.
73. Andrew W. Savitz, *A empresa sustentável*, p. 104-105; Tim Jackson, *Prosperidade sem crescimento*, p. 21.
74. Peter Dauvergne, The Problem of Consumption, p. 1-10.
75. Ricardo Abramovay, *Muito além da economia verde*, p. 20.
76. Ibidem, p. 182.
77. Ibidem, p. 184.
78. Idem, Desafios da economia verde, p. 3.
79. Idem, *Muito além da economia verde*, p. 195.
80. Herman E. Daly; Joshua Farley. *Ecological economics*, p. 6.
81. José Eli da Veiga, Lizs-Rejane Issberner, Decrescer crescendo, p. 130.
82. Tim Jackson, *Prosperidade sem crescimento*, p. 14.
83. Edgar Morin, *A via para o futuro da humanidade*. p. 61, 43.; ver também José Eli da Veiga, Lizs-Rejane Issberner, Decrescer crescendo, p. 130.
84. Tim Jackson, *Prosperidade sem crescimento*, p. 79.
85. José Eli da Veiga, *Sustentabilidade*, p. 141.
86. Tim Jackson, *Prosperidade sem crescimento*, p. 25.
87. Joseph E. Stiglitz, Amartya Sen, Jean-Paul Fitoussi, *Report by the Commission on the Measurement of Economic Performance and Social Progress*, p. 7.
88. Programa das Nações Unidas para o Meio Ambiente, *Caminhos para o desenvolvimento sustentável e a erradicação da pobreza*, p. 5.
89. <Ver http://rprogress.org/sustainability_indicators/genuine_progress_indicator.htm>.
90. Ver Tim Jackson, *Prosperidade sem crescimento*, p. 202.
91. <Ver http://www.grossnationalhappiness.com/>.
92. <Ver <http://hdr.undp.org/en/humandev/>.
93. <Ver <http://www.stiglitz-sen-fitoussi.fr>.

94. Joseph E. Stiglitz, Amartya Sen, Jean-Paul Fitoussi, *Report by the Commission on the Measurement of Economic Performance and Social Progress*.
95. Stéphane Hessel; Edgar Morin, *O caminho da esperança*. p. 27.
96. Ver Manfred Max-Neef, Economic growth and quality of life. *Ecological Economics*, p. 117.
97. Edgar Morin, *A via para o futuro da humanidade*. p. 29.
98. Joseph E. Stiglitz, Amartya Sen, Jean-Paul Fitoussi, *Report by the Commission on the Measurement of Economic Performance and Social Progress*, p. 8.
99. José Eli da Veiga, Lizs-Rejane Issberner, Decrescer crescendo, p. 127.
100. Ver Tim Jackson, *Prosperidade sem crescimento*, p. 27.
101. Amartya Sen, *Desenvolvimento como liberdade*, p. 17. Amartya Sen, *A ideia de justiça*. Location: 5199.
102. Rob Bijl, Never Waste a Good Crisis, p. 162.
103. Ver Amartya Sen, *A ideia de justiça*. Location: 5097.
104. Ibidem, p. 127-128.
105. Tim Jackson, *Prosperidade sem crescimento*, p. 12.
106. Programa das Nações Unidas para o Meio Ambiente, *Caminhos para o desenvolvimento sustentável e a erradicação da pobreza*, p. 5.
107. Eduardo Giannetti, A crise ambiental e a economia de mercado. In: Achim, Steiner *et al. Novo contrato social*, p. 72.
108. Herman E. Daly, Ecological Economics. Canadian Society for Ecological Economics (CANSEE) Conference. Disponível em: <http://www.greeneconomics.net/2003HDaly.pdf>. Acesso em: 27 nov. 2013. Ver também Herman E. Daly; Joshua Farley,. *Ecological economics*, p. 16.
109. Jonathan M. Harris, Free Trade or Sustainable Trade?, p. 121.

Conclusão

1. George Monbiot, *Heat*. Locations: 4765, 4809.
2. Jonathon Porrit, *Capitalism as if the world matters*, p. 294, 328.
3. Albert Gore, *Uma verdade inconveniente*, p. 284.
4. James Lovelock, *La venganza de la Tierra*, p. 224.
5. Martin Wolf, Por que o mundo enfrenta o caos quanto ao clima.
6. Mark Lynas, citado por John Foster, *The Sustainability Mirage*, p. 83.
7. George Monbiot, *Heat*. Location: 272.
8. David Barnhizer, Waking from sustainability's "impossible dream", p. 628, 616-617, 690.
9. Ver José Eli da Veiga, *Desenvolvimento sustentável*, p. 147.
10. Erich Fromm, citado por James Gustave Speth, *The Bridge at the Edge of the World*, p. 202, 199.
11. John Foster, *The Sustainability Mirage*, p. 106, 109, 111.
12. Ibidem, p. 58.
13. Ibidem, p. 31.
14. Ibidem, p. 120.
15. James Gustave Speth, *The Bridge at the Edge of the World*, p. 204.
16. David Barnhizer, Waking from sustainability's "impossible dream", p. 596.
17. Daniel C. Esty, Andrew S. Winston, *Green to Gold*. Location: 4131.
18. David Barnhizer, Waking from sustainability's "impossible dream", p. 616-617.
19. James Lovelock, *La venganza de la Tierra*, p. 220.
20. John Foster, *The Sustainability Mirage*, p. 130.

21. James Gustave Speth, *The Bridge at the Edge of the World*, p. 211; ver também David Barnhizer, Waking from sustainability's "impossible dream", p. 617.
22. Ver Lester R. Brown, *World on the Edge*, p. 194.
23. The Royal Society, *Geoengineering the climate*.
24. Nicholas Stern, *The Global Deal*, p. 106, 196.
25. The Royal Society, *Geoengineering the climate*, p. 23.
26. David G. Victor, M. G. Morgan, Jay Apt, John Steinbruner, Katharine Ricke, The Geoengineering Option, p. 64-76.
27. Ver The Royal Society, *Geoengineering the climate*, p. 34.
28. David G. Victor, M. G. Morgan, Jay Apt, John Steinbruner, Katharine Ricke, The Geoengineering Option, p. 64-76.
29. Kyla Tienhaara, A Tale of Two Crises, p. 206.
30. David G. Victor, M. G. Morgan, Jay Apt, John Steinbruner, Katharine Ricke, The Geoengineering Option, p. 64-76.
31. World Trade Organization and United Nations Envirnomental Program, *Trade and Climate Change*, p. ix.
32. James Lovelock, *The Vanishing Face of Gaia*. Locations: 1165, 876, 929.
33. Department of Economic and Social Affairs, *World Economic and Social Survey 2011*, p. ix, xix, xxii.
34. Nicholas Stern, *The Global Deal*, p. 208.
35. Jonathon Porrit, *Capitalism as if the world matters*, p. 132, 88.
36. John Foster, *The Sustainability Mirage*, p. 12-13.
37. Jonathon Porrit, *Capitalism as if the world matters*, p. 312.
38. James Gustave Speth, *The Bridge at the Edge of the World*, p. 6-9.
39. Department of Economic and Social Affairs, *World Economic and Social Survey 2011*, p. xi.
40. Philippe de Woot, *Should Prometheus be Bound?*, p. 8.
41. Peter Dauvergne, The Problem of Consumption, p. 1-10.
42. Pankaj Ghemawat, *World 3.0*, p. 132.
43. Ibidem, p. 131-132.
44. Yan Dong, John Whalley. Carbon, Trade Policy, and Carbon Free Trade Areas, p. 1080.
45. Ver World Trade Organization and United Nations Envirnomental Program, *Trade and Climate Change*, p. xiii, xvi.
46. Jared Diamond, *Colapso*, p. 627.
47. John Foster, *The Sustainability Mirage*, p. xiv.
48. Albert, Gore. *O Futuro*. p. xxvi, 376, 379.
49. Edgar Morin, *A via para o futuro da humanidade*, p. 36.
50. Pavan Sukhdev, *Corporation 2020*. Location: 82.
51. Ver Philippe de Woot *Should Prometheus be Bound?*, p. 186, 189.
52. Jonathon Porrit, *Capitalism as if the world matters*, p. 124.
53. David Barnhizer, Waking from sustainability's "impossible dream", p. 31.
54. Anthony Giddens, *A política da mudança climática*, p. 122.
55. Daniel C. Esty, Andrew S. Winston, *Green to Gold*. Location: 2001.
56. Ignacy Sachs; Carlos Lopes; Ladislau Dowbor, Crises e oportunidades em tempos de mudança. Disponível em:<http://dowbor.org/blog/wp-content/uploads/2010/01/13-Crises-e-Oportunidades-atualização-2013.doc>. Acesso em: 1 dez. 2013.
57. Ver Daniel Compagnon, Sander Chan, Aysem Mert, The Changing Role of the State, p. 242.
58. James Gustave Speth, *The Bridge at the Edge of the World*, p. 83.
59. Nicholas Stern, *The Global Deal*, p. 140.
60. Jeffrey Sachs, *El fin de la pobreza*, p. 493.
61. David G. Victor, *Global Warming Gridlock*. Location: 3474; Martin Janicke, Klaus Jacob, Lead Markets for Environmental Innovations, p. 29-46.

62. Jared Diamond, *Colapso*, p. 578-579.
63. Jonathon Porrit, *Capitalism as if the world matters*, p. xxiii, 291.
64. David Barnhizer, Waking from sustainability's "impossible dream", p. 690.
65. George Monbiot, *Heat*. Locations: 1295, 4774, 277.
66. David Barnhizer, Waking from sustainability's "impossible dream", p. 45.
67. Pavan Sukhdev, *Corporation 2020*. Locations: 60, 90.
68. Gwyn Prins *et al.*, *The Hartwell Paper*, p. 36.
69. David Barnhizer, Waking from sustainability's "impossible dream", p. 683-684.
70. George Monbiot, *Heat*. Location: 1295.

Bibliografia

"Uno no es lo que es por lo que escribe, sino por lo que ha leído."
Jorge Luis Borges

ABDELAL, Rawi; SEGAL, Adam. Has Globalization Passed its Peak? *Foreign Affairs*, Nova York, v. 86, n° 1, p. 103-114, 2007.

ABRAMOVAY, Ricardo. *Muito além da economia verde*. São Paulo: Abril, 2012.

_____. Fazer mais com menos. Disponível em: <http://envolverde.com.br/economia/sustentabilidade-economia/fazer-mais-com-menos/>. Acesso em: 5 mai. 2012.

_____. Desafios da economia verde. *Folha de S.Paulo*, São Paulo, p. 3, 27 jun. 2011.

ABRANCHES, Sérgio. Agenda climática, sustentabilidade e desafio competitivo. In: ZYLBERSZTAJN, David; LINS, Clarissa (orgs.). *Sustentabilidade e geração de valor*: a transição para o século XXI. Rio de Janeiro: Campus Elsevier, 2010. p. 15-36.

ACCENTURE, A New Era of Sustainability: UN Global Compact-Accenture CEO Study 2010. Disponível em: <http://www.unglobalcompact.org/docs/news_events/8.1/UNGC_Accenture_CEO_Study_2010.pdf>. Acesso em: 31 jul. 2012.

ALKOBY, Asher. Global Networks and International Environmental Lawmaking: A Discourse Approach. *Chicago Journal of International Law*, v. 8, n° 2, p. 377-407, 2008.

ALMEIDA, Fernando. *Responsabilidade social e meio ambiente*: os desafios da sustentabilidade. Rio de Janeiro: Elsevier (Caderno de Atividades, Anhanguera Educacional S.A.), 2008.

ALTMAN, Roger C. Globalization in Retreat. *Foreign Affairs*, v. 88, n° 4, p. 2-7, 2009.

ANDONOVA, Liliana B.; BETSILL, Michele M.; BULKELEY; Harriet. Transnational Climate Governance. *Global Environmental Politics*, v. 9, n° 2, p. 52-73, 2009.

ANGELO, Claudio. Cadê o apocalipse? *Época*, 30 mai. 2013. Disponível em: <http://revistaepoca.globo.com/ideias/noticia/2013/05/cade-o-apocalipse.html>. Acesso em: 7 jul. 2013.

ARENAS, Daniel; FOSSE, Jérémie; HUC, Emily. *El giro hacia la empresa verde*: estudio sobre el proceso de transformación de las empresas hacia la sostenibilidad. Sant Cugat del Vallès. Barcelona: Esade, Instituto de Innovación Social, 2010.

ARROW, Keneth J. Global Cimate Change: A Challenge to Policy. In: STIGLITZ, Joseph E.; EDLIN, Aaron S.; DE LONG, J. Bradford (eds.). *The Economists' Voice*: Top Economists Take on Today's Problems. Nova York: Columbia University Press, 2007. p. 13-21.

AVI-YONAH, Reuven S.; UHLMANN, David M. Combating Global Climate Change: Why a Carbon Tax Is a Better Response to Global Warming Than Cap and Trade. *Stanford Environmental Law Journal*, v. 28, n° 3, p. 3-50, 2009.

AZEVEDO, Tasso. A COP19 em Varsóvia: A conferência Moon-Walk. 27 nov. 2013. Disponível em: <http://tassoazevedo.blogspot.com.br/2013/11/a-cop19-em-varsovia-conferencia-moon.html>. Acesso em: 28 nov. 2013.

BÄCKSTRAND, Karin. Accountability of Networked Climate Governance: The Rise of Transnational Climate Partnerships. *Global Environmental Politics*, v. 8, n° 3, p. 74-102, 2008.

BAKAN, Joel. *The Corporation*: The pathological pursuit of profit and Power. Londres: Costable, 2004.

BARBIER, Edward. Global Governance: The G20 and a Global Green New Deal. *Economics*, v. 4, n° 2, p. 1-35, 2010.

BARKIN, Samuel. The Counterintuitive Relationship between Globalization and Climate Change. *Global Environmental Politics*, v. 3, nº 3, p. 8-13, 2003.

BARNHIZER, David. Waking from sustainability's "impossible dream": the decisionmaking realities of business and government. *Georgetown international environmental law review*, v. 18, nº 4, p. 595-690, 2006.

BARTON, Dominic. Capitalism for the Long Term. *Harvard Business Review*, p. 85-91, March 2011.

BASSO, Larissa de Santis. O comércio internacional como ferramenta regulatória de política ambiental. In: CELLI JÚNIOR, Umberto; BASSO, Maristela; AMARAL JÚNIOR, Alberto do (coords.). *Arbitragem e comércio internacional*: Estudos em homenagem a Luiz Olavo Baptista. São Paulo: Quartier Latin, 2013. p. 431-453.

BASTMEIJER, Kees; VERSCHUUREN, Jonathan. NGO-business collaborations and the law: sustainability, limitations of law, and the changing relationship between companies and NGOs. In: DEMIRAG, Istemi (eds.). *Corporate social responsibility, accountability and governance*: global perspectives. Sheffield: Greenleaf, 2005.

BAUER, Steffen; ANDRESEN, Steinar; BIERMANN, Frank. International Bureaucracies. In: BIERMANN, Frank; PATTBERG, Philipp (eds.). *Global Environmental Governance Reconsidered*. Cambridge: The MIT Press, 2012. p. 27-44.

BELL, David V. J. The Role of Government in Advancing Corporate Sustainability. Background Paper. Final draft. Canadá: Sustainable Enterprise Academy, York University, 2002.

BERNHAGEN, Patrick. Business and International Environmental Agreements: Domestic Sources of Participation and Compliance by Advanced Industrialized Democracies.*Global Environmental Politics*, v. 8, nº 1, p. 78-110, 2008.

BERNSTEIN, Steven. Legitimacy in Global Environmental Governance. *Journal of International Law and International Relations*, v. 1, nº 1-2, p. 139-166, 2005.

BERNSTEIN, Steven; BETSILL, Michele; HOFFMANN, Matthew; PATERSON, Matthew. A Tale of Two Copenhagens: Carbon Markets and Climate Governance. *Millennium – Journal of International Studies*, v. 39, nº 1, p. 161-173, 2010.

BERNSTEIN, Steven; CASHORE, Benjamin. Can non-state global governance be legitimate? An analytical framework. *Regulation & Governance*, v. 1, nº 4, p. 347-371, 2007.

BETSILL, Michele; HOFFMANN, Matthew. The Contours of "Cap and Trade": The Evolution of Emissions Trading Systems for Greenhouse Gases. *Review of Political Research*, v. 28, nº 1, p. 83-106, 2011.

BHAGWATI, Jagdish N. *In Defense of Globalization*. Nova York: Oxford University Press, 2004.

_____. Reflections on Climate Change and Trade. In: BRAINARD, Lael; SORKIN, Isaac (eds.). *Climate Change, Trade, and Competitiveness*: Is a Collision Inevitable? Brookings Trade Forum 2008/2009. Washington D.C.: Brookings Institution Press, 2009. p. 171-176.

BIAGIOTTI, Isabelle. Emerging Corporate Actors in Environment and Trade Governance: New Vision and Challenge for Norm-setting Processes. In: THOYER, Sophie; MARTIMORT-ASSO, Benoit. *Participation for Sustainability in Trade*. Burlington: Ashgate, 2007. p. 121-136.

BIERMANN, Frank; PATTBERG, Philipp (eds.). *Global Environmental Governance Reconsidered*. Cambridge, Massachusetts: The MIT Press, 2012.

_____. Global Environmental Governance Revisited. In: _____. (eds.). *Global Environmental Governance Reconsidered*. Cambridge: The MIT Press, 2012. p. 1-23.

BIERMANN, Frank; PATTBERG, Philipp; van ASSELT, Harro; ZELLI, Fariborz. The Fragmentation of Global Governance Architectures: A Framework for Analysis. *Global Environmental Politics*, v. 9, nº 4, p. 14-40, 2009.

BIGGS, Gonzalo. Reflections on the WTO and Sustainable Development. In: KÖNZ, Peider (eds.). *Trade, Environment and Sustainable Development*: Views from Sub-Saharan Africa and Latin America: A Reader. Geneva: The International Centre for Trade and Sustainable Development (ICTSD) – The United Nations University Institute of Advanced Studies (UNU/IAS), 2000. p. 3-19.

BIJL, Rob. Never Waste a Good Crisis: Towards Social Sustainable Development. *Social Indicators Research*, v. 102, n° 1, p. 157-168, 2011.

BIRDSALL, Nancy; FUKUYAMA, Francis. The Post-Washington Consensus. *Foreign Affairs*, v. 90, n° 2, p. 45-53, 2011.

BLACKBURN, William R. *The Sustainability Handbook*: The Complete Management Guide to Achieving Social, Economic, and Environmental Responsibility. Washington D.C.: Environmental Law Institute, 2007.

BLODGETT, Mark S.; HUNTER Jr., Richard J.; LOZADA; Hector R. A Primer on International Environmental Law: Sustainability as a Principle of International Law and Custom. *ILSA Journal of International and Comparative Law*, v. 15, n° 1, p. 15-31, 2008.

BLUE PLANET Prize Laureates (BRUNDTLAND, Gro Harlem et al.). Environment and Development Challenges: The Imperative to Act. Nairóbi: The Ashai Glass Foundation – 12th UNEP Governing Council, 20 fev. 2012. Disponível em: <http://www.af-info.or.jp/en/bpplaureates/doc/2012jp_fp_en.pdf>. Acesso em: 26 abr. 2012.

BODANSKY, Daniel. The Copenhagen Climate Change Conference – A Post-Mortem. *American Journal of International Law*, v. 104, p. 230-240, 2010.

BRACK, Duncan; GRAY, Kevin. Multilateral Environmental Agreements and the WTO (Report). Royal Institute of International Affairs e International Institute for Sustainable Development. September 2003. Disponível em: <http://www.chathamhouse.org/sites/default/files/public/General/meas_and_wto.pdf>. Acesso em: 19 nov. 2013.

BRAINARD, Lael; SORKIN, Isaac. *Climate Change, Trade, and Competitiveness*: Is a Collision Inevitable? Brookings Trade Forum 2008/2009. Washington D.C.: Brookings Institution Press, 2009.

BRANCO, Adriano Murgel; MARTINS, Márcio Henrique Bernardes. *Desenvolvimento sustentável na gestão de serviços públicos*: responsabilidade socioambiental e informe social. São Paulo: Paz e Terra, 2007.

BROMAN, Gö; HOLMBERG, John; ROBÈRT, Karl-Henrik. Simplicity without Reduction: Thinking Upstream Towards the Sustainable Society. *Interfaces*, v. 30, n° 3, p. 13-25, 2000.

BROWN, L. David; KHAGRAM, Sanjeev; MOORE, Mark H.; FRUMKIN, Peter. Globalization, NGOs, and Multisectoral Relations. In: NYE, Joseph S.; DONAHUE, John D. (eds.). *Governance in a Globalizing World*. Cambridge: Brookings Institution Press, 2000. p. 271-296.

BROWN, Lester R. Draining our Future: The Growing Shortage of Freshwater. *Futurist*, v. 42, n° 3, p. 16-22, 2008.

_____. Eroding Futures: Why Healthy Soil Matters to Civilization. *Futurist*, v. 45, n° 4, p. 23-30, 2011.

_____. *Plano B 4.0*: Mobilização para salvar a civilização. São Paulo: New Content, 2009.

_____. *World on the Edge*: How to Prevent Environmental and Economic Collapse. Nova York: W.W. Norton & Company, 2011.

BULKELEY, Harriet; NEWELL, Peter. *Governing Climate Change*. Nova York: Routledge, 2010.

BULKELEY, Harriet; MOSER, Susanne C. Responding to Climate Change: Governance and Social Action Beyond Kyoto. *Global Environmental Politics*, v. 7, n° 2, p. 1-10, 2007.

BULL, Hedley. *The Anarchical Society*: A study of order in world politics. 2nd ed. Nova Jersey: Columbia University Press, 1995.

CAIRNCROSS, Frances. What Makes Environmental Treaties Work? *Conservation*, v. 5, n° 2, p. 12-19, 2004.

CARRILLO-HERMOSILLA, Javier; RÍO GONZÁLEZ, Pablo del; KÖNNÖLÄ, Totti. *Eco-innovation*: cuando sostenibilidad y competitividad se dan la mano. Barcelona: Deusto, 2010.

CARSON, Rachel. *Silent Spring*. Greenwich: Fawcett Publications, 1962.

CASELLA, Paulo B.; CELLI JÚNIOR, Umberto; MEIRELLES, Elizabeth A., POLIDO, Fabrício B.P. (orgs.). *Direito internacional, humanismo e globalidade*: Guido Fernando Silva Soares – *Amicorum Discipulorum Liber*. São Paulo: Atlas, 2008.

CASTELLS, Manuel. *La Galaxia Internet*. Barcelona: Areté (Plaza & Janés), 2001.

_____. Global Governance and Global Politics. The 2004 Ithiel de Sola Pool Lecture: American Political Science Association Annual Meeting. *Political Science & Politics*, v. 38, n° 1, p. 9-16, 2005.

_____. La wikirrevolución del jazmín. *La Vanguardia*, 29 jan. 2011. Disponível em: <http://www.lavanguardia.com/opinion/articulos/20110129/54107291983/la-wikirrevolucion-del-jazmin.html>. Acesso em: 03 fev. 2013.

CASTRO, Juan Arturo Iluminado C. de. Is it a huge mistake? Choosing between carbon fees and cap-and-trade: A commentary on "The huge mistake – Climate Change solutions 2009". *Ecology Law Currents*, v. 36, p. 246-254, 2009.

CELLI JÚNIOR, Umberto; BASSO, Maristela; AMARAL JÚNIOR, Alberto do (coords.). *Arbitragem e comércio internacional*: estudos em homenagem a Luiz Olavo Baptista. São Paulo: Quartier Latin, 2013.

CHASEK, Pamela S. *The global environment in the twenty-first century*: prospects for international cooperation. Tóquio: United Nations University Press, 2000.

CLAPP, Jennifer. The Privatization of Global Environmental Governance: ISO 14000 and the Developing World. In: LEVY, David L.; NEWELL, Peter J. (eds.). *The Business of Global Environmental Governance*. Cambridge: The MIT Press, 2005. p. 223-248.

COMPAGNON, Daniel; CHAN, Sander; MERT, Aysem. The Changing Role of the State. In: BIERMANN, Frank; PATTBERG, Philipp (eds.). *Global Environmental Governance Reconsidered*. Cambridge: The MIT Press, 2012. p. 237-263.

COOK, John *et al*. Quantifying the consensus on anthropogenic global warming in the scientific literature. *Environmental Research Letters*, v. 8, n° 2, 2013. Disponível em: <http://iopscience.iop.org/1748-9326/8/2/024024/article>. Acesso em: 7 jul. 2013.

COSTANZA, Robert *et al*. The value of the world's ecosystem services and natural capital. *Nature*, v. 387, p. 253-260, 15 de maio de 1997.

DALY, Herman E. Ecological Economics: The Concept of Scale and Its Relation to Allocation, Distribution, and Uneconomic Growth. Canadian Society for Ecological Economics (CANSEE) Conference, Jasper, Alberta, Canada, 16-19 out, 2003. Disponível em: <http://www.greeneconomics.net/2003HDaly.pdf>. Acesso em: 27 nov. 2013.

DALY, Herman E. Sustainable Development: Definitions, Principles, Policies. Invited Address, World Bank, 30 ago, 2002, Washington, DC. Disponível em: <http://millenniumindicators.un.org/unsd/envaccounting/ceea/archive/Framework/Daly_SD_Def_Priciples_Policies.PDF>. Acesso em: 27 nov. 2013.

DALY, Herman E.; FARLEY, Joshua. *Ecological economics*: principles and applications. Washington DC: Island Press, 2004.

DAUVERGNE, Peter. The Problem of Consumption. *Global Environmental Politics*, v. 10, n° 2, p. 1-10, 2010.

DAVIS, Ian. The Biggest Contract: By building social issues into strategy, big business can recast the debate about its role, argues Ian Davis. *The Economist*, London, May 2005. Disponível em: <http://www.economist.com/node/4008642>. Acesso em: 28 jul. 2012.

DEMIRAG, Istemi (eds.). *Corporate social responsibility, accountability and governance*: global perspectives. Sheffield: Greenleaf, 2005.

DEPARTMENT OF ECONOMIC AND SOCIAL AFFAIRS. *World Economic and Social Survey 2011*: The Great Green Technological Transformation. Nova York: United Nations, 2011.

DeSOMBRE, Elizabeth R. *Global Environmental Institutions*. Nova York: Routledge, 2006.

DEUTSCH, Karl W. *The Analysis of International Relations*. Nova Jersey: Prentice-Hall, 1968.

DIAMOND, Jared. *Colapso*. Rio de Janeiro: Record, 2010.

DONG, Yan; WHALLEY, John. Carbon, Trade Policy and Carbon Free Trade Areas.*World Economy*, v.33, n° 9, p. 1073-1094, 2010.

DOYLE, Michael W.; MASSEY, Rachel I. Intergovernmental organizations and the environment: looking towards the future. In: CHASEK, Pamela S. *The global environment in the twenty-first century*: prospects for international cooperation. Tóquio: United Nations University Press, 2000. p. 411-426.

ECCLES, Robert G.; IOANNOU, Ioannis; SERAFEIM, George. The Impact of a Corporate Culture of Sustainability on Corporate Behavior and Performance. Working Paper 12-035. Cambridge: Harvard Business School, 2011. Disponível em: <http://www.hbs.edu/faculty/Publication%20Files/12-035.pdf>. Acesso em: 14 jul. 2013.

EICHENBERG, M. Benjamin. Greenhouse gas regulation and border tax adjustments: the carrot and the stick. *Golden Gate University Environmental Law Journal*, v. 3, n° 2, p. 283-364, 2010.

ELKINGTON, John. *Cannibals with Forks*: The Triple Bottom Line of 21ⁿ Century Business. Oxford: Capstone, 1999.

_____. Governance for Sustainability. *Corporate Governance*, v. 14, n° 6, p. 522-529, 2006.

ELKINGTON, John; HARTIGAN, Pamela. *The power of unreasonable people*: how social entrepreneurs create markets that change the world. Boston: Harvard Business Press, 2008.

ESTY, Daniel C.; WINSTON, Andrew S. *Green to Gold*: How Smart Companies Use Environmental Strategy to Innovate, Create Value, and Build Competitive Advantage. Kindle edition, 2006.

FALK, Richard A. *On Humane Governance*: Towards a New Global Politics. Filadélfia: The Pennsylvania University Press, 1995.

FALKNER, Robert. Private Environmental Governance and International Relations: Exploring the Links. *Global Environmental Politics*, v. 3, n° 2, p. 72-87, 2003.

_____. The Business of Ozone Layer Protection: Corporate Power in Regime Evolution. In: LEVY, David L.; NEWELL, Peter J. (eds.). *The Business of Global Environmental Governance*. Cambridge: The MIT Press, 2005. p. 105-134.

FAO (Organização das Nações Unidas para a Agricultura e a Alimentação). *Livestock's Long Shadow*: Environmental Issues and Options. 2006. Disponível em: <ftp://ftp.fao.org/docrep/fao/010/a0701e/A0701E00.pdf >. Acesso em: 10 mai. 2012.

FEINDT, Peter H.; COWELL, Richard. The Recession, Environmental Policy, and Ecological Modernization: What's New about the Green New Deal? *International Planning Studies*, v. 15, n° 3, p. 191-211, 2010.

FERGUSON, Niall. Sinking Globalization. *Foreign Affairs*, v. 84, n° 2, p. 64-77, 2005.

VAN FLEET, Daniel. Legal Approaches to Promote Technological Solutions to Climate Change. *Duke Law & Technology Review*, v. 7, n° 1, p. 1-16, 2008.

FOSTER, John. *The Sustainability Mirage*: illusion and reality in the coming war on climate change. Londres: Earthscan, 2008.

FRANGETTO, Flavia Witkowski; GAZANI, Flavio Rufino. *Viabilização jurídica do mecanismo de desenvolvimento limpo (MDL) no Brasil*: O protocolo de Kyoto e a cooperação internacional. São Paulo: Fundação Peirópolis, 2002.

FREEMAN, R. Edward. *Strategic Management*: A Stakeholder Approach. Cambridge: University Press, 1984.

FREEMAN, R. Edward et al. *Stakeholder Theory*: The State of the Art. Cambridge: Cambridge University Press, 2010.

FRENCH, Duncan A. The Role of the State and International Organizations in Reconciling Sustainable Development and Globalization. *International Environmental Agreements: Politics, Law and Economics*, v. 2, n° 2, p. 135-150, 2002.

FRIEDMAN, Thomas L. *Hot, Flat and Crowded*: Why we need a green revolution – and how it can renew America. Nova York: Farrar, Straus and Giroux, 2008.

_____. The inflection is near? *The New York Times*, Nova York, p. WK14, 8 mar. 2009.

_____. *The Lexus and the Olive Tree*. Nova York: Ferrar Strauss and Giroux, 1999.

_____. *O mundo é plano*: uma breve história do século XXI. Rio de Janeiro: Objetiva, 2005.

FUKUYAMA, Francis. *The End of History and the Last Man*. Nova York: Avon Books, 1992.

GARTNER, David. Beyond the Monopoly of States. *University of Pennsylvania Journal of International Law*, v. 32, n° 2, p. 595-641, Winter 2010.

GEORGESCU-ROEGEN, Nicholas. *O decrescimento*: entropia, ecologia, economia. São Paulo: Senac, 2013.

GHEMAWAT, Pankaj. *World 3.0: global prosperity and how to achieve it*. Boston: Harvard Business Review Press, 2011.

GIANNETTI, Eduardo. A crise ambiental e a economia de mercado. In: STEINER, Achim *et al*. *Novo contrato social*: propostas para esta geração e para as futuras. São Paulo: Planeta Sustentável-Instituto Ethos, 2013. p. 68-75.

GIDDENS, Anthony. *A política da mudança climática*. Rio de Janeiro: Zahar, 2009.

_____. Climate Change Meets Geopolitical Reality in Copenhagen. *New Perspectives Quarterly*, v. 25, nº 2, p. 58-60, 2010.

_____. Start the World, we Want to Get on. *New Statesman*, v. 139, nº 4987, p. 36-37, 2010.

GILPIN, Robert. A Realist Perspective on International Governance. In: HELD, David; MCGREW, Anthony G.. *Governing Globalization: Power, Authority, and Global Governance*. Cambridge/Malden: Polity, 2002. p. 237-248.

GLEESON, Brendan; LOW, Nicholas (eds.). *Governing for the Environment*: Global Problems, Ethics and Democracy. Basingstoke: Palgrave Macmillan, 2001.

GOLDEMBERG, José. Crise e oportunidade. *O Estado de S. Paulo*, São Paulo, p. A2, 16 mar. 2009.

_____. Gás de xisto, uma nova revolução energética? *O Estado de S. Paulo*, São Paulo, p. A2, 20 mai. 2013.

_____. Rio+20 – A ausência de uma agenda positiva. *O Estado de S. Paulo*, São Paulo, p. A2, 16 abr. 2012.

_____. Salvar os bancos ou o meio ambiente. *O Estado de S. Paulo*, São Paulo, p. A2, 17 nov. 2008.

GÓMEZ-MEJÍA, Luis R.; BERRONE, Pascual; FRANCO-SANTOS, Monica. *Compensation and Organizational Performance*: Theory, Research, and Practice. Armonk: M.E. Sharpe, 2010.

GONÇALVES, Alcindo; COSTA, José Augusto Fontoura. *Governança global e regimes transnacionais*. São Paulo: Almedina, 2011.

GONÇALVES, Cylenne Z. B.; STUMP, Daniela; MARIZ, Lívia; ANGELIM, Rodrigo P.; CALDERONI, Vivian; MARINHO, Yuri Rugai. Mecanismo de desenvolvimento limpo e considerações sobre o mercado de carbono. *Revista de Direito Ambiental*, v. 43, Ano 11, p. 83-100, Jul.-Set., 2006.

GORE, Albert. *O Futuro*. São Paulo: HSM Editora, 2013.

_____. *Uma verdade inconveniente*: O que devemos saber (e fazer) sobre o aquecimento global. Barueri: Manole, 2006.

GOUREVITCH, Peter Alexis; SHINN, James J. *Political Power and Corporate Control*: the new global politics of corporate governance. Princeton: Princeton University Press, 2005.

GRAZIANO, Xico. Agenda Azul. *O Estado de S. Paulo*, São Paulo, p. A2, 20 mar. 2012.

GREENSPAN, Alan. *O mapa e o território*: Risco, natureza humana e o futuro das previsões. São Paulo: Portfolio-Penguin, 2013.

GUERRA, Sidney. *Direito internacional ambiental*. Rio de Janeiro: Freitas Bastos, 2006.

HAAS, Peter M. Addressing the Global Governance Deficit. *Global Environmental Politics*, v. 4, nº 4, p. 1-15, 2004.

_____. Promoting Knowledge Based International Governance for Sustainable Development. In: THOYER, Sophie; MARTIMORT-ASSO, Benoit. *Participation for Sustainability in Trade*. Burlington: Ashgate, 2007. p. xxiii-xxvii.

HABERMAS, Jürgen. *Après l'État-nation*: une nouvelle constellation politique. Paris: Fayard, 2000.

HARDIN, Garrett. The Tragedy of the Commons. *Science*, v. 162, nº 3859, p. 1243-1248, 1968.

HARPER, Christina K. Climate Change and Tax Policy. *Boston College International and Comparative Law Review*, v. 30, nº 4, p. 411-460, 2007.

HARRIS, Jonathan M. (ed.). *Rethinking Sustainability*: Power, Knowledge, and Institutions. Ann Arbor: The University of Michigan Press, 2003.

HARRIS, Jonathan M. Free Trade or Sustainable Trade? An Ecological Economics Perspective. In: HARRIS, Jonathan M. (ed.). *Rethinking Sustainability*: Power, Knowledge, and Institutions. Ann Arbor: The University of Michigan Press, 2003. p. 117-138.

HAWKEN, Paul; LOVINS, Amory; LOVINS, L. Hunter. *Capitalismo natural*: criando a próxima Revolução Industrial. São Paulo: Cultrix, 1999.

HELD, David; MCGREW, Anthony G. *Governing Globalization: Power, Authority, and Global Governance*. Cambridge/Malden: Polity, 2002.

HELLEINER, Eric. Understanding the 2007-2008 Global Financial Crisis: Lessons for Scholars of International Political Economy. *Annual Review of Political Science*, v. 14, p. 67-87, 2011.

HENDERSON, Hazel. Transnational Corporations and Global Citizenship. *American Behavioral Scientist*, v. 43, p. 1231-1261, 2000.

HERNÁNDEZ, Marisol Anglés. Fallo de la Corte Internacional de Justicia em Materia Ambiental, evidenciado en el asunto de plantas de celulosa sobre el Río Uruguay. *Anuario Mexicano de Derecho Internacional*, v. XI, n° 11, p. 77-98, 2011. Disponível em: < http://www.journals.unam.mx/index.php/amdi/article/view/23597>. Acesso em: 26 nov. 2013.

HERRERO, Yayo; CEMBRANOS, Fernando; PASCUAL, Marta (coords.). *Cambiar las gafas para mirar el mundo*: una nueva cultura de la sostenibilidad. Madri: Libros en Acción, 2011.

HESSEL, Stéphane; MORIN, Edgar. *O caminho da esperança*. Rio de Janeiro: Bertrand Brasil, 2012.

HIRST, Paul; THOMPSON, Grahame. *Globalization in Question*: The International Economy and the Possibilities of Governance. Cambridge: Polity Press, 1996.

HOBSBAWM, Eric. *A era dos extremos*: o breve século XX: 1914-1991. 2ª. ed. São Paulo: Companhia das Letras, 1997.

HOLLIDAY Jr., Charles O.; SCHMIDHEINY, Stephan; WATTS, Philip. *Walking the Talk*: The Business Case for Sustainable Development. Sheffield: Greenleaf, 2002.

HOLMBERG, John; ROBÈRT, Karl-Henrik. Backcasting from non-overlapping sustainability principles: a framework for strategic planning. *International Journal of Sustainable Development and World Ecology*, v. 7, p. 291-308, 2000.

HOVI, Jon; HOLTSMARK, Bjart. Cap-and-Trade or Carbon Taxes? The Feasibility of Enforcement and the Effects of Non-Compliance. *International Environmental Agreements: Politics, Law and Economics*, v. 6, n° 2, p. 137-155, 2006.

Instituto Brasileiro de Governança Corporativa (IBGC). *Código das Melhores Práticas de Governança Corporativa*. São Paulo: IBGC, 2009. Disponível em: < http://www.ibgc.org.br/CodigoMelhoresPraticas.aspx>. Acesso em: 22 jan. 2012.

Instituto Ethos. *Critérios Essenciais de Responsabilidade Social Empresarial e seus Mecanismos de Indução no Brasil*. São Paulo: Instituto Ethos, 2006.

International Chamber of Commerce. *ICC Green Economy Roadmap*: a guide for business, policy-makers and society, 2012. Disponível em: < http://www.iccwbo.org/advocacy-codes-and-rules/document-centre/2012/icc-green-economy-roadmap-a-guide-for-business,-policy-makers-and-society/>. Acesso em: 20 nov. 2012.

Intergovernmental Panel on Climate Change (IPCC). Working Group I. *Climate Change 2007*: The Physical Science Basis. 2007. Disponível em: <http://www.ipcc.ch/publications_and_data/publications_ipcc_fourth_assessment_report_wg1_report_the_physical_science_basis.htm>. Acesso em: 12 mai. 2012.

Intergovernmental Panel on Climate Change (IPCC). Working Group I. *Climate Change 2013*: The Physical Science Basis. 2013. Disponível em: <http://www.ipcc.ch/report/ar5/wg1/#.UlbwZaJweSo >. Acesso em: 10 out. 2013.

JACKSON, Tim. *Prosperidade sem crescimento*: Vida boa em um planeta finito. São Paulo: Abril – Planeta Sustentável, 2013.

JANICKE, Martin; JACOB, Klaus. Lead Markets for Environmental Innovations: A New Role for the Nation State. *Global Environmental Politics*, v. 4, n° 1, p. 29-46, 2004.

KALDOR, Mary. Transnational civil society. In: DUNNE, Tim; WHEELER, Nicholas J. *Human Rights in Global Politics*. Cambridge: Cambridge University Press, 1999.

KEOHANE, Robert O. Governance in a Partially Globalized World. In: HELD, David; MCGREW, Anthony G.. *Governing Globalization: Power, Authority, and Global Governance*. Cambridge/Malden: Polity, 2002. p. 325-347.

KEOHANE, Robert O.; NYE, Joseph S. *Power and Interdependence*. Cambridge: Harper Collins, 1989.

KEOHANE, Robert O.; VICTOR, David G. The Regime Complex for Climate Change. Discussion paper 10-33. Cambridge: Harvard Project on International Climate Agreements, 2010.

KI-MOON, Ban; GORE, Al. A promoção do crescimento verde. *Folha de S.Paulo*, São Paulo, p. 3, 22 fev. 2009.

KISS, Alexander. The Protection of Wildlife in International Law. *Environmental Policy and Law*, v. 37, p. 74-76, 2007.

KÖNZ, Peider (eds.). *Trade, Environment, and Sustainable Development*: Views from Sub-Saharan Africa and Latin America: A Reader. Geneva: The International Centre for Trade and Sustainable Development (ICTSD) – The United Nations University Institute of Advanced Studies (UNU/IAS), 2000.

KRUGMAN, Paul. Building a Green Economy. *The New York Times*, Nova York, p. MM34, 11 apr. 2010.

_____. *El retorno de la economía de la depresión y la crisis actual*. Barcelona: Crítica, 2009.

_____. The Madoff Economy. *The New York Times*, Nova York, p. A45, 19 dec. 2008.

_____. Uma salvação acessível. *O Estado de S. Paulo*, São Paulo, p. B8, 2 mai. 2009.

KRUSE, Claudia; LUNDBERGH, Stefan. The Governance of Corporate Sustainability. *Rotman International Journal of Pension Management*, v. 3, n° 2, p. 46-51, 2010.

LAFUENTE, Alberto; VIÑUALES, Víctor; PUEYO, Ramón; LLARÍA, Jesús. Responsabilidad Social Corporativa y Políticas Públicas. Documento de Trabajo, 03/2003. Madri: Fundación Alternativas, 2003.

LAVILLE, Élisabeth. *A empresa verde*. São Paulo: Ôte, 2009.

LEBOW, Victor. Price Competition in 1955. *Journal of Retailing*, 1955. Disponível em: <http://hundredgoals.files.wordpress.com/2009/05/journal-of-retailing.pdf>. Acesso em: 21 jul. 2013.

LEHNER, Peter. Changing Markets to Address Climate Change. *Boston College Environmental Affairs Law Review*, v. 35, n° 3, p. 385-396, 2008.

LEMME, Celso Funcia. O valor gerado pela sustentabilidade corporativa. In: ZYLBERSZTAJN, David; LINS, Clarissa (orgs.). *Sustentabilidade e geração de valor*: a transição para o século XXI. Rio de Janeiro: Campus Elsevier, 2010. p. 37-63.

LEVY, David L.; NEWELL, Peter J. (eds.). *The Business of Global Environmental Governance*. Cambridge: The MIT Press, 2005.

LEVY, David L. Business and the Evolution of the Climate Regime: The Dynamics of Corporate Strategies. In: LEVY, David L.; NEWELL, Peter J. (eds.). *The Business of Global Environmental Governance*. Cambridge: The MIT Press, 2005. p. 73-104.

LOPERENA ROTA, Demetrio. Atrapados. *Revista Aranzadi Doctrinal*, n° 11, 2010.

LOVELOCK, James. *La venganza de la Tierra*: por qué la Tierra está rebelándose y cómo podemos todavía salvar la humanidad. Barcelona: Planeta, 2007.

_____. The Earth is about to catch a morbid fever that may last as long as 100,000 years. *The Independent*, Londres, 16 jan. 2006.

_____. *The Vanishing Face of Gaia*: A Final Warning. Kindle edition, 2009.

LOVINS, L. Hunter. Climate Capitalism: The Business Case for Climate Protection. *Pace Environmental Law Review*, v. 27, n° 3, p. 735-779, Summer 2010.

LUBIN, David A.; ESTY, Daniel C. The Sustainability Imperative. *Harvard Business Review*, v. 88, n° 5, p. 42-50, 2010.

MANSUR, Alexandre. O Ártico está despejando metano e gás carbônico na atmosfera. *Época* – Blog do Planeta. Disponível em: <http://colunas.revistaepoca.globo.com/planeta/2013/06/14/o-artico-esta-despejando-metano-e-gas-carbonico-na-atmosfera/>. Acesso em: 18 jan. 2013.

MARCEAU, Gabrielle; MOROSINI, Fabio. The status of sustainable development in the law of the World Trade Organization. In: CELLI Junior, Umberto; BASSO, Maristela; AMARAL Júnior, Alberto do (coords.). *Arbitragem e comércio internacional*: estudos em homenagem a Luiz Olavo Baptista. São Paulo: Quartier Latin, 2013. p. 59-91.

MARTINELLI, Alberto; MIDTTUN, Atle. Globalization and Governance for Sustainability. *Corporate Governance*, v. 10, n° 1, p. 6-17, 2010.

MATIAS, Eduardo Felipe P. *A humanidade e suas fronteiras*: do Estado soberano à sociedade global, São Paulo: Paz e Terra, 2005.

_____. Inverno econômico e primavera política marcaram o ano. *Consultor Jurídico*, 2011. Disponível em: <http://www.conjur.com.br/2012-jan-02/inverno-economico-primavera-politica-marcaram-cenario-internacional>. Acesso em: 13 jan. 2013.

_____. Tudo mudou, para que tudo continuasse como estava: Retrospectiva Internacional. *Consultor Jurídico*, 2012. Disponível em: <http://www.conjur.com.br/2012-dez-20/retrospectiva-2012-tudo-mudou-tudo-continuasse-estava>. Acesso em: 20 jan. 2013.

MAX-NEEF, Manfred. Economic growth and quality of life: a threshold hypothesis. *Ecological Economics*, v. 15, p. 115-118, 1995.

MAZZUOLI, Valerio de Oliveira; AYALA, Patryck de Araújo. Cooperação Internacional para a preservação do meio ambiente: o direito brasileiro e a Convenção de Aarhus. *Revista DireitoGV*, v. 8, n° 1, p. 297-328, jan.-jun. 2012.

MEADOWS, Donella; RANDERS, Jorgen; MEADOWS, Dennis. *Beyond the Limits*: global collapse or a sustainable future. Londres: Earthscan, 1995.

_____. *Los límites del crecimiento, 30 años después*. Barcelona: Galaxia Gutenberg, 2006.

MEADOWS, Donella; RANDERS, Jorgen; MEADOWS, Dennis; BEHRENS III, William W. *The Limits to Growth*: A report for the Club of Rome's Project on the Predicament of Mankind. Nova York: Universe Books, 1972.

MILARÉ, Édis; LOURES, Flávia Tavares Rocha. O papel do Terceiro Setor na proteção jurídica do meio ambiente. *Revista de Direito Ambiental*. São Paulo, RT, n° 35, p. 96-122, 2004.

MILIBAND, Ed. A economia precisa ser sustentável e verde. *Valor Econômico*, São Paulo, 4 mai. 2009.

MISHKIN, Frederic S. Over the Cliff: From the Subprime to the Global Financial Crisis. *Journal of Economic Perspectives*, v. 25, n° 1, p. 49-70, Winter 2011.

MONBIOT, George. *Heat*: How We Can Stop the Planet Burning. Kindle edition, 2007.

MORIN, Edgar. *A via para o futuro da humanidade*. Rio de Janeiro: Bertrand Brasil, 2013.

NAJAM, Adil; CHRISTOPOULOU, Ioli; MOOMAW, William R. The Emergent "System" of Global Environmental Governance. *Global Environmental Politics*, v. 4, n° 4, p. 23-35, 2004.

NANZ, Patricia; STEFFEK, Jens. Deliberation and Democracy in Global Governance: The Role of Civil Society. In: THOYER, Sophie; MARTIMORT-ASSO, Benoit. *Participation for Sustainability in Trade*. Burlington: Ashgate, 2007. p. 61-90.

NAZO, Georgette Nacarato; MUKAI, Toshio. O direito ambiental no Brasil: evolução histórica e a relevância do direito internacional do meio ambiente. *Revista de Direito Ambiental*, v. 28, Ano 7, p. 70-100, 2002.

NEWELL, Peter J. Business and International Environmental Governance: The State of the Art. In: LEVY, David L.; NEWELL, Peter J. (eds.). *The Business of Global Environmental Governance*. Cambridge: The MIT Press, 2005. p. 21-45.

NORDHAUS, William D. Carbon Taxes to Move Toward Fiscal Sustainability. *The Economist's Voice*, v. 7, n° 3, 2010.

_____. A Review of the "Stern Review on the Economics of Climate Change". *Journal of Economic Literature*, v. 45, n° 3, p. 686-702, 2007.

NOVAES, Washington. Lógica financeira contra lógica de sobrevivência. *O Estado de S. Paulo*, São Paulo, p. A2, 5 jul. 2013.

NUSDEO, Ana Maria. Desenvolvimento sustentável do Brasil e o protocolo de Kyoto. *Revista de Direito Ambiental*, São Paulo, v. 37, p. 144-159, 2005.

NYE, Joseph S.; DONAHUE, John D. (eds.). *Governance in a Globalizing World*. Cambridge: Brookings Institution Press, 2000.

OCDE. *Développement Durable: Quelles politiques?* Paris: Organisation de Coopération et de Développement Économiques, 2001.

O'CONNOR, Martin. *Is Capitalism Sustainable?*: Political Economy and the Politics of Ecology. Nova York: Guilford Press, 1994.

OHMAE, Kenichi. *The End of the Nation-State*: the rise of regional economies. Nova York: The Free Press, 1995.

OKEREKE, Chukwumerije; BULKELEY, Harriet; SCHROEDER, Heike. Conceptualizing Climate Governance Beyond the International Regime. *Global Environmental Politics*, v. 9, n° 1, p. 58-78, 2009.

OLIVEIRA, Gesner; MORGADO, Marcelo. Sustentabilidade e estratégia empresarial no Brasil: aspectos da experiência recente da Sabesp. In: ZYLBERSZTAJN, David; LINS, Clarissa (orgs.). *Sustentabilidade e geração de valor*: a transição para o século XXI. Rio de Janeiro: Elsevier, 2010. p. 139-170.

OLIVEIRA, José Antonio Puppim de. *Empresas na sociedade*: sustentabilidade e responsabilidade social. Rio de Janeiro: Elsevier, 2008.

O'NEILL, Kate. *The Environment and International Relations*. Cambridge: Cambridge University Press, 2009.

OSTROM, Elinor. Institutions and the Environment. *Economic Affairs*, v. 28, n° 3, p. 24-31, 2008.

OSTROM, Elinor; JANSSEN, Marco; ANDERIES, John M. Going beyond panaceas. *Proceedings of the National Academy of Sciences of the USA*, v. 104, n° 39, p. 15176–15178, 2007.

PATTBERG, Philipp. Transnational Environmental Regimes. In: BIERMANN, Frank; PATTBERG, Philipp (eds.). *Global Environmental Governance Reconsidered*. Cambridge: The MIT Press, 2012. p. 97-121.

PATTBERG, Philipp; STRIPPLE, Johannes. Beyond the Public and Private Divide: Remapping Transnational Climate Governance in the 21st Century. *International Environmental Agreements: Politics, Law & Economics*, v. 8, n° 4, p. 367-388, 2008.

PINTO Jr., Helder Queiroz. Sustentabilidade na indústria de petróleo e gás: o papel do Estado e das empresas. In: ZYLBERSZTAJN, David; LINS, Clarissa (orgs.). *Sustentabilidade e geração de valor*: a transição para o século XXI. Rio de Janeiro: Elsevier, 2010.

PNUMA (Programa das Nações Unidas para o Meio Ambiente). *Caminhos para o desenvolvimento sustentável e a erradicação da pobreza*: síntese para os tomadores de decisão. 2011. Disponível em: <http://www.pnuma.org.br/admin/publicacoes/texto/1101-GREENECONOMY-synthesis_PT_online.pdf>. Acesso em: 28 abr. 2012.

PORRIT, Jonathon. *Capitalism as if the world matters*. Londres: Earthscan, 2007.

PORTER, Michael E.; der LINDE, Michael van. Green and Competitive: Ending the Stalemate. *Harvard Business Review*, v. 73, n° 5, p. 120-134, 1995.

PORTER, Michael E.; KRAMER, Mark R. Creating Shared Value: How to reinvent capitalism and unleash a wave of innovation and growth. *Harvard Business Review*, v. 89, n° 1/2, p. 62-77, 2011.

POSNER, Eric A. Climate Change and International Human Rights Litigation: a critical appraisal. *University of Pennsylvania Law Review*, v. 155, p. 1925-1945, 2007.

POSNER, Eric A.; SUNSTEIN, Cass R. Should Greenhouse Gas Permits Be Allocated on a *Per capita* Basis? *California Law Review*, v. 97, n° 51, p. 86-92, 2009.

POSTIGLIONE, Amedeo. An International Court of the Environment. In: GLEESON, Brendan; LOW, Nicholas (eds.). *Governing for the Environment*: Global Problems, Ethics, and Democracy. Basingstoke: Palgrave Macmillan, 2001. p. 211-220.

PRINS, Gwyn et al. *The Hartwell Paper*: A new direction for climate policy after the crash of 2009. LSE/University of Oxford, 2010. Disponível em: <http://eprints.lse.ac.uk/27939/>. Acesso em: 16 mai. 2013.

REI, Fernando Cardozo Fernandes; CUNHA, Kamyla. Mudanças climáticas globais: desafio a uma nova relação entre o direito internacional do meio ambiente e as relações internacionais. In: CASELLA, Paulo B.; CELLI JUNIOR, Umberto; MEIRELLES, Elizabeth. A., POLIDO, Fabrício

B.P. (orgs.). *Direito internacional, humanismo e globalidade*: Guido Fernando Silva Soares – *Amicorum Discipulorum Liber*. São Paulo: Atlas, 2008. p. 487-502.

RESENDE, André Lara. Os rumos do capitalismo. *Valor Econômico*. Eu & Fim de Semana. São Paulo, p. 8-12, 31 ago. 2012.

RICART, Joan Enric et al. *La empresa sostenible*: aprendiendo de los líderes del índice Dow Jones de sostenibilidad (IDJS). Bilbao: Fundación BBVA, 2006.

RIFKIN, Jeremy. *La civilización empática*: la carrera hacia una conciencia global en un mundo en crisis. Barcelona: Paidós, 2010.

_____. *La economia del hidrógeno*: la creación de la red energética mundial y la redistribución del poder en la Tierra. Barcelona: Paidós, 2002.

ROCKSTRÖM, Johan et al. Planetary Boundaries: Exploring the Safe Operating Space for Humanity. *Ecology and Society*, v. 14, n° 32, 2009. Disponível em: <http://www.ecologyandsociety.org/vol14/iss2/art32/>. Acesso em: 8 jul. 2013.

RODRIK, Dani. *The Globalization Paradox*: Why Global Markets, States, and Democracy can't Coexist. Oxford: Oxford University Press, 2010.

ROSENAU, James N. Governance in a New Global Order. In: HELD, David; MCGREW, Anthony G. *Governing Globalization: Power, Authority, and Global Governance*. Cambridge/Malden: Polity, 2002. p. 70-86.

ROSENAU, James N. Governing the Ungovernable: The Challenge of a Global Disaggregation of Authority. *Regulation & Governance*, v. 1, n° 1, p. 88-97, 2007.

The Royal Society. *Geoengineering the climate: science, governance and uncertainty*. Londres: The Royal Society, 2009. Disponível em: <http://royalsociety.org/uploadedFiles/Royal_Society_Content/policy/publications/2009/8693.pdf>. Acesso em: 13 abr. 2013.

RUGGIE, John. Reconstituting the Global Public Domain: Issues, Actors, and Practices. *European Journal of International Relations*, v. 10, n° 4, p. 499-531, 2004.

SACHS, Ignacy. *Caminhos para o desenvolvimento sustentável*. Rio de Janeiro: Garamond. 2002.

SACHS, Ignacy; LOPES, Carlos; DOWBOR, Ladislau. Crises e oportunidades em tempos de mudança. 2010 (atualizado em 2013). Disponível em:<http://dowbor.org/blog/wp-content/uploads/2010/01/13-Crises-e-Oportunidades-atualização-2013.doc>. Acesso em: 1 dez. 2013.

SACHS, Jeffrey. *El fin de la pobreza*: como conseguirlo en nuestro tiempo. Madri: Debate, 2005.

SANDS, Philippe. Litigating Environmental Disputes: Courts, Tribunais, and the Progressive Development of International Environmental Law. *Environmental Policy and Law*, v. 37, p. 66-71, 2007.

SASSEN, Saskia. *Losing Control?*: Sovereignty in an Age of Globalization. Nova York: Columbia University Press, 1996.

SAVITZ, Andrew W. *A empresa sustentável*: o verdadeiro sucesso é o lucro com responsabilidade social e ambiental. Rio de Janeiro: Campus/Elsevier, 2007.

SCHMIDHEINY, Stephan. *Changing Course*: A Global Business Development and the Environment. Cambridge: MIT Press, 1992.

SCHRIJVER, Nico. *The Evolution of Sustainable Development in International Law*: Inception, Meaning, and Status. Leiden: Martinus Nijhoff Publishers/The Hague Academy of International Law, 2008.

SEGGER, Marie-Claire Cordonier. The Role of International Forums in the Advancement of Sustainable Development. *Sustainable Development Law & Policy*, v. 10, n° 1, p. 5-18, 2009.

SEGGER, Marie-Claire Cordonier; KHALFAN, Ashfaq; GEHRING, Markus; TOERING, Michelle. Prospects for Principles of International Sustainable Development Law after the WSSD: Common but Differentiated Responsibilities, Precaution, and Participation. *Review of European Community & International Environmental Law*, v. 12, n° 1, p. 54-68, 2003.

SHELLENBERGER, Michael; NORDHAUS, Ted; NAVIN, Jeff; NORRIS, Teryn; VAN NOPPEN, Aden. Fast, Clean, & Cheap: Cutting Global Warming's Gordian Knot. *Harvard Law & Policy Review*, v. 2, p. 93-118, 2008.

SEN, Amartya. *Desenvolvimento como liberdade*. São Paulo: Companhia das Letras, 2000.

_____. *A ideia de justiça*. São Paulo: Companhia das Letras, 2011. Arquivo Kindle.

SILVA, Geraldo Eulálio do Nascimento. *Direito ambiental internacional*. Rio de Janeiro: Thex, 2002.

SOARES, Guido Fernando Silva. *Direito internacional do meio ambiente*: emergência, obrigações e responsabilidades. São Paulo: Atlas, 2003.

_____. As ONGs e o direito internacional do meio ambiente. *Revista de Direito Ambiental*, São Paulo, ano 5, n° 17, p. 21-64, jan.-mar. 2000.

SPETH, James Gustave. *The Bridge at the Edge of the World*: capitalism, the environment, and crossing from crisis to sustainability. New Haven: Yale University Press, 2008.

STEGER, Ulrich (ed.). *The Business of Sustainability*: building industry cases for corporate sustainability. Nova York: Palgrave Macmillan, 2004.

STEINER, Achim. Eleventh Annual Grotius Lecture Series: Focusing on the Good Or the Bad: What Can International Environmental Law Do to Accelerate the Transition Towards a Green Economy? *American University International Law Review*, v. 25, p. 843-875. 2010.

STEINER, Achim et al. *Novo contrato social*: propostas para esta geração e para as futuras. São Paulo: Planeta Sustentável-Instituto Ethos, 2013.

STERN, Nicholas. *The Global Deal*: Climate Change and the Creation of a New Era of Progress and Prosperity. Nova York: Public Affairs, 2009.

_____. *The Economics of Climate Change*: The Stern Review. Cambridge: Cambridge University Press, 2007.

STIGLITZ, Joseph E. A New Agenda for Global Warming. *The Economists' Voice*, v. 3, n° 7, 2006.

_____. *Freefall*: free markets and the sinking of the global economy. Londres: Allen Lane, 2010.

_____. *Globalization and its Discontents*. Nova York: W. W. Norton, 2002.

_____. *La crisis económica global*: temas para la agenda del G-20; Madrid: Fundación Ideas para el Progreso, 2009.

_____. Moving Beyond Market Fundamentalism to a More Balanced Economy. *Annals of Public and Cooperative Economics*, v. 80, n° 3, p. 345-360, 2009.

_____. A New Agenda for Global Warming. In: STIGLITZ, Joseph E.; EDLIN, Aaron S.; DE LONG, J. Bradford (eds.). *The Economists' Voice*: Top Economists Take on Today's Problems. Nova York: Columbia University Press, 2007. p. 22-27.

STIGLITZ, Joseph E.; EDLIN, Aaron S.; DE LONG, J. Bradford (eds.). *The Economists' Voice*: Top Economists Take on Today's Problems. Nova York: Columbia University Press, 2007.

STIGLITZ, Joseph E.; SEN, Amartya; FITOUSSI, Jean-Paul. *Report by the Commission on the Measurement of Economic Performance and Social Progress*. 2009. Disponível em: <http://www.stiglitz-sen-fitoussi.fr/documents/rapport_anglais.pdf>. Acesso em: 27 dez. 2012.

SUKHDEV, Pavan. *Corporation 2020*: transforming business for tomorrow's world. Washington, DC: Island Press (Kindle edition), 2012.

TARREGA, Maria Cristina V. B. (org.). *Direito ambiental e desenvolvimento sustentável*. São Paulo: RCS, 2007.

TARREGA, Maria Cristina V. B.; OLIVEIRA, Bruno Gomes. Responsabilidade corporativa, meio ambiente e desenvolvimento sustentável. In: TARREGA, Maria Cristina V. B. (org.). *Direito ambiental e desenvolvimento sustentável*. São Paulo: RCS, 2007. p. 343-426.

TEEGEN, Hildy; DOH, Jonathan P.; VACHANI, Sushil. The Importance of Nongovernmental Organizations (NGOs) in Global Governance and Value Creation: an International Business Research Agenda. *Journal of International Business Studies*, v. 35, n° 6, p. 463-483, 2004.

THOYER, Sophie; MARTIMORT-ASSO, Benoit. *Participation for Sustainability in Trade*. Burlington: Ashgate, 2007.

TIENHAARA, Kyla. A Tale of Two Crises: What the Global Financial Crisis Means for the Global Environmental Crisis. *Environmental Policy and Governance*, v. 20, p. 197-208, 2010.

TIETENBERG, Tom. Cap-and-Trade: The Evolution of an Economic Idea. *Agricultural and Resource Economics Association*, v. 30, n° 3, p. 359-367, 2010.

UNEP (United Nations Environment Programme). *Global Green New Deal*: Policy Brief, 2009. Disponível em: <http://www.unep.org/pdf/A_Global_Green_New_Deal_Policy_Brief.pdf>. Acesso em: 18 nov. 2012.

VANDENBERGH, Michael P. The New Wal-Mart Effect: The Role of Private Contracting in Global Governance. *UCLA Law Review*, v. 54, p. 913-970, 2007.

VARELLA, Marcelo. *Direito internacional econômico ambiental*. Belo Horizonte: Del Rey, 2004.

VEIGA, José Eli da. *A desgovernança mundial da sustentabilidade*. São Paulo: Editora 34, 2013.

_____. *Desenvolvimento sustentável*: o desafio do século XXI. Rio de Janeiro: Garamond, 2008.

_____. O nexo socioeconômico da agenda global. In: RIBEIRO, Wagner C. (org.). *Governança da ordem ambiental internacional e inclusão social*. São Paulo: Annablume, 2012. p. 29-44.

_____. Rumo ao baixo carbono. *Valor Econômico*, São Paulo, p. A9, 4 ago. 2009.

_____. O tripé da insustentabilidade. *Página 22*, Fundação Getulio Vargas, São Paulo, n° 66, p. 25, maio 2012.

_____. *Sustentabilidade*: a legitimação de um novo valor. São Paulo: Senac, 2010.

VEIGA, José Eli; ISSBERNER, Liz-Rejane. Decrescer crescendo. In: LÉNA, Philippe; NASCIMENTO, Elimar Pinheiro do (orgs.). *Enfrentando os limites do crescimento*: sustentabilidade, decrescimento e prosperidade. Rio de Janeiro: Garamond, 2012. p. 107-134.

VERGRAFT, Philip J. How Technology Could Contribute to a Sustainable World. *Great Transition Initiative Paper Series*, n° 8. Boston: Tellus Institute, 2006.

VICTOR, David G. Diplomacy's Meltdown. *Scientific American*, v. 304, n° 1, p. 14, 2011.

_____. *Global Warming Gridlock*. Kindle edition, 2011.

_____. Recovering Sustainable Development. *Foreign Affairs*, New York, v. 85, n° 1, p. 91-103, 2006.

VICTOR, David G.; MORGAN, M. G.; APT, Jay; STEINBRUNER, John; RICKE, Katharine. The Geoengineering Option: A Last Resort Against Global Warming? *Foreign Affairs*, v. 88, n° 2, p. 64-76, 2009.

WAGGONER, Michael. How and Why to Tax Carbon. *Colorado Journal of International Environmental Law and Policy*, v. 20, 2009.

WAPNER, Paul. The transnational politics of environmental NGOs: Governmental, economic and social activism. In: CHASEK, Pamela S. *The global environment in the twenty-first century*: prospects for international cooperation. Tóquio: United Nations University Press, 2000. p. 87-108.

WATES, Jeremy. The Aarhus Convention: a driving force for environmental democracy. *JEEPL*, v. 1, p. 1-11, 2005.

WERBACH, Adam. *Estratégia para sustentabilidade*: uma nova forma de planejar sua estratégia empresarial. Rio de Janeiro: Campus/Elsevier, 2010.

WILLARD, Bob. *The Sustainability Advantage*: Seven Business Case Benefits of a Triple Bottom Line. Gabriola: New Society Publishers, 2002.

WOLF, Martin. *Fixing Global Finance*. Baltimore: Johns Hopkins University Press, 2010.

_____. Por que o mundo enfrenta o caos quanto ao clima. *Folha de S.Paulo*, 15 mai. 2013. Disponível em: <http://www1.folha.uol.com.br/colunas/martinwolf/2013/05/1282993-porque-o-mundo-enfrenta-o-caos-quanto-ao-clima.shtml>. Acesso em: 6 jul. 2013.

_____. *Why Globalization Works*. New Haven: Yale University Press, 2004.

_____. Will Globalization Survive? *World Economics*, v. 6, n° 4, p. 1-10, 2005.

WOOT, Philippe de. *Should Prometheus be Bound?*: Corporate Global Responsibility. Nova York: Palgrave Macmillan, 2005.

World Commission on Environment and Development (United Nations). *Report of the World Commission on Environment and Development*: Our Common Future. 1987. Disponível em: <http://conspect.nl/pdf/Our_Common_Future-Brundtland_Report_1987.pdf>. Acesso em: 10 set. 2012.

Worldwatch Institute. *Estado do Mundo 2012*: rumo à prosperidade sustentável. Washington: Worldwatch Institute, 2012.

_____. *Toward a Transatlantic Green New Deal*: Tackling the Climate and Economic Crises. Brussels: Heinrich-Böll Foundation, 2009. Disponível em: <http://www.worldwatch.org/files/pdf/Toward%20a%20Transatlantic%20Green%20New%20Deal.pdf>. Acesso em: 15 nov. 2012.

World Trade Organization and United Nations Envirnomental Program. *Trade and Climate Change*: WTO UNEP Report. Geneva: WTO, 2009. Disponível em: <http://www.wto.org/english/res_e/booksp_e/trade_climate_change_e.pdf>. Acesso em: 7 jan. 2013.

WWF (World Wide Fund for Nature). *Living Planet Report 2012*. Gland, Switzerland: WWF International, 2012. Disponível em: <http://awsassets.panda.org/downloads/1_lpr_2012_online_full_size_single_pages_final_120516.pdf>. Acesso em: 17 mai. 2012.

YOUNG, Miles. Beautifying the Ugly Step-Sister: Designing an Effective Cap-and-Trade Program to Reduce Greenhouse Gas Emissions. *Brigham Young University Law Review*, v. 2009, nº 5, p. 1379, 2009.

VAN ZEIJL-ROZEMA, Annemarie; CÖRVERS, Ron; KEMP, René; MARTENS Pim. Governance for Sustainable Development: A Framework. *Sustainable Development*, v. 16, nº 6, p. 410-421, 2008.

VIOLA, Eduardo; FRANCHINI, Matías; RIBEIRO, Thaís Lemos. *Sistema internacional de hegemonia conservadora*: governança global e democracia na era da crise climática. São Paulo: Annablume, 2013.

ZYLBERSZTAJN, David; LINS, Clarissa (orgs.). *Sustentabilidade e geração de valor*: a transição para o século XXI. Rio de Janeiro: Campus/Elsevier, 2010.

Índice

A

AA1000, norma de certificação, 127
AAA, classificação de risco, 44, 46
Abramovay, Ricardo, 204, 259
Abranches, Sérgio, 116, 119, 197, 200
AccountAbility, 127
accountability ("prestação de contas"), conceito, 132, 246
Acordo de Copenhague, 176-177
Acordo de Marraqueche, 188
Acordo sobre Barreiras Técnicas ao Comércio, 193
Acordo sobre Subsídios e Medidas Compensatórias, 193
acordos ambientais internacionais/acordos ambientais multilaterais (MEAs, na sigla em inglês), 84, 85, 149-150, 161, 172, 179, 181, 185-186, 188, 189
    alternativas aos, 182-184
acordos de baixo carbono, 185-187, 189, 193, 248
adaptação, às mudanças climáticas, 77, 178, 239, 278
    conceito de, 273
    dificuldades dos países em desenvolvimento em relação à, 273-274, 278
aerossóis, 24, 29, 272
África, 34, 61, 257
    África do Sul, 77, 97, 165, 174, 177, 201
    estresse hídrico/secas, 25
"agency beyond the state" (intervenção além do Estado), definição, 83

Agenda 21, 173
agricultura, 23, 25-27, 29, 32, 34-36, 39, 169, 171, 181, 200, 215, 251, 272
água, 25-29, 34, 51, 75, 99
    agricultura, 24, 25, 34-35, 251
    contaminação de mananciais, 23, 24, 214
    danos causados pelo uso, 25, 41, 115
    escassez, 25, 34, 38, 39, 51, 147, 197, 278
    esgotamento, 25-26, 147
    estratégias para regular o uso da, 122, 128, 134, 156
    nível global dos oceanos, 35
    uso global da, 19, 25, 26, 34, 108, 213
ajustes tarifários na fronteira ("*border tax adjustments*" / "*border tariff adjustments*"), 116, 185-187, 188-191, 226
al-Assad, Bashar, 62
Além dos limites (Meadows, Randers e Meadows), 256
Alemanha, 55, 201, 202, 203
Aliança dos Pequenos Estados-ilhas, 94
Almeida, Fernando, 108
Altman, Roger, 67
Amarelo, rio *ver* Huang Ho, rio, China
ambientalismo, 91
ambientalismo corporativo, 103, 112, 138, 192, 193, 274
American International Group (AIG), 48
    CDS, 44

desmoronamento na crise de 2008, 44
Amoco, 96
Análise do Ciclo de Vida (*Life Cycle Assessment*), técnica, 128
Annan, Kofi, 19, 152
Antártida, 150
Antropoceno, período geológico, 23
aquecimento global, 18, 24, 28, 30-34, 36, 82, 107, 116, 161, 178, 199, 200, 201, 203, 239, 240, 270, 282
    como tragédia do bem comum, 167, 244
    consequências, 34-36, 37-38, 39, 167, 190, 196, 244, 254, 272
    desenvolvimento e controle do, 162-163, 195
    gases do efeito estufa e, 30, 31, 96, 153, 162, 163, 165-166, 167, 199, 218, 271-272
    recursos/regulações para combater o, 73, 82, 97, 116, 201-202, 119, 121, 166, 176-177, 185, 195, 197, 206, 207, 212-213, 216, 218, 219, 221, 223, 226, 236, 239, 266, 273, 278
Arábia Saudita, 96, 201
Aral, mar de, Ásia Central, 26
Argentina, 156, 201
Assembleia Geral das Nações Unidas, 155, 163, 171
ativos, 42, 43, 45, 48, 109, 121, 130
    intangíveis, 110, 112, 113
ativos ambientais, 100
aumento da renda nacional *versus* diminuição da desigualdade, 250
Austrália, 96, 177, 201
    secas, 34, 167
autossuficiência e sustentabilidade, 76-77

Azevedo, Tasso, 178
Azul, rio *ver* Yang-Tsé, rio, China

B

Bakan, Joel, 100-101
Banco Europeu para Reconstrução e Desenvolvimento, 169
Banco Interamericano de Desenvolvimento, 169
Banco Mundial, 40, 85, 131, 168-169, 171, 172, 201, 261
bancos, 42-43, 44-45, 48
    concedem benefícios às empresas sustentáveis, 121, 131, 198
    de desenvolvimento, 67
    de investimentos, 42-43, 44
    preocupação com riscos relacionados à sustentabilidade, 120-121, 131
    Princípios do Equador, 130-131
    resgate aos, 47
Bangladesh, 131
    consequências do aquecimento, 35-36, 167
Barnhizer, David, 179, 205, 267, 269-270, 278-279, 282
Bear Sterns, 48
Bell, David, 224, 232
bem-estar, 56-57, 77, 144, 198, 261-264
Ben Ali, Zine El-Abidine, 62
benefit corporations, 144
bens comuns, 17, 21, 25, 51, 147, 181, 256, 263
    atmosfera como, 18
    colapso da civilização, 26, 29, 38-40, 48, 55-56, 234, 270, 276
    direito internacional ambiental, 147-166, 181
    extração global de, 259
    limites, 17, 19-20, 22-29, 51, 55, 56,

117, 150-51, 153, 168, 255-256, 261, 262, 274-277, 278
   preservação e regulamentação, 17, 18, 55-56, 72-76, 99-100, 117, 133, 136, 156-157, 173-174, 181, 189-190, 263
   subvalorização dos, 100
   tragédia dos (Hardin), 17-19, 28, 99, 167
Berlim, Muro de, 49, 63
Bernhagen, Patrick, 97, 101
Bernstein, Steven, 86, 241, 245
best of class, 130
Betsill, Michele, 216
Bhagwati, Jagdish, 44, 73, 75
Biblioteca do Congresso (EUA), 59
Biermann, Frank, 80, 240, 243
biodiversidade, 19, 20, 21, 25-29, 85, 138, 147, 181, 213, 252-253
   conservação da, 18, 56, 108, 125, 133, 135, 157, 171-174, 181, 189-190, 196, 198, 236, 251, 274, 278
   destruição da, 21, 23-24, 26, 27-29, 38, 50-51, 96, 99-100, 147, 156, 199, 215, 250, 254-255, 261, 263-264, 278
biosfera, 20, 21, 23, 57, 252, 256, 267
   proteção da, 125
Birdsall, Nancy, 49, 67
Blackburn, William, 25
Bodansky, Daniel, 177
"bolha alimentar", 26
bolha da internet, 41, 63
bolha imobiliária, 41, 42, 44, 45-46, 47
bolhas financeiras, 50
bolsas de valores, 48, 66, 70, 106
bomba atômica, 212
boom econômico, 50, 200
"*bottom-up*" (enfoque de baixo para cima), 140, 182, 184

Bouazizi, Mohamed, autoimolação de, 62
BP, 96, 97, 102
Brasil, 165, 177, 178, 201
   manifestações populares, 63
Brent Spar, 93
Bretton Woods, 169, 244
Brics, 165
Brown, Lester, 26, 27, 37-38, 39, 51, 197
Brundtland, Gro Harlem, 57, 173
   "Nosso futuro comum", 57, 173, 236, 258, 263
Buffet, Warren, 45, 110
Bulkekey, Harriet, 241
Bush, George W., 176
business as usual, 107, 112, 221
"Business Charter for Sustainable Development" da CCI (1991), 125, 198
business of business is business, 104, 106

C

C40, grupo, 233
cadeia de fornecedores, 66, 86, 94, 109, 117, 133
   exigências sobre a, 109-110, 120-124, 125, 129, 188, 280
cadeias produtivas globais/empresas globais, 65, 69, 76
Cairncross, Frances, 147
Câmara de Comércio Internacional (CCI), 98, 125, 198
Canadá, 56, 77, 96, 178, 201
"*cap and trade*", 175
   como instrumento de mercado, 216-219
   contestação do, 223
   e a diminuição de conflitos entre países em desenvolvimentos e paí-

ses desenvolvidos, 219
necessidade de uniformização dos mercados de, 226
sistema internacional de, 223
vantagens e desvantagens, 219-227
capacidades, (Sen), expansão das liberdades individuais, 262-263
capital de risco
"hedge", fundos de, 44, 66
capitalismo, 67, 97, 253, 266, 274
    de compadrio, 48
    de resultados trimestrais, 48, 135
    desregulação do, 67
    falhas do, 49-50, 99, 275
    versus sustentabilidade, 44, 254-261, 274
caráter descentralizado da governança global da sustentabilidade, 81, 86, 149, 247, 283
    vantagens e desvantagens do, 239-242
Carbon Capture and Storage (CCS), 271; *ver também* geoengenharia
Carbon Disclosure Project (CDP), 121
"carbon leakage" (vazamento de carbono), 72-76, 185, 257
"carbon offset" (compensação de emissões), 217, 219, 220-221, 225
carbono (CO_2), 20, 31, 35, 37, 78, 102, 116, 168, 178, 220, 271
    carbon leakage, 72-75, 185
    economia / acordos de baixo, 118, 119-120, 185-187, 189, 193, 195, 199-200, 202-203, 209, 210, 212, 215-216, 217, 224, 231, 232, 248, 266, 275, 278, 280
    emissões de, 122, 198, 212
    estoques de, 196
    impostos sobre, 163, 216, 219, 220, 223-227, 229, 278, 283
    intensidade-carbono, 251-252
    livre intercâmbio mundial, 223
    mercado de créditos de, 177, 218, 223, 229, 241, 273
    mercantilização/precificação do, 216-217, 221, 226, 229, 249, 271
    pegada de, 19-20, 121, 122, 200, 256
    programas de sequestro de, 20, 225, 271, 273
    racionamento de, 216, 227-229
    vazamento de, 72-76, 185, 257
Carbono equivalente (CO_2e), 32-34
Carrillo-Hermosilla, Javier, 235
Carson, Rachel, 22, 265
Carta da Terra, 170
carvão, 21, 102, 203, 224, 252
    baixo custo do, 204, 271
    eficiência energética do, 204
Cashore, Benjamin, 86
"caso das papeleiras", 156
Castells, Manuel, 61, 64, 245, 247
Cembranos, Fernando, 20
Center for International Environmental Law, 94
Centro Internacional para Resolução de Disputas relativas aos Investimentos (CIRDI, ou ICSID, na sigla em inglês), 161-162
Chade, lago, África Central, 26
Chevron, 102
Chicago Climate Exchange (CCX), 218
China, 34, 42, 67, 165, 176, 177-178, 187, 201, 202, 203, 204, 251, 257, 259
    Massacre da Praça da Paz Celestial, Pequim, 63
    Partido Comunista chinês, 63
    políticas de descarbonização, 248

chuva ácida, 147, 217, 223
Clapp, Jennifer, 246, 247
classificação de risco, agências de, 46-47
Climate Action Network (CAN), 94
clorofluorcarbonos (CFCs), 23, 150-151
　substituição do uso de, 151-153
Clube de Roma, 256
"clubes", abordagem dos, 182-184, 185, 201-202, 248
Coalition of Environmentally Responsible Economies (Ceres), 125, 126
"coalizões dos dispostos", 184
Cobb, John, Jr, 261
Código de Conduta Internacional sobre a Distribuição e o Uso de Pesticidas (1985), 171
Código de Conduta para Pesca Responsável (1995), 171
Colapso (Diamond), 38
colapso da civilização, 26, 29, 38-40, 48, 55-56, 234, 270, 276
Collins, Jim, 142
colonialismo, 257
Colorado, rio, EUA, 26
"comando e controle", abordagem, 214-216
combustão, 24, 31, 271
　motores de, 205
combustíveis fósseis, 20, 22, 23, 24, 32, 96, 101-102, 209, 215, 224, 236, 252, 266
　alta inserção na economia dos, 203-205
　esgotamento dos, 38
　imposto sobre, 116, 225, 229
comércio, eliminação multilateral de barreiras, 191, 257, 275-276, 278
comércio de emissões *ver "cap and trade"*

Comissão das Nações Unidas para o Meio Ambiente e Desenvolvimento (1987), 170
Comissão Econômica das Nações Unidas para a Europa (UNECE, na sigla em inglês), 154
Comissão Mundial sobre Meio Ambiente e Desenvolvimento, 57, 173
Comissão para o Desenvolvimento Sustentável da ONU (CDS), 85, 171, 173
Comissão Stiglitz-Sen-Fitoussi (2009), 261-262
Comitê sobre Comércio e Meio Ambiente da OMC (1995), 189
commodities, 60, 205
"Communiqué on Climate Change", 119
competitividade internacional, 74
"complexo de regimes" (Keohane e Victor), 239, 243
compliance, 81, 122-123, 140, 154, 164, 175-176, 181, 183, 214, 239-240, 244
compras governamentais verdes, 232-233
comunicações, sistema midiático de (televisão, rádio, imprensa e internet), 61, 63, 86, 110, 130, 161, 276
　como fiscalizadores de empresas "verdes", 111-112
comunismo, derrocada do, 49-50, 63
Confederação Iroquesa, sustentabilidade na, 56
Conferência das Nações Unidas sobre Desenvolvimento Sustentável (Rio+20), 174, 175
Conferência das Nações Unidas sobre Meio Ambiente e Desenvolvimento (Rio92), 173, 174, 179-180

Conferência das Nações Unidas sobre o Meio Ambiente Humano/Conferência de Estocolmo (1972), 85, 149, 156-158, 173, 179
Conferência das Partes (COP) da Convenção do Clima da ONU, 175, 176
Conferência de Joanesburgo (2002), 85, 174, 246
Congresso dos EUA, 59, 220
Conselho de Segurança das Nações Unidas, 155
Conselho Econômico e Social da ONU (Ecosoc, na sigla em inglês), 171
Consenso de Washington, 67
consenso, 67, 97, 157, 195, 225, 272
    exigido nas negociações climáticas na ONU, críticas, 171-172, 177, 179-180, 198, 201, 241, 245, 248
consequências das mudanças climáticas, 25, 34-36, 38, 39, 40, 94, 116, 167, 178
construção civil, 129, 200
consumismo, 51, 253, 266, 276
    lógica do, 211, 260-261, 262
consumo consciente (ou "verde"), 109-110
consumo e degradação ambiental, 50-51, 96-97
contabilidade "criativa", 48
"contração e convergência", abordagem, 228
controle de qualidade, programas de, 111, 128
Convenção da Biodiversidade/sobre a Diversidade Biológica, 173, 181
Convenção da Desertificação, 181
Convenção das Nações Unidas sobre o Direito do Mar (1982), 161, 181
Convenção de Aarhus (1998), 154
Convenção de Basileia sobre o Controle de Movimentos Transfronteiriços de Resíduos Perigosos e seu Depósito (1989), 93
Convenção de Bruxelas (1969), 149
Convenção de Viena para a Proteção da Camada de Ozônio (1985), 151
Convenções do Clima / Convenção Quadro das Nações Unidas sobre a Mudança Climática (UNFCCC, na sigla em inglês),82, 162-163, 164, 171, 173, 174, 175, 177, 181, 239, 241, 243, 273
COP-15, 176, 182
COP-17, 177, 178
COP-18, 177
COP-19, 178, 273
COP-21, 178
COP-3, 175
"*core business*", 134
Coreia do Sul, 201, 203
corrupção, 92, 170, 218, 230, 245
Corte Internacional de Justiça (CIJ), 155, 156, 159, 161
Cowell, Richard, 207
"*cradle to cradle*" ("do berço ao berço"), modelo, 128
"*cradle to grave*" ("do berço à sepultura"), modelo, 128
credit default swaps (CDS), 44-45
créditos individuais de carbono, 229
"crescimento antieconômico", 363
crescimento populacional, 25, 28, 34, 40, 165, 206-207, 252, 255, 259
"criação destrutiva", 44
crise ambiental / socioambiental, 13, 40, 49, 269, 273, 276, 287
crise asiática (1997), 41, 45, 67
    atuação do FMI na, 42

crise de 1929 (Grande Depressão / anos 1930), 41, 49, 199
crise de 2008, 40, 41-45, 46, 47, 48, 49-50, 51, 66, 67, 69, 131, 195, 199, 226, 257
    papel dos Estados nos resgates, 69
    bolhas no mercado imobiliário, 41, 42, 44, 45-46, 47
    desequilíbrio macroeconômico como causa, 41-42
    endividamento público como consequência, 43
    estouro da bolha, 41, 45
    globalização e, 66-67, 71
    incentivos perversos (ou distorcidos) como causa, 45-48, 51, 233, 277
crise do capitalismo / da globalização, 49
Cunha, Kamyla, 147
Cúpula Mundial sobre Desenvolvimento Sustentável (2002), Joanesburgo, 174
curto prazo na economia *versus* longo prazo ambiental, 51, 106, 111, 135, 137, 199, 200-201, 255, 264
Curva de Kuznets ambiental, 250-251
    pontos de inflexão, 250
    relação entre renda *versus* emissões de CO_2, 251
custo das medidas para conter as mudanças climáticas (Relatório Stern), 195-196
custo social das emissões / da poluição / dos combustíveis fósseis, 100, 224

D

Daly, Herman E., 21, 255, 260, 261, 263, 267
Danúbio, rio, Europa, 155
Dauvergne, Peter, 253, 259
Davis, Ian, 106, 134, 144
DDT (Dicloro-Difenil-Tricloroetano), 22
Declaração de Estocolmo, 156, 158, 173
Declaração de Joanesburgo, 174
Declaração de Princípios sobre as Florestas, 173
Declaração do Rio sobre Meio Ambiente e Desenvolvimento (1992), 73, 154, 156-158, 173, 174
Declaração Universal dos Direitos Humanos (1948), 160
"decoupling" (descolamento/descasamento), 251-253
    efeito "rebote" / "bumerangue" / "ricochete" (*"rebound effect"*), 253
decrescimento, 260
déficit econômico, 41, 42, 43, 51, 215, 226
déficit ecológico, 51
degradação ambiental, 25, 36, 38, 50-51, 73, 85, 96-97, 136, 157, 215, 250, 270
derivativos, 45, 50
descarbonização, 116, 207, 248, 252
desempenho corporativo, 137
    práticas sustentáveis e, 106-107, 109, 114, 117, 118, 125, 126-127, 142, 279, 280-281
desemprego, 41, 97, 197, 200, 260
desenvolvimento econômico e social, 163, 199
desenvolvimento sustentável, 55-57, 58, 111, 135, 137, 140, 141, 143, 164, 173, 193, 194, 215-216, 224, 231, 235, 236, 258, 260, 263, 269
    como conceito universal, 158

    como direito, 162, 222
    como meta, 133, 142, 192, 198-199
    como valor fundamental, 155
    conceito de, 155
    dimensão econômica, 126
    estratégias, 128, 133
    pilares do, 162, 199
    princípios relacionados ao, 112, 153-158, 159, 174, 188-189
    promoção do, 72, 85, 197, 274
    ver também sustentabilidade
DeSombre, Elizabeth, 172
desregulamentação, 42, 44, 50, 257
"destruição criativa" (Schumpeter), 44, 275
Deutsch, Karl, 59
Diamond, Jared, 18, 29, 38, 39, 40, 234, 276, 280
dilema do crescimento, 255-260
Dinamarca, 176
dinâmica de crescimento exponencial, 37, 76
direito ao desenvolvimento, 162, 222
direito de propriedade, 17, 217
Direito internacional do meio ambiente / direito ambiental internacional, 147-166, 172, 173, 188
    "acordos quadro", 149
    acordos ambientais multilaterais, 149-150, 172, 185-186, 189
    alternativas aos MEAs, 182-184
    ausência de mecanismos efetivos de sanção, motivo, 180
    como *soft law*, 147-148, 149, 150, 154, 160, 168, 173
    Conferência de Estocolmo de 1972 como marco do, 57, 85, 149, 156-158, 173, 179
    definição, 147
    eficácia, 148-149, 168, 188
    fraqueza do, 160
    influência da ONU no, 170-172
    normas obrigatórias, 149
direitos de propriedade intelectual, 183, 210, 273
direitos humanos, 82, 112, 155
    e meio ambiente, 160-161
    proteção dos, 160, 170
    violação dos, 128,
discurso sustentável, 111-112, 114, 125, 174
ditaduras, quedas das, 62, 64
dividendos, 47
divisão internacional do trabalho, 65, 72
Doha, Catar, 177
    Rodada Doha, 183, 275-276
Dong, Yan, 187
Dow Jones Sustainability World Index, 130
Dowbor, Ladislau, 235, 279
Doyle, Michael W., 76, 193
Du Pont, 152
due diligence (processo de auditoria), 136
dumping social, 210
Durban, África do Sul, 177
    Plataforma de Durban, 178

E

ecoeficiência, 107-109, 133, 134, 253, 259, 261economia/acordos de baixo carbono, 118, 119-120, 185-187, 189, 193, 195, 199-200, 202-203, 209, 210, 212, 215-216, 217, 224, 231, 232, 248, 266, 275, 278, 280
economia "marrom", 199
economia "virtual", 49

economia verde, 118, 174, 198-201, 205, 208, 216, 260, 261, 275, 282
   contribuição para a recuperação econômica, 201, 267
"*Economics of Ecosystems and Biodiversity, The*" (TEEB), 27
ecossistemas, 20, 24, 26, 27, 28-29, 57, 157, 173, 206, 255, 263
   resiliência dos, 19, 55-56, 273
educação, 39, 113, 170, 197, 221, 261
   instrumento de conscientização para a sustentabilidade (papel do Estado), 235, 262, 281
efeito estufa, 30, 77, 271
   conceito de, 30-31
   gases do, 30, 31, 32, 37, 96, 153, 162, 163, 165-166, 167, 199, 218, 271-272
"efeitos de composição", 250
efeito "rebote"/"bumerangue"/"ricochete" ("*rebound effect*"), 253
efetividade da governança global da sustentabilidade, 14, 51, 239-244
eficiência energética, 193, 196, 199, 201, 204, 229, 233, 253
Egito, 202
   manifestações populares no, 62
Eichenberg, Benjamin, 74, 190
Elkington, John, 136-137, 231
Emissions Trading System da União Europeia (EU ETS), 218
emissões de gases de efeito estufa, 18, 30, 34, 72, 76, 77, 83, 96, 102, 116, 121, 153, 160, 161, 185, 186, 190, 199, 214, 223, 225, 227, 233, 240, 251, 253, 258, 273
   globais, 162-163, 164-165
   participação dos países desenvolvidos nas emissões globais, 164-165, 175, 218
   participação dos países em desenvolvimento nas emissões, 162-166, 176, 187
   projeções, 195-196, 215, 217
emprego, 41, 64, 97, 104, 113, 185, 197, 198, 199, 200-201, 205, 230, 250, 260
empregos verdes, 200
empresas, 68, 69, 70, 79, 96-98
   auditorias em (*due diligence*), 136
   autorregulação de, 95, 118, 246, 247
   balanço social, 126
   benefícios da sustentabilidade para as, 104-109
   bônus e prêmios em, 129-130, 137-138
   capacidade de inovação, 98, 112-114, 118-119, 128, 208-211, 235, 249, 259-260, 275, 280, 283
   código de conduta, 94, 122, 125-127
   como "máquinas externalizadoras" (Bakan), 102, 104, 115, 135, 230, 278
   como motor de mudança, 98, 111, 143-144, 200
   como peritas em tecnologia e no processo de produção, 97
   compra direta de comunidades, 129
   conhecimento e, 94-95, 97, 109, 113-114, 152, 209
   contribuição para a solução dos problemas socioambientais, 107, 109-111, 114, 119, 126, 130-131, 134, 142, 231, 232, 259-260
   credibilidade das, 75, 93, 109-110, 112, 127, 130, 139-140, 148-149, 152
   DNA negativo das, 98-101
   e o PIB global, 97
   emissões de gases causadores do aquecimento global, 96, 102, 121, 217, 218

esgotamento de recursos naturais e, 96, 101, 107-108, 117
exigências regulatórias, 75, 123, 139-140, 209
gestão ambiental, 86, 103, 121, 122, 125, 127, 188, 198, 246
governança corporativa das, 48-49, 132-133, 230-231
impactos socioambientais, 126, 277-278
investimentos em proteção ambiental, 105, 189, 247
jogo de relações públicas, 125, 134, 140
marketing como ferramenta para difundir o produto verde, 110-111
papel das, 98-99
papel no combate aos problemas ambientais, 97, 98, 101
pressão sobre os fornecedores, 120-124
proatividade das, 103, 119, 120
relação com os *"stakeholders"*, 126-127, 133, 134, 137, 138-140, 144
relutância às regulações, 102, 152
responsabilidade social das, 101, 104-106, 110-112, 113, 130, 132-135, 137, 140
resposta negativa às regulamentações, 101-103
sendo convencidas de que a sustentabilidade é viável e positiva, 104-109
sustentabilidade como missão das, 141-144
transformando as, 132-144
visões de longo prazo, 105, 106, 114, 116, 117, 135-136, 137-140, 141, 143, 144, 256

"Empresas B", movimento, 143
empresas retardatárias, 75, 211
enchentes, 34, 35
energia, 20-21, 32, 77-78, 101-102, 108, 117, 128, 169, 173, 190, 193, 194, 200, 215, 217, 220, 226, 227, 231, 251, 255, 259
    como inelástica, 204
    consumo de, 31, 96, 125, 206-207, 224, 226, 252, 253, 258, 266, 268
    sistemas de armazenagem de, 20, 206
energias fósseis, 20-24, 32, 96, 101-102, 203-205, 209, 224, 225, 252, 266, 271
energias marrons *versus* energias verdes, 203-206
energias renováveis, 24, 102, 198, 199, 200, 204-208, 212, 215-216, 219, 223, 229, 249, 260, 268, 282
"Energia-Clima", era da (Friedman), 203
entropia, 20-21
equilíbrio entre as dimensões financeira, ambiental e social, 137, 162
erosão, 26, 27, 38, 39, 147
erupções vulcânicas, efeitos sobre o clima, 153, 272
escala, 255, 267-268
    aumento do consumo de energia, 206-207
    dificuldades em relação ao uso das energias renováveis, 206-208
    efeito de escala da globalização sobre o aumento da poluição, 250, 258
    questão da (jargão econômico), relação com o descolamento, 252-253
escassez de crédito, 198
"esferas de autoridade" (Rosenau), 81, 239, 244

Espanha, 45, 96
　movimentos populares na, 62
Estado, 230-236
　　ação reguladora dos, 214-216, 230-231, 233, 235, 249, 257, 278-280, 281
　　"*agency beyond the state*" (intervenção além do Estado), definição, 83
　　"autoridade fiscal verde" / "reforma tributária ecológica", 224
　　baixo índice de credibilidade dos, 95, 245
　　cometendo crimes ambientais, 159
　　como "recipientes" das emissões dos gases de efeito estufa, 240
　　como incentivador das empresas pioneiras da sustentabilidade, 118-119, 210
　　como regulador da atividade econômica, 69, 281
　　critérios socioambientais, 232
　　e o direito internacional ambiental, 148-149, 153-158, 180
　　e sustentabilidade, 79-84, 158-162, 180, 230-236
　　educação como arma de conscientização, 235, 262, 281
　　erradicação da pobreza e, 230, 234-235
　　Estado "assegurador" (Giddens), 232
　　"Estado verde", 207-8
　　funil da sustentabilidade aplicado aos Estados, 234
　　governança corporativa e, 230-231
　　governança global da sustentabilidade, 51, 68, 72, 81, 83, 84-86, 91, 92, 244-248
　　imposto sobre o carbono, 163
　　influência da globalização sobre a soberania do, 68-71, 74, 79, 180
　　Liderança verde, 233-236
　　modelo do Estado soberano, 68
　　omissão do, 211
　　papel na promoção do desenvolvimento sustentável, 72, 79, 123, 154, 201, 211, 230, 249, 278
　　perda da soberania, 68, 71, 79-84, 158-159
　　políticas de proteção ambiental, 74, 76, 155, 168, 171, 189, 247
　　princípio de justiça intergeracional, 230, 235
Estados Unidos, 26, 36, 49, 56, 69, 100, 102, 118, 121, 191-192, 197, 199, 201, 202, 203, 204, 212-213, 216, 223, 259, 270
　　bolha imobiliária, 41, 42, 44, 45-46, 47
　　como "*consumer of last resort*" ("consumidor em último recurso"), 42
　　economia global influenciada pelos, 48-49, 45
　　emissões de gases do efeito estufa, 164-165
　　endividamento público dos, 42
　　exigências ambientais, 121
　　movimento Occupy Wall Street, 62
　　taxa de juros, 42, 50
　　posição em relação ao Protocolo de Kyoto, 176, 177-178, 218
　　posição em relação às políticas climáticas, 176-178, 194, 233, 248
"Estado verde", 207-208
estímulos fiscais, 199, 203
Esty, Daniel C., 109, 115, 119, 143, 270
exigências ambientais, 120-124
externalidades, 101, 115, 136, 153, 215
　　conceito, 99-100
Exxon, 96, 102

F

fair trade (comércio justo), 86, 129
Fairtrade Labelling Organizations International (FLO), 129
Falk, Richard, 83
Falkner, Robert, 102, 246
Farley, Joshua, 21
"fast followers", 209
"futuro que queremos, O", Rio+20, 174
Fausto, 254
Federal Reserve, 43
Feindt, Peter H., 207
fertilizantes, 24, 29, 31, 251
filantropia empresarial, 104-105, 230
"first movers" / *"early movers"*, 118-120, 209, 210, 214, 233, 279, 281
fitoplâncton, 271
Fitoussi, Jean-Paul, 261, 262
Fleet, Daniel Van, 212-213
florestas, 26, 33, 55, 188
    alteração climática, 26
    conservação das, 18, 128-129, 171, 173, 178, 181, 196, 234
    destruição das, 21, 26-27, 32, 36, 51, 263
    normas que visam a proteção das, 129, 173, 178, 181
    preservação das bacias hidrográficas, 26
Forest Stewardship Council (FSC), 95, 128
fornecedores, 109-110, 117, 121-123, 133, 138, 188, 280
    melhoria das condições de trabalho dos, 125
fósforo, ciclos globais, 24, 29
Foster, John, 227-229, 244, 254, 255, 268-269, 270, 274, 276, 282
fotossíntese, 271

França, 96, 201, 203, 251
Franchini, Matías, 82, 236
free riding/free rider, 18, 148, 151, 168, 185
Freeman, Edward, 126
Friedman, Milton, 104, 106
Friedman, Thomas, 51
    achatamento do planeta (O mundo é plano), 66
    "camisa de força dourada", 70
    "Energia-clima", era, 203
FTSE 4Good, 130
Fukuyama, Francis, 49, 67
fundamentalismo de mercado, 50
Fundo Monetário Internacional (FMI), 169, 201
    atuação na crise asiática, 42
fundos de pensão, 46, 120, 205
funil da sustentabilidade, 117-120, 128, 234

G

G-20 *plus*, 202
G-20, 201-203, 216
G-7, 201
G-8, 202
Gabcikovo-Nagymaros, caso, 155, 162
Gaia, teoria de (autorregulação da Terra), 21-22, 270
Galileia, mar da, 26
Galileo Galilei, 135
Ganges, rio, Índia, 26, 34
gases de efeito estufa, 30, 31, 96, 153, 162, 163, 165-166, 167, 199, 218, 271-272
    CO_2 *ver* carbono (CO_2)
    como causadores do buraco na camada de ozônio, 150-153, 186

emissões, 18, 30, 34, 72, 76, 77, 83, 96, 102, 116, 121, 153, 160, 161, 185, 186, 190, 199, 214, 223, 225, 227, 233, 240, 251, 253, 258, 273
   grandes emissores, 178, 187, 248
   hexafluoreto de enxofre (SF_6), 31
   HFCs (gases fluorados), 31, 32
   influência no mercado, 101-102
   iniciativas para a redução de, 83, 96, 101-102, 160, 161, 168, 174, 175, 186, 190, 195, 199, 214, 215, 217, 218, 225, 233, 251, 273
   inventários de emissões de, 121
   metano (CH_4), 31, 32, 37
   óxido nitroso (N_2O), 31, 32
   PFCs, 31, 32
gastos verdes, 203
geleiras, derretimento, 34-35
General Agreement on Tariffs and Trade (GATT ou, em português, Acordo Geral sobre Tarifas e Comércio), 189-190, 191-193
   artigo XX do GATT, 189-191, 192-193
General Eletric, 97
geoengenharia, 271-274
   efeitos colaterais incertos da, 272
   gestão da radiação solar, 272
   legitimidade no uso unilateral, 272, 273
   tecnologias de capturas de carbono, 271-272
Georgescu-Roegen, Nicholas, 21
gestão ambiental, 103, 121, 122, 125, 127, 198, 246
   certificações de, 86, 122, 188, 246
gestão da radiação solar, 272
Ghemawat, Pankaj, 66, 67, 77, 153, 275
   "semiglobalização", 66
Gianneti, Eduardo, 263
Gibson, Robert, 234
Giddens, Anthony, 92, 163, 179, 202, 227-229, 232, 233, 234, 243
Glass-Steagall, lei, 42-43
Global Climate Coalition, 102
"Global Climate Information Project", 102
"Global Compact" (Pacto Global da ONU), 170
Global Environmental Facility (GEF), 171, 172
Global Reporting Initiative (GRI), 126
globalização, 39, 49, 50, 59
   como mito, 65-66, 67-68, 71
   como promotora de injustiças sociais, 99
   como promotora do crescimento econômico, 99
   crise de 2008 e, 66-67, 71
   definição, 59
   e interdependência, 59
   efeitos da, 65-72
   importância do tema, 59
   influência sobre a soberania do Estado, 68-71, 74, 79, 180
   mudanças sociais e econômicas decorrentes da, 117
   nível de internacionalização e, 66
   paradoxo entre sustentabilidade e, 274-277
   perda de credibilidade da ideia de, 72
   revolução tecnológica e, 59-64
   sustentabilidade e, 55, 72-76
   transporte de bens e 76-78

globalização jurídica (acordos e organizações internacionais), 72, 147-166, 277, 283
    conceito de, 71
Goldemberg, José, 199
Goldman Sachs, 105
Golfo, corrente do, 37
Gore, Al, 64, 266, 277
Gourevitch, Peter Alexis, 230
governança ambiental, 82-87, 149, 172, 239, 245, 253
governança climática global, 84, 218, 233, 239, 241, 247
governança corporativa, 48, 49, 230-231
    princípios, 132
    responsabilidade social corporativa como "modelo" de, 133
governança e estratégia organizacional, 127
governança *non-state market-driven* ("guiada pelo mercado, e não pelo Estado"), 86, 246
"*governance without government*" ("governança sem governo"), 81, 83, 84
governo mundial, falta de um, 80, 81
governo *versus* governança, 80-81
Grameen Bank, 131
Green Building Council dos Estados Unidos, 129
"*Green New Deal*", 199-200, 202, 251
Greenhouse Gas Protocol (GHG Protocol), 121
Greenpeace, 92-93, 94, 96
Greenspan, Alan, 46, 48, 69
greenwashing, 111-112
Grossman, Gene M, 250
Guerra do Iraque, 197
Guerra Fria, 213
Guerra, Sidney, 147

H

Haas, Peter, 172, 242
hábitats naturais, 26, 27
    destruição dos, 38
Haia, 155
Haiti, 39
Hardin, Garrett, 17-19
harmonizar prioridades econômicas, ambientais e sociais, 162
Harris, Jonathan, 191
Harvard Business School, 105
Hawken, Paul, 51
Hayian, tufão, Asia, 37
Held, David, 59
Henderson, Hazel, 119, 230
Herrero, Yayo, 20
Hessel, Stéphane, 261
hexafluoreto de enxofre (SF_6), 31
HFCs (gases fluorados), 31, 32
Himalaia, cordilheira, 34
hipotecas, 41, 44, 45, 46, 47, 48
Hoffmann, Matthew, 216
Holanda, 96
Holoceno, período interglacial, 23
Holtsmark, Bjart, 180, 181
Hovi, Jon, 180, 181
Huang Ho, rio, China, 26, 34

I

IBM, 97
Idade Média, 82
ideia de "*walk the talk*", 112
Iêmen, 62
"Implementação Conjunta", 175
"imposto pigouviano" (Pigou), 214-215
imposto sobre o carbono, 216, 219, 220, 223-227, 229
Índia, 34, 67, 165, 176-177, 178, 187, 201, 204, 257, 259

Indicador de Progresso Genuíno, 261
indicadores macroeconômicos, 261-264
Índice de Bem-Estar Econômico Sustentável, 261
Índice de Desenvolvimento Humano (IDH), 261
Índice de Felicidade Interna Bruta, 261
Índice de Poupanças Líquidas Ajustadas, 261
Índice de Sustentabilidade Empresarial (ISE), 130
Indo, rio, Paquistão, 26
Indonésia, 97, 177, 201, 259
inércia, como empecilho à mudança de comportamentos, 210-211, 270
informação, era da, 60, 117
inovação, investimento em, 98, 112-114, 118-119, 128, 208-213, 235, 249, 259-260, 275, 280, 283
spillover effect (efeito de derramamento), 209-210
instabilidade política, como resultado da degradação ambiental, 38-39
Instituto Ethos, 132
integração econômica absoluta *versus* políticas democráticas e, 70
"intensidade-carbono", 251-252
International Finance Corporation (IFC), 130
International Organization for Standardization (ISO), 127, 188, 246
críticas à legitimidade, 246
internet, 61, 63, 66, 68, 110, 139, 276
aliada às ONGs, 91-92
bolha da, 41, 63
busca de direitos e democratização através da, 64, 277
como meio de manifestação popular, 61-62

"wiki-revoluções", 62, 64, 68, 276-277
investimento estrangeiro, 66-67, 74-76
investimento externo direto (IED), 66, 75
investimentos sustentáveis, 130-131, 203, 231
Islândia, 45
ISO 14000/14001, certificação, 127, 188, 246
ISO 26000, certificação, 127
Issberner, Liz-Rejane, 168, 262
Itália, 201

J

Jackson, Tim, 260, 263
Jacobs, Michael, 112
Japão, 118, 175, 177, 178, 201, 234, 270
jurisdição do meio ambiente, 154, 156, 180, 218, 227
ausência de uma jurisdição internacional, 159
limites, 158
justiça intergeracional, princípio de, 56-57, 133, 161, 162, 230, 235-236, 263, 269
justiça social, 58, 112, 170, 199

K

Kadafi, Muamar, 62
Katrina, furacão, 36-37
Kennedy, John F., 212
Keohane, Robert, 59, 176, 179, 239, 243
Keynes, John Maynard, 69, 199
Kiss, Alexandrer, 147, 160
Krasner, Stephen, 82
Krueger, Alan B., 250
Krugman, Paul, 43, 47, 195, 200
Kuznets, Simon, 250-251

L

Laville, Élisabeth, 96, 98, 111, 122, 126, 133, 138, 141-144
Leadership in Energy and Environmental Design (Leed), 129
Lebow, Victor, 254
legitimidade
    da governança da sustentabilidade pelas empresas, 139, 247
    da governança da sustentabilidade pelas ONGs, 240, 246-247
    da governança global da sustentabilidade, 51, 239-244
    da governança *non-state market-driven*, 246
Lehman Brothers, 48, 199
Lehner, Peter, 97
Lemme, Celso, 130, 134-137
Levy, David L., 86, 96, 98, 102
liability (responsabilidade), 158
liberalização econômica, 60, 65, 72, 183, 186, 187, 193, 275
Líbia, guerra civil na, 62
"licença social", 139
licenças de emissões, 216, 217
    atribuição *per capita*, 222-223
    fixação das linhas de base, dificuldades, 221-222
    leilões de, 219-223
    mercados de, 215
"Licitude da ameaça ou do emprego de armas nucleares" (CIJ), 156, 161
Liderança verde, 233-236
Limites do crescimento, Os (Meadows; Randers; Meadows; Behrens III), 256
limites do planeta
    acidificação dos oceanos, 23, 29, 272
    acúmulo de aerossóis, 24, 29, 272
    alterações nos ciclos globais do fósforo e do nitrogênio, 24, 29
    camada de ozônio, 23-24, 29
    consumo de água doce/ciclo hidrológico global, 25, 26, 29
    mudança do uso da terra, 26, 29
    perda da biodiversidade, 21, 23-24, 26, 27-29, 38, 50-51, 96, 99-100, 147, 156, 199, 215, 250, 254-255, 261, 263-264, 278
    poluição por produtos químicos, 24, 29, 38
Linde, Michael van der, 108, 118, 210
Lins, Clarissa, 232
livre comércio, 70, 189, 190, 194, 257, 264
    acordos de, 168, 183, 186-187, 191, 193
    versus proteção ambiental, 187, 189, 190, 191-194, 264
livre mercado de capitais, 70
Lopes, Carlos, 235, 279
Lovelock, James, 38, 266, 273
    teoria de Gaia, 21-22, 270
Lovins, Amory, 51
Lovins, Hunter, 51, 107, 117
Lowe, Vaughan, 155
"*low-hanging fruits*" da sustentabilidade, 109

M

macroeconomia, 261
    em desequilíbrio, 41-42
    relação com o dilema do crescimento, 258, 260-261
madeira, extração de, 51, 55, 128-129, 263
Maia, civilização, 38, 39
mangues, 27, 31

manifestações populares, 61-63
    fatores que incentivaram, 64
marginalização social, 199
Marine Stewardship Council (MSC), 95, 129
    selo, 129
marketing verde *versus greenwashing*, 111
Martinelli, Alberto, 242
Massachusetts Institute of Technology (MIT), 256
Massacre da Praça da Paz Celestial, Pequim, 63
Massey, Rachel I., 76, 193
Meadows, Dennis, 153
Meadows, Donella, 153, 251
mercado automobilístico, 97, 118, 122, 205, 216, 253, 260, 267
Mecanismo de Desenvolvimento Limpo (MDL), 175-177, 218
Mecanismo Internacional de Varsóvia para Perdas e Danos, 178
Medida de Bem-Estar Econômico, 261
Mekong, rio, Vietnã, 36
mercado, 86, 124, 258
    de emissões, 163, 216
        instabilidade do, 41-42, 69, 188
        "mão invisível" do, 99, 230, 258
        mercado global de crédito, 45
mercadorias, transporte de, 76-78, 260
    e aumento do efeito estufa, 76-78
    globalização e, 76-78
    precificação, 116
    prejudicial a sustentabilidade, 20, 76-78
mercados locais, como facilitador no processo de sustentabilidade, 76-77
metano (CH_4), 31, 32, 37
método de processo ou produção ("*process or production method*" – PPMs), 192
Midttun, Atle, 242
migração em massa, 39, 60
Miliband, Ed, 195
"Millennium Ecosystem Assessment" (ONU), 19, 27
mitigação, 167, 176, 177, 178, 239, 241, 278
    projetos de, 217, 219
    relação com a transferência de tecnologia, 274
mito do crescimento verde, 251-253
mito dos engenheiros, 249
mitos tecnológicos, 249-254
    "*technological fix*" / "conserto" tecnológico / "jeitinho" tecnológico, 249
Mobil, 96
Monbiot, George, 31, 227-229, 250, 266, 267, 281
Montesquieu, 242
Morin, Edgar, 67, 260-262, 277
Moser, Susanna C., 241
Mubarak, Hosni, 62
mudanças ambientais/climáticas, 23-24, 29, 30-40, 73, 77, 82, 96, 97, 101, 107, 114, 116, 119, 121, 148, 153, 158, 160, 163, 164, 167, 169, 170, 184, 186, 190, 196, 197, 202, 207-209, 214, 258, 272, 273, 274, 278
    adaptação às, 77, 239, 273, 278
    adoção de metas para deter, 119, 241, 243-244, 246, 248-249, 267, 269-270, 271, 277, 282
    aumento no nível dos oceanos, 34-35, 271
    como problema global, 167, 190, 213
    derretimento das geleiras, 35, 37, 271
    despesa pública para deter as, 195-198

instrumentos públicos para o combate às, 86, 214-229, 234
mitigação das, 176
outros efeitos das (furacões, tempestades, inundações, secas), 25, 34-36, 38, 39, 40, 94, 116, 167, 178
Mursi, Mohamed, 62

N

nacionalismo e protecionismo, 72
Nairóbi, Quênia, 172-173
Naisbitt, John, 117
Nascimento e Silva, Geraldo Eulálio do, 158
Natural Step Foundation, The, 128
negociações climáticas, 94, 102, 151, 152, 162-163, 165, 175-179, 182-184, 241, 245, 282
    críticas ao processo de negociação da ONU, 179-182, 201
nenúfares, lago de, exemplo, 37-38
neoliberalismo como ideologia, 67
"neomedievalismo", movimento, 81-82
New Deal, pacote de estímulos, 199
Newell, Peter J., 86, 96, 98, 247
Nilo, rio, Egito, 26
NIMBY ("não no meu jardim", na sigla em inglês), 268
nitrogênio, ciclos globais, 24, 29
Nordhaus, William, 196, 197, 261
normas e certificações voluntárias, 127-130, 131, 159, 175, 176, 179
normas internacionais de proteção aos direitos humanos *versus* direito internacional ambiental, 160-161
Norte, mar do, 93
"Nosso futuro comum" (Brundtland), 57, 173, 236, 258, 263
Nova Zelândia, 178

O

O'Neill, Kate, 149
Objetivos de Desenvolvimento do Milênio, 170, 174
Objetivos de Desenvolvimento Sustentável (ODS), 174
obrigações de dívida colateralizadas (*collateralized debt obligations* – CDOs), 44
Occupy Wall Street, movimento, 62
oceanos, 22, 23, 25, 26, 35, 60, 78, 82, 93, 271, 273
    acidificação dos, 23, 29, 272
    aumento do nível dos, 34-35, 271
offshoring, 66
Oliveira, Puppim de, 106, 127, 133, 139
ONGs e governança global da sustentabilidade, 23-24, 68, 72, 79-81, 83, 84-87, 91-95, 131, 173-175, 180, 239-248
    abrangência, 91-92, 96-98
    acordos, 85
    atores, 84-87
    atuação das, 92-95, 96-98
    caráter democrático das, 247
    como conselheiros técnicos, 94
    comportamento socialmente responsável, 91, 192
    conhecimento como arma das ONGs, 94
    monitoramento ambiental, 86, 94, 126, 169, 192
    natureza, 91
    normas de proteção ao meio ambiente, 154-155, 168, 187
    OMC e, 187-191
    organização, 91-92
    pressão sobre empresas não sustentáveis, 120-121, 123

pressão sobre o Estado, 93-94, 123
organização ambiental mundial, proposta de criação, 169, 172, 193
Organização das Nações Unidas (ONU), 19, 57, 27, 57, 152, 155, 160, 163, 166, 243
 conferências sobre o desenvolvimento sustentável, 85, 149, 170-175, 245
 consenso exigido nas negociações climáticas, críticas, 171-172, 177, 179-182, 198, 201, 241, 245, 248
 e sustentabilidade, 167-184
Organização das Nações Unidas para a Alimentação e a Agricultura (FAO, na sigla em inglês), 28, 32, 40, 171
Organização das Nações Unidas para o Desenvolvimento Industrial (Unido, na sigla em inglês), 128
Organização Internacional do Trabalho (OIT), 41, 172
Organização Meteorológica Mundial, 31-32
Organização Mundial da Saúde (OMS), 172
Organização Mundial do Comércio (OMC), 85, 124, 154, 161-162, 168, 169, 172, 180, 185-187, 191-193, 227, 275
 benefícios da participação na, relação com a ideia de "clubes", 183
 e sustentabilidade, 187-191
 manifestações contra, 61
 reforma estrutural da, 193-194
Organização para a Cooperação e o Desenvolvimento Econômico (OCDE), 69, 93, 165
Órgão de Apelação da OMC, 161, 188, 192

Órgão de Solução de Controvérsias da OMC, 188, 191
Ostrom, Elinor, 18
"*overshooting*", dos recursos naturais, 256
óxido nitroso (N_2O), 31, 32
oxigênio, 22, 24, 271
ozônio, camada de, 23, 29
 ação global para a proteção da, 150
 buraco na, 23-24, 147, 150-153
 controle de substâncias nocivas, 151-152, 186
 doenças causadas pelo buraco na, 150, 152

P

Painel Intergovernamental sobre Mudanças Climáticas (IPCC, na sigla em inglês), 31-32, 34, 35, 196, 243
países desenvolvidos, 37, 39, 40, 96
 emissão de carbono, 163-165, 251-252
 gasto em defesa, 197
 inovações, 273, 275
 padrões ambientais, 74, 168
 países em desenvolvimento e, 36, 176-177, 219, 222, 246, 273-274, 275
países em desenvolvimento, 41-42, 66, 67, 70, 94, 168, 172, 176, 180, 250, 257, 259, 274
 dificuldades em relação às mudanças climáticas, 273-274, 278
 emissão de carbono, 162-166, 176, 187
 manifestações em, 62
 países desenvolvidos e, 36, 176-177, 219, 222, 246, 273-274, 275
 regulação e incentivo ambiental nos, 74-75, 168, 172, 178, 278

vazamento de carbono para, 73,
violação dos direitos humanos em, 128
vulnerabilidade dos, 36-37, 39, 41, 258
Pandora, caixa de, 191
panels, grupos especiais, 161, 188, 190, 192, 193
Parque Gezi, Istambul, 63
Páscoa, ilha de, 38, 39, 234, 276
Pascual, Marta, 20
patentes, 66, 109, 209-210
Pattberg, Philipp, 80, 83, 84, 240, 241
Pearl Harbor, 270
Peck, Steven, 234
pecuária, 32
pegada de carbono, 122, 200
pegada ecológica, 19-20, 121, 256
"people, planet, profits" (pessoas, planeta e lucros), 137
performance econômica e progresso social, medição, 261
performance socioambiental e performance financeira, 137
"permafrost", consequências do derretimento do, 37, 271
pesca, 27, 28, 51, 55, 181, 191-192, 272
como exemplo de tragédia do bem comum, 28
selo MSC, 129
sobrepesca, 147
sustentabilidade na, 55, 128-129
pesquisa básica, 211, 280
pesquisa e desenvolvimento (P&D), 111, 206, 208-213, 219
pesticidas, uso de, 22, 265
petróleo, 20, 25, 42, 93, 96, 102, 105, 149, 200, 203-205, 224, 252, 266, 271
PFCs, 31, 32
Pigou, Arthur Cecil, 214-215

Pittsburgh, 201-202
Plano de Ação Mundial para os Recursos Genéticos Animais (2007), 171
Plano Global de Ação sobre Recursos Fitogenéticos (1996), 171
Plataforma de Durban, 178
pobreza, 36, 258, 259
como resultado da degradação ambiental, 39-40
iniciativas que visam erradicar/amenizar a, 66-67, 131, 163, 170, 174, 207, 230, 234, 257
poder, distribuição de, 68, 80, 82, 83
política industrial, retomada das discussões sobre (pós crise de 2008), 67
políticas climáticas, 101, 102, 177, 185, 187, 189, 191, 193, 194, 202, 203, 219, 220, 226, 233, 240, 241, 248
políticas públicas, 70, 84, 97, 167, 212, 230, 231, 232
pollution havens ("refúgios" de poluição), 73, 257
poluição, 24, 28, 29, 38, 77, 99, 105-108, 149, 158, 160, 161, 163, 198, 214, 215, 226, 249, 250, 256, 258, 263, 278
enfermidades como consequências da, de outros problemas ambientais, 24, 25, 36, 38, 39, 40, 99, 150, 152, 170
refúgios de, 73, 257
Porras, Jerry, 142
Porrit, Jonathon, 76, 133, 135, 256, 266, 274-275, 281
Porter, Michael E., 108, 118, 210, 234
Posner, Eric, 160, 161, 222
Postiglione, Amedeo, 159, 162
Praça Tahrir, 62
precificação, 100, 208

como ferramenta para evitar danos ao meio ambiente, 115-116, 158, 278
de gases do efeito estufa, 116
do CO_2, 216-217, 221, 226, 229, 249, 271
"precificação a custo integral", 115
transporte de mercadorias, 116
Prêmio Nobel da Paz, 131
pressões antropogênicas (induzidas pela atividade humana), 23
Primavera Árabe, 61, 62, 63
Primavera silenciosa (Carson), 22, 265
Primeira Guerra Mundial, internacionalização que antecedeu a, 60, 65, 71
princípio da autodeterminação dos povos, 163
princípio da boa vizinhança, 156
princípio da divisão constitucional dos poderes, 242
princípio da livre utilização dos recursos naturais, 163
princípio da não intervenção, 163
princípio da precaução, 157-158
princípio da prevenção, 157-158
princípio da solidariedade, 163
princípio das responsabilidades comuns, mas diferenciadas, 162-166, 222
princípio do poluidor-pagador, 158, 163
princípio do tratamento desigual dos desiguais, 163
Princípios do Equador, 130-131
privatização da governança global da sustentabilidade, 246
processos/decisões judiciais, meio ambiente e, 105, 154, 160, 161
Produção mais Limpa (P+L), 128, 235
Produto Interno Bruto (PIB) global, 41, 44, 50, 97, 165, 195, 197, 251, 258
crítica ao, 263
como medida ineficaz de bem-estar, 261-262
como medida ineficaz de sustentabilidade, 261-263
produtos, boicote de, 93, 115
Programa das Nações Unidas para o Desenvolvimento (Pnud), 171, 261
Programa das Nações Unidas para o meio Ambiente (Pnuma), 32, 85, 93, 128, 172-173, 191, 198-200
project finance, 131
Projeto Apollo, 212, 213
Projeto Manhattan, 212-213
Prometeu, deus grego, 98-99
protecionismo comercial, 257
"protecionismo verde"/"protecionismo de carbono", 186
proteções costeiras, degradação das, 36
Protocolo de Kyoto, 31, 82, 85, 175, 252
posição dos Estados Unidos, 176, 177-178, 218
Protocolo de Montreal sobre Substâncias que Destroem a Camada de Ozônio (1987), 151-153, 186
publicidade negativa, 75

Q

qualidade de vida, 133, 161, 256, 261-262
criação de medidas capazes de medir, em substituição ao PIB, 262-264

R

race to the bottom ("corrida para o fundo"), 74-76
"corrida para o topo", 74-75
racionamento de carbono, política de, 216, 227-229
radiação solar, 23, 24, 30, 35, 150, 272

Randers, Jorgen, 153
recessão, 51, 197, 203
reciclar, 101, 108, 116, 125, 128, 233, 267, 268
recursos humanos sustentáveis, 112-114, 136, 141, 143
recursos naturais
    aumento da extração de, 251, 259
    desigualdade no uso *per capita* entre habitantes de diferentes países, 259
    esgotamento, 19, 26, 38, 96, 101, 107, 117, 199, 263
    "overshooting" dos, 256
    princípio da livre utilização dos, 163
redes sociais, 63, 276
Redução de Emissões por Desmatamento e Degradação (Redd+), 178
"Reduções Certificadas de Emissão", 176
reflorestamento, 55, 234
regimes ambientais, 82, 83, 84, 180-181
regimes internacionais, 83-84, 87, 94, 180
    definições, 82
"regulatory chill" ("resfriamento regulatório"), 76
Rei, Fernando Cardozo Fernandes, 147
Reino Unido, 45, 195, 201, 203, 251, 270
relações "transgovernamentais", 85
relações internacionais, 59, 82, 83, 84
Relatório Brundtland *ver* "Nosso futuro comum"
Relatório Stern, 195, 196
relatórios de sustentabilidade (ou socioambientais), 31-32, 35, 57, 121, 125-127, 130, 134, 173, 200, 236, 243, 258, 261, 263
relatórios financeiros, 125, 136, 191, 195-196
Resende, André Lara, 50
resíduos, 20-21, 93, 108, 116, 117, 122, 125, 128, 129, 147, 199, 251, 255
responsabilidade social "0.0", versão beta (Laville), 133
responsabilidade social "1.0", 133
responsabilidade social "2.0", 133
responsabilidade social corporativa, 101, 104-106, 110-112, 113, 130, 132-135, 137, 140
    definição de, 132-133
    diretrizes para ações de, 127, 246
    versus filantropia, 104-105, 106, 133, 230
Revolução Industrial, 23, 31, 60, 136
    crescimento econômico a partir da, 255
revolução tecnológica, 13, 71, 139, 276
    efeitos sobre o Estado, 68, 79
    globalização e, 59-64, 65, 68, 71, 283
    impacto social e político da, 60-61, 91, 110
    internet/ciberespaço, 61, 63,
    "wiki-revoluções", 59-64
revolução verde, 206
Ribeiro, Thaís Lemos, 82, 236
Ricardo, Davi, 19
Ricart, Joan, 142, 143
Rockström, Johan, 29
Rodada Doha, 183, 275-276
Rodrik, Dani, 66-67, 69, 70, 243, 246
Roosevelt, Franklin, 199
Rosenau, James, 81, 239
Rota, Loperena, 254
Ruanda, 39
Ruggie, John, 82, 153
Rússia, 77, 165, 175, 177-178, 201, 202

S

SA8000, norma de certificação, 127, 128
Sachs, Ignacy, 235
Sachs, Jeffrey, 40, 257, 279, 280
Sahara, deserto, 34
Saleh, Ali Abdullah, 62
Sands, Philippe, 161, 162
Sandy, furacão, 36
Savitz, Andrew, 108, 115, 116, 130, 131, 138
Schmidheiny, Stephan, 107
Schrijver, Nico, 155
Schumpeter, Joseph, 44, 275
"scorecard", avaliação de sustentabilidade, 122
"shrimp-turtle", caso, 192
screening, filtro ético, social e ambiental, 130
Seattle, cacique, 56
Seattle, manifestações em, 61
securitização, 43-46, 50
Segger, Marie-Claire, 162, 164
Segunda Guerra Mundial, 72, 163, 212, 233, 244, 257, 270
segurança climática, 117, 197
segurança energética, 204
semiglobalização, momento de, 66, 69
Sen, Amartya, 261-263
serviços sociais básicos (educação, saúde, previdência), 24, 39, 43, 113, 128, 142, 161, 170, 190, 197, 221, 261, 262
Shell, 93, 96, 102
Shinn, James J., 230
Sierra Club, 94
Síria, guerra civil na, 62
sistema bancário americano, 43-45
   regulamentação do, 42-44, 49
   resgate ao, 43, 47, 48
   securitização do, 43, 44, 46, 50
   desregulamentação do, 42, 44, 50, 67
Slaughter, Anne-Marie, 85
Smith, Adam, 105, 230, 257
Soares, Guido, 187, 188, 194
soberania, 70, 158-162, 180
   como poder, 68-69
   como qualidade do poder estatal (autonomia e efetividade), 71, 79, 240, 246
Social Accountability International, 128
sociedade civil, 91, 92-93, 123, 170, 175, 241-242, 278, 280
sociedade global, 71, 170, 248, 277, 283, 287
   paradigma, como substituição ao modelo do Estado soberano, 79
sociedades complexas, 23
Somália, 39
Speth, James Gustave, 98, 100, 107, 181, 254, 255, 257, 258, 269, 275, 279
spillover effect ("efeito de derramamento"), 209-210
stakeholders, 126-127, 133, 134, 137, 138-140, 144
   conceito (Freeman), 126, 138
Steger, Ulrich, 105
Steiner, Achim, 198, 214
Stern, Nicholas, 33-34, 36, 148, 165-166, 167, 169, 195-197, 200, 212, 213, 221, 231, 244, 258, 274, 279
Stiglitz, Joseph, 42, 46-47, 48, 49, 50, 61, 167, 194, 224, 261, 262
Stripple, Johannes, 83, 84, 241
subprime (empréstimo hipotecário de alto risco), 41, 46, 47, 131
subsídios, 25, 67, 183
   como forma de fomentar a sustentabilidade, 212, 215, 235-236

nocivos, 194, 215-216
sucesso de longo prazo, 138
Sukhdev, Pavan, 136, 282
summit fatigue, 179
Sunstein, Cass R., 222
superávits, 42
sustentabilidade, 13, 55-58, 59, 96-98, 111
   ação transnacional pela, 86-87, 208-209, 278
   agenda da, 231
   benefícios gerados, 168
   "*business case*", para a, 105, 114, 127
   círculo virtuoso da, 236, 277-284, 287
   códigos de conduta, 94, 122, 125-127
   como "megatendência", 117
   como direito internacional contemporâneo, 155
   como essência do próprio negócio, 135, 241-244
   conduzindo rumo à, papel do Estado, 51, 68, 72, 81, 83, 84-86, 91, 92, 175, 244-248
   contribuição negativa da globalização, 74
   corporativa, promoção da, 137-138
   desmaterialização da produção, 251
   e a melhoria da reputação de empresas, 109-110, 112-113
   e comércio internacional, 185-194
   e globalização, 55, 72-76, 274-277
   e melhorias sociais, 112
   estratégia empresarial voltada para a, 134
   funil da, 117-120, 128, 234
   imperativo da, 117, 235
   índice de, 105-106, 130, 234
   justiça intergeracional, princípio de, 56-57, 133, 161, 162, 230, 235-236, 263, 269
   leis que incentivem a, 76, 115-116, 123, 161, 214, 231
   litígios a favor da, 161-162
   motivação moral como fator que impulsiona a, 143
   OMC e, 187-191
   poder de compra para promover a, 122, 232
   poder jurisdicional e, 154
   pressão para as empresas aderirem à, 115-117
   promoção, 72, 85, 112
   recursos humanos, 112-114, 136, 141, 143
   redução de riscos e, 107-109, 133, 134, 139, 152, 157, 161
   relação entre rendimento econômico, competitividade e, 105, 113-114
   relatórios de, 31-32, 35, 57, 121, 125-127, 130, 134, 173, 200, 236, 243, 258, 261, 263
   resiliência e, 55-56
   rotulagens relacionadas a, 122
   sistemas de avaliação e incentivo, 122, 130, 135-137
   subsídios para incentivar a, 212, 215, 235-236
   "sustentabilidade forte", visão de, 256
   "sustentabilidade fraca", visão de, 256
   "sustentabilidade profunda" (Foster), 268

T

tecnologia, "vale da morte" da, 211
tecnologias disruptivas de baixo carbono, 118, 207, 212

tecnologias limpas / verdes, 137, 196, 209, 215, 273-274, 275
tecnologias marrons, 32, 101, 203-205, 225
temperatura global, aumento da, 28, 30, 31, 33, 34, 36, 182
termodinâmica
   primeira lei da, 20, 21
   segunda lei da (lei da entropia), 20-21
Tesouro dos EUA, 42
Texaco, 96
Tienhaara, Kyla, 50
Tietenberg, Tom, 214
Tobin, James, 261
Tokugawa, reflorestamento na era, Japão, 234
too big to fail (grandes demais para quebrar), instituições financeiras, 43, 46, 48
"*top-down*" (enfoque de cima para baixo), 140
Torrey Canyon, naufrágio, 149
trabalho, 60, 65, 72, 113, 138, 142, 170, 200, 226, 234
   condições de, 128
   terceirização dos postos de, 69
trabalho infantil, 94, 128
"tragédia dos bens comuns" (Hardin), 17, 28, 99, 167
   exemplo, pastagem de ovelhas, 17-18
   propriedade pública da terra, 18
   sugestões para resolver a, 18-19
Trail Smelter, caso, 155-156
transgênicos, 188
transporte marítimo e comércio internacional, 77-78
tratados

"*broad-but-shallow*", 183
"*narrow-but-deep*" ("restritos, porém profundos"), 183
tribunais nacionais e internacionais, 159-162
Tribunal Internacional do Direito do Mar, 161
"trilema político" (Rodrik), 70
triple bottom line (Elkington), 128, 136-137, 140
"*troughput*" ("transumo"), conceito (Daly), 255, 260
"*tuna-dolphin*", caso, 191-192
Tunísia, manifestações populares na, 62
Turquia, 201
   manifestações populares, 63

U

"U" invertido, relação de, 250
U.S. Acid Rain Market, 217
União Europeia, 78, 155, 174, 177, 181, 201, 202, 218
   compromisso com as políticas de baixo carbono, 233, 248
União Soviética, 213
Unilever, 95, 129
urânio, 20
Uruguai, 156
Uruguai, rio, 156
usinas termelétricas, 271

V

Vandenbergh, Michael, 121, 122
Varella, Marcelo, 147, 149, 169
Varsóvia, 178
Veiga, José Eli da, 24, 55, 58, 165, 168, 201, 204, 223, 252, 261, 262, 267
Victor, David, 58, 158, 176, 179-180, 181, 182-183, 186, 206, 207, 211,

227, 229, 243, 249, 272
Viola, Eduardo, 82, 236, 248
vontade política, 267
    importância para a sustentabilidade, 236

W
Waggoner, Michael, 227
Wall Street, 47, 49, 51
Walmart, 97, 122
    o novo efeito Walmart, estudo, 122-123
Weeramantry, Christopher, 155
Werbach, Adam, 113, 134
Whalley, John, 187
Wikileaks, 62
Wikipédia, 61
"wiki-revoluções", 62, 64, 68, 276-277
    características das, 64
    conceito, 61-62
Willard, Bob, 108, 111, 114, 120, 139, 142
Winston, Andrew S., 109, 115, 119, 143, 270
win-win, soluções, 103, 114

Wolf, Martin, 46, 50, 73, 74, 192, 203
Woot, Philippe de, 98-99, 141, 144, 211
World Bank Environmental Guidelines, diretrizes ambientais, 168
World Business Council for Sustainable Development (WBCSD, antes Business Council for Sustainable Development), 98, 107, 121, 133
World Resources Institute (WRI), 121
Worldwatch Institute, 94, 208
World Wide Fund for Nature (WWF), 92, 94, 95, 129

X
xisto, gás de, 204

Y
Yang-Tsé, rio, China, 34
Young, Oran, 87
Yunus, Muhammad, 131

Z
Zukang, Sha, 175
Zylbersztajn, David, 232

É com orgulho que publicamos *A humanidade contra as cordas: A luta da sociedade global pela sustentabilidade*, de Eduardo Felipe Matias. Acreditamos que seja esta uma obra crucial para os debates mais relevantes de nosso tempo. Trabalhamos para que suas ideias sejam acessíveis ao maior número possível de leitores da língua portuguesa, seja em papel, seja em formato digital.

Diretor, Planeta Sustentável: Caco de Paula
Coordenador Editorial: Matthew Shirts

O que é o Planeta Sustentável?

É uma multiplataforma de comunicação cuja missão é difundir conhecimento sobre desafios e soluções para as questões ambientais, sociais e econômicas de nosso tempo.
O projeto chega a 21 milhões de leitores anuais por meio de:

– Dezenas de títulos de revista da Editora Abril – Portal Planeta Sustentável – Meu Planetinha (site para crianças de 6 a 12 anos) – O nosso pequeno Manual de Etiqueta (novas ideias para enfrentar o aquecimento global e outros desafios da atualidade), com mais de 11 milhões de exemplares – Cursos, debates e conferências internacionais – Aplicativos para tablets e smartphones

Tudo isso é feito com a ajuda de uma equipe dedicada, um conselho consultivo e os patrocinadores: Editora Abril, CPFL Energia, Bunge, Petrobras e Caixa.

Visite o site (planetasustentavel.com.br) | Siga-nos no Twitter (@psustentavel)

Este livro foi impresso para a Editora Paz e Terra no Sistema Cameron da Divisão Gráfica da Distribuidora Record. A fonte usada no miolo é Dante MT Std. O papel do miolo é offwhite, e o da capa é cartão supremo 250g/m2.